INE STOLZ

Alte Seele Afrika

WIR ERNTEN, WAS WIR SÄEN.

EDITION EVA HERMAN

Vollständig überarbeitete Fassung, Juli 2022

Umschlag:
Konzeption, Design & Illustration: Robert A. Lau
Satz & Realisation:
B R A I N G E N C Y*
Design + Werbung GmbH, Germany
www.braingency.de

Verlag:
Edition Eva Herman
P.O. Box 66
Cleveland, Nova Scotia B0E 1J0, Canada
info@eva-herman.net
www.eva-herman.net

Druck und Vertrieb:
Amazon Media EU S.à r.l.
5 Rue Plaetis, L-2338, Luxembourg

ISBN 978-1-9990215-9-7

Für meine Eltern

Danksagung

Ohne Menschen wie Abdoulaye, Adel, Alga, Alhassane, Ali, Alhaj, Anatole, Azza, Belo, Blaise, Diakhaté, Hamadi, Hashim, Hatim, Ibrahime, Issoufou, Jonas, Kaouss, Kofi, Maloum, Madi, Odjo, Ousmane, Rose, Sulafa, Shadia, Yasir, Zakaria und Tausende afrikanischer Bauern und Nomaden, die mir Allah in all den Jahren über den Weg geschickt hat, wäre dieses Buch nie entstanden.

Ine Stolz

Inhalt

»Schon andere haben vor mir davon gesprochen, weitere werden es nach mir tun, wie weit sich der Graben geöffnet hat zwischen den reichen Völkern und jenen, die von genug zu essen träumen, genug zu trinken, die nicht viel mehr wollen, als zu überleben und ihre Würde zu bewahren. Doch niemand kann sich vorstellen, in welchem Maße das Korn des Armen bei uns die Kuh des Reichen gemästet hat.«[1]

Thomas Sankara

»Unser Leben endet an dem Tag, an dem wir über Dinge schweigen, die wichtig sind.«

Martin Luther King[2]

AFRIKA?

Was wissen wir eigentlich heute über Afrika, den sogenannten Schwarzen Kontinent, der gleichzeitig die »Wiege der Menschheit« ist?

Ganz oben auf der Liste dürften die alljährlich über unsere Bildschirme flimmernden Schreckensbilder von verhungernden Kindern mit dicken Bäuchen, dürren Ärmchen, knochigen Beinchen und riesigen Augen in tiefen Höhlen sein. Im Frühjahr 2021 traf es Madagaskars Süden, wo laut dem Welternährungsprogramm der Vereinten Nationen (WFP) 1,35 Millionen Menschen auf humanitäre Hilfe angewiesen sind.[3]

Beim Zuschauer erzeugen diese Berichte immer wieder eine Mischung aus Mitleid und Betroffenheit, und es scheint, als könne man sich mit Spenden für große internationale Hilfsorganisationen dafür, dass es uns im Norden wirtschaftlich und sozial besser geht, von Scham und Schuld freikaufen. An Weihnachten gehen die Spendenaufrufe dann per Post ein, da sitzt das Portemonnaie bekanntlich besonders locker. Wer möchte, kann gleich ein Abonnement übernehmen, damit ein Kind in Afrika zur Schule gehen kann.

Trotz all der Güte und Hilfsbereitschaft reißen die Flüchtlingsströme aus Afrika allerdings seit einigen Jahren nicht mehr ab. Laut einer Meldung der »Tagesschau« vom 10. Mai 2021 hatte sich die Zahl der ankommenden Flüchtlinge auf der italienischen Insel Lampedusa im Vergleich zum Vorjahr verdreifacht, teilweise kamen über 2000 Menschen an einem einzigen Tag an.[4]

Was lief da schief?

Geht es um das Thema Afrika, fallen dem in der westlichen Kultur Lebenden einige Standardaspekte ein. Zum Beispiel wäre da das Großwild der ausgedehnten Savannen Afrikas zu nennen, die sogenannten »Big Five«: Nashorn, Elefant, Büffel, Löwe und Leopard, die bereits in meiner Kindheit mittels der Dokumentarfilme von Bernhard Grzimek über die Serengeti wie auch durch die Serie »Daktari« ins Wohnzimmer kamen. Der Begriff »Big Five« stammt übrigens aus dem Bereich der Großwildjagd und meint eine Klassifizierung beim Abschuss eines Tieres. Diese fünf Arten waren und sind am schwierigsten zu schießen und dazu auch noch gefährlich für den Schützen. Bis heute dürfen bedrohte Arten in vielen Ländern Afrikas von Hobbyjägern erlegt werden. Zum Spaß oder Zeitvertreib, weil man es sich leisten kann. Da kann man sich zum Beispiel im südlichen Afrika für circa 150.000 Euro das Recht erkaufen, ein geschütztes Nashorn zur Strecke zu bringen. Durch eine solche Aktion würden die Bauern der Region animiert, die Tiere selbst zu schützen und eventuell sogar zu züchten, zum Abschuss für die Reichen, heißt es.[5]

Weiterhin existiert das ein oder andere hermetisch von seiner afrikanischen Umgebung abgeschirmte Luxusresort – im Senegal, in

Kenia, auf Sansibar, in Namibia, auf Madagaskar oder an sonst irgendeiner Traumküste. Zumindest bringen die Touristen Geld ins Land. Davon aber, wie es um das jeweilige Klubgelände herum aussieht, wie die Einheimischen leben, bekommen die dort weilenden Touristen wenig mit. Nun, wer will im Urlaub auch schon mit den Problemen Afrikas belästigt werden?

Und natürlich nicht zu vergessen: Jeder kennt heute die südafrikanische Mutante des Coronavirus, das Europäer in Angst und Schrecken versetzte.

Diese vorgenannten Punkte würden mir jetzt spontan zum Thema Afrika einfallen, wenn ich nicht über einen Zeitraum von fast einem Vierteljahrhundert hinweg dort gelebt und gearbeitet hätte – und es somit besser wüsste.

Befasst man sich mit Afrika und seinen heutigen Flüchtlingsströmen, darf niemals vergessen werden, dass der Schwarze Kontinent seit 1450 durch Sklaverei, Kolonialzeit, Neokolonialismus und Diktaturen geprägt wurde – gelebtes Leid und Chaos also, das heute vor allem durch nie enden wollende Bürgerkriege charakterisiert wird.

Woran könnte das liegen?

Um die Gegenwart wirklich verstehen zu können, hilft es, zunächst einmal den Blick in die Vergangenheit zu richten. Aufgrund der aus dieser Perspektive gewonnenen Erkenntnisse wird es schließlich auch möglich, die Gegenwart zu verstehen und die Zukunft zu verändern und neu zu gestalten. In welche Richtung diese Veränderungen gehen, bestimmen wir alle.

In Europa wird bis heute gern die Tatsache verdrängt, dass es eine direkte Beziehung zwischen den Lebensverhältnissen in Afrika und bei uns gibt. Sie bedingen sich sogar gegenseitig. Interessant daran ist die Tatsache, dass Afrika auf der einen Seite der ressourcenreichste, auf der anderen Seite der mit Abstand ärmste Kontinent der Welt ist.

Wie ist das möglich?

Gern wird diese Diskrepanz so dargestellt, als sei sie einzig und allein Folge der korrupten afrikanischen Regime, und somit all die Armut, der Hunger und die chronische Unterentwicklung großer Teile Afrikas selbst verschuldet. Dies liege, so die westliche Logik weiter, an den »primitiven Kulturen«, womit die aussichtslose Situation eines ganzen Kontinents, der bis heute am Tropf der entwickelten Welt hängt und scheinbar niemals auf eigenen Beinen stehen wird, schnell beschrieben ist.

Weshalb bildeten sich diese korrupten Regime in Afrika? Welche sind die wirklichen Ursachen, die dafür verantwortlich sind, dass Afrika heute dort steht, wo es steht?

Da ich in einem Dutzend der Länder Afrikas gearbeitet habe und mich schon lange mit all diesen Fragen beschäftige, habe ich versucht, mich der Aufklärung und Erklärung auf ganz persönliche Weise zu nähern. Ich finde die Bezeichnung »Experte« in Bezug auf meine Person, die Afrika kennengelernt hat, nicht angemessen, denn ich sehe meinen Beruf als Berufung an. Aus dieser Position und aus eigener Erfahrung heraus möchte ich mit bestem Wissen und Gewissen berichten.

Es folgen witzige, schaurige und teilweise unglaubliche Anekdoten aus meinem Leben auf Madagaskar, in Benin, im Niger oder Sudan. Des Weiteren werden historische sowie aktuelle Themen in und um Afrika behandelt – also alles, was zum Verständnis der komplexen Zusammenhänge wichtig ist. Wie haben sich die Sklaverei und die Kolonialzeit auf die Länder ausgewirkt? Was ist »Land Grabbing«? Warum mögen große Pharmakonzerne keine biologische Schädlingsbekämpfung? Wer sind die Boko Haram? Wie lebt es sich in der Oase Timia im Niger? Was ist mit dem Uranabbau dortzulande? Wer war Thomas Sankara? Das sind nur einige wenige Fragestellungen zu Themen, zu denen ich nachfolgend meine persönlichen Erfahrungen wiedergeben möchte, wobei ich aus meinen Gefühlen keinen Hehl machen werde. Mein Herz schlägt in Würde und Respekt für Afrika.

»Behalten Sie immer im Gedächtnis, dass Menschen nicht für Ideen kämpfen, die irgendeiner im Kopf hat. Sie kämpfen um materielle Vorzüge, um ein besseres Leben in Frieden zu führen und um zu erleben, wie sich ihr Leben weiterentwickelt – und um die Zukunft ihrer Kinder zu garantieren.«[6]

Amilcar Cabral,
»Revolution in Guinea«, 1965

IM SENEGAL

Als ich damals im Oktober 1993 in Frankfurt/Main zum ersten Mal das Flugzeug in Richtung Afrika bestieg, wusste ich nicht, worauf ich mich eingelassen hatte, doch noch in derselben Nacht, beim Hinabsteigen von der Gangway in Dakar, der Hauptstadt des Senegal – es waren noch über 30 Grad Celsius, gepaart mit einem starken Wind, der sich anfühlte, als hielte mir jemand einen Fön direkt ins Gesicht – übermannte mich ein seltsames Gefühl der Heimkehr. So wurde ich zu einer Reisenden im Wind, eine Nomadin zwischen den Welten.

Im Senegal heißen alle Ausländer oder Fremde »Toubab«. Die Kinder laufen ihnen gern zuhauf auf der Straße hinterher und rufen melodisch im Chor »Donne moi cadeau, Toubab.« – »Schenk mir was, Fremder.«

Ich befand mich auf dem ersten Auslandseinsatz als Gastwissenschaftlerin in einem landwirtschaftlichen Forschungsprojekt der Ernährungs- und Landwirtschaftsorganisation der Vereinten Nationen (Food and Agriculture Organization of the United Nations [FAO]) in Dakar. In diesem Projekt ging es um die Bekämpfung von Wanderheuschrecken, dieser biblischen Plage, die es seit Menschengedenken gibt und wahrscheinlich auch immer geben wird. Zu dem Thema hatte ich meine Diplomarbeit geschrieben und zwei Jahre lang die Heuschreckenzucht des Instituts für Biogeografie und Umweltforschung betreut. Der Gestank der Fäkalien und das Surren in den Käfigen gaben mir eine Idee davon, wie sich das in der Realität anfühlen musste.

Die Theorie kannte ich also schon, jetzt ging es in die Praxis vor Ort, mitten ins afrikanische Umland. Wir testeten dort die ökotoxikologischen Nebenwirkungen chemischer Pflanzenschutzmittel auf nützliche Insekten wie Bienen als Bestäuber. Alles der Umwelt zuliebe. Genau das hatte ich studiert: Biogeografie, Ökologie und Umweltschutz. Wenn wir damals in Deutschland die ökologische Wende geschafft hätten, die bereits im Entstehen war, stünden wir heute nicht dort, wo wir hingeraten sind. Aber diese Wende war damals aus Profitgründen politisch nicht gewollt. Heute, 30 Jahre später, wollen Regierungen diesen Gesinnungswandel in Bezug auf Klima und Natur brachial umsetzen – wobei kaum einer weiß, wie das geht.

Zurück auf die afrikanischen Felder. Die heute agierenden wenigen, aus Fusionen hervorgegangenen Chemiekonzerne Bayer-Monsanto, BASF, Syngenta und Corteva Agriscience[7] hatten weder damals noch haben sie heute ein Interesse daran, dass die breite Öffentlichkeit erfährt, welche Umwelt- und Gesundheitsschäden ihre Chemiekeulen in der Natur, an Menschen und Tieren anrichten. Diese gigantischen, global arbeitenden Konzerne verdienen enorm viel Geld mit ihren Produkten. Und da die Hersteller selbst nicht ihren eigenen Giftstoffen zum Opfer fallen, sondern »nur« ihre Anwender, wie es beispielsweise viele afrikanische Bauern sind, vertreiben die Chemiegiganten ihre diversen Insektizide, Pestizide und Herbizide bis heute nach dem Motto »Was interessiert mich mein Nächster oder die Zukunft?«. Gewinnmaximierung ist allein das, was zählt.

Dieses erste Projekt in Afrika und die damit in Verbindung stehenden Kollegen vor Ort hatten mich damals schwer beeindruckt. Letztere fielen vor allem durch ihren Forschergeist auf. Die Leiterin des Projektes war eine blasse, rothaarige Amerikanerin, die immer bunte Röcke aus den herrlichen afrikanischen Stoffen – von denen die meisten in den Niederlanden hergestellt werden – trug. Sie war mit einem afroamerikanischen Künstler aus New York verheiratet, ein wahrhaftes Klischee. Auch die beiden niederländischen Experten von einer der besten landwirtschaftlichen Universitäten der Welt hatten meine Bewunderung. Ich stand ja damals ganz am Anfang meiner Laufbahn und war voller Euphorie und Tatendrang.

Ich erinnere mich in diesem Zusammenhang noch genau an eine Begebenheit, als ein senegalesischer Wissenschaftler, der aktuell in den USA lebte und arbeitete, nach Dakar zurückkam. Seine Eltern hatten für ihn in der Heimat eine zweite Frau gesucht, die er jetzt heiraten sollte. Obwohl er seit geraumer Zeit im Ausland lebte und ich davon ausging, dass er sich die Regeln der westlichen Kultur zu eigen gemacht hatte, fügte er sich nunmehr der Religion sowie Kultur und Tradition seines Heimatlandes – und heiratete eine zweite Frau. Das fand ich damals doch sehr befremdlich.

Interessant war auch, dass das Projekt eine spezielle Kasse eingerichtet hatte, in der ein Teil des Gehaltes der Mitarbeiter zurückbehalten wurde. Das hatte einen Grund: Sobald diese nämlich ihr monatliches Geld bekommen hatten, stand umgehend die gesamte Verwandtschaft vor der Tür und meldete finanziellen Bedarf an. Zum Beispiel für ein kaputtes Dach, die Heirat der Tochter, eine Taufe, eine Beerdigung und so weiter und so fort. So war das Gehalt bereits am ersten Tag weg – und die Mitarbeiter selbst gingen leer aus. Religion, Kultur, Tradition trugen dazu bei. Diese besondere Kasse konnte dem Geschehen entgegenwirken. Ich fand das als Deutsche zunächst verstörend, begriff aber später, dass das von mir Beobachtete in afrikanischen Kulturen die Regel war und nicht die Ausnahme. Die Situation wurde nur dann eine andere, wenn es jemand schaffte, richtig reich zu werden. Dann griffen die gleichen Mechanismen wie überall auf der Welt und der Nächste zählte nicht mehr.

Zusammen mit mir kam ein Madagasse mit einem unaussprechlichen Namen in das Programm. Wir wurden gemeinsam auf ein Heuschreckenprojekt im Südwesten Madagaskars vorbereitet, das als Nächstes bevorstand. A. Rakotonandrasana kam nur wenige Jahre später in Madagaskar ums Leben, als ein Kleinflugzeug auf einem Prospektionsflug zur Verfolgung eines Heuschreckenschwarmes abstürzte, was leider nicht selten vorkam.

Die Freilandversuche, mit denen die Wirkung der Pflanzenschutzmittel auf nützliche Insekten getestet wurde, wurden am Senegalfluss im Norden des Landes, an der Grenze zu Mauretanien, durchgeführt. Je weiter wir nach Norden fuhren, umso karger wurde die Landschaft, das Grün wich zunehmend einem Beige. Es wurde trockener. Es wurde heißer. Fast unerträglich heiß.

Die Versuche direkt in den Hirsefeldern von Bauern fanden im Süden des Landes an der Grenze zu Gambia statt. Dort befanden wir uns bereits in einer feuchteren Klimazone. Hier sah ich zum ersten Mal afrikanische Affenbrotbäume – schon beeindruckend, fast majestätisch, so ein uralter Riese in Baumgestalt.

Außerdem wurden Tests an Wasserinsekten in den für Afrika so immens wichtigen temporären Wassertümpeln durchgeführt, die sich während der Regenzeit bilden und einige Wochen später wieder austrocknen. Sie liefern Trink- und Waschwasser für Menschen, sind eine Tränke für Tiere, stellen aber auch Wasser zur Verfügung, um die Lehmziegel zu fertigen, aus denen fast alle Gebäude bestehen. In diesen Tümpeln herumzuwaten und Wasserinsekten zu fangen, erinnerte mich sehr an meine Kindheit. Schon früh zog ich Insektenlarven den Puppen beim Spielen vor.

Erste Begegnung mit der Wüste

Als das Team im Norden arbeitete, meinten die Kollegen, sie würden mich gern eine interessante Erfahrung machen lassen. So eine Art Feuerprobe also. Dort, wo kaum mehr ein Kraut wuchs und nur noch vereinzelt eine verkrüppelte Akazie stand, ließen sie mich zurück und fuhren mit den Geländewagen davon, bis sie aus meinem Gesichtsfeld verschwanden. Jetzt war ich allein. Mitten in der Wüste. Irgendwo im Nirgendwo.

Nichts war zu hören. Absolute Stille. Wohin ich mich auch drehte: Es gab mit Ausnahme vereinzelter Akazien bis zum Horizont außer mir weit und breit nichts. Erstaunlicherweise verspürte ich aber keinerlei Gefühl von Angst oder Panik. Ich befand mich in einer wunderbar getragenen Atmosphäre, inmitten einer lautlosen Symphonie. Zum ersten Mal spürte ich tief in mir, dass ich mit allem verbunden war, was ist.

Ich versuchte, mich in Gedanken an den Broadway zu versetzen – mit seinen grellen Neonlichtern und dem niemals endenden Großstadtlärm, vielfach in Welthits besungen, und mit den dort befindlichen Menschenmassen, die wie Ameisen in alle Richtungen durcheinanderzulaufen pflegten. Es gelang mir nicht. Kein Bild entstand vor meinem inneren Auge. Es schien alles so fremd, so schräg, so unrealistisch. Aber das hier, mitten in der Wüste, das war real. So machte ich dort meine erste Erfahrung mit der Stille. Wie ich heute durch Eckhart Tolle, den Meister der Stille, weiß, ist der Raum zwischen den Worten viel wichtiger als das gesprochene Wort. Dessen sollte man sich bewusst werden. So kann das sich unaufhörlich im Kreis drehende Gedankenkarussell angehalten werden, das sich laufend um Dinge wie Besitz, Ansehen und Aussehen dreht und ständig nach einer Identifikation im Außen sucht. Auch ein afrikanisches Sprichwort besagt, dass eine große Stille eine machtvolle Stimme besitzt.

»Dschinn«, mein guter Geist

Einige Wochen später war ich zusammen mit dem Team in den Süden gefahren, um die dort geplanten Versuche durchzuführen. An einem der Wochenenden beschlossen wir, gemeinsam einen Ausflug an den Gambiafluss zu unternehmen, der die Grenze zum englischsprachigen Gambia bildet, das am Fluss entlang mitten im französischsprachigen Senegal liegt – auch eines der skurrilen Erbstücke aus der Kolonialzeit.

Wir waren mit zwei Geländewagen auf einer schnurgeraden – was dort eher selten vorkommt – und gut überschaubaren lehmigen Sandpiste unterwegs. Ich hatte morgens etwas zu viel Tee getrunken und musste nun einem menschlichen Bedürfnis nachkommen. So hielten wir an. Die Piste war beiderseits mit dichtem meterhohem Gestrüpp zugewuchert. An einer Stelle auf der linken Seite befand sich eine Lücke in Form eines von Ziegen getrampelten Pfades. Dort ging ich hinein.

Viele Frauen meiner Heimat werden mir beipflichten, dass man sich nicht gleich hinter den erstbesten Baum setzen kann. Das Prozedere läuft weit schwieriger ab als bei Männern, und die Entfernung vom Ausgangspunkt spielt eine entscheidende Rolle. So lief ich gebückt immer weiter in den Wald hinein. Die Sträucher bildeten mittlerweile ein dichtes Dach, es war feuchtheiß, ich nass geschwitzt und die Atemluft schien bedrohlich knapp.

Irgendwann hatte ich das Gefühl, nun endlich genügend Distanz zwischen mir und den Autos hergestellt zu haben. Doch als ich mich dann erleichtert auf den Rückweg machen wollte, war der Pfad hinter mir verschwunden und ich in dem dichten Dornengestrüpp eingeschlossen.

Normalerweise habe ich einen sehr guten Orientierungssinn, aber dort war er nicht mehr vorhanden – und ich wusste nicht wohin! Planlos lief ich los, die Dornen zerkratzten mir Arme und Beine. Ich rief laut nach den anderen, aber keiner antwortete mir. Panik überkam mich. In diesem Augenblick dachte ich, irgendjemand muss mir doch hier heraushelfen. Im gleichen Moment wurde ich ruhig und bahnte mir, wie von unsichtbarer Hand geführt, den Weg in eine von mir nicht gewählte Richtung. Ungefähr eine halbe Stunde, nachdem ich die anderen verlassen hatte, kam ich etwa 200 Meter von der Stelle, an der ich in das Gestrüpp hineingegangen war, auf die Piste zurück.

Eine relativ kurze Zeit, die wie eine Ewigkeit schien.

Die beiden Holländer waren verärgert und fragten, wo ich denn so lange gesteckt und weshalb ich nicht auf ihr Rufen und Hupen reagiert hätte. Die Senegalesen hingegen verhielten sich völlig konträr. Sie wollten unbedingt ganz genau von mir wissen, was da passiert war.

Auf der Hinfahrt hatten sie bereits davon erzählt, dass es in diesem Waldgebiet am Gambiafluss von guten und bösen Geistern, sogenannten Dschinns, welche die Menschen auf die Probe stellen, nur so wimmeln würde. Deshalb sollte ich nun unbedingt das Geschehene mit allen Details beschreiben. Also erfand ich einen Geist, der mir aus den Dornen heraushalf. Mit der Reaktion, die ich damit auslöste, hatte ich allerdings nicht im Geringsten gerechnet: Über mehrere Tage hinweg war mein Dschinn das einzige Gesprächsthema. Ich hatte den Test bestanden, den Kampf des Guten gegen das Böse.

Ich weiß bis heute nicht, was damals wirklich in diesem ominösen Dornenwald an der Grenze zu Gambia passiert ist, obwohl ich das Erlebte genau vor meinem inneren Auge habe. Nach vielen Jahren und Erfahrungen in Afrika ist mir allerdings klar geworden, dass es Dinge zwischen Himmel und Erde gibt, die wir weder testen können noch analysieren sollten. Sie sind einfach, wie sie sind. Dschinns spielen in großen Teilen Afrikas in kultureller Hinsicht bis heute eine sehr wichtige Rolle.

Auch bei uns gab es Zeiten, in denen man an Naturgeister glaubte. Diese wurden uns durch die Inquisition ausgetrieben. Auch viele alte Märchen der Gebrüder Grimm oder die orientalischen Märchen aus »Tausendundeine Nacht« haben sie zum Thema.

Ein besonderes Detail war allerdings damals im Dornenwald Fakt: Ich war auf der linken Seite der Piste in das Gestrüpp hineingegangen und später auf der rechten wieder herausgekommen, ohne dabei die schnurgerade Piste überquert zu haben ...

Die »Sklaveninsel« Gorée [8,9]

Gemeinsam mit zwei einheimischen Kollegen besuchte ich an einem Wochenende die sogenannte Sklaveninsel Gorée. Sie liegt etwa drei Kilometer vor der senegalesischen Küste, der Hauptstadt Dakar genau gegenüber. Vom Hafen aus setzten wir mit einem uralten rostigen Flussdampfer über. Eigentlich handelte es sich bei ihm um ein Schiffswrack, das ein durchschnittlicher Mitteleuropäer nur unter Androhung von Gewalt bestiegen hätte.

Natürlich hatte ich schon einiges über Sklaverei gehört, allerdings war ich ihr nie zuvor so nahegekommen. Das damit verbundene Gefühl war etwa dem vergleichbar, das in einem aufkommt, wenn man zum ersten Mal ein ehemaliges Konzentrationslager betritt.

Seit 1978 zählt die Insel zum Weltkulturerbe der Menschheit. Ich fand es schon skurril und interessant, was Menschen dazu bewegt, bestimmte Stätten als Erbe der Weltkultur auszuzeichnen. Ich überlegte damals, ob eigentlich auch Auschwitz-Birkenau, Bergen-Belsen, Buchenwald oder Dachau zum Weltkulturerbe zählen. Ich habe es geprüft: Eines der KZs trägt den Titel, die anderen nicht.

Ab der Mitte des 15. Jahrhunderts, als der aktive Sklavenhandel begann, gaben sich die europäischen Freibeuter und Ausbeuter auf der Insel Gorée die Klinke in die Hand. Um den Menschenhandel weltwirtschaftlich lukrativ auszubauen, wurde diese strategisch günstig liegende Insel zu einem stark umkämpften Ankerplatz.

In den unzähligen Verliesen, aus denen die Gefangenen unfreiwillig ihren brutalen und dramatischen Weg nach Amerika, die Neue Welt, antraten, stellten sich dem Besucher die Nackenhaare auf. Die Vorstellung von der damals herrschenden Grausamkeit und Brutalität ließen mich bei 35 Grad Celsius und 85 Prozent Luftfeuchte erschauern. Wer tatsächlich die wochenlangen Strapazen der Überfahrt lebend überstand, schuftete sich, nachdem er auf dem Markt wie ein Stück Vieh verkauft wurde, auf den ersten Baumwoll- und Tabakplantagen des amerikanischen Südens und der Karibik als so bezeichneter Untermensch zu Tode.

Ich nahm an, dass es damals für die als solche anerkannte weiße Herrenrasse etwas Normales war, die vielfältigen Ethnien der Afrikaner alle als Untermenschen einzustufen und ihnen damit jegliche Würde abzusprechen, ja sie wie Tiere zu be- beziehungsweise zu misshandeln. So konnten ihre Vertreter das, was sie an Unmenschlichem taten, leicht mit ihrem Gewissen vereinbaren – bildete ich mir ein. Hatten diese Leute überhaupt ein Gewissen, fragte ich mich. Hatten die Nationalsozialisten ein Gewissen? Wann ist der Punkt in einem Menschen erreicht, an dem er zu Gräueltaten fähig ist, ohne scheinbar darüber nachzudenken, dass etwas mit dem, was er tut, nicht stimmen könnte? Was ist mit Empathie? Oder liegt dieses barbarische Verhalten in uns allen? Schon wieder grauste es mir.

Die Insel Gorée war niemals ein wirklich wirtschaftlich lukrativer Hafen zur Verladung und Verschiffung von großen Mengen von Sklaven. Da lagen die Häfen entlang der westafrikanischen Küste mit einem direkten Anschluss zum Hinterland strategisch wesentlich günstiger. Allerdings war Gorée einer der ersten Häfen, mittels derer der Handel mit der »Ware Mensch« von den Europäern hoffähig gemacht wurde, weshalb ihm eine bedeutende Rolle zukam. Im Internet kann man erfahren, dass seit einiger Zeit bekannt sei, dass von der Insel Gorée verhältnismäßig wenige Sklaven abtransportiert wurden und daher die Bezeichnung Sklaveninsel nicht mehr angebracht erscheine. »Macht das denn irgendetwas besser?«, entfuhr es mir laut, als ich das las. Wo genau soll der Unterschied liegen, ob zehn, 100 oder 500 Sklaven an Bord eines Handelsschiffes gebracht wurden, um dort mit anderen unter Deck zusammengepfercht, Körper an Körper, eine Fahrt ins Ungewisse unter unmenschlichen Bedingungen antreten zu müssen? Lasst uns die »Pforte ohne Wiederkehr« auf Gorée doch symbolisch sehen, was sie auch ist, und nicht durch einen Euphemismus pervertieren.

Der Sklavenhandel und die Kolonialzeit

Sklaven hat es in der Weltgeschichte immer und überall gegeben. Auch heutzutage, gerade jetzt, werden Kinder in Westafrika und vielen anderen Orten der Welt verkauft oder geraubt, um dann auf Plantagen mit Exportprodukten für die »bessere« Welt zu schuften. Oder sie müssen tief in Gold- oder Diamantminen hineinkriechen, in deren Stollen ein ausgewachsener menschlicher Körper nicht mehr hineinpasst, um die dort befindlichen wertvollen Rohstoffe abzubauen. Unter anderem auf dieser unwürdigen Arbeit, die durch Kindersklaven im Vor- und Grundschulalter verrichtet wird, basiert der zur Schau gestellte Luxus der reichen Welt. Finde denn nur ich das verwerflich?

Der globale Handel mit der »Ware Mensch« im marktwirtschaftlichen Sinne wurde dann allerdings von den Europäern erfunden sowie weiterentwickelt und dauerte vom 15. bis ins 19. Jahrhundert.[10] Dazu schreibt der US-amerikanische Philosoph und Autor Michael J. Sandel: »Diese Menschen wurden nicht auf angemessene Art behandelt – nämlich als Personen, die Würde und Achtung verdienen –, sondern als Werkzeuge für den Profit und als Gebrauchsgegenstände.«[11]

Die große Seemacht Portugal entdeckte neues Land, als sie im Jahr 1461 an der Küste des heutigen Liberia landete, sich aber dort niemals fest niederließ. Zu Beginn wurde auch noch mit Elfenbein und Pfeffer gehandelt. Die Entdeckung der anderen Kontinente der Welt durch die Europäer und der Beginn der Verbreitung von Feldfrüchtensowie die sich daraus entwickelnde Plantagenwirtschaft erforderte den massenhaften Einsatz von Arbeitskräften. In diesem Zusammenhang war zum Beispiel der Verschleiß an Indianern in Südamerika enorm. Sie starben nicht nur aufgrund der brutalen Arbeitsbedingungen, sondern auch an den von Europäern eingeschleppten Krankheiten. Deshalb musste eine Lösung her. So begann der sich auf Afrika orientierende Sklavenhandel.[12]

Es heißt, dass etwa 20 Millionen Afrikaner von ihrem Heimatkontinent geraubt wurden. Wenn man damit in Verbindung stehend in Betracht zieht, dass eine große Anzahl dieser Menschen die Qualen der Überfahrt nicht überlebte und tagtäglich über Bord geworfen wurde, also gar nicht ihr eigentliches Ziel, den amerikanischen Kontinent, erreichte, so wird die Dimension der damit einhergehenden Grausamkeiten beinahe unvorstellbar.

Heute sollen etwa eine Milliarde Menschen weltweit an den Folgen von Hunger leiden und in nicht wenigen Fällen auch verhungern. Frauen und Kinder trifft es als Erste. Je größer diese Zahlen werden, umso abstrakter werden sie auch. Dabei ist es doch schon schlimm, wenn heutzutage nur ein einziger Mensch verhungert. Bin ich da allein mit meiner Einstellung?

Es steht an dieser Stelle außer Frage, dass ohne die aktive Mitarbeit der damaligen mächtigen afrikanischen Königreiche, zum Beispiel des Königreichs Abomey in Benin, der florierende Handel mit Sklaven in einem solch extremen Ausmaß niemals möglich gewesen wäre. Wie in Amerika führten die Weißen auch in Afrika Waffen, Alkohol und Glasperlen aus Venedig als Tauschwährung ein – und der afrikanische Mensch entwickelte sich zur internationalen

Handelsware.

Die nachhaltigen Folgen für den Schwarzen Kontinent aus mehreren Jahrhunderten Sklavenhandel waren, dass die jungen und starken Männer und Frauen, die arbeiten und eine Entwicklung ihres Kontinents hätten herbeiführen können, abtransportiert wurden und ihrer Heimat nicht zur Verfügung standen. Sie trugen stattdessen und gegen ihren Willen zum wirtschaftlichen Wachstum und unermesslichem Reichtum der Plantagenbesitzer in großen Teilen Nord- und Südamerikas sowie der Karibik bei. Und nicht nur das. Sie bildeten unumstritten durch ihre körperliche Arbeit bis zu ihrem Tod auch das Fundament, auf dem die industrielle Revolution, die in England ihren Anfang nahm, fußte.

Als am Ende des 19. Jahrhunderts der Sklavenhandel zum Erliegen kam, ging die Ausbeutung des afrikanischen Kontinents dennoch nahtlos weiter – in Form der Kolonialzeit. Nachdem die Europäer zuerst die Ressource Mensch ausgebeutet hatten, begannen sie jetzt mit einem Raubbau der Bodenschätze wie Erdöl, Kupfer, Uran, Gold oder Coltan.

»Die Kolonialmächte kümmern sich einen Dreck um das Wohl Afrikas. Sie sind angelockt von den Reichtümern Afrikas, und ihre Aktionen sind einzig davon geleitet, ihre Interessen gegen die Interessen der Afrikaner durchzusetzen. Dabei sind ihnen alle Mittel recht.«[13]

Patrice Lumumba (1925–1961)
Erster Premierminister des unabhängigen Kongo, ermordet mithilfe des US-Geheimdienstes und der belgischen Regierung.[14]

Die Kongo-Konferenz 1884 in Berlin[15]

Während der Phase des aktiven Sklavenhandels, die vom Beginn des 16. Jahrhunderts bis zur Mitte des 19. Jahrhunderts andauerte, wurden von Europäern meist nur strategische Stützpunkte mit Häfen entlang der afrikanischen Küste angelegt. Weiße Sklavenhändler drangen selten bis ins Hinterland vor. Das überließen sie afrikanischen Sklavenjägern, die schon vorher Menschenhandel betrieben hatten – nur eben nicht in industriellem Ausmaß.

So blieb Afrika über eine lange Zeit hinweg für die Europäer der unerforschte »Schwarze Kontinent«.

Nachdem ab dem Jahr 1806 in England die organisierte Sklaverei weltweit abgeschafft wurde und somit die Nachfrage nach der »Ware Mensch« aus Afrika sank, mussten sich die Europäer dort nach anderen wirtschaftlich verwertbaren Gütern umsehen.

Eines der kritischsten Ereignisse für die Weiterentwicklung Afrikas, durch das dem ganzen Kontinent, bildlich gesprochen, das Genick gebrochen wurde, war die sogenannte Kongo-Konferenz, die vom 15. November 1884 bis zum 26. Februar 1885 im Kongresssaal des Reichskanzlerpalais in Berlin stattfand. Dort trafen sich damals europäische und amerikanische Politiker und Diplomaten auf Einladung des deutschen Reichskanzlers Otto von Bismarck. Sie setzten sich über vier Monate zusammen und teilten den riesigen Kuchen, den Afrika darstellte, untereinander auf.[16]

Teils nach persönlichen Vorlieben, aber viel wichtiger: Gezielt strategisch und wirtschaftlich rentabel, wurde ganz Afrika von Staatsmännern aus Frankreich, England, Portugal, Deutschland, den USA und dem Osmanischen Reich zerstückelt – allesamt Männer, die den Kontinent selbst nie betreten hatten. Dass sie zu diesem Tun ein uneingeschränktes Recht hatten, zog niemand in Zweifel. Kein einziger Afrikaner war zur Konferenz geladen. Eine Zustimmung seitens der »Eingeborenen« wurde einfach unterstellt. Die Tatsache, dass es in Afrika mannigfaltige Kulturen und Zivilisationen gab, wurde von den Teilnehmern komplett ignoriert. Jede anwesende Staatsmacht wollte zunächst einmal all das behalten, was sie bereits erobert hatte, und dazu noch möglichst viele neue Gebiete ergattern. Es versteht sich von selbst, dass deshalb am Verhandlungstisch untereinander große Rivalität herrschte. Die Zusammenkunft glich daher eher einer Pokerrunde oder dem Kampf um die Schlossallee beim Monopoly-Spiel. Es war ein Hauen und Stechen, ein Wetteifern und ein regelrechter Wettlauf um die Gebiete in Afrika, die noch nicht erobert waren. Als hehres Ziel wurde vorgeschoben, dass die Kolonialherren den »Eingeborenen« oder »Wilden« die

Zivilisation, die wahre Religion, die Zukunft und das Heil bringen wollten. Bismarck betonte in seiner Eröffnungsrede, dass die Bemühungen der Teilnehmer, die Wirtschaftsbeziehungen mit Afrika auszubauen, dem Frieden und der Humanität dienten.

Ein strategisches Ziel war es, den Kontinent über die Küstengebiete hinaus für den Handel zu erschließen, ein anderes, die Sklaverei auch in Afrika abzuschaffen. Diese wurde alsbald in Zwangsarbeit umbenannt, bei der jetzt nur der Abtransport auf einen anderen Kontinent wegfiel, der Rest blieb unverändert.

Zu Beginn der Konferenz ging es speziell, wie der Name schon sagt, um das Kongobecken, das ab 1871 durch den britisch-amerikanischen Journalisten und Afrikaforscher Sir Henry Morton Stanley erforscht wurde.[17] Ursprünglich war er beauftragt gewesen, den verschollenen Missionar Dr. Henry Livingstone zu suchen. Stanley war damals zur Teilnahme geladen, weil er als Einziger Ortskenntnisse besaß. Vor seiner Reise war Zentralafrika ein schwarzer Fleck auf der Weltkarte. Ziel der Konferenz war der freie Handel für Europäer im Kongobecken sowie die freie Schifffahrt auf dem Kongo sowie dem Niger in Westafrika. Klare Regeln, wie sich die Europäer untereinander zu verhalten hatten, wurden festgelegt.[18]

König Leopold II. von Belgien hatte im Jahr 1878 aus wirtschaftlichem Interesse an neuen Ressourcen und Absatzmärkten die Internationale Kongo-Gesellschaft gegründet. Gehandelt wurde mit Rohstoffen wie Eisen, Kautschuk, Erdöl und Palmöl, die für die sich stark entwickelnde Industrie in Europa notwendig waren. Kautschuk war vor allem deshalb interessant, weil der Erfinder John Boyd Dunlop im Jahr 1888 festgestellt hatte, dass sein Sohn auf einem Holzrad besser und bequemer fuhr, wenn dieses Gummireifen hatte.[19]

Verständlicherweise wurde die Reise Stanleys von Leopold II. finanziert. Die Begründung, mit der man auf der Kongo-Konferenz dann die uneingeschränkte Inbesitznahme aller Gebiete in Afrika rechtfertigte, war, dass Stanley nirgendwo auf eine Nationalflagge gestoßen war, die das Vorhandensein einer zivilisierten Gesellschaft hätte beweisen können.

Nur zwei Monate nach Ende der Konferenz machte Leopold II. den Kongo zu seinem Privatbesitz. Die unfassbaren Gräuel in Belgisch-Kongo, die dann folgten, werden als bekannt vorausgesetzt.

Die Aufteilung Westafrikas vollzog sich in der zweiten Hälfte der Konferenz quasi unter der Hand. Besonderer Wert wurde darauf gelegt, altgewachsene Königreiche, mit denen die Europäer zuvor während der Sklaverei noch lukrative Geschäfte gemacht hatten, jetzt mit System zu zerstückeln, um ihre Macht zu zerschlagen.

So wurde das Königreich der Songhai[20] in Westafrika geviertelt und unter den Ländern Benin (damals Dahomey), Niger (Französisch-Westafrika), Togo (deutsche Kolonie von 1884 bis 1919, danach französisch) und Burkina Faso (Obervolta, französische Kolonie von 1919 bis 1960) aufgeteilt. Auch das Königreich der »Kanem-Bornu« wurde aufgespalten. Eine Hälfte fiel der britischen Kolonie Nigeria zu, die andere der französischen Kolonie Niger. Hierin liegt die Wurzel des heutigen Boko-Haram-Konfliktes in der Region begründet. Die ethnische Gruppe der Fons, die entlang der westafrikanischen Küste lebt, wurde gleich auf sechs Länder aufgeteilt. All diese Nationen haben meist eine knapp 100 Kilometer lange Küstenlinie und dehnen sich über 1000 Kilometer nach Norden aus. Während die Küstengebiete in vielerlei Hinsicht bevorzugt wurden, vernachlässigte man jeweils das Hinterland.

1852 stieß der Gelehrte und Afrika-Reisende Heinrich Barth in Nordnigeria auf die Königschronik »Girgam«, die das Reich von Kanem-Bornu beschrieb, was einen wichtigen Aspekt zur Erforschung der afrikanischen Geschichte darstellte.[21] In der Region des Königreiches Kanem-Bornu im heutigen Tschad, im Niger und in Nordnigeria geriet er in eine Sklavenhatz. »Barths Schilderung der von Afrikanern an Afrikanern begangenen Gräueltaten gehört zu den erschütterndsten Darstellungen in der klassischen Afrikaliteratur«, lässt dazu die Online-Enzyklopädie »Wikipedia« wissen. Er wurde 1853 in Timbuktu vom geistlichen Oberhaupt und berühmtesten Koran-Gelehrten Westafrikas, Sidi Ahmad al-Baqqai, geschützt und konnte Dokumente über die mittelalterlichen und frühneuzeitlichen Reiche Westafrikas, »Mali« und »Songhai«, studieren. Er besuchte zudem die Königsgräber der Songhai-Herrscher in Gao. Barth stellte zu spät fest, dass die Briten ihn missbrauchten und seine Forschungsergebnisse ganz anderen Zwecken dienten, als die, die er im Blick hatte. Er schrieb, er hätte sich gut vorstellen können, mit einer muslimischen Befreiungsarmee gegen die Kolonialisten in Afrika zu reiten.[22]

Bei der Grenzziehung wurde seitens der Kolonialmächte explizit darauf geachtet, möglichst viele unterschiedliche Stämme in den neu erfundenen Ländern einzuschließen. Den Europäern war mittlerweile die Diversität von Völkern und Sprachen mit unterschiedlichen Riten, Bräuchen und Glaubensrichtungen in Westafrika genauestens bekannt Stammesfehden wurden durch sie strategisch ausgenutzt. Um die Disharmonie in den Vielvölkerstaaten nachhaltig aufrecht zu erhalten, wurde eine Ethnie von den Kolonialherren bevorzugt und eine andere große Volksgruppe gezielt gedemütigt und unterdrückt. Die gesäte Zwietracht hält bis heute an und führt immer wieder zu Bürgerkriegen und Völkermorden.

Es gibt hierzu viele Beispiele, greifen wir eines heraus: Beinahe jeder dürfte sich noch an den Völkermord in Ruanda erinnern. Er resultierte aus dem eben beschriebenen System. Ruanda besaß in den 1990er-Jahren einen für Afrika relativ gut funktionierenden landwirtschaftlichen Sektor bei einer hohen Bevölkerungsdichte. Die katholische Kirche hatte sich durch Missionierung gut etabliert. Als Ruanda 1962 nach der Unabhängigkeit von Belgien erste Wahlen abhielt, fiel die Macht an die zahlenmäßig größte, jedoch unterdrückte bäuerliche Ethnie der Hutu. Deren Vertreter waren zwar jetzt die gewählten Machthaber im Land, lebten aber in permanenter Angst vor der Rache der Tutsi, den Viehhirten und ursprünglichen Herrschern in der Region, die von den Belgiern bevorzugt worden waren. 1994 kam es infolge von Panik und Hysterie zu einem Gemetzel und beinahe zur Ausrottung der Tutsi. Die Tutsi aus dem benachbarten Uganda schworen deshalb blutige Rache, was als Folge einen gigantischen

Flüchtlingsstrom von Hutu aus Ruanda an den Kivu-See verursachte, wo eines der riesigen, für Afrika so symptomatischen und chaotischen Flüchtlingslager entstand.[23]

Bis zum heutigen Tag führen ethnische und Glaubens-Konflikte, gemischt mit multinationalen Auseinandersetzungen um die begehrten und oft auch seltenen Rohstoffe, immer wieder zu Bürgerkriegen. Durch die Kolonialmächte wurden instabile Staaten ohne Zusammengehörigkeitsgefühl geschaffen, die man von außen leicht manipulieren und ausbeuten konnte und immer noch kann. Die Kolonialisten bauten zwar Straßen und Schienen zur Entwicklung der Infrastruktur des Kontinents. Dabei ging es aber einzig und allein um den Abtransport der Rohstoffe und niemals um die Entwicklung Afrikas als Ganzes.

Nach dem Zweiten Weltkrieg, als Europa in großen Teilen zerstört und bankrott darniederlag, begannen die afrikanischen Länder, eines nach dem anderen, sich von ihrem kolonialen Joch zu befreien und wurden unabhängig. Ghana stand 1957 Pate für die Befreiung des Kontinents. Der anfänglichen Euphorie folgte allerdings recht schnell eine allgemeine Ernüchterung. Die von den Europäern gezogenen Grenzen wurden nicht verändert, sodass die ethnischen Spannungen fortbestanden. Vielerorts blieben die bevorzugten Ethnien an der Macht und stellten die korrupten politischen Eliten.

So wurde auch nach der Kolonialzeit brutal weitergekämpft, und der afrikanische Kontinent versank in einem Flächenbrand aus Bürgerkriegen und Völkermorden. Oft installierten sich extrem brutale Militärregime, meist durch Hilfe von außen. Zahlreiche afrikanische Staatsmänner wurden mithilfe oder gleich von den Europäern und Amerikanern selbst umgebracht, wenn sie sich allzu sehr für die Interessen ihres Landes einsetzten. Man denke hier nur an Patrice Lumumba im Kongo oder Thomas Sankara in Burkina Faso.[24]

In den meisten Ländern blieb der »indirekte« Einfluss der einstigen Herrscher bestehen. Deren wirtschaftliche Abhängigkeit von den lukrativen Ressourcen der ehemaligen Kolonien war auch viel zu groß, als dass man sie hätte einfach aufgeben können. Was hätte Frankreich beispielsweise mit seinen zahlreichen Atomkraftwerken getan, wäre es im Niger nicht jahrzehntelang so günstig an Uranerz gekommen? Trotz des symbolischen Bruchs mit der kolonialen Beziehung sind seit der Unabhängigkeit in den 1960er-Jahren Länder wie Benin, Burkina Faso, der Senegal, die Elfenbeinküste, Mali, der Niger, Togo, Kamerun, die Zentralafrikanische Republik, Guinea-Bissau, Äquatorialguinea, der Tschad, Kongo-Brazaville und Gabun durch ihre Schulden in einer Abhängigkeit vom ehemaligen Kolonialherren Frankreich gehalten worden. In dem im Internet publizierten Artikel »Thomas Sankara: The Greatest Leader Africa Ever Had!«[25] heißt es dazu: »Durch einen Kolonialpakt zwang Frankreich diese Länder, 85 Prozent ihrer Währungsreserven in die französische Zentralbank unter der Kontrolle des französischen Finanzministers einzuzahlen. Die neokoloniale Steuer ist ein Dämpfer für das Wirtschaftswachstum dieser neu gegründeten armen afrikanischen Länder und eine Beleidigung ihrer Souveränität!«

»Der Mensch sagt, dass die Zeit vorübergeht. Die Zeit sagt, dass der Mensch vorübergeht.«

Indisches Sprichwort

AUF MADAGASKAR

Nach der Zeit im Senegal als »Toubab« kam 1994 die Zeit als »Vazaha«. Der Sinn des Begriffes – (hellhäutiger) Fremder – blieb allerdings der Gleiche. Ich war im Südwesten Madagaskars, genau auf dem »Südlichen Wendekreis des Steinbocks«, angekommen. Weiter nach Süden bewegt sich die Sonne nicht. Dort dreht sie um.

Wie abenteuerlich mutet doch das Wort an: Madagaskar! Was verbindet man spontan damit? Eine große Insel, irgendwo im Indischen Ozean vor der Küste Ostafrikas gelegen. Dort, wo man an der afrikanischen Küstenlinie genau erkennen kann, dass Madagaskar einmal vor Jahrmillionen Teil des afrikanischen Festlandes war. Die Lemuren, die Halbaffen Madagaskars. Die berühmte Vanille. Dort, wo der Pfeffer wächst. Und natürlich nicht zu vergessen das altbekannte Seemannslied: »Wir lagen vor Madagaskar und hatten die Pest an Bord. In den Kesseln, da faulte das Wasser und täglich ging einer über Bord.« Oder heutzutage wohl doch eher die erfolgreiche Animationsfilmreihe »Madagaskar« aus der Traumfabrik.

Bétioky, wo das Projekt stationiert war, lag etwa 150 Kilometer von der Küstenstadt Tuléar (auch Toliara genannt) entfernt. Es dauerte allerdings einen ganzen Tag, um dorthin zu gelangen. Auf der unwegsamen, dunkelrotbraunen Lateritpiste kam man an einer seit Langem geschlossenen

Leprastation vorbei. Nur die alten Gebäude zeugten noch davon, dass man an diesem entlegenen Ort etwas vor dem Rest der Welt verborgen hatte.

In Bétioky gab es schon seit langer Zeit eine Heuschrecken-Forschungsstation der Franzosen. Deshalb ging auch ich dorthin, wegen der Wanderheuschrecken. Im Dorfkern standen einige alte verwaiste Kolonialvillen. Außer von Zeit zu Zeit dort auftauchenden wenigen Hühnern, Ziegen oder mal einem Esel lebte dort keiner darin. Kein Einheimischer wäre je auf die Idee gekommen, in ein Steinhaus zu ziehen, in dem sich die Hitze noch zusätzlich staute. Es war schon heiß genug.

Imposant an der Forschungsstation waren für mich auch all die dort aufgereihten kaputten Mercedes-Benz-Geländewagen – warum kleckern, wenn man klotzen kann –, die ein deutsches Entwicklungshilfeprojekt dort verschlissen hatte. »Nachhaltigkeit«. Das waren allerdings auch schon die einzigen Überbleibsel seines Wirkens vor Ort. Ansonsten hätte man meinen können, es wäre nie vor Ort gewesen. Heute saßen die Experten in Tuléar oder gleich in der 1000 Kilometer entfernten Hauptstadt, weil der Standort Bétioky unzumutbar für sie war. Der Projektleiter verdiente damals im Monat so viel wie ein Oberarzt in der Universitätsklinik meiner Heimat. Und man gehörte zur Elite und war seinen kolonialen Vorfahren nicht unähnlich. Aber es handelte sich um »Gutmenschen«, die bereit waren, ihre Gesundheit zum Wohle der Armen aufs Spiel zu setzen. Das Engagement wurde auf Staatskosten steuerfrei honoriert.

Apropos Autos: In der Hauptstadt Antananarivo

zeichneten damals noch viele französische Oldtimer, so wie man es in ähnlicher Form von Kuba kennt, das Stadtbild. Die Armaturen und Türrahmen waren aus Holz. Wie im Film. Damals stand auch noch der hölzerne Königspalast »Rova«, der Ende 1995 abbrannte – ebenso wie die alte hölzerne Markthalle in Dakar im Senegal, die im Internet keine Erwähnung mehr findet. Zumindest die wiedererbaute »Rova« soll 2010 eingeweiht worden sein.[26] Ein markanter Punkt ist der Anosy-See im Zentrum von »Tana«, wie die Madagassen ihre Hauptstadt liebevoll oder vielleicht auch der Einfachheit halber nennen, rundum bewachsen von zart lila blühendem Jacaranda. Wie wunderschön sah das aus! Die Hauptstadt wurde wie Rom auf vielen Hügeln erbaut. Es ging ständig rauf und runter, in bewaldete Gebiete hinein und wieder hinaus.[27] Heute soll von den Bäumen angeblich nicht mehr viel übrig sein. Es ist aktuell, 2021, mittlerweile schon 28 Jahre her, dass ich in Madagaskar war. Damals war die Insel noch kein Touristenziel. Auch im Fernsehen begegneten uns noch keine Dokumentarfilme über Lemuren und das Ai-Ai-Fingertier. Allerdings scheint es derzeit aufgrund von Covid-19 ein Einreiseverbot zu geben.[28]

Ich hatte mir auf der über 1000 Kilometer langen Fahrt von »Tana« in den Süden irgendwo am Straßenrand ein handgemachtes Rattanbett gekauft. Dieses wurde auf dem Pick-up festgeschnallt – und weiter ging es Richtung Süden. Was war das damals für eine schreckliche Fahrt durch das teilweise total abgeholzte Hochland Madagaskars! Dort, wo irgendwann ein tropischer Urwald stand, sah es tatsächlich aus wie auf dem Mond mit seinen riesigen Erosionskratern. Hier würde wahrscheinlich kaum wieder etwas wachsen – und falls doch, zumindest kein tropischer Regenwald mehr. All diese Zerstörung war zu 100 Prozent »Man Made«.

Meine Unterkunft in Bétioky lag auf dem Gelände der Forschungsstation: ein kleines rechteckiges Gartenhäuschen aus Beton, oben mit Wellblech versehen – ein Steinbackofen mit Solardach sozusagen. Vor dem Häuschen stand ein riesengroßer Mangobaum, unter dem man es aushalten konnte. Beim Betreten des »Backofens« kam man in einen kleinen Raum, von dem aus es in zwei kleine Kammern ging, Schlaf- und Gästezimmer. Das war alles. Im rechten Teil des Wohnofens befand sich eine Küche ohne Kühlschrank oder Herd und dahinter so etwas wie ein Bad, nur eben ohne Wasser.

An den theoretischen Ablauf des Spülbeckens, wenn es in der Küche Wasser gegeben hätte, erinnere ich mich bis heute ganz genau. Dahinter im Abflussrohr saßen jeden Abend die Riesenkakerlaken Madagaskars. Sie kommen, wie fast alle Pflanzen und Tiere der Insel, nur dort vor. Die Kakerlaken besitzen extrem lange Fühler. Diese streckten sie immer wild gestikulierend durch den Abfluss, weil sie dort irgendwie nicht hindurchpassten. Sie gehörten wirklich nicht zu den intelligentesten Wesen.

Wenn ich abends draußen auf der Treppe saß, krabbelten diese plumpen Schaben unaufhörlich die Hauswand hoch. Da sie zur Unterklasse der Fluginsekten gehören, dachten sie wohl, sie könnten fliegen. Aber ohne Flügel klappt das schlecht. Wenn irgendwann die Schwerkraft größer wurde als ihr Wille, ohne ersichtlichen Grund eine Wand emporzusteigen, fielen mir die Biester in den Nacken oder auf den Kopf – und das mochte ich gar nicht. Manchmal landeten sie auch rücklings auf dem Boden direkt vor mir. Dort zappelten sie wild mit ihren Beinchen und konnten sich, genau wie ein Hirschkäfer bei uns, nicht mehr umdrehen. Wenn ich mit dem Daumen auf ihren Bauch drückte, um sie noch mehr zu ärgern, quietschten sie wie ein chinesisches Spielzeug. Deshalb heißen sie auch wirklich Fauchschaben. Das ist kein Witz. Irgendwann kam ich auch gut mit ihnen klar. Es blieb mir ja nichts anderes übrig. Sie waren eben da, jeden Tag und jede Nacht. Also störten wir uns einfach nicht mehr aneinander. Und eigentlich trugen die Schaben zu meiner allabendlichen Freizeitbeschäftigung bei. Es gab ja nichts anderes zu tun an diesem gottverlassenen Ort am Ende der Welt.

Alles endemisch

Nur im Südwesten Madagaskars wachsen die Armleuchterkakteen. Ja, sie heißen wirklich so! Schief dastehend, prägen sie die Landschaft und krümmen sich bizarr in eine Richtung, den ständig blasenden Westwind anzeigend. Diese Landschaft wirkte auf mich, als hätte Steven Spielberg die Kulisse gerade erst für »Jurassic Park« aufbauen lassen. Aber alles war tatsächlich real, fremd und einzigartig.

Apropos »Jurassic Park«. Als meine Eltern einmal zu Besuch kamen, brachte mein Vater kleine Dinosaurierfiguren mit. Als er die Miniatursaurier vor den Kindern des Wächters der Forschungsstation in den Sand stellte, liefen diese schreiend und heulend davon. Zum Glück hatte er auch noch ein paar kleine Autos mitgebracht. Damit konnten selbst die Kinder in Bétioky etwas anfangen. Diese Autos wurden umgehend an eine Schnur gebunden und hinter sich hergezerrt.

Mein Vater kaufte sich einen für die Region so typischen Strohhüte der Madagassen auf dem lokalen Markt und lief in kürzester Zeit in Bétioky herum, als wäre er niemals irgendwo anders zu Hause gewesen.

Die strahlend weißen Korallenriffe an der Küste mit all den kunterbunten Korallenfischen in einem azurblauen Meer, die um die Beine schwammen, wenn man durchs Wasser watete, waren genauso atemberaubend wie der funkelnde Nachthimmel à la van Gogh, mit Myriaden von Sternen und mittendrin dem Kreuz des Südens.

Während der Regenzeit im Südwesten trat Steven Spielberg wieder auf den Plan. Blitze zuckten und schlugen direkt vor mir in den Boden ein. Es krachte und donnerte in einer Art, die ich zuvor nicht kannte. Urkräfte machten sich Luft. Genauso schnell, wie die tropischen Gewitter begonnen hatten, waren sie wieder vorbei und die Sonne brannte weiter unerbittlich von einem azurblauen Himmel auf die staubtrockene rote Erde. In der Regenzeit konnte man Bétioky mit dem Auto nicht mehr erreichen. Der Onilahi, ein Rinnsal in einem tiefen Canyon, wurde während der Regenzeit ein tosender Fluss und der Canyon füllte sich randvoll mit Wasser. Man musste mit einem Floß übersetzen. Ein Telefon gab es gar nicht. Strom drei Stunden pro Tag, und das nicht regelmäßig.

Überall gab es Chamäleons, kleine, große, schillernd wie Kaleidoskope. Das waren übrigens die einzigen Tiere, die nicht im Kochtopf landeten. Jeder Madagasse hatte fürchterliche Angst vor ihnen.

Der Großteil der Pflanzen- und Tierwelt Madagaskars, wie etwa die Lemuren, Armleuchterkakteen oder Ravenala madagascariensis, die Fächerpalme oder der »Baum der Reisenden«, sind endemisch. Das heißt, sie kamen ursprünglich einmal nur auf dieser Insel vor. Nachdem Madagaskar sich vom afrikanischen Festland abgespalten hatte, begann die isolierte und dadurch einzigartige Weiterentwicklung. Heute schmückt der »Baum der Reisenden« die ganze südliche Hemisphäre.

Ein anderes Beispiel für endemische Arten sind die Riesenlandschildkröten. Sie gehören zu den größten der Welt. Einzigartig natürlich. Bereits damals waren diese Schildkröten vom Aussterben bedroht und aus diesem Grund durch das Washingtoner Artenschutzabkommen geschützt. Doch überall im Süden lagen die ausgehöhlten Schildkrötenpanzer herum. Was sollten die Menschen dort denn essen, wenn es, wie so oft, nichts anderes gab? Auch wenn man in Washington anders darüber dachte.

Auch »Kattas«, die Lemuren mit dem schwarzweiß geringelten Schwanz, die jeden Morgen aufrecht sitzend wie Gurus, die Hände auf den Knien abgelegt, die aufgehende Sonne begrüßen, standen natürlich auf dem madagassischen Speiseplan im Südwesten der Insel. Die Jungtiere wurden auf dem Markt verkauft, die Weibchen waren ein Leibgericht für viele Familien. Ob es wohl heute noch so ist, im Südwesten von Madagaskar? Mittlerweile ist so viel Zeit vergangen ...

Das »Hotely Mahafaly«

Zu essen gab es wirklich kaum etwas in Bétioky. Für niemanden. Im »Hotely Mahafaly«, einer kleinen düsteren Holzbaracke, die erstaunlicherweise jedem Tropensturm standhielt, gab es wahlweise Reis mit Huhn oder Huhn mit Reis. Das Huhn bestand aus Knochen mit Haut, im Gegensatz zu den »Maishühnchen« der »entwickelten Welt« mit ihrem saftig weißen Fleisch. So nagte auch ich an den Knochen ab, was ging. Den Rest erledigten dann die spindeldürren Katzen, die einem wie wahre Raubtiere direkt im Nacken saßen und auf ihre Chance warteten. Die knackten die Knochen.

Wenn der Reis im Topf gar war und auf den Blechteller kam, wurde er umgehend mit einem zweiten Teller abgedeckt. Sobald man den Teller abnahm, wechselte der Reis in wenigen Sekunden seine Farbe von weiß zu schwarz aufgrund der Aktivität von Abermillionen Fliegen.

Interessant war in Bétioky die Tatsache, dass es an dem vom Rest der Welt vergessenen und nur von Heuschrecken als Brutstätte auserkorenen Nest »Coca-Cola« und »Cube Maggi«, also Maggiwürze, gab. Diese beiden Produkte hatten es erstaunlicherweise bis in die hintersten Winkel der Welt geschafft, während lebensnotwendige Dinge für die Menschen niemals dort ankamen.

Übrigens wurde ich auf Madagaskar nicht so dürr wie alle anderen – inklusive der Hühner und Katzen –, sondern tatsächlich dick. Es gab zwar kaum etwas zu essen, aber ich hatte Geld und konnte mir Coca-Cola leisten. Nach meinem Aufenthalt auf Madagaskar habe ich dieses

Getränk nur noch zu mir genommen, um starken Durchfall zu bekämpfen. Die Erinnerungen wirken bis heute. Übrigens soll der Begriff Coca-Cola nach »Ok« das zweithäufigste gesprochene Wort auf der Welt sein.

Auf dem kleinen Wochenmarkt in Bétioky wurden die Altkleider aus der entwickelten Welt feilgeboten. Am meisten hatten mich die gefütterten Ski-Overalls beeindruckt, weil sie in einem Land, in dem die Jahresdurchschnittstemperatur bei 28 Grad Celsius liegt, keinen Sinn ergaben. Ich hatte den Eindruck, dass, je unnützer die Kleidungsstücke waren, die in einem großen Sack als so deklarierte humanitäre Hilfe auf der Insel ankamen, umso weiter sie nach Süden transportiert wurden. Was noch irgendwie brauchbar war, blieb in der Hauptstadt. Die farbenfrohen afrikanischen Stoffe, wie man sie im Senegal sah, und die typischen handgenähten Kleider gab es auf Madagaskar nicht. Für die Frauen existierte traditionell nur ein bedrucktes Wickeltuch, ansonsten waren die Menschen in alte Lumpen gehüllt.

Als ich damals nach meinem Madagaskar-Aufenthalt wieder zurück in der Heimat war und das erste Mal in einem Supermarkt vor unermesslichen Massen von allen möglichen Waren stand, die kein Mensch unbedingt zu einem guten Leben braucht, schossen mir die Tränen in die Augen. Der Weltbogen war überspannt. Daran hat sich bis heute nichts geändert, wenn ich wieder einmal vor dem unfassbaren Überangebot stehe. Nur heule ich nicht mehr, ich nehme den Zustand schweigend wahr. Weil ich es weiß, aber es nicht ändern kann. Wie gewollt unwissend sind doch so viele Menschen in dieser globalen Welt. Es ginge sie ja nichts an, sie müssten schließlich selbst zusehen, wie sie klarkommen, heißt es dann immer.

Als ich damals von Madagaskar nach Deutschland zurückkam, fiel mir auch auf, dass viele Leute über Schwierigkeiten und Probleme klagten und darüber sprachen, wie schwer sie es doch im Leben hätten. Depressionen waren in Mode gekommen. Ich dachte so bei mir: Einfach in ein Flugzeug setzen und in Richtung Süden zum Wendekreis des Steinbocks fliegen. Dort mit dem Fallschirm rausspringen. Nach maximal zwei Wochen im Südwesten Madagaskars hätte wohl kaum einer der Klagenden weiterhin erzählt, wie unerträglich sein Leben sei. Irgendwann gab es ja tatsächlich bei einem der Privatfernsehsender ein Format, bei dem schwer erziehbare Kinder aus Deutschland in einen Gral nach Afrika geschickt wurden. Ob es dort mit der Erziehung geklappt hat?

Der Totenkult der »Mahafaly«

Obwohl Madagaskar geografisch gesehen zum afrikanischen Kontinent gehört, sind nicht nur die Natur, sondern auch die Bewohner etwas eigentümlich. Die Madagassen sind ein Mischvolk aus Afrikanern und Asiaten, da die Insel von beiden Seiten her etwa gleichzeitig besiedelt wurde. Es waren sehr hübsche Menschen, solange sie nicht lächelten, denn meist fehlten ihnen viele Zähne. Als ich dort war, ernährte sich die Mehrzahl der Bewohner des Südens von Maniok, einer tropischen Wurzel. Die Maniokwurzel kommt, wie fast alle Nutzpflanzen, aus Südamerika. Als Kolumbus 1492 versehentlich den amerikanischen Kontinent entdeckte (er wollte ja eigentlich Indien auf dem Seeweg erreichen), begann im Anschluss die Verbreitung von Pflanzen und Tieren aus der Neuen Welt überall hin.[29] Wenn man sich einseitig von Maniokwurzeln ernährt, die einen sehr geringen Eiweißgehalt aufweisen, kommt es zu Mangelernährung, in deren Folge die Zähne ausfallen.

Die »Mahafaly«, die im südlichen Teil Madagaskars leben, besitzen einen ganz besonderen Totenkult, eine innige Verbindung zu ihren Ahnen. Jeder Mahafaly sollte, wenn irgend möglich, in der Erde seiner Heimat begraben werden. Das ist so Brauch. Das muss so sein. Dort, bei seinen Vorfahren.[30]

Alljährlich gibt es ein ganz besonderes Fest. Dann werden alle Leichen aus ihren Grabbauten hervorgeholt. Es wird einen ganzen Tag lang mit der Verwandtschaft gefeiert, gelacht, getanzt. Anschließend werden die ausgedörrten Körper aus ihren alten Stoffen ausgerollt, in neue Leichentücher gewickelt und bis zum nächsten Jahr verstaut. Das geht so lange, bis die sterblichen Überreste zu Staub zerfallen sind. Mahafaly, die es sich leisten können, besitzen Zebu-Rinder – als Statussymbol, nicht zum Verzehr. Bei der Beerdigung wird traditionell ein Tier geopfert. Die Hörner werden als Zierde auf die Gräber gelegt, daran erkennt man die Friedhöfe. Ein afrikanisches Sprichwort sagt, dass jede Geburt die Wiedergeburt eines Ahnen ist.

Die Bewohner dieser einzigartigen Trockenlandschaft zählten damals und zählen auch heute zu den ärmsten Menschen der Welt. Viele lebten davon, Holzkohle herzustellen aus den wenigen

Bäumen und Sträuchern, die im trockenen Süden überhaupt noch wuchsen. Die bittere Armut dieser von Kohlestaub geschwärzten knochigen Gestalten, die am Rande der Piste saßen, um ein Häufchen Holzkohle zu verkaufen, war niederschmetternd.

Spekulanten

Die Tatsache, dass die Landbevölkerung im Südwesten Madagaskars keinen Zugang zu Trinkwasser hatte, nutzten Spekulanten, die aus Südafrika stammten, schon damals, als ich dort weilte, schamlos aus. Sie kamen mit Tanklastern und lieferten den armseligen Bauern Wasser, das sie in alte Pestizidfässer abfüllten. Natürlich nicht umsonst. Als Gegenleistung mussten die Bauern auf ihrem kargen Land Mais anbauen. Das ging maximal zwei bis drei Jahre gut, dann waren die Böden völlig ausgelaugt und neue Gebiete mussten erschlossen, also brandgerodet, werden. Zum Schluss machten die Bauern nicht einmal mehr davor halt, die seltenen großen Affenbrotbäume oder Baobabs, denen ich im Senegal zum ersten Mal gegenüberstand, abzuholzen und niederzubrennen, die ihnen eigentlich heilig sind. So verwandelte sich der Südwesten mehr und mehr in eine wüstenartige Landschaft. Den spärlichen Mais, den die Bauern mit ihren dürftigen Mitteln erwirtschafteten, mussten sie quasi als Rückzahlung für das gelieferte Wasser an die Händler abgeben. So gelangten sie immer tiefer in den Sog eines Teufelskreises, aus dem es kein Entrinnen gab. Ihr mühsam geernteter Mais wurde nach Südafrika verschifft und dort an Schlachtvieh in fortschrittlichen Mastbetrieben verfüttert.

»Der Erste, der ein Stück Land eingezäunt hatte und es sich einfallen ließ zu sagen: ›Das gehört mir‹, war der wahre Gründer der bürgerlichen Gesellschaft. Wie viele Verbrechen, Kriege, Morde, wie viel Not und Elend und wie viele Schrecken hätte derjenige dem Menschengeschlecht erspart, der seinen Mitmenschen zugerufen hätte: ›Hütet euch, auf diesen Betrüger zu hören; ihr seid verloren, wenn ihr vergesst, dass die Früchte allen gehören und die Erde niemandem.‹«[31]

Jean-Jacques Rousseau (1712–1778)

Das sogenannte Land Grabbing in Afrika[32,33]

Zu Beginn des neuen Jahrtausends wurde auf Madagaskar als einem der ersten Länder Afrikas das »Land Grabbing« bekannt. Der Begriff bedeutet so viel wie »fremde Landnahme« oder »Landraub«. Er wurde durch die Nichtregierungsorganisation (NGO) »Grain« ins Leben gerufen, die 2010 für ihr Engagement mit dem »Alternativen Nobelpreis« ausgezeichnet wurde.[34]

Nach der globalen Finanz- und nachfolgender Nahrungsmittelkrise 2007/2008 nahm der Landraub auch in anderen afrikanischen Ländern wie dem Kongo, dem Sudan, in Mosambik, in Malawi, dem Niger, in Mali, Äthiopien, Sierra Leone und dem Südsudan enorm an Fahrt auf. All diese Länder zeichnet eine äußerst schwache Ökonomie gepaart mit einem hohen Anteil an von Hunger und chronischer Mangelernährung betroffener Bevölkerung aus.

Laut einer Weltbank-Studie wurden in den

Jahren 2008/2009 Landgeschäfte über 56 Millionen Hektar getätigt, das ist in etwa die Hälfte der landwirtschaftlichen Nutzfläche der Europäischen Union (EU). 70 Prozent dieser Flächen lagen in Afrika südlich der Sahara.[35]

Man schätzt, dass von 2002 bis 2012 weltweit circa 203 Millionen Hektar Ackerland an ausländische Investoren verpachtet oder verkauft wurden, davon die Hälfte auf dem afrikanischen Kontinent.

Der Landraub nimmt bis heute zu, und es scheint kein Ende in Sicht. Dieses System gefährdet die Lebensgrundlage von Millionen von Menschen und treibt vor allem die jungen Bevölkerungsschichten zur Landflucht in- und außerhalb ihrer Heimatnation; ein wichtiger Faktor in Bezug auf die immer größer werdenden Flüchtlingswellen, die nach Europa drängen.

Man könnte sagen, dass es sich beim Land Grabbing um ein neu aufgebrochenes Geschwür des Neokolonialismus zur Ausnutzung der Armen zum Wohle der Reichen der Welt handelt. Man fühlt sich unweigerlich an die Geschehnisse rund um die Kongo-Konferenz des Jahres 1884 in Berlin und ihre weitreichenden Folgen für Afrika erinnert. Es handelt sich um eine Art neuer Welle der Kolonisierung durch die Privatwirtschaft. Der durch eine Renaissance der Globalisierung – die ursprünglich mit Kolumbus begann – entstandene global vernetzte Handel in einer freien Marktwirtschaft macht es möglich.

Land Grabbing ist ein komplexer vielschichtiger Prozess, bei dem viele Faktoren eine Rolle spielen, die sich wechselseitig beeinflussen. Saudi-Arabien zum Beispiel brauchte nach der Nahrungsmittelkrise im Jahr 2008 neue Flächen, um den Bedarf seiner Bevölkerung an Lebensmitteln zu decken. Auch das Wasser auf der Arabischen Halbinsel wurde langsam knapp. Da Geld keine Rolle spielte, kauften arabische Agrargesellschaften das Land ihrer armen Nachbarn in Ostafrika – dem Sudan und Äthiopien, die übrigens genauso an Wasserknappheit leiden – auf und bauten Pflanzen für die Nahrungsmittelversorgung im großen Stil an. Industrielle Monokulturen, bearbeitet mit großen Landmaschinen, alles unter Bewässerung – dort, wo zuvor einheimische Subsistenzbauern mit archaisch wirkenden Harken gerade einmal so viel produzierten, dass es zum Überleben reichte.

Anschließend kam der Boom mit den sogenannten Biotreibstoffen hinzu, der durch die Politik der Europäischen Union angestoßen wurde. Mais und Zuckerrohr avancierten vom Nahrungsmittel zum Treibstoff für Autos. Parallel erfolgte der großflächige Anbau von Exportnahrungsmitteln, als da sind die altbekannten »Cash Crops« wie Bohnen, Kaffee und Kakao, Futtermittel wie Mais und Soja für immer größer werdende Mastbetriebe; Faserpflanzen, Ölpalmen und Kautschuk für die globale Industrie, langstielige Rosen und andere Schnittblumen für unsere heimischen Wohnzimmer und vieles mehr.

International agierende Finanzhaie brauchten nach der Finanzkrise, die durch die massive Immobilienpleite in den USA ausgelöst wurde, schnell neue lukrative Spekulationsobjekte und stellten fest, dass sich auch Land, Wasser und Agrarrohstoffe bestens dazu eignen. Die Frage nach Ethik und Moral bei diesem Geschäft stellte sich niemand im Finanzsektor.

In den meisten Fällen werden beim Land Grabbing undurchsichtige, teils sogar zwielichtige Verträge in einer rechtlichen Grauzone abgeschlossen. Devisenstarke Regierungen aus Europa, von der Arabischen Halbinsel sowie auch die Nationen China, Indien und Südkorea, international agierende Finanzinvestoren wie Banken, Versicherungen, Fonds, Großkonzerne wie Privatanleger, die das nötige Grundkapital zur Verfügung haben und die juristischen Spielregeln beherrschen, investieren Geld in die globalen Märkte und in die dem aktuellen Trend folgenden lukrativen Zukunftswerte. Agrarrohstoffe liefern seit der Bankenkrise satte Gewinne, auch für den Kleinanleger bei der heimischen Sparkasse. Es gibt Experten bei Banken, die sich gezielt auf diese Art der Geschäfte spezialisiert haben. Das »Netzwerk gegen neokolonialen Landraub« hat aufgedeckt, welche Rolle die Deutsche Investitions- und Entwicklungsgesellschaft (DEG) bei der Vertreibung von Kleinbauern spielt. Die DEG-Bank ist eine Tochter der Kreditanstalt für Wiederaufbau (KFW).[36]

Viele afrikanische Regierungen sind durch Kredite und Misswirtschaft seit Langem hoch verschuldet und versuchen mithilfe von Landverkäufen an Devisen zu gelangen. Genauso viele erweisen sich bis heute als fremdgesteuert oder korrupt und sehen in den Geschäften eine Möglichkeit, den eigenen Profit zu vergrößern, wohl wissend, dass die Vorteile für Land und Bevölkerung – wenn überhaupt – marginal sind. Oft werden die Verträge nicht genau geprüft. Auch durch die Weltbank werden die Länder bereits seit den 1990er-Jahren im

Rahmen von Strukturanpassungsmaßnahmen zu Landverkäufen aufgefordert, dargestellt als notwendige Investitionen in den Agrarsektor.

Heute wird mit der lange unterschätzten »Ressource Land«-Methodik spekuliert: Landflächen werden aufgekauft und später dann mit Gewinn weiterveräußert. Es geht dabei ums schnelle Geld; die diese Methode Anwendenden haben lediglich die Gewinnmaximierung im Blick. Den Menschen vor Ort, die auf den betroffenen Landflächen leben, wird die Existenzgrundlage geraubt, was einen entscheidenden Einfluss auf ihr weiteres Leben hat. Besonders einfach funktioniert dieses System in politisch und wirtschaftlich instabilen Staaten, die in vielen Fällen weder eine staatliche Legislative noch Judikative besitzen – von Kataster- und Grundbuchämtern ganz zu schweigen. Und davon gibt es in Afrika einige.

Die Regeln beim Land Grabbing sind folgende: Fruchtbares Ackerland wird von der jeweiligen Landesregierung an internationale Interessenten über einen Zeitraum von 99 Jahren hinweg für einen lächerlichen Monatsbetrag verpachtet. Die Wasserrechte sind direkt an das Land gekoppelt. Der Pächter hat also alle Optionen, was die Geschäfte besonders perfide macht, denn der Zugang zu Land und Wasser entscheidet über Leben und Tod der indigenen Bevölkerung. Besonders gut funktionieren diese Regeln in Regionen der Welt, allen voran dem afrikanischen Kontinent, wo es genügend Land gibt, das im Vergleich zu Europa sehr dünn besiedelt ist. Im afrikanischen, wenig entwickelten »Hinterland« und den Weidegebieten der Nomaden ist dies der Fall. Die Menschen, die in diesen Regionen leben, sind nicht nur arm, sondern haben vor allem keine Stimme. Dabei geht es – aus ihrer traditionellen Perspektive betrachtet – um ihr Land, auf dem sie seit Generationen leben und wo ihre Ahnen begraben liegen. Sie können sich kaum wehren. Sie bekommen, bis sie ohne jegliche Entschädigung umgesiedelt oder einfach vertrieben werden, meist nicht viel von dem Deal mit. Vertreter der Käufer oder der eigenen Regierung machen ihnen zudem oftmals verlockende Versprechungen, von denen allerdings keiner mehr etwas weiß, sobald die Verträge unterzeichnet sind. Auf der Internetseite »farmlandgrab.org« heißt es dazu: »Als die Ausländer mit ihren großen Maschinen kamen, haben wir sie willkommen geheißen. Sie haben uns versprochen, dass sie uns Strom, Wasser und Krankenhäuser bringen. Davon ist bislang nichts passiert. Sie haben nur ein paar von uns schlecht bezahlte Arbeit gegeben.«[37]

All die vertriebenen Bauern und Viehhirten müssen dann wiederum von Nahrungsmittelhilfen, die aus der besseren Hälfte der Welt – die ihnen das Land raubt – stammen, ernährt werden. Und wieder schließt sich ein Teufelskreis.

Die Regierung Madagaskars begann um die Jahrtausendwende damit, großflächig Land an chinesische, indische, arabische und europäische Investoren und Unternehmen zu verpachten. Wie erwähnt, funktioniert diese Methode in vielen unterentwickelten Ländern auf dem afrikanischen Kontinent sehr gut. Danach wird auf teilweise riesigen Flächen, wie man sie sonst nur aus dem amerikanischen Weizengürtel des Mittleren Westens kennt, mit Hightech-Maschinen industrielle Landwirtschaft betrieben. Die diversen Nahrungsmittel würden zur

Ernährung einer stetig wachsenden Weltbevölkerung angebaut – so heißt es in den entwicklungspolitischen Schriften erklärend. Tatsache ist aber, dass diese Nahrungsmittel vor allem aufgrund der gewachsenen globalen Nachfrage nach Fleisch gebraucht werden, und zwar als Viehfutter für Mastbetriebe.

In diesem Zusammenhang ist es interessant zu erwähnen, dass die Weltbevölkerung zwar wächst, allerdings nur im Bereich der südlichen Hemisphäre, in den armen Ländern also, während das Wachstum auf der Nordhalbkugel seit Jahrzehnten stagniert oder sogar rückläufig ist und die Bevölkerung überaltert. Es drängt sich somit die Sichtweise auf, dass die Produktion auf vielen der geraubten Flächen in erster Linie reinen Spekulationszwecken dient, um die unendliche Gier der Reichen nach höherem Profit zu stillen, während die Ernährung der Armen auf der Südhalbkugel wohl nur – wenn überhaupt – Mittel zum Zweck ist.[38] Deren traditionelle Methoden der Landwirtschaft werden im Gegenteil sogar unterminiert, denn kein Bauer vor Ort kann, wenn es um die Vermarktung seiner Produkte geht, kostenmäßig mit den auf industrieller Landwirtschaftsbasis erzeugten Nahrungsmitteln konkurrieren. All diejenigen, die nicht nur als Selbstversorger tätig sind, müssen über kurz oder lang aufgeben. Im Endeffekt entstehen so die Flüchtlingsströme. Wie ernten, was wir säen.

Des Weiteren werden Ölpalmen, Zuckerrohr, Soja, Mais oder die nicht essbaren Jatropha zur Biotreibstoffgewinnung angebaut. Das Ganze ist eine Folge der glorreichen Entwicklungen in der Energiepolitik der Europäischen Union, die, so heißt es, aus Gründen des Umweltschutzes vorangetrieben werden. Ganz abgesehen davon, dass dieses Geschäft rein exportorientiert betrieben wird, führt die Übernutzung der Boden- und Wasserressourcen sowie der übermäßige Einsatz von Pflanzenschutzmitteln auf diesen Monokulturen zu einer nicht umkehrbaren und nachhaltigen Umweltzerstörung. Viele der fragilen Ökosysteme verwandeln sich durch den Raubbau an Menschen und Umwelt zu wüstenähnlichen Gebieten. Die indigenen Bauern, die bis dahin auf den Flächen gezwungenermaßen biologische Landwirtschaft betrieben hatten, da ihnen das Geld für Insektizide und Pestizide fehlte, bleiben auf der Strecke.

Die Subsistenzbauern, die perfekt an ihren Lebensraum angepasst waren und über teils viele Generationen hinweg auf traditionell angestammten Gebieten lebten, sie an ihre Kinder weitergaben und als ihr Eigentum ansahen (aufgrund eines quasi existierenden Gewohnheitsrechts), werden zwangsumgesiedelt oder davongejagt. Von wegen, es hätte sich etwas geändert! Es ist tatsächlich immer, überall und zu allen Zeiten das gleiche Spiel (gewesen): Die Methoden des (Neo-)Kolonialismus, die heute in Afrika sichtbar werden, erinnern stark an diejenigen der Besiedlung Amerikas, Australiens oder Namibias, wo koloniale europäische Siedler den Ureinwohnern, Indianern, Aborigines, Afrikanern, ihr heiliges Land wegnahmen. Das Problem in den ehemaligen afrikanischen Kolonien war, dass das Land nach seiner Eroberung durch die Kolonialmacht zunächst an diese ging und nach der Unabhängigkeit an den Staat. Zwar durften Bauern auf dem Land weiter Subsistenzwirtschaft betreiben, hatten aber keinerlei legalen Besitzanspruch auf das Land, das sie seit vielen Jahrzehnten beackerten. Genau diese Lücke wurde beim Land Grabbing ausgenutzt, um zielgerichtet instabile, kaum in die internationale Wirtschaft eingebundene Staaten, die darüber hinaus nicht über gesetzlich geregelte Landrechte verfügten, schamlos auszubeuten. Die betroffenen Regierungen beziehungsweise ihre Vertreter waren und sind oft am Deal beteiligt und haben ihren Anteil eingestrichen. Das Schicksal der Bauern interessiert(e) sie nicht.

Es gibt heute in einigen Staaten die Möglichkeit, Besitzansprüche geltend zu machen. Da allerdings ein großer Teil der afrikanischen Bevölkerung Analphabeten sind und offizielle Dokumente weder lesen noch verstehen können, macht kaum jemand von seinem Recht Gebrauch. Die dysfunktionale Justiz tut dann noch ihr Übriges. Für diejenigen, die aus solchen Gegebenheiten Profit schlagen, sind solche Verhältnisse natürlich optimal.

Apropos optimal: Im weiteren Verlauf des Land Grabbings wurde der Verkauf von Land an Ausländer – zuvor war nur eine Pacht auf 99 Jahre möglich – vom Internationalen Währungsfonds und von der Weltbank im Hinblick auf die weltwirtschaftliche Entwicklung freigegeben. So stand es den Staaten plötzlich sogar frei, ihr Land an ausländische Investoren zu veräußern und nicht mehr nur zu verpachten. Für manche afrikanischen Regierungsvertreter erschien das lukrativ, konnte man doch so schneller größere Summen kassieren.

Etwa zur selben Zeit begann zum Beispiel im Niger die Dezentralisierung der Verwaltung.

Diese Dezentralisierung gab es zuvor nicht. Alles wurde seit der französischen Kolonialherrschaft von der Hauptstadt Niamey aus zentral geregelt, genauso wie in Frankreich bis heute alles über Paris geht. Mittels internationaler Hilfsprojekte wurde ein Kataster eingeführt und überall in den Landkreisen Bürgermeister eingesetzt, die allerdings unglücklicherweise fast alle Analphabeten waren. Obwohl sich die Umsetzung der Dezentralisierung kompliziert und langwierig gestaltete, war es den Menschen zumindest jetzt möglich, sich die Eigentumsrechte an dem Land, auf dem sie lebten, schriftlich bescheinigen zu lassen. Und trotzdem kaufte Libyen unter Gaddafi bis zu dessen Ermordung jahrelang große Flächen im Niger und in Mali auf.

Laut Weltagrarbericht nutzen weltweit circa 2,5 Milliarden Menschen etwa 50 Prozent der Landfläche nach dem Gewohnheitsrecht. Nur ein Fünftel des Landes, das Subsistenzbauern in Entwicklungsländern bewirtschaften, ist durch Landrechte vor Landraub durch Regierungen und Unternehmen geschützt.[39]

Im Jahr 2012 stellte der Ausschuss für Welternährungssicherung der Vereinten Nationen (CFS) auf der Grundlage des »Menschenrechts auf Nahrung« die »Freiwilligen Leitlinien für die verantwortungsvolle Verwaltung von Boden- und Landnutzungsrechten, Fischgründen und Wäldern« als »historischen Meilenstein in der internationalen Entwicklungspolitik« auf. Hat sich mehr als zehn Jahre danach wirklich viel verändert? Reicht hier »Freiwilligkeit«? [40]

Das absolut mangelnde internationale Bewusstsein hinsichtlich des Themas Land

Grabbing mit all seinen dramatischen Folgen ist dafür verantwortlich, dass sich an der von mir beschriebenen unhaltbaren Situation seit 20 Jahren kaum etwas verändert hat. Im Gegenteil: Alles wurde sogar noch schlimmer – auch aufgrund der mit Covid-19 verbundenen Ereignisse. Laut eines Berichtes vom Mai 2021 spitzt sich beispielsweise die Situation im Norden Ugandas zu, wo gerade wieder die lokalen Bauern von ihrem Land vertrieben werden. Ein von der Bischofskonferenz des Südlichen Afrika (SACBC) gefördertes Forschungszentrum, das Denis Hurley Peace Institute (DHPI), schlägt Alarm: »Die Missbräuche haben während der Covid-19-Pandemie zugenommen. Die Pandemie hat vielen den Vorteil verschafft, sich mit Unterstützung der Regierung und einflussreicher Politiker des Landes einen einfachen Zugang zu Millionen Hektar Land zu verschaffen.« [41]

»Die letzte Stimme, die man hört, bevor die Welt explodiert, wird die Stimme eines Experten sein, der sagt: ›Das ist technisch unmöglich!‹«

Sir Peter Ustinov[42]

IN BENIN, IM NIGER UND IN NIGERIA (1995-1999)

Nun kam die Zeit in Benin, Westafrika, am Golf von Guinea, wo ich ein »Yovo« war. Auch hier riefen die Kinder mir hinterher – allerdings in einem Befehlston: »Yovo, cadeau!« – »Schenk mir was, Weiße!«

»Voudou«

Aus Benin sowie den Nachbarländern Ghana, Togo und Nigeria, wo überall die Ethnie der Fons beheimatet ist, stammt die traditionelle Religion des »Voudou« (bekannt auch unter der Schreibweise Voodoo) – und nicht, wie so oft angenommen wird, aus der Karibik. Dorthin kam der Voudou erst durch die afrikanischen Sklaven. In Benin tragen viele Einheimische eher untypische Namen wie etwa »Paraiso«. Hierbei handelt es sich um Nachfahren von Sklaven, die ihr Martyrium überlebten und tatsächlich irgendwann aus der Karibik in ihre Heimat zurückkehren konnten. Der Begriff Voudou entstammt der Sprache der Fons und heißt »Geistwesen«. Bei traditionellen Zeremonien, die nicht selten stundenlang andauern, verbinden sich »Eingeweihte« in Trance mit den Geistern. Eindrucksvoll wird dies im 1987 entstandenen Film »Angelheart« dargestellt, der mit Mickey Rourke, Lisa Bonet und Robert de Niro besetzt war – falls jemand ein Gefühl dafür bekommen möchte.

Als ich damals in Benin war, kam es von Zeit zu Zeit vor, dass ein abgetrennter Schädel am Strand von Cotonou angespült wurde. Dann hieß es immer, der käme aus Nigeria, dem Nachbarland. Auch kleine hölzerne geschnitzte Voudou-Püppchen gehörten zum Strandgut. Diese ließ man dann vorsichtshalber besser dort liegen. Die sammelte man nicht ein. Die nahm man nicht mit. Nur Yovos taten das. Die waren dann selbst schuld, wenn etwas passierte. Aber sie glaubten ja auch nicht an den Voudou-Zauber. Bis er sie irgendwann einholte. Im Internet gibt es mittlerweile viele Seiten, die darüber informieren, wie man den bösen Zauber auflösen kann.

Quasi mit dem Beginn der Sklaverei trieben Missionare die Christianisierung der »ungläubigen Wilden« voran. Als ich vor Ort war, gab es am Sonntagmorgen stundenlange Predigten in den vielen Kirchen von Cotonou, deren Gesang mit dem Lärmpegel eines Popkonzertes locker mithalten konnte. Obwohl in den randvollen Kirchen lauthals gesungen und getanzt wurde – alle Kirchgänger waren in ihren schönsten Kleidern erschienen – und man somit den Eindruck haben konnte, die Anwesenden würden vollauf der Lehre Christi folgen, hatten die allermeisten »bekehrten« Beniner dennoch ihren hauseigenen Voudou-Schrein im Vorgarten stehen. Doppelt genäht hält eben überall besser ...

Cotonou hatte damals den größten Markt

Westafrikas, wahrscheinlich ist er es heute noch. Ein Teil davon, etwa von der Größe eines Fußballfeldes, war alleinig dem Voudou vorbehalten. Alles Mögliche und Unmögliche konnte man dort für wahlweise schwarze oder weiße Magie kaufen: unterschiedlichste getrocknete Tierschädel oder Schrumpfköpfe und alle Arten von Knochen, getrockneten Gedärmen, Kräutern und Pülverchen wie auch beliebige Mengen von Eidechsenschwänzen, Affenhänden und Vogelkrallen – eben alles, was zu einer echten Voudou-Zeremonie dazugehört. Ich war tatsächlich nur ein einziges Mal dort, das reichte für einen bleibenden Eindruck. Vor allem der Geruchssinn wurde so extrem überfordert, dass letztlich sogar die Augen brannten und die Ohren klingelten.

Die »Altkleider der Welt« für Afrika

Ich zog jenen Teil des Marktes vor, der sich »Friperie« nannte. Es handelte sich um ein weiteres fußballfeldgroßes Areal mit Baracken, in denen die gesammelten Altkleider aus der ganzen Welt verkauft wurden.

Wenn man sich den ganzen Samstagmorgen Zeit nahm, konnte man dort die tollsten Teile finden. Ein seidenes Spitzennachthemd von Chanel (Paris), erwühlt auf der Friperie in Cotonou. Ein knallrotes Baumwollkleid aus England, das zum Prototyp für meine Kleider wurde, die ich mir aus den herrlich bunten afrikanischen Stoffen jahrelang nachnähen ließ. Bei der Hitze und der extrem hohen Luftfeuchte an der Küste waren die afrikanischen Baumwollstoffe, die interessanterweise bis heute meist in Holland gefertigt werden, das beste Material auf der Haut.

Rückblickend waren tatsächlich diese Samstage auf der Friperie die schönsten Shoppingtouren und Schnäppchenjagden, die ich je erlebt habe. Da können weder eine europäische Einkaufsmeile noch ein Luxus-Outlet mithalten.

Während es früher hierzulande vier Kleiderkollektionen pro Jahr gab, sind es heute bis zu 24. Kleider sind immer mehr zur Wegwerfwahre verkommen. Quillt der Schrank über, kommt ein Teil seines Inhalts in den Altkleidercontainer. Und man tut damit ja sogar noch etwas Gutes, so der Glaube. Seit den 1990er-Jahren ist die Altkleiderflut um 20 Prozent angewachsen, Tendenz steigend. Das meiste davon wird von kommerziellen Altkleidersammlern aufgekauft, 40 Prozent werden exportiert, vor allem nach Afrika; dort in Länder, die kauffähig sind. Bedürftigkeit ist kein Kriterium. Falls doch, dann geschehen Dinge, wie ich sie im Falle Madagaskars beschrieb: Je abgelegener und ärmer die Region, desto absurder die Kleider, die dort ankommen. Skianzüge landen dann dort, wo die Jahresdurchschnittstemperatur so hoch liegt wie bei uns im Hochsommer. Länder wie Nigeria, Äthiopien und Südafrika haben den Import von Altkleidern verboten.[43]

Das Problem mit dem eigenen afrikanischen Textilmarkt besteht darin, dass zwar in vielen Ländern Baumwolle angebaut wird, diese allerdings als Rohstoff zum Export im Rahmen des Land Grabbing dient. Neben den Altkleidern gibt es mittlerweile auch viel neue Billigware aus China zu kaufen. Dortzulande werden mittlerweile die für Afrika so typischen bunten »Wax Prints« aus Baumwolle in Polyester kopiert und auf den afrikanischen Märkten angeboten. In den 1980er-Jahren gab es in Nigeria noch 175

Textilfabriken, 2010 waren es noch ganze 25.[44]

Im Jahr 2015 hatten Kenia, Ruanda, Uganda und Tansania untereinander vereinbart, den Import von Altkleidern aus den USA stufenweise zu minimieren, indem die Steuern auf gebrauchte Kleidung drastisch erhöht wurden, und 2019 ganz zu verbieten. Doch die USA wollten den Exportsektor für Altkleider schützen. Nach Ablauf eines Ultimatums trafen sich die Staats- und Regierungschefs aus Ostafrika und gaben schließlich dem Druck der USA nach. Das Verbot hätte sich insofern negativ auf die afrikanischen Volkswirtschaften ausgewirkt, als die großen Märkte Tausende Menschen beschäftigen und durch Steuern in Millionenhöhe den Staat finanzieren.[45]

Aber in Wahrheit handelt es sich beim Verkauf von den Altkleidern nicht, wie es gern dargestellt wird, um »humanitäre Hilfe«, sondern um ein richtig lukratives Geschäft, allerdings nicht für Afrika. Natürlich kann man das Ganze immer noch schönreden, da die Armen ja so, wie es heißt, an gute Kleidungsstücke kommen würden – also an das, was wir nicht mehr haben wollen.[46]

Das Problem des afrikanischen Textilhandels ist, dass zwar die Rohstoffe dafür in den Ländern des Schwarzen Kontinents angebaut werden, die verarbeitende Industrie aber quasi fehlt. Kaum ein Rohstoff wird in Afrika (weiter-) verarbeitetet, sondern in den allermeisten Fällen nur exportiert.

Die »Reeperbahn« von Cotonou

Das Wochenende begann regelmäßig am Freitagabend mit einem Besuch auf dem »Jonquet«, der »Reeperbahn« Cotonous. Da ich als einzige weiße Frau mit einigen männlichen Kollegen dorthin ging, wurde ich schnell die Freundin vieler »Freudenmädchen« der Stadt.

Diese jungen Frauen stammten fast ausschließlich aus dem Nachbarland Nigeria. (Einheimische Mädchen arbeiteten aufgrund der Schande für den Familien-Clan nicht als Prostituierte im eigenen Land.) Alle hatten ihre Familie und ihre Kinder in Nigeria zurückgelassen. Vom dem, was sie im Nachtleben von Cotonou verdienten, lebten die Angehörigen zu Hause ganz gut. So ähnlich läuft es heute auch in Frankfurt/Main, dem Prostitutionsmekka Europas, wo die jungen Frauen meist aus Osteuropa kommen, die meisten davon unfreiwillig.

Die Disco »New York New York« war randvoll mit diesen bildhübschen Mädchen, die wirklich aussahen wie Background-Sängerinnen von Prince. Ich fand es schrecklich mit ansehen zu müssen, wie sich die Frauen bei den zwielichtigen weißen Glatzen mit ihren hochroten Köpfen anbiederten. Aber die Typen hatten das Geld, und die jungen Frauen wollten hier raus. Es war die afrikanische Version der »Cinderella Story«, dass irgendwann irgendeiner sie mitnehmen würde, raus aus dem Elend. Damals waren bereits über 50 Prozent der Prostituierten von Cotonou HIV-positiv. Viele der Typen spielten Russisch Roulette und einige verloren das Spiel.

»Alte Bekannte« und privater Lebensalltag

Eine Bekannte besaß ein wunderschönes kleines Haus in Cotonou. Komplett überwuchert mit pink blühender Bougainvillea, so wie bei den Kolonialbauten auf der Sklaveninsel Gorée im Senegal. Ich hatte schon beim ersten Mal, als ich dieses Haus betrat, das Gefühl, dass ich irgendwann selbst darin wohnen würde.

Ich war zunächst nur ein halbes Jahr an einem internationalen Agrarforschungsinstitut in Cotonou beschäftigt. Später sollte ich dann für ein paar Jahre dorthin zurückkommen. Beim ersten Mal wusste ich noch nicht, dass ich eines Tages nach Benin zurückkehren würde. Doch so kam es. Die Freundin war gerade aus dem Haus ausgezogen, als ich wiederkam, und so konnte ich es übernehmen. Welch ein Zufall! Auch hier gab es, genau wie zuvor in Bétioky auf Madagaskar, einen riesigen Mangobaum im Vorgarten. Noch ein Zufall!

Bevor ich kam, stand das Haus allerdings einige Wochen leer. Mein damaliger Chef – für mich ein wirklich beeindruckender Wissenschaftler und Heuschreckenkenner – holte mich am Flughafen ab. Er meinte sofort, ich solle zunächst einmal bei ihm und seiner Freundin wohnen, bevor ich in mein Haus ziehen würde. Da ich aber wusste, dass noch viele Möbel von meiner Vorgängerin darin standen und ich von Natur aus ungeduldig bin, lehnte ich das Angebot dankend ab. Ich wollte sofort einziehen. Als vorläufiges Bett lag schon eine traditionelle Strohmatte auf dem Boden des Schlafzimmers. Diese Matten benutzen die Beniner für Dächer der Hütten und für Zäune.

Ich hatte mir auf dem Weg vom Flughafen – er lag inmitten der Küstenstadt Cotonou, die Hälfte der Landebahn befand sich quasi im Meer; eine Herausforderung für jeden Piloten – noch schnell eine große Dose Insektenspray gekauft, wegen der Unmengen von Moskitos, die einen Angriff flogen, sobald es dunkel wurde. Eigentlich bin ich ja eine Ökotoxikologin und sollte diese Umweltgifte überhaupt nicht benutzen. Wenn ich allerdings an die Tropenkrankheit Malaria dachte, die in Benin sehr häufig auftrat und von der ich noch aufgrund meiner Madagaskar-Erfahrungen wusste, wie bescheiden man sich damit fühlt, zog ich vor, den Anopheles – die Überträger der Krankheit sind – zumindest im Haus den Garaus zu machen. Eine prophylaktische Maßnahme also. Mein Chef hatte mir als Willkommensgruß noch eine Flasche »Eau de Vie« geschenkt, da er sich gut daran erinnern konnte, wie gern ich französischen Obstbrand trank. Natürlich auch rein prophylaktisch. Im Supermarkt »Prisunic«, den ich aus meiner Kindheit von zu Hause kannte und der mir so viele Jahre später als Déjà-vu in Cotonou wiederbegegnete, gab es die guten Schnäpse aus dem Elsass.

Am ersten Abend nahm ich nur wenige Sachen aus der Aluminiumbox, mit der ich immer reiste, ging unter die Dusche, was in Benin wenig half, und legte mich auf mein provisorisches Nachtlager. Von der langen Reise erschöpft, schlief ich schnell ein.

Irgendwann nachts wachte ich auf und wusste zuerst einmal überhaupt nicht mehr, wo ich war. Das geschah immer in den ersten Nächten in der einen oder anderen Heimat. Auf jeden Fall hatte ich jetzt das Gefühl, irgendetwas sei mir durchs

Gesicht gehuscht. Den Kopf über mich selbst schüttelnd, drehte ich mich auf die andere Seite und versuchte, wieder einzuschlafen. Da war es wieder, dieses Gefühl, diesmal an den Füßen. Und jetzt huschte etwas über meine Schulter. Ein Schauer überlief meinen schweißnassen Körper. Ich wusste, es war an der Zeit, das Licht einzuschalten. Gesagt, getan.

Es wurde hell – und das ganze Schlafzimmer wimmelte nur so von Kakerlaken. Dieses Mal allerdings in Form von Vertretern der »Amerikanischen Schabe«, einer flugfähigen Art, während sich ihre unbeholfenen Verwandten aus Madagaskar nicht in die Lüfte erheben konnten. Was sie nicht unbedingt sympathischer machte. Die Kakerlaken hatten sich tagsüber unter der dicken Strohmatte versteckt und warteten, bis es dunkel war. Ich rannte ins Wohnzimmer, schnappte das Insektenspray vom Tisch und ging bewaffnet zurück. Dort drückte ich auf den Dosenknopf und zielte auf das Kakerlakenheer. Das Problem bei diesen Plagegeistern besteht darin, dass sie, wenn man sie mit Gift besprüht, hektisch werden und unkontrolliert losfliegen.

Jetzt fing das Chaos erst richtig an. Alle Kakerlaken flogen gleichzeitig los und rempelten mich von allen Seiten an. Das Ganze fühlte sich wirklich wie eine typische Szene aus einem Horrorfilm an, den man sich anschaut, die Augen zuhält, sich gruselt und ekelt und beim besten Willen nicht am eigenen Leib erfahren möchte, was da gerade passiert. Als ich selbst fast dem Insektenspray zum Opfer fiel, gab ich mich geschlagen und zog mich mit Schnappatmung an den Wohnzimmertisch zurück. Dort stand ja noch die Flasche »Eau de Vie«. So ein Zufall! Ich nahm erst einmal ein paar Schlucke aus der

Flasche, um mich zu beruhigen und Raum für einen neuen Plan zu schaffen. Dann ging ich nachsehen, wie es auf dem Schlachtfeld aussah. Das Zimmer war übersät von toten Kakerlaken. Einige lagen in ihren letzten Zuckungen. Irgendwann schlief ich total erschöpft am Tisch ein. Am nächsten Tag zog ich zu meinem Chef und blieb dort, bis mein Haus bewohnbar war.

Später einmal, während der Regenzeit, stand dieses Haus eine Woche lang knietief unter Wasser. So wie das ganze Wohngebiet. Alle elektrischen Geräte waren bereits auf Holzpaletten verlagert worden, denn Überschwemmungen kommen öfter vor. Man konnte nichts anderes tun als durch den tiefen Matsch zu waten, drinnen wie draußen, so lange, bis das Wasser langsam zurückging und fruchtbaren Schlamm im Haus zurückließ. Man hätte locker Reis anpflanzen können. Eine zum Großteil durch das Tun des Menschen – Raubbau an Ressourcen, Umweltverschmutzung und -vergiftung bis in die hintersten Winkel der Welt wie Antarktis oder Tiefseegräben – verursachte weltweite Klimaveränderung zeigt sich heute durch extreme Wetterereignisse immer häufiger auch in Europa.

Der Strom in Benin stammte vom großen Elektrizitätswerk am Volta-Stausee in Ghana. Stromausfälle kamen in Cotonou eigentlich eher selten vor. Wenn doch einmal das Licht ausging, dann hing das mit starken tropischen Gewittern zusammen – für gewöhnlich dauerte das nicht lange. Das war im Norden in der Sahelregion anders. Wir erinnern uns noch an die Folgen der Kolonisierung. Die Küstengebiete wurden entwickelt. Dort gab es ja auch den Anschluss zur Welt, das Hinterland wurde hingegen komplett vernachlässigt und hat bis heute einen gewissen archaischen Charakter nicht verloren. Ergo waren im Norden damals wie heute Stromausfälle an der Tagesordnung, wenn es denn überhaupt Elektrizität gab. Der größte Teil des afrikanischen »Hinterlandes« ist bis heute ohne Strom und verfügt auch nicht über genügend Wasserreserven, geschweige denn fließendes Wasser. – Und wir in der besseren Hälfte der Welt Lebenden spülen die Toiletten mit Trinkwasser!

Eines Tages gab es dann aber doch ein großes Problem: Der Volta-Stausee war im Laufe seines Betriebs versandet, und es gab von einem auf den anderen Tag keinen Strom. Ein halbes Jahr lang! Weder in Ghana, noch in Togo, noch in Benin. Wer sich keinen so laut wie einen Rasenmäher knatternden Generator leisten konnte – das waren die allermeisten Ausländer –, musste sich damit abfinden, wie ein Thunfisch im eigenen Saft in der Konservendose zu »schwimmen«. Nachts musste man sich mehrfach trockenlegen, indem man ein frisches Handtuch unter den Rücken legte, weil man sich sonst wund lag. Alle »mit ausgereisten Ehefrauen« – ein Begriff aus der Entwicklungshilfe – verließen damals mit ihren von Furunkeln übersäten Kleinkindern das Land. Auch diese Zeit war, rückblickend betrachtet, nur dank »Eau de Vie« auszuhalten.

Die Sache mit der defekten Glühlampe

Einige Wochen, nachdem ich mein mit strahlend violetter Bougainvillea komplett zugewuchertes Haus mit einem riesigen Mangobaum davor in Cotonou bezogen hatte, brannte eine Glühlampe durch.

Nun, so etwas passiert. In Benin, wie fast überall in Afrika, wo ich gelebt habe, ist es üblich, die verschiedensten Gebrauchsgegenstände bei einem »mobilen Straßenhändler« zu kaufen. Es war immer wieder beeindruckend zu sehen, welch ein reichhaltiges Sortiment auf einem chinesischen Fahrrad oder auch mal einem Moped – der Luxusversion des Straßenhändlers-Transportmittels – bewegt werden kann. Bei einem solchen Händler wollte ich mir jetzt eine Glühlampe kaufen. Von meinem Vater hatte ich gelernt, dass man eine solche vor Gebrauch schüttelt, um zu testen, ob sie noch funktioniert. Wenn die Glühlampe rasselt, ist sie defekt. Ich rede hier von den bei uns mittlerweile überholten alten stromfressenden Leuchtmitteln, an die sich aber jeder sicherlich noch gut erinnern kann.

Es war nach 18:00 Uhr. In Benin war es da schon stockdunkel, das ging innerhalb von zehn Minuten. Ich sah einen Händler auf der Hauptstraße und hielt an. Der Händler lächelte freundlich. »Bonsoir Madame«, sagte er, um daraufhin zu fragen, was ich wolle und drückte mir nach meiner Antwort eine verpackte Glühlampe in die Hand. Sofort öffnete ich die Schachtel und schüttelte sie fachmännisch am Ohr, den Kopf etwas schräg haltend. Der Händler tat dies nach mir ebenso. Und? Ein Rasseln! Ich gab dem Händler die Glühlampe zurück, sagte ihm, sie sei kaputt, und er solle mir eine andere geben. Freundlich lächelnd reichte der Händler mir eine zweite verpackte Glühlampe. Wieder wurde diese am Ohr geschüttelt – und das typische Geräusch, das eine defekte Glühlampe klar als solche identifiziert, ertönte erneut ...

Langsam wurde ich ärgerlich und dachte

Gedanken wie: »Immer wollen diese Afrikaner die Yovos übers Ohr hauen« und »Kann man denn hier wirklich niemandem trauen?«. Gefolgt von »Und dann noch freundlich lachen«.

Wir wiederholten das Prozedere ein drittes Mal; erneut trat das Rasselgeräusch auf. Nun fing auch ich an, mich zu wundern, und ließ den armen Mann endlich zu Wort kommen, der erstaunlicherweise tatsächlich immer noch lächelte. Er versuchte die ganze Zeit, mir etwas zu zeigen, aber ich war fest in meinem Denken gefangen, man wolle mich hereinlegen. »Madame, Madame«, versuchte der Händler immer wieder zu mir durchzudringen. Im Gegensatz zu dieser weißen Frau hatte er gesehen, was da in Wirklichkeit vor sich ging.

Einige Tage zuvor hatte ich mir einen Silberring bei einem Tuareg auf der Straße gekauft. Es handelte sich bei dem Schmuckstück um einen Glücksbringer mit einem besonderen Merkmal: Der Ring hatte einen hohlen silbernen Aufsatz, indem sich Sandkörner befanden, die rasselten, wenn sich der Ring bewegte. Jedes Mal, wenn ich eine Glühlampe prüfte, war es der Silberring am Ohr, der das rasselnde Geräusch erzeugte ... Die Glühlampen hingegen waren allesamt in Ordnung.

Zum Thema Glühlampen gibt es noch eine andere Story zu vermelden. In einer Feuerwache in Kalifornien brennt eine solche nun schon seit über 100 Jahren ununterbrochen. Rein theoretisch könnte jeder Glühdraht in einer Glühlampe ewig funktionieren. Von der praktischen Seite her hatte diese Tatsache den beiden Firmen, die damals die Glühlampen vertrieben, überhaupt nicht gefallen, da das lange Funktionieren ihres Produkts wirtschaftlich betrachtet ziemlich unrentabel war. So wurde das erste Kartell gegründet und von diesem festgeschrieben, dass Glühlampen nach einer bestimmten Brennzeit automatisch kaputtzugehen haben.

Libby

In Benin bekam ich eines Tages von einem belgischen Kollegen einen Hundewelpen geschenkt: »Libby«. Von Anfang an war klar, dass die Hündin nach dem Ende meiner beruflichen Ambitionen vor Ort mit mir das Land verlassen würde. Meine Kollegen sahen das nicht so eng. Vor allem die Engländer, denn wenn diese nach Großbritannien zurückkehrten, musste ein sie begleitendes Tier sechs Monate in Quarantäne. Dennoch aber hatten fast alle von ihnen Hunde oder Katzen. Diese landeten dann später unglücklicherweise allzu oft in den Kochtöpfen am Hafen von Cotonou; an den Haustieren der Yovos war schließlich viel dran ...

Für Libby wurde gekocht, da das Hundefutter aufgrund der extrem hohen Luftfeuchte im Sack verschimmelte, genauso wie alle Ledergürtel, -taschen und sämtliche Kleider, wenn sie zu dicht beieinander hingen. Libby fuhr am Wochenende immer mit mir an den Strand. Wenn ich ins Wasser ging, sprang sie gleich hinterher in die Wellen und passte auf, dass ich nicht verschwand. In diesem Zusammenhang hörte ich vor nicht allzu langer Zeit, dass es eine Geschichte in der Bibel gibt, die von einer Person handelt, die sich auf eine Reise begab und von seinem Schutzengel sowie einem Hund begleitet wurde. Libby war mein Schutzengel.

Am Hafen von Cotonou gab es ein wunderbares lokales Fischrestaurant, wobei es sich wieder einmal, wie so oft, um eine Baracke mit einem offenen Holzfeuer und alten klapprigen Sitzgelegenheiten handelte. Dort gab es die frischesten und besten Doraden der Welt. Ich liebte diesen Flecken Erde und aß dort häufig Dorade. Einmal begleitete mich ein Schweizer Kollege. Er hatte gehört, im Hafen läge ein »Traumschiff« vor Anker. An Bord hätte es einen Todesfall gegeben und der Leichnam würde hier von Bord gebracht. Während wir nun dort saßen und genüsslich unseren Fisch verspeisten, fuhren immer wieder Minibusse mit Schiffstouristen an uns vorbei. Und wahrlich: Kein Karikaturist hätte diese Touristen besser zeichnerisch treffen können, als sie sich selbst. Sie präsentierten sich – das gängige Klischee bedienend – jeweils mit einem bunten Strohhut auf dem Kopf und mit dunkler Sonnenbrille aus den Minibussen starrend den Einwohnern des Ortes. Da prallten Welten aufeinander.

Als wir unseren Fisch gegessen hatten, entschieden wir, einen Versuch zu wagen, ins Hafengelände zu gelangen, um uns den riesigen Koloss, das »Traumschiff«, von Nahem zu betrachten. Ich packte unsere übrig gebliebenen Fischgräten und -köpfe, die Libby bekommen sollte, in eine Tüte und hängte diese an einen Außenspiegel meines Pick-ups. Dann gingen wir los. Das im Hafen liegende Kreuzfahrtschiff sah aus wie der gestrandete Moby-Dick. Irgendwie skurril. Wir liefen das riesige Schiff ab, das immer wieder Minibusse ausspuckte. Das Ganze wirkte auf uns wie eine unheimliche Begegnung der Dritten Art. Als wir zurück zum Auto kamen, hatte jemand die Tüte mit den Fischköpfen gestohlen. Diese sind eine wahre

Delikatesse in Benin.

Als ich eines Tages das Land verließ, konnte es keiner meiner beninischen Kollegen nachvollziehen, dass ich ein Flugticket für einen Hund kaufte und ihn mit in die Glitzerwelt nahm. Jeder von meinen Kollegen hätte stattdessen gern mit Libby getauscht. Die Hündin gewöhnte sich an ihre neue Heimat: Deutschland. Im Exil wurde sie fast 17 Jahre alt.

Die Haarwaschung

Einmal war eine Freundin, Bea, aus der Heimat zu Besuch gekommen. Sie war groß, blond und immer braun gebrannt. Zu Hause rannten Männer an Laternenpfähle, wenn sie vorüberlief.

Mit Firmin, einem Mitarbeiter des Forschungsinstituts, waren wir zu dessen Großfamilie 200 Kilometer nördlich von Cotonou gefahren. Odjo, mein Ziehsohn, kam auch mit. Ich hatte ihn aus dem Niger mitgebracht. Er war eine Halbwaise aus Maine Soroa, der Vater war unbekannt. Die Mutter hatte mehrere Kinder von verschiedenen Männern, aber keinen Pfennig Geld, sie alle zu ernähren, geschweige denn ihnen eine Schulausbildung zu ermöglichen. Odjo kam damals immer zu uns ins Forscher-Camp und wollte uns bei der Arbeit helfen, was er dann auch erfolgreich tat. Alle gewöhnten sich an ihn und hatten ihn gern. Als die Abreise nahte, ging das Gejammere los, weil Odjo mit nach Cotonou wollte. Nach langem Hin und Her einigten ich und Firmin uns mit seiner Mutter, dass Odjo mit uns mit nach Benin kommen und dort eine Schule besuchen würde. In den Ferien käme er dann selbstverständlich auf Besuch in den Niger. So machten wir es. Odjo lebte bei mir, bis ich Benin verließ. Passenderweise war seinerzeit auch die Schule vorbei, und er ging zurück in den Niger. Später besuchte er mich oft dort, wo ich gerade arbeitete. Er nennt mich bis heute »Inna«, was Mutter bedeutet.

Auf der Fahrt kamen Odjo, meine Freundin und ich an riesigen Ananasfeldern vorbei. Diese leckeren Früchte wurden an der Straße zum Verkauf angeboten. Ich habe noch heute ihren Geschmack im Mund. Keine exportierte Frucht wird jemals so schmecken wie dort reif geerntete. Bei der Weiterfahrt sahen wir den ein oder anderen an der Straße stehenden Bewohner der Gegend, der ein totes »Agouti« am Schwanz in die Luft hielt, eine sogenannte Rohrratte, die im Englischen als »Grasscutter« bezeichnet wird. Diese Tiere lebten in Westafrika überall im Wald. Es gab sogar deutsche Entwicklungshilfeprojekte zur Zucht dieser Ratten in Benin und Ghana. Wie sie endeten, kann ich nicht sagen. Ich weiß nur, dass die Zucht der Tiere schwierig war, da sie sehr empfindlich waren. Ich habe Agouti einmal in Cotonou zu essen versucht, das Fleisch stank zwei Meilen gegen den Wind, was heißt, dass das Tier schon etwas älter war. Das wollte selbst ich nicht essen. Wer sich über das Ganze wundert, sollte wissen, dass überall in den Resten der ursprünglichen großen Tropenwaldgebiete die Einheimischen alles fangen und essen, was sie kriegen können. Es gab Zeiten, und das ist noch nicht so lange her, dass es bei uns ähnlich zuging. Man erinnere sich nur an den falschen Hasen, der eine Katze war.

Nun kamen wir an einem großen Forstprojekt vorbei. Dort, wo früher einmal der tropische

Regenwald wuchs, standen jetzt großflächige Teakholzplantagen, angepflanzt von einem großen deutschen Projekt. Ich hatte solche Plantagen schon während des Studiums auf einer Exkursion in Thailand gesehen. Zu dem Projekt gehörte auch eine große Schreinerei. Dort hatten sich viele der Kollegen Möbel aus Teakholz nachbauen lassen, um sie anschließend im Container nach Deutschland zu verschiffen. Einige der Möbel waren schon im ersten Jahr im heimischen Wohnzimmer unter dem Einfluss der Heizungswärme geplatzt. Genauso geplatzt waren letztlich die Sinnhaftigkeit und vor allem die Nachhaltigkeit dieser Projekte, in denen es um Holz, Baumwolle, Heuschrecken, Rohrratten oder große Bewässerungsanlagen ging. Doch zumindest die deutschen Experten sowie einige einheimische Politiker und Projektmitarbeiter hatten ihre persönlichen Ziele erreicht: Sie verdienten gut an und mit den Projekten.

An diesem Wochenende landeten wir wie Außerirdische in einem typischen afrikanischen Gral. Da wir angekündigt waren, hatte man für uns Gäste gekocht. Während Bea, Odjo, Firmin und ich aßen, saß das ganze Dorf – und ich meine das ganze Dorf – im Halbkreis vor uns und schaute dem dargebotenen Happening mit großen Augen zu.

Als wir fertig waren, aßen die anderen. Es war mehr als genug gekocht worden, um die Gäste in größter Gastfreundschaft zufriedenzustellen.

Nach dem Essen meinte Firmin, seine Schwester hätte gesagt, es gäbe einen wichtigen »Marabout«, einen traditionellen Wahrsager, im Dorf. Firmin war übrigens sehr christlich, aber wie wir schon gehört haben, schließt sich das in keiner Weise aus. Die beiden Yovos sollten ihn aufsuchen, um etwas über ihre Zukunft zu erfahren. Es wäre allerdings vonnöten, eine Flasche Rum mitzubringen, dann würden seine Visionen klarer. Gesagt, getan.

In der Baracke des Marabout war es dunkel, klebrig und stickig, von irgendwoher drang ein Lichtstrahl hinein. Der Mann war klein und dürr, sah uralt aus, was er wahrscheinlich gar nicht war, und hatte noch einen Schneidezahn. Er nahm die Flasche wortlos entgegen und trank erst einmal einen großen Schluck daraus. Den zweiten Schluck spuckte er vor sich auf die Erde. Das machte Mutter Erde glücklich und alle Geister, die in ihr wohnen, ebenso. Zudem war es im Voudou so üblich. Dann begann er, verschiedene Knochen und Kaurimuscheln aus der lockeren Hand schwungvoll vor sich auf den Boden zu werfen. Nach einiger Zeit des Schweigens sagte er zu Bea, sie würde glücklich und einen Mann heiraten, der dieselben Haare hätte wie sie. Zu mir meinte er, ich würde in Afrika heiraten und nie mehr in meine Heimat zurückkehren. Zu Bea gewandt, fügte er noch hinzu, um den Zauber besonders wirkungsvoll zu machen, müsse sie am nächsten Morgen wiederkommen. Dann würde er ihr den Kopf waschen. Dazu müsste allerdings eine spezielle Seife hergestellt werden. Das würde eine weitere Flasche Rum kosten. Ich stand da und hielt die Luft an. »Oh je, alles, nur nicht die Haare, wenn das mal gut geht.«

Zu meiner großen Verwunderung willigte Bea in die Haarwaschung am nächsten Morgen ein. Was war das für ein Spektakel! Die extra angefertigte Seife war schwarz und es befand sich irgendetwas wie Teer darin. Nach der

Waschung sah Bea aus wie nach einem Moorbad. Unfassbar! Dass ich das erleben durfte.

Odjo schämte sich die ganze Zeit, wie jeder Jugendliche bei uns auch in diesem Alter, fremd. Es war so köstlich. Was für ein unvergessliches Erlebnis. Firmin genoss das Wochenende ebenfalls und krönte alles mit seinem breiten herzlichen Lächeln. Das sind die Augenblicke, die man nie im Leben vergisst. Rückblickend betrachtet lag der Marabout mit allen seinen Prognosen voll daneben, allerdings war das Erlebnis jeden Tropfen Rum wert.

Später unternahmen wir noch in Ganvié eine Fahrt mit einer Piroge. Dort befindet sich der sogenannte Schwimmende Markt. Ähnlich wie in Südostasien leben die Menschen hier in einem Mangrovengebiet auf Pfahlhäusern mitten im Wasser. Handel und Transport funktionieren mittels der Pirogen.

Wir besuchten auch Ouidah und Abomey, wo noch die alten Paläste der gleichnamigen Königreiche standen, die es schon lange vor der Ankunft der Portugiesen in Afrika gab. Sie hielten damals selbst Sklaven und machten mit den Sklavenhändlern Geschäfte.

In einem »Ausflugslokal«, einer nicht ganz so schlimmen Baracke, saß ein großer Affe in einem Käfig, der so eng war, dass sich das Tier nicht um die eigene Achse drehen konnte. Ich hatte keine Ahnung, wie lange er schon darin saß und empfand das damals als ganz schrecklich. Allerdings sitzen beziehungsweise stehen auch in der sogenannten entwickelten Welt aufgrund der Massentierhaltung Milliarden von Hühnern, Schweinen und Kühen ebenso eingesperrt in viel zu engen Behältnissen. Komisch, dass darüber so gern hinweggesehen wird, als würde das abgepackte Billigfleisch auf Bäumen wachsen.

Essen in der Mensa

Ich ging täglich mit Kollegen in der Mensa der Universität von Cotonou essen. Wie wir schon wissen, nimmt man, zumindest dort, wo ich mich längere Zeit aufhielt, die Mahlzeit meist in einer Holzbaracke zu sich. In diesem dunklen (Mensa-)Holzverschlag bereiteten Frauen aus dem Norden Benins das Essen zu. Es gab in einem riesigen Holzmörser gestampfte Yamswurzel. Nach Wunsch wurden dann aus der Masse unterschiedlich große Kugeln mit den Händen gerollt. Ähnlich wie Kartoffelknödel, nur etwas größer, der Teig kompakter, um zum Schluss noch platt gedrückt zu werden. Dazu gab es Erdnusssoße, wahlweise mit gekochten Ziegenkäsestücken, einer Spezialität aus dem Norden, oder einem Stück durchwachsenen Fleisch, je mehr Sehnen und Knorpel, desto besser. Eine besondere Spezialität aus dem Süden gab es ebenfalls in der Mensa von Cotonou: eine olivgrüne Sauce aus Okra-Schoten namens »Sauce Gombo«. Sie war sehr beliebt.

Ich aß fast zwei Jahre lang mit Appetit jeden Mittag immer dasselbe. Einen Klops Yams mit Erdnusssoße und zwei Stückchen weichem Ziegenkäse in einer Emailleschüssel, das Ganze für umgerechnet 50 Cent. Ich fand das Gericht richtig lecker und freute mich jeden Tag aufs Neue auf meine Portion.

Eines Tages saß eine Studentin auf der rudimentären Holzbank neben mir. Sie hatte sehr lange, knallrote Fingernägel. Ich hatte meine obligatorische Portion abgeholt und wie immer einen Löffel verlangt. Die Studentin hatte einen Kloß, dazu Erdnusssoße und eine extra Portion »Sauce Gombo« darüber. Die Sauce heißt in Benin auch »Sauce kilometrique«. Es wird gleich klar, warum. Wichtig ist, noch zu erwähnen, dass in Afrika die meisten Menschen nicht mit einem Besteck essen, sondern mit der rechten Hand kleine Bällchen formen, die sie sich dann gekonnt in den Mund werfen.

Ich tat das nicht. Nicht, weil ich besser sein wollte als die anderen, sondern weil ich Linkshänderin bin. Und das geht gar nicht. Die linke Hand ist die schmutzige Hand. Diesbezüglich sind sich einmal die Religionen einig.

Ich hatte natürlich schon im Senegal ausprobiert, mit der rechten Hand zu essen, aber es gelang mir nicht. Die Sauce lief mir bis zum Ellenbogen, da gab ich meine Versuche auf.

Besagte Studentin rammte ihre langen, knallroten Fingernägel in den mit beiden Saucen übergossenen Kloß. Dann zog sie das Ganze mit ihren roten »Krallen« hoch. Die grüne Sauce blieb beharrlich in einem Stück, völlig unbeeindruckt davon, wie hoch die Studentin ihre Hand auch über den Teller bewegte. Damit wäre der Name der »kilometerlangen« Sauce geklärt. Wahrscheinlich wurde ich bei diesem »Happening« besonderer Art genauso grün im Gesicht, wie es die »Sauce Gombo« war. Ich aß danach nie wieder in der Mensa von Cotonou.

Andere Länder, andere Sitten. Ich bekomme bis heute Gänsehaut, wenn ich mich an die Mensa-

Szene erinnere, was immer dann geschieht, wenn ich lange rote Fingernägel sehe.

Das Forschungszentrum in Ibadan, Nigeria

Nur ein einziges Mal, 1997, fuhren mein Schweizer Kollege und ich mit einem Fahrer nach Ibadan in Nigeria, zum Hauptsitz des internationalen Agrarforschungszentrums, das von der Rockefeller-Stiftung gegründet wurde. Auf dem Weg dorthin mussten wir durch die Millionenstadt Lagos, heute mit 20 Millionen Einwohnern die größte Stadt Afrikas.

Zuvor hatten wir die Grenze passiert. Da wir mit einem gekennzeichneten Wagen des Institutes unterwegs waren, wurden wir zumindest nicht bis auf die Unterwäsche gefilzt. Trotzdem dauerte das Prozedere der Formalitäten mit Formularen, die auszufüllen waren und danach ganze Räume bis unter die Decke füllten, gefühlt unendlich lange. Dabei hatten wir noch den Vorteil eines Fahrers des Instituts, der mit dem ganzen Ablauf bestens vertraut war.

Die Fahrt durch Lagos empfand ich wie die in einer Geisterbahn auf dem Rummelplatz. Streckenweise hielt ich mir nur noch die Augen zu und schickte Stoßgebete zum Himmel, der Adrenalinpegel war am Anschlag. Ich dachte, das war‘s. Da kommen wir niemals lebend durch. Keiner der Europäer konnte genau genommen begreifen, wie in diesem absolut total chaotischen Wahnsinn überhaupt irgendetwas funktionierte. Aber es tat es. Es war unglaublich. Gelebtes »Sodom und Gomorrha« – und wir mittendrin. Der Fahrer lavierte den Wagen rechts herum, links herum, bremste abrupt, gab Vollgas. Nach gefühlt einer Ewigkeit des Todeskampfes ließen wir Lagos lebend hinter uns.

In Ibadan angekommen, folgte gleich der nächste »Kracher«. Wir näherten uns dem großen Agrarforschungszentrum. Rundherum befand sich ein Zaun, von dem man den Eindruck haben konnte, er gehöre nach Guantanamo. Es war quasi unmöglich, ungebeten in das Gelände dieses Forschungszentrum hineinzukommen. Als wir durch die Kontrolle waren – die nicht ganz so schlimm war wie die Grenzkontrollen – hatten wir das gelebte Chaos Nigerias abrupt hinter uns gelassen und waren nunmehr ernsthaft auf einem anderen Planeten gelandet.

Eine mit großen Palmen gesäumte und perfekt geteerte Allee führte zum Hauptgebäude, von dem aus es in die großen mehrstöckigen Gebäude – Häuser wie bei uns – und damit in die Gästezimmer ging. Dort befanden sich auch das Restaurant und der Swimmingpool. Fast wirkte das Ganze wie ein Urlaubsresort. Hinter diesem Komplex befanden sich die gesamten Forschungsgebäude mit den Tiefgaragen. Daran schloss sich die unfassbare Wohnanlage für all die internationalen Experten an. Das Areal wirkte wie ein typisch amerikanisches Vorstadtwohngebiet: Auffahrt zur Doppelgarage, mit obligatorischem Basketballkorb in der Mitte. Kein Scherz. Davor je zwei weiße Cherokee-Jeeps. Als ich das alles sah, kam es mir so vor, als wäre es nicht echt, nicht wirklich, sondern vielmehr eine Projektion, eine Illusion. Aber es war kein Film und keine Einbildung, das alles stand dort wirklich. Um das Ganze noch auf die Spitze zu treiben: Zur Entspannung gab einen künstlichen See mit Bambuswald.

Die Experten fuhren morgens mit den Jeeps von der Wohnsiedlung in die 100 Meter entfernte Tiefgarage und gingen zur Arbeit in ihre auf Kühlschranktemperatur heruntergekühlten Büros und Labore. Überall, wo in Afrika Klimageräte hingen, liefen diese auf Maximalkühlung. Das hatte zur Folge, dass ich meistens erkältet war, denn irgendwann musste man ja auch hinaus in die reale Temperatur, die für die Afrikaner da draußen herrschte. Wir erleben seit einigen Jahren in Deutschland, wie es im Sommer immer heißer und trockener wird. Gerade ist dies wieder der Fall, die Temperaturen steigen schon langsam auf 30 bis 35 Grad Celsius. Nur zur Information: Da geht noch was. In Afrika kann man das erleben.

Ich und der herrliche Schweizer Kollege, der bald nach den von mir geschilderten Ereignissen nach Brasilien ging – seine brasilianische Frau war bereits vorgereist, um dort Schweizer Käse herzustellen –, ließen es uns nicht nehmen, tatsächlich zu Fuß durch die Kontrolle aus dem Forschungsgelände hinaus und wieder hinein in das wahre Nigeria zu laufen. Das »Wachpersonal« war total schockiert und übernahm keinerlei Verantwortung für die Fahrlässigkeit dieser Kollegen aus Benin. Als würden wir, sobald wir draußen wären, direkt erschossen. Allerdings bestand diese Gefahr in Nigeria tatsächlich überall. Zur eigenen Sicherheit empfiehlt es sich allerdings bei jedem Aufenthalt in egal welchem Land, sich bei der Botschaft anzumelden.

Wir gingen zielstrebig zu einer der Holzbaracken mit Wellblechdach, so wie wir dies aus Cotonou gewohnt waren, und aßen und tranken bei den Einheimischen. Auch die Wächter vor dem Tor des Hochsicherheitstraktes konnten es nicht fassen, was wir zwei Weißen dort draußen bei ihnen wollten. Die ganze Situation wirkte sehr befremdlich und wir waren froh, nach ein paar Tagen nach Benin zurückfahren zu können. Wir hatten hier zwar nicht diesen »Luxus«, konnten uns dafür aber frei bewegen.

Die Kopie von einer Diskette

In Benin arbeitete ich an einem großen Agrarforschungsinstitut, das Afrika noblerweise von der Rockefeller-Stiftung geschenkt worden war. Von Zeit zu Zeit ergab es Sinn, seinen Großmut zu zeigen – im Sinne der Ziele, die eigentlich dahinterstehen.

Als ich dort war, gab es noch richtig viel Geld für die afrikanische Agrarforschung. Das wurde jedoch bald anders, und von da an wurde in den Hilfsprojekten nur noch »fremd gemanagt« und damit systematisch unterentwickelt. Landwirtschaftliche Entwicklung spielte ab der Mitte der 1990er-Jahre keine Rolle mehr.

Damals ereignete sich folgende Situation: Es gab zwar schon Computer, als Speichermedium dienten allerdings noch quadratische Disketten mit nur wenig Speicherplatz, die heute schon fast vorsintflutlich anmuten. Um eine Diskette zu kopieren, musste man sie zuerst in den Computer schieben und die darauf befindlichen Daten auf die Festplatte kopieren. Dann wurde diese Diskette entnommen, eine zweite ins Laufwerk geschoben und die Daten vom Computer auf diese übertragen. So ging das damals. Eines Morgens nun bat einer der Experten einen einheimischen Techniker, er solle ihm schnell – es muss ja immer alles schnell gehen, die Gelassenheit der Afrikaner geht uns völlig ab –, eine Kopie der Diskette zu erstellen. Anschließend drückte er dem Techniker die Diskette in die Hand, der damit verschwand. Scheinbar hatte der Mann niemals eine Kopie einer Diskette an einem Computer erstellt. Allerdings kannte er natürlich den Fotokopierer, der im Eingangsbereich des Institutes stand. Also ging er zu diesem, legte die Diskette auf dessen Glasscheibe und fertigte mittels Knopfdruck eine Kopie der Diskette an.

Der Experte wusste nicht, wie ihm geschah, als ihm der Techniker das Blatt Papier übergab, auf das ein schwarzes Quadrat kopiert war. Diese Kopie der Diskette zierte lange die Wand des Experten. Solche Dinge geschehen immer wieder, wenn man von falschen Annahmen ausgeht. Aus der Sicht des Technikers hatte er genau das getan, worum man ihn gebeten hatte. Heute wissen viele nicht mehr, was eine Diskette ist. In den zurückliegenden 40 Jahren hat sich eine rasante Entwicklung vollzogen, von denen es in der Menschheitsgeschichte nicht viele gab, so wie zum Beispiel die Gewinnung von Saatgut, was die Landwirtschaft begründete, oder die Erfindung der Dampfmaschine zu Beginn der industriellen Revolution. Jetzt war auf einmal Information zu jeder Zeit für jedermann verfügbar. Theoretisch. Für die Ärmsten der Armen natürlich nicht, aber für fast alle anderen schon.

Der große Freilandversuch im Niger

Das »Heuschrecken-Projekt«, in dem ich arbeitete, hatte seinen Sitz am Agrarforschungsforschungsinstitut mit der Bezeichnung International Institute for Tropical Agriculture, Biological Control Center for Africa in Benin. Die großen Freilandversuche wurden allerdings im Niger durchgeführt, weil sich dort Brutgebiete der Wanderheuschrecken befinden. 1997 fand ein Großversuch in Maine Soroa statt, dem eine lange Planungsphase vorausging. Das Team blieb drei Monate im »Field Camp«. Es setzte sich aus Kollegen aus Cotonou und eines Partnerinstituts in Niamey, der Hauptstadt des Niger, zusammen.

Damals gab es im Niger immer wieder bewaffnete Überfälle durch Rebellen. Ein Franzose, der den Banditen den Schlüssel seines Fahrzeuges partout nicht herausgeben wollte, überlebte die Diskussion mit ihnen nicht.

Irgendwann erfanden die nigrischen Kollegen eine auf die Rebellen Bezug nehmende Geschichte, die allen viel Spaß bereitete, auf meine Kosten versteht sich. Die Geschichte ging so: Die Rebellen seien bewaffnet ins Camp gekommen und hätten die weiße Frau entführt, um Geld zu erpressen. Drei Tage später kamen die Rebellen zurück. Mit Kamelen, Lederwaren, Trockenkäse, Hirse, Salz, Datteln und, vor allem, der weißen Frau. Sie boten den Kollegen alles, was sie besaßen, wenn sie nur diese Frau zurücknähmen. Dann lachten sie schallend.

Bei dem Versuch ging es darum, die Wirkung eines konventionellen Pflanzenschutzmittels im Vergleich zu dem durch das Projekt entwickelten biologischen Präparat nach Labor- und Halbfreilandversuchen jetzt direkt im adäquaten Ökosystem zu testen. Zu diesem Zweck wurden die beiden Produkte auf zwei unterschiedlichen

Flächen von jeweils drei Quadratkilometern an zwei aufeinanderfolgenden Tagen mit einem Kleinflugzeug gesprüht. Im Norden und Süden der Fläche wurde je ein Geländewagen platziert, auf dessen Ladefläche ein Fahnenträger stand. Der Plan lautete wie folgt: Das Flugzeug fliegt im Süden an der westlichen Flanke los und sprüht. Gesehen haben viele das schon einmal in dem Film »Der unsichtbare Dritte« von Alfred Hitchcock, in dessen Hauptrolle Cary Grant spielte, der gejagt wurde und in dem seine Widersacher versuchten, ihn mit einem Sprühflugzeug mit Insektenbekämpfungsmittel zu töten.

Nach einer 1,7 Kilometer langen Flugstrecke sah der Pilot das Auto an der nördlichen Begrenzungslinie stehen. Er stoppte die Behandlung und flog außerhalb der Versuchsfläche eine Schleife. Währenddessen fuhr das Auto 100 Meter weiter und platzierte sich an der nächsten Markierung, damit der Pilot sah, an welcher Stelle es mit der Behandlung weiterging und zurück Richtung Süden flog.

Jetzt fuhr das Auto etwas langsamer 100 Meter weiter, da kein Zeitdruck herrschte. Als das Flugzeug seine zweite Schleife geflogen hatte, fuhr der Fahrer los. In einiger Entfernung vor ihm war ein frischer Sandhügel aufgetürmt, der am Tag zuvor, als die Strecke markiert wurde, noch nicht existierte. Da der Fahrer klare Instruktionen hatte, sich an die markierte Strecke zu halten, hielt er mit dem Fahrzeug genau auf den Sandhaufen zu. Man sah regelrecht kommen, was gleich passieren würde.

Der »Fennek« ist ein kleiner Wüstenfuchs, mit

riesigen Ohren, ein possierliches Tierchen. Er hatte mit seiner Familie in der letzten Nacht einen neuen Bau gegraben. Der Fahrer kam noch kurz vorwärts, bis er mit dem Vorderteil des Pick-ups kopfüber im Neubau der Fuchsfamilie steckte. Er war geradeaus gefahren, wie man ihm gesagt hatte. Was nun? Ich stand mit zwei Mitarbeitern hinten auf der Ladefläche des Pick-ups. Eine Standpauke zu halten erschien mir wenig sinnvoll. Ich zögerte nur wenige Sekunden und wusste, was ich jetzt tun musste, um das Gelingen des über lange Zeit geplanten Versuches nicht zu gefährden. Das musste gelingen. Ich riss dem Fahnenträger die große rote Flagge aus der Hand, und bevor irgendeiner begriff, was ich vorhatte, war ich vom Wagen gesprungen und losgerannt. Das war unsere einzige Chance. Ich kam an der nächsten 100-Meter-Markierung an.

Jetzt musste es nur noch gelingen, dass der Pilot mich mit der Fahne sah und nicht auf das Fahrzeug zuhielt, das im Fennek-Bau feststeckte. Als ich den Flieger kommen sah, versuchte ich, mich so groß wie möglich zu machen und schwenkte die rote Flagge mit gestreckten Armen hoch in der Luft. Würde er mich sehen? Er sah mich. Gott sei Dank. Das war erst einmal geschafft. Nun konnte ich die nächsten 100 Meter langsam laufen, bevor der nächste 100-Meter-Sprint mit der schweren Holzstange angesagt war. War das anstrengend! Ich bin zwar nicht unsportlich, aber niemand, der täglich für einen Marathon trainiert, und das in den Tropen. Obwohl es erst 8:00 Uhr morgens war, konnte man die Hitze bereits aufsteigen spüren.

Nun war zumindest klar: Der Pilot wusste

Bescheid. Ich drehte mich um und schaute zurück zu dem Auto, aber es war nicht zu sehen. Also weiter, die nächsten 100 Meter im Gehen, dann wieder Sprint und so weiter. Wir erinnern uns, es ging um eine Distanz von 1,7 Kilometern. Auf den letzten 200 Metern kam tatsächlich das Auto angefahren. Meine Gesichtsfarbe war mittlerweile von bleich auf dunkelrot-lila gewechselt. Als ich die Kollegen sah, ließ ich mich erst einmal in den Sand fallen. Ich konnte nicht mehr. Auch der Pilot sah, dass das Auto wieder da war, und orientierte sich auf den letzten 200 Metern wie ursprünglich geplant.

Als die Behandlung zu Ende war, flog der Pilot im Tiefflug an mir vorbei und salutierte. Dankend nahm ich den Gruß an und war auch selbst stolz auf mich, dass ich das geschafft hatte. Doch wenn man muss, schafft man auch das Unmögliche. Dies habe ich in Afrika gelernt. Als ich wieder bei Kräften war, bekam der Fahrer noch eine deftige Abreibung, dass er geradeaus in den Sandhaufen gefahren war. Das konnte ich mir dann doch nicht verkneifen.

Am Nachmittag wurde ein Hammel geschlachtet und abends gegrillt, um den Erfolg zu feiern. Das Tier, das bereits einige Tage im Camp angebunden war, wurde geschlachtet, dann an die Akazie genau vor meinem Zimmer gehängt und ihm das Fell über die Ohren gezogen. Es zeigte sich erneut: In dieser Welt hört, sieht und riecht man vieles, was man in der anderen, angeblich besseren Welt nicht hört, sieht oder riecht, obwohl es da ist. Und wegschauen oder darüber schweigen oder es nicht hören wollen, macht es nicht ungeschehen.

Abends beim gemeinsamen Essen schaute ich

auf meinen Teller und wunderte mich, was da für runde Klopse lagen. Ich fand heraus, dass es sich dabei um die Hoden des gegrillten Tieres handelte: Es war bereits die zweite große Ehrerbietung an diesem Tag. Das war mir des Lobhudelns aber denn doch etwas zu viel. Als keiner hinsah, schob ich die Dinger einem der Kollegen auf den Teller. Es war vollbracht. Alles war vollbracht.

Damals in Maine Soroa kam ich auch einem Skorpion ziemlich nahe. Um die Fluginsekten zu fangen, hatte das Team überall zeltähnliche Fallen aufgestellt. Die Insekten flogen von unten gegen den roten Stoff, dann nach oben und wurden in Sammelflaschen, gefüllt mit Ethanol, konserviert. Die Fallen mussten täglich im Gelände abgefahren und auf ihre Funktionstüchtigkeit hin überprüft werden. Besonders wichtig war die Stelle am oberen Ende, wo der Stoff über einen Trichter in die Sammelflasche mündete, diese durfte auf keinen Fall verstopfen und die Fangergebnisse verfälschen – da ging die deutsche Gründlichkeit mit mir durch. Ich nahm das, was ich da tat, ja auch ernst. Vergnügen unter der tropischen Sonne sieht anders aus.

Bei einer der morgendlichen Touren griff ich gedankenverloren in eine Zeltfalle hinein. Ich berührte etwas und zog intuitiv sofort die Hand zurück. Genau vor mir fiel ein etwa zehn Zentimeter großer sandfarbener Skorpion auf den Boden. Die hellen sind tatsächlich sehr giftig. Skorpione gibt es in der Sahelzone zuhauf, meist sitzen sie unter Steinen und lassen einen in Ruhe. Sie dürfen sich nur nicht gestört oder angegriffen fühlen. Der Stich einiger Arten ist für den Menschen tödlich. Damals hatte ich wirklich Glück, dass der Skorpion nicht zugestochen hatte, aber wozu hat man sonst einen Schutzengel und einen Hund, wie es schon in der Bibel steht?

Ich führte drei aufeinander aufbauende Versuche an »Nützlingen« durch, die für die Bestäubung von Pflanzen eine wichtige Rolle spielen. Bei der ersten Stufe der Versuchs¬reihe (Tier I) handelte es sich um Laborversuche unter standardisierten Bedingungen mit einem zwölf Stunden andauernden Tag, einer zwölf Stunden langen Nacht, geregelter Temperatur, nur weiblichen Insekten, genügend Nahrung und so weiter. Die zweite Stufe (Tier II) waren Halbfreilandversuche, bei denen die Insekten in Käfigen im Freiland standen und Temperatur und Wetter nicht kontrollierbar waren. Die dritte Stufe (Tier III) war der große Freilandversuch, der oben beschrieben wurde. Hier wurden die Insekten direkt in der Natur untersucht und die Situation über mehrere Wochen vor und nach der Behandlung verglichen. Als Ergebnis stellte sich heraus: Je weiter man sich von standardisierten Laborbedingungen ins Freiland bewegte, umso weniger waren eindeutige Aussagen möglich. In einem Ökosystem wirken viele interne und externe Faktoren in einem komplexen Gefüge zusammen, die Reaktionen von außen sowohl verstärken als auch abschwächen können, sodass klare Vorhersagen schwer zu treffen sind. Das jeweilige Lebensstadium der untersuchten Insektenpopulation im Entwicklungszyklus spielt eine entscheidende Rolle bei der Abwägung von Schaden und Nutzen der Behandlung. Letztendlich folgerte ich aus der Versuchsreihe, dass es äußerst schwierig sei, klare und vor allem allgemeingültige Aussagen zu treffen, was sich genau in der Natur abspielt, wenn man ein Pflanzenschutzmittel spritzt.

Insgesamt war die Zeit in der Agrarforschung eine schöne Zeit. Es wurde viel geforscht, genauso viel gefeiert. Die Forscher waren gebildete Köpfe und ließen ihrem Erfindergeist freien Lauf. Mein Chef war später in Australien leider an einem Aneurysma im Kopf gestorben. Er hatte in seinem nur kurzen Leben wirklich viel erreicht.

Mir war das Forschen auf Dauer nicht genug. Ich konnte bei all dem, was wir machten, nicht feststellen, dass sich für die Bauern in Afrika wirklich irgendetwas zum Besseren veränderte. Aber das war die treibende Kraft, warum ich all das tat. Nur deshalb war ich dort. Während andere Kollegen die Karriereleiter emporstiegen oder von der biologischen Schädlingsbekämpfung zu Chemiekonzernen wechselten und quasi zum Feind überliefen, arbeitete ich mich immer weiter nach unten, bis ich direkt an der Basis bei den Bauern im Feld angekommen war. Fortan betrieb ich Agrarberatung in Entwicklungshilfeprojekten.

»Und sie kamen über ganz Ägyptenland und ließen sich nieder überall in Ägypten, so viele, wie nie zuvor gewesen sind noch hinfort sein werden. Denn sie bedeckten den Boden des ganzen Landes, und das Land wurde finster. Und sie fraßen alles, was im Lande wuchs, und alle Früchte auf den Bäumen, die der Hagel übrig gelassen hatte, und ließen nichts Grünes übrig an den Bäumen und auf dem Felde in ganz Ägyptenland.«

Zweites Buch Mose (Exodus)[47]

Wanderheuschrecken in Afrika: »Die Zähne des Himmels«

Seit Menschengedenken zählen Wanderheuschrecken zu den größten Schädlingen in der Landwirtschaft. Nicht umsonst haben sie bereits im Exodus, dem zweiten Buch Mose im Alten Testament, als achte Plage, die Gott über die Ägypter brachte, einen Auftritt auf der Weltbühne gehabt.

Immer wieder rufen die Heuschrecken in Afrika große wirtschaftliche Schäden hervor, gefolgt von erbarmungslosen Hungersnöten. So ein Heuschreckenschwarm ist mit einer Flutwelle vergleichbar, die einem Erdbeben in der Tiefsee folgt und alles verschlingt. Man könnte den Schwarm auch mit einem Sandsturm, auf Arabisch »Habub«, vergleichen, der zunächst den Horizont bedrohlich ockergelb verfärbt und dann wie eine gigantische Walze anrollt. Ich habe etliche Habubs in der Sahelregion erlebt und fühlte mich stets kleiner als eine Ameise, wenn dieser Tsunami aus Sand auf mich zurollte.

In Afrika bezeichnet man die Heuschreckenschwärme sehr treffend als »Les dents du Ciel«, französisch für »Die Zähne des Himmels« – Abermillionen einzelner Individuen, aus denen ein gefräßiger Mega-Organismus entsteht.

Eine Anekdote

Die folgende Geschichte spielte sich im Frühjahr 2020 so oder so ähnlich am Horn von Afrika, in Somalia, Äthiopien oder Kenia ab. Wir werden am Beispiel eines kleinen afrikanischen Dorfes im Sahel miterleben, was passierte.

Es ist noch dunkel. Die frühen Morgenstunden sind die angenehmste Tageszeit. Nur wenige Stunden nach Sonnenaufgang wird es bereits wieder unerträglich heiß sein. Jetzt werden die Gärten bewässert, und die Frauen stampfen die Hirse in einem großen hölzernen Mörser. Es hat für die Jahreszeit erstaunlich viel geregnet, das lässt die Feldfrüchte sprießen. Normalerweise herrscht im Frühjahr die trockenste und heißeste Zeit des Jahres. Das ist jetzt nicht der Fall und etwas anderes entwickelt sich bei diesen außergewöhnlichen Wetterbedingungen genauso gut.

Plötzlich dringt von Ferne ein Surren ans Ohr, das zu einem ohrenbetäubenden Lärm anschwillt. Die Einwohner, Alte, Kinder, ganze Bauernfamilien, schauen entsetzt zum Himmel. Sie hören und sehen das Unheil kommen, denn sie alle wissen dieses typische Geräusch, vor dessen Folgen es jetzt kein Entrinnen mehr gibt, zu deuten. Es ist der unverkennbare Klang der gefräßigen »Zähne des Himmels«, die innerhalb kürzester Zeit alles verschlingen, was ihnen vor die Fresswerkzeuge (Mandibeln) kommt – alles, was diese Bauern auf ihrem kargen Land mühsam herangezogen haben, all das, was ihre eigene Lebensgrundlage sichert. Und wie bei einem Erdbeben oder Vulkanausbruch kommt auch diese natürliche Urgewalt mit solch erbarmungsloser Wucht daher, dass die Menschen ihr machtlos ausgeliefert sind. Die Dorfbewohner versuchen verzweifelt, die Heuschrecken mit Lärm zu vertreiben, indem sie mit Holzlöffeln auf Blechtöpfe schlagen und schreien. Doch was können sie ausrichten gegen das wabernde, energetische Getöse der

Heuschreckenflut? Nichts. So gleicht auch der Versuch, die Insekten mit ihren Reisigbesen zu vertreiben, den letzten hilflosen Bewegungen eines Ertrinkenden, bevor ihn das Wasser für immer verschluckt. Die Ernte ist nicht mehr zu retten. Dieser Kampf nicht zu gewinnen. Die Heuschrecken sind überall. Wenn die Walze weiterrollt, hinterlässt sie nichts außer dem beißenden Geruch der Fäkalien, der einem den Atem raubt.

Einen Heuschreckenschwarm habe ich nie selbst miterlebt. Im Senegal kam ein solcher kurz nach meiner Abreise direkt über Dakar herunter, auf Madagaskar war er schon weitergeflogen, ich war also nur mit der Verwüstung konfrontiert. Im Sahel erlebte ich alle Vorstadien, die sich zu einer Plage entwickeln.

Jetzt folgt die Hungersnot.
Und wieder eine humanitäre Krise im Sahel.

Die afrikanische Wüstenheuschrecke

Das geografische Vorkommen der afrikanischen Wüstenheuschrecke, Schistocerca gregaria, erstreckt sich über die Sahelzone in Afrika, die Arabische Halbinsel und große Teile Südasiens.[48] Die Art zählt zu den Wanderheuschrecken und ist die einzige dieser Gattung in der Alten Welt. Ihre Schwärme bewegen sich passiv mit den Westwinden. Soweit dokumentiert, erreichten zum Beispiel im Jahr 1988 afrikanische Schwärme die 5000 Kilometer entfernte Karibik.[49] Umgekehrt geht das nicht, denn dann müsste ein Schwarm gegen die Windrichtung anfliegen. Vor der westafrikanischen Küste kommt es schon des Öfteren vor, dass es auf Schiffen

Heuschrecken hagelt.

Wanderheuschrecken weisen einen »hemimetabolen Entwicklungszyklus« auf, das heißt, hier fehlt im Vergleich zu den »holometabolen Insekten«, zum Beispiel Schmetterlingen, die Verpuppung. Es gibt fünf Larvenstadien, die sich in der Regel über fünf Wochen erstrecken, bevor das adulte Tier, die Imago, sich häutet. Die Lebenserwartung beträgt drei bis fünf Monate. Ein Weibchen braucht nur einmal befruchtet zu werden, um dann bis zu drei Gelege mit jeweils 60 bis 90 Eiern im Boden abzulegen.[50]

Bei diesen Insekten gibt es etwas ganz Besonderes, und in diesem Zusammenhang soll noch einmal jemand behaupten, die Natur sei nicht genial. Wanderheuschrecken treten tatsächlich in zwei unterschiedlichen Phasen auf: einer »Solitärphase«, in der sie als Einzelindividuen erscheinen, und einer »Gregärphase«, der Schwarmphase. In den beiden Phasen unterscheiden sich die Insekten sowohl in Form und Aussehen als auch im physiologischen Verhalten voneinander, bleiben aber genetisch identisch. Bis in die 20er-Jahre des vergangenen Jahrhunderts hinein hielt man die beiden Phasen deshalb für unterschiedliche Arten.[51]

Der Phasenwechsel wird durch verschiedene Umweltreize ausgelöst. In der Solitärphase leben einzelne Heuschrecken ortsgebunden in geringer Populationsdichte in ihren sogenannten Rückzugsgebieten, zum Beispiel in den Gebirgsregionen der Sahara, am Horn von Afrika und entlang der Arabischen Halbinsel am Roten Meer. Die Larven schlüpfen, wenn es zu einem der seltenen Regenfälle kommt, der den Wüstensand anfeuchtet und die Luftfeuchtigkeit ansteigen lässt (Umweltreiz). Die winzigen Hüpfer sind hellgrün, die ausgewachsenen Insekten grüngraubraun gefleckt, jeweils der Umgebung angepasst. In dieser Phase richten sie keinen Schaden an. Wenn die klimatischen Bedingungen weiter vorhalten, legt ein Weibchen bis zu drei Gelege ab. Die Populationsdichte steigt sprunghaft an, der Lebensraum wird zu eng und die einzelnen Individuen begegnen und berühren sich öfter (Umweltreiz). Jetzt ahmen sich die Hüpfer gegenseitig nach und schließen sich in Gruppen zusammen. Sie bleiben nicht mehr ortsgebunden, sondern beginnen, sich auf der Suche nach Nahrung als riesiges Larvenband in Bewegung zu setzen.[52] Ich hatte gerade das Bild eines gigantischen Flüchtlingsstroms vor meinem inneren Auge.

Nun entwickelt sich zunächst eine Intermediär-Phase, in der die Insekten beginnen, Form und Verhalten zu verändern. Die ausgewachsenen Tiere legen weiter ihre Eier ab. Alle Eier schlüpfen nach circa drei Wochen synchron nach einem Regen. Die Population steigt exponentiell an. Ab jetzt haben wir es mit Wanderheuschrecken der zweiten Phase zu tun. Es kommt zu wandernden Larvenbändern, die Dichten von bis zu 30.000 winzigen Hüpfern pro Quadratmeter aufweisen und sich zielstrebig auf die Vegetation zubewegen. Die Nymphen sind jetzt schwarz gefärbt. Auf Prospektionsflügen zur Überwachung von Heuschrecken kann man die schwarzen Bänder in der Landschaft gut erkennen. Je nachdem, wie viel Nahrung sie finden, bewegen sich die Larven mehr als einen Kilometer pro Tag. Sie häuten sich, werden größer, gefräßiger und schließlich zu einem Schwarm fliegender Wanderheuschrecken. Diese sind auffallend gelb gefärbt, die Körper größer und robuster. Ein Weibchen kann bis zu zehn Zentimeter lang werden, die Männchen sind etwas kleiner. Alle Individuen gleichen ihr Verhalten einander an und verschmelzen quasi zu einem System.[53]

Ein Heuschreckenschwarm, der Hunderte Quadratmeter bedeckt, bezeichnet man als klein. Groß ist er, wenn er eine Fläche von mehr als 1000 Quadratkilometern bedeckt.[54] Ein wandernder Schwarm von Schistocerca gregaria kann 50 bis 80 Millionen Tiere pro Quadratkilometer zählen. Das ist zwar ein sehr schwer vorstellbarer Wert, man sollte es dennoch versuchen, ihn sich zu vergegenwärtigen, um sich dieser Dimension bewusst zu werden.[55] Tagsüber fliegen sie, nachts lassen sie sich auf Bäumen und Feldern nieder, von denen nichts übrig bleibt. Im Flug bewegt sich der Schwarm wie eine Walze voran. Die unten im Schwarm befindlichen Tiere fressen, während die sich oben befindlichen weiterfliegen.

Man hat versucht, Ernteverluste durch Heuschrecken auf nationaler wie regionaler Ebene in Bezug auf die Wirtschaftlichkeit der Erträge zu berechnen. Als Ergebnis kam heraus, dass die ökonomischen Schäden keine Kontrollmaßnahmen rechtfertigen. Aber ist eine rein ökonomische Analyse hier angebracht? Sie lässt den unschätzbaren subjektiven Verlust für all die betroffenen Subsistenzbauern, der über ihr Leben bestimmt sowie die Schäden an Weideland, Futtermitteln und Vegetation völlig außer Acht, genauso wie die daraus resultierenden Kosten für die Nahrungsmittelhilfen der internationalen Geber.[56]

Die Überwachung der Populationsdichte von Heuschrecken in ihren Rückzugsgebieten, um etwaige Verhaltensänderungen abzuschätzen, sowie die Lokalisation von Larven und Schwärmen in Bezug auf ihre Bekämpfung ist technologisch sehr aufwendig und komplex. Solche modellgenerierten Prognosen unter Einbeziehung von Wetter- und Vegetationsdaten über Heuschrecken wie die Muster von Schwarmbewegungen werden von der Ernährungs- und Landwirtschaftsorganisation der Vereinten Nationen (Food and Agriculture Organization of the United Nations [FAO]) und dem französischen »Programme de recherches interdisciplinaire français sur les acridiens du Sahel« (PRIFAS) erstellt. Trotzdem werden die meisten Larvenbänder durch die visuelle Überwachung durch nationale Pflanzenschutzdienste vor Ort entdeckt.[57]

Die Heuschreckenplage 2020 am Horn von Afrika

Das Wetter in Ostafrika und Australien, das unter verheerenden Bränden litt, wird durch das gleiche Klimaphänomen bestimmt. Es handelt sich um den Dipol des Indischen Ozeans (IOD). Normalerweise ist das Meerwasser vor der afrikanischen Ostküste wärmer als vor Australien. Je extremer dieses Gefälle ist, umso mehr warme und feuchte Luft weht nach Westen, was Ostafrika Regen und Australien Dürre beschert. Alles Folgen eines Klimawandels: Der Großteil der globalen Erwärmung wird durch die Ozeane absorbiert. Und wie es aussieht, wird sich an den derzeitigen Extremen in Afrika, Australien, Südasien und Südeuropa auch nichts ändern.[58]

Die letzte Heuschreckenplage gleichen Ausmaßes gab es in Kenia vor 70 Jahren. Auf einer Fläche von 2400 Quadratkilometern wurde eine Populationsdichte von 100 bis 200 Milliarden Tieren geschätzt. Und das in einer Region, die ein Jahr zuvor unter extremer Dürre litt und dann von Überschwemmungen heimgesucht wurde.[59] Zwei Zyklone über der Arabischen Halbinsel hatten im Mai und Oktober 2018 zu günstigen Bedingungen für solitäre Heuschrecken geführt, die überdurchschnittlich viele Eier ablegten. So nahm das Drama seinen Lauf. Durch ausreichend Vegetation konnten sich zwei Generationen um den Faktor 20 vermehren.[60] Laut eines Experten der FAO entwickelte sich die Insektenpopulation in einer unbevölkerten Region des Oman und wurde aus diesem Grund nicht entdeckt. Die FAO koordiniert seit Jahrzehnten ein Netzwerk aus nationalen und internationalen Experten und wertet Satellitendaten zur Vorhersage von Heuschreckenplagen aus.[61] Ein Milliardenprojekt. Ende 2018 wurden die Heuschrecken im Oman schließlich entdeckt. Von dort bewegten sie sich in den Iran und in den Jemen. Der vom Krieg verwüstete Jemen hatte kein Geld zur Aufrechterhaltung eines Pflanzenschutzdienstes.[62] Es regnete weiter, und Mitte 2019 überquerten die Heuschrecken das Rote Meer und erreichten Somalia, Äthiopien und Kenia und bewegten sich weiter nach Uganda und in den Südsudan, wo die Hälfte der dortigen Landesbevölkerung aufgrund des Bürgerkrieges hungert.[63]

Die FAO in Rom stellt Frühwarnsysteme in Bezug auf Zeitpunkt, Umfang und Ort von Heuschrecken zur Verfügung. Allerdings liegen die Geschwindigkeit der Ausbreitung und die Größe des Befalls oftmals so weit über der Norm, dass lokale wie nationale Grenzen erreicht werden. Angesichts der Größe der Schwärme ist daher eine Behandlung durch Flugzeuge mit Pestiziden die einzig wirksame Maßnahme, die Heuschrecken noch zu dezimieren.[64] Kaum einem der betroffenen Länder steht dafür allerdings das Geld zur Verfügung. Und die Frühwarnsysteme fressen Millionen von Euro.

In den 1980er-Jahren wurden giftige chlorierte Kohlenwasserstoffe wie Dieldrin oder Lindan als Barrieren gegen Larven auf die Vegetation gespritzt. Wegen negativer Umwelteinwirkungen wurde die Verwendung reduziert, während die Fässer in den Lagern der Pflanzenschutzdienste verrosteten. Das Arsenal an Spritzmitteln wurde danach auf selektive, weniger persistente Insektizide wie Malathion, Chlorpyrifos, Fenitrothion oder Deltamethrin umgestellt. Da diese Chemikalien jetzt nicht mehr so lange in der Natur verblieben, mussten Behandlungen häufiger wiederholt werden, um die gleichen Effekte wie zuvor zu erzielen, was auch deren Umweltverträglichkeit fragwürdig machte.[65]

»Dies ist zu einer Situation von internationaler Reichweite geworden, die die Ernährungssicherheit der gesamten Subregion bedroht. Die FAO aktiviert Mechanismen, die es ermöglichen, schnell voranzukommen, um die Regierungen bei der Durchführung einer kollektiven Kampagne zur Bewältigung dieser Krise zu unterstützen«, erklärte der FAO-Generaldirektor. Und: »Die Behörden in der Region haben bereits mit Kontrollaktivitäten begonnen, aber angesichts des Ausmaßes und der Dringlichkeit der Bedrohung ist zusätzliche finanzielle Unterstützung der internationalen Gebergemeinschaft erforderlich.«[66]

Laut Pressemitteilung vom 18. Februar 2020 hatte die Direktion für Entwicklung und Zusammenarbeit (DEZA) in der Schweiz der FAO bereits eine Million Franken überwiesen, nachdem die FAO am 28. Januar 2020 die internationale Gemeinschaft aufgerufen hatte, 76 Millionen US-Dollar zur Bekämpfung bereitzustellen. Das Ziel war nicht nur, die weitere Ausbreitung der Heuschrecken einzudämmen, sondern auch betroffene Haushalte zu unterstützen. »Mit der Hilfe soll das Ernährungsgleichgewicht der Familien wiederhergestellt und ihre Widerstandsfähigkeit gestärkt werden. Die eingeleiteten Maßnahmen sollen dazu beitragen, die Kontrollaktivitäten zu begleiten, die internationale Hilfe zu koordinieren, Schulungen anzubieten, den betroffenen Haushalten humanitäre Hilfe zukommen zu lassen, namentlich in Form von Geldüberweisungen, Viehfutter, Saatgut und Produkten für den Boden.«[67]

Eine wirksame Methode, extreme Auswirkungen einer Plage zu vermeiden, besteht darin, bereits ihre Entstehung zu verhindern. Horrende Summen werden für Frühwarnsysteme und andere Präventionsstrategien ausgegeben. Überwachungsstationen sammeln Wetterdaten, darüber hinaus werden Daten zu den Brutbedingungen für Heuschrecken sowie über die Populationsdichten und den Brutzeitpunkt erfasst. Allgemein hat sich die Verfügbarkeit von Satellitendaten seit den 1980er-Jahren extrem verbessert. Doch weder die Ausbrüche von 1986 bis 1989, 1992 bis 1995, 2003 bis 2005 noch die letzte Plage konnten dadurch verhindert werden.[68,69]

»Erst wenn der letzte Baum gerodet, der letzte Fluss vergiftet, der letzte Fisch gefangen ist, dann werdet ihr merken, dass man Geld nicht essen kann.«

Indianische Weisheit der Cree

Die vergiftete Landwirtschaft

So wie es aussieht, scheinen Ökologie und Ökonomie in der heutigen konventionell betriebenen Landwirtschaft miteinander unvereinbar zu sein. Jedenfalls so lange, wie nur wenige Chemiegiganten wie Bayer-Monsanto, BASF, Syngenta und Corteva Agriscience, die sowohl Medikamente als auch die Pflanzenschutzmittel vertreiben, aus reiner Gier nach maximalem Profit quasi das Monopol besitzen, Menschen und ihre Lebensräume auf der ganzen Welt ungehindert und straffrei zu vergiften und nachhaltig zu zerstören. Und das geht so lange weiter, wie die Politik weltweit dieses Geschehen deckt, es leugnet, verzerrt und diesbezügliche Vorwürfe weit von sich weist. Werden die Regierungen etwa von den Pharmakonzernen beherrscht? Solange sich das Verhältnis so darstellt, sind Ökologie und Ökonomie in der Landwirtschaft tatsächlich nicht miteinander vereinbar. Erst wenn Zivilgesellschaften anfangen, dieses morbide System zu hinterfragen, es verstehen und wissen wollen, was da eigentlich genau passiert, sowie beginnen, sich aktiv dagegen zu wehren – denn sie sind schließlich die Konsumenten, die Abnehmer, die Steuerzahler, die mit ihrem Geld das System finanzieren – und keine Lebensmittel mehr kaufen, die sie nachhaltig krank und von Medikamenten abhängig machen, erst dann werden Ökonomie und Ökologie in ein Gleichgewicht kommen können, zum Wohle aller.

Bereits seit den 1940er-Jahren wurde das Insektizid DDT (Dichlordiphenyltrichlorethan) eingesetzt, heutzutage ist es Glyphosat (mit Handelsnamen »Roundup«) – beides Pflanzenschutzmittel, die auf die Äcker der Welt gesprüht wurden und werden. Sie vernichten sowohl Schädlinge als auch Unkräuter und erhöhen die landwirtschaftlichen Erträge. Das nennt sich dann wirtschaftliche Rentabilitätssteigerung und Effizienz. Aber ist dem tatsächlich so? Kurzfristig betrachtet sicher. Doch zu welchem Preis? Was ist mit der so oft beschworenen Nachhaltigkeit? Was mit den Langzeitfolgen? All den Kranken, der massiven Umweltverschmutzung? Was ist damit?

Seit nunmehr 70 Jahren hat sich im Bereich der »landwirtschaftlichen Chemieindustrie« – einer direkten Tochter der medizinischen Pharmaindustrie – nicht wirklich viel verbessert. Immer noch wird behauptet, Produkte wie Glyphosat seien unschädlich für Mensch, Tier und Umwelt. Wie lange soll das eigentlich noch so weitergehen? Wohin mit der schier unerträglichen Ignoranz, die nur Pharmagiganten und Trittbrettfahrern nutzt, aber dem globalen Ökosystem schadet oder eher aktiv dazu beiträgt, es unwiederbringlich zu zerstören? Inklusive allem, das darin lebt.

Eine kurze Geschichte der Landwirtschaft

Bereits vor rund 12.000 Jahren, als die ersten Menschen sesshaft wurden und begannen, Land aktiv mit Pflanzen zu bebauen, das sie aus Saatgut gewonnen hatten, wurden viele Tierarten zu einer Gefahr für die Ernte. An diesem Zustand änderte sich über Tausende von Jahren so gut wie nichts. Trotz bestimmter Ertragsverluste blieb das System im Gleichgewicht. Als 1492 der amerikanische Kontinent entdeckt wurde und viele neue Pflanzen von dort in die Alte Welt gelangten – wie zum Beispiel Kartoffeln, Tomaten, Mais – und, damit verbunden, nach und nach auch der internationale Sklavenhandel einsetzte, machte die globale Landwirtschaft einen Sprung nach vorn hin zu dem System, das wir heute in perfektionierter Form kennen. Jeder erinnert sich sicherlich an die Bilder von schwarzen Sklaven auf den Baumwollplantagen der amerikanischen Südstaaten, als man begann den landwirtschaftlichen Anbau zu verbessern, und zwar durch den Einsatz von Monokulturen. Diese Methode entwickelte sich in jüngerer Zeit hin zu einer industriell betriebenen Landwirtschaft mit zum Teil unüberschaubaren gigantischen Flächen, wie sie beispielsweise im großen Weizengürtel der Vereinigten Staaten existieren.

Auch in Europa setzte ab der Mitte des 19. Jahrhunderts die landwirtschaftliche Industrialisierung ein. Bis dahin hatte es eine ökologisch nachhaltige Landwirtschaft mit diversen Gemüse-, Obst- und Getreidekulturen in Rotation auf meist kleinen Parzellen gegeben, zwischen denen Waldgebiete, Bäche und Fluren sowie Auenlandschaften und brachliegende

Äcker existierten; Letztere zum Zweck der Regeneration der Flächen. Heute finden sich allerorten Monokulturen, manche auf Feldern, die bis zum Horizont reichen.

Eine der schlimmsten Entwicklungen stellen aber zweifelsohne die infolge von Land Grabbing entstandenen Palmölplantagen dar, denen zum Beispiel fast der komplette tropische Regenwald Indonesiens zum Opfer fiel – eine der unwiederbringlichen grünen Lungen der Welt. Wälder mit einem unermesslichen Artenschatz an Pflanzen und Tieren fielen der krankhaften Gier einer schier unersättlichen Konsumgesellschaft zum Opfer. Einfach so. Jeden Tag. Und es geht immer weiter. Die Liste solcher Beispiele ließe sich beliebig fortsetzen.

Mit dem Übergang von einem natürlich praktizierten »Ökolandbau« – der also keine Erfindung der Neuzeit ist – hin zu einer von Pflanzenschutzmitteln verpesteten landwirtschaftlich-technisierten Produktionsmaschinerie wurde das Agroökosystem und darüber hinaus das globale Ökosystem aus dem natürlichen Gleichgewicht gebracht. Dies geschah zugunsten satter Profite für die Chemieindustrie. Das Ganze ähnelt dem, was wir aktuell in Bezug auf die weltweite Covid-19-Pandemie beobachten können.

Die Pharmaindustrie, die nun auch die »Impfstoffe«, mit denen Covid-19 bekämpft werden soll, herstellt, bringt immer neue Milliardäre hervor. Damals wie heute ist es immer das gleiche Spiel. Es geht nie um das Wohl der Menschen, obwohl gerade das immer behauptet wird, sondern um den Profit einiger weniger, denen die Namenlosen, die durch Nebenwirkungen krank werden oder gar daran versterben, egal sind ganz nach dem Motto »Nach mir die Sintflut«. Diese Entwicklung wurde jahrzehntelang von politischen Entscheidungsträgern ignoriert, geleugnet oder gar billigend in Kauf genommen, weil sie selbst auch nicht schlecht damit fahren, die sogenannten Stellvertreter des Volkes.

Jeder einzelne Bürger ist daher aufgefordert, sich mit den katastrophalen globalen Folgen der Handlungen des Chemie- und Pharmakartells auseinanderzusetzen. Denn wir legitimieren sie letztendlich durch unser Konsumverhalten. Es ist keine Frage der Perspektive, und es ist auch keine Zeit mehr für Podiumsdiskussionen. Es ist die Pflicht jedes Einzelnen, zu handeln. Wenn wir uns weiter so verhalten – wie es das Bildnis der drei Affen darstellt, die nichts sehen, nichts sagen und nichts hören wollen und gleichzeitig hoffen, dass sich alles von selbst regelt –, werden wir uns über kurz oder lang selbst abschaffen, wenn es nicht vorher schon ein Philanthrop aus Amerika tut.

Pflanzenschutzmittel wie DDT und Co.

Tatsache ist: Überall auf der Welt zerstören Pflanzenschädlinge Jahr für Jahr landwirtschaftliche Produkte – entweder schon auf den Feldern oder nach der Ernte während der Zeit der Lagerung. Über Jahrtausende hinweg musste der Mensch damit umzugehen lernen. Doch dann trat die Chemie auf den Plan: Zur Schädlingsbekämpfung wurden seit den 1940er-Jahren mehr und mehr synthetisch hergestellte Pflanzenschutzmittel in der Landwirtschaft eingesetzt. Das von mir bereits genannte Dichlordiphenyltrichlorethan, besser bekannt unter der Abkürzung DDT, wurde bereits Anfang der 1950er-Jahre großflächig angewandt. Es war zunächst während des Zweiten Weltkrieges erfolgreich gegen Malaria in Afrika eingesetzt worden; sein Erfinder, der Schweizer Paul Miller, erhielt 1948 den Nobelpreis für Medizin. Zu diesem Zeitpunkt war DDT in den Vereinigten Staaten von Amerika bereits weit verbreitet. Das Landwirtschaftsministerium hatte es 1945 offiziell registriert.[70]

Das hochtoxische Produkt wurde zunächst frenetisch gefeiert, weil es über so lange Zeit in der Umwelt wirksam blieb. Das nennt man Persistenz. DDT gehört zu den Chlorkohlenwasserstoffen, die teilweise über viele Jahrzehnte hinweg in Boden, Wasser und Tieren nachweisbar sind. Das nennt man Effizienz.

In den damaligen Jahrzehnten sah man während des Wachstumsbeginns des Getreides in den Vereinigten Staaten, aber auch in Europa, täglich die Sprühflugzeuge übers Land fliegen, wobei natürlich dazwischenliegende Wälder, Flüsse und Seen nicht ausgespart wurden – sie wurden ebenso kontaminiert.

DDT wurde in den USA als auch in Europa gegen jeden Schädling im Freien wie auch im Haushalt eingesetzt. Es war das perfekt zu vermarktende Wundermittel schlechthin, das überall und gegen alles wirkte, ein »One Size Fits All«. Als durch diverse Studien nach und nach bekannt wurde, dass sich der Wirkstoff in der sogenannten Nahrungskette – angefangen bei Insekten über Vögel, Fische und Säugetiere bis hin zum Menschen – anreicherte und sogar in der Muttermilch nachweisbar war, zog man die Notbremse.

Die amerikanische Umweltschutzbehörde, Environmental Protection Agency (EPA), erklärte nunmehr, dass DDT nach dem 31. Dezember 1972 in den USA nicht mehr legal sei. Es wurde 1973 in den USA und Europa verboten – nachdem über drei Jahrzehnte alles flächendeckend damit verseucht worden war.[71]

Der Autor Evaggelos Vallianatos schrieb dazu in seinem im Jahr 2015 verfassten Artikel »Ruthless Power and Deleterious Politics: From DDT to Roundup« ergänzend: »Politische und ökonomische Kräfte der Agrarindustrie, Chemieindustrie und Politiker schlossen ein inoffizielles Bündnis zwischen dem Pentagon und der industriellen Landwirtschaft, wobei die amerikanische Landwirtschaft die chemische Kriegsstrategie des Pentagon für amerikanische Landwirte übernahm.« – »Es waren die Auswirkungen von DDT auf den Menschen, die die EPA 1972 davon überzeugten, es zu verbieten. Die EPA betrachtete DDT als potenzielles menschliches Karzinogen.« – »In den frühen 1970er-Jahren verseuchte DDT Grundnahrungsmittel, insbesondere Fleisch und Milch.« Ein Bundesrichter wusste nicht mehr, was er tun sollte, da fast alle Lebensmittel mit DDT kontaminiert waren.[72]

DDT wird unfassbarerweise bis heute weiterhin für den afrikanischen Markt produziert und dort im großen Stil angewendet. Ein Artikel aus dem Jahr 2017, der von Henk van den Berg[73] verfasst wurde, beschäftigt sich mit den aktuellen globalen Trends der Produktion und des Einsatzes von DDT zur Kontrolle von Malaria und anderen durch Insekten übertragenen Krankheiten. Vor allem das Innere der Hütten, in denen die Menschen leben und schlafen, wird damit ausgespritzt. Zu diesem Zweck ist DDT seit der Stockholmer Konvention von 2012 weiterhin und immer noch zugelassen.[74]

Rachel Carson und ihr Buch »Silent Spring«[75]

Die Biologin Rachel Carson hatte in ihrem bereits 1962 erschienenen Buch »Silent Spring« (in deutscher Übersetzung: »Der stumme Frühling«) beschrieben, wie extrem schädlich sich die chemischen Pflanzenschutzmittel auf die Ökosysteme und alles Leben darin auswirken. Aufgrund ihrer langjährigen Erfahrung als Meeresbiologin konnte sie fundiert schildern, wie nach einer Sprühaktion mit DDT nicht nur alle Insekten, sondern auch Vögel, Fische und Säugetiere elend zugrunde gingen. Bei einer solchen Durchschlagskraft fällt es nicht schwer sich vorzustellen, welche Wirkungen diese Substanz auch auf Menschen haben muss.[76]

Carson besaß die Fachkenntnisse und wusste zudem genau, wie man sich ausdrücken muss, um ein großes Publikum zu erreichen. Dabei hatte sie sicherlich auch den 1957 erschienenen Roman von Nevil Shute »On the Beach« im Hinterkopf, in dem ein weltweiter Atomkrieg fast alles Leben auf der Erde vernichtet. Zu dieser Zeit wurde immer wieder laut, dass sowohl DDT als auch die häufigen Atombombentests in den Vereinigten Staaten Krebs und andere Krankheiten verursachten. In einem im britischen »Guardian« publizierten Artikel, der sich unter anderem auf Rachel Carson bezog, war zu lesen: »Das Pentagon testete Atomwaffen oberirdisch [,] und die Agrarindustrie weitete ihren Eroberungszug über den ländlichen Raum Amerikas bis über die ganze Welt aus. Dabei stimmten die strategischen Interessen des Pentagon mit denen des Agrobusiness überein.«[77]

Aufgrund der öffentlichen Brandmarkung des DDT in Carsons Buch entwickelte sich erstmals ein Umweltbewusstsein in der Zivilgesellschaft. Rückblickend kann man feststellen, dass diese Hiobsbotschaft damals zwar maßgeblich zur Entstehung einer globalen Umweltbewegung beitrug, letztlich aber niemals bis an die wahre Wurzel des Übels gelangte, denn die Pflanzenschutzmittelsparten der wenigen weltweit nach etlichen Fusionen verbliebenen Chemieriesen, die über eine immer größere werdende Macht verfügten, wuchsen und gediehen bis heute unaufhaltsam weiter.

Es versteht sich von selbst, dass Carson damals kein Liebling der Chemieindustrie war, die ihrerseits versuchte, die Autorin als unverheiratete hysterische Frau zu verleumden. Vom Standpunkt der chemischen Industrie aus hatte Carson ihre Kompetenzen als Frau, zumindest in der damaligen Zeit, deutlich überschritten. Jegliche Versuche, sie anzuklagen, scheiterten allerdings an ihrer Fachkompetenz, die nicht zu widerlegen war.[78]

Der schon erwähnte Evaggelos Vallianatos schrieb: »Dennoch war es erstaunlich, wie wenig unternommen wurde, um DDT einzuschränken oder zu verbieten. Im Gegenteil, Beamte und Wissenschaftler haben es verteidigt: Praktisch der gesamte Kommunikationsapparat, Laien wie Wissenschaftler, widmete sich dem Leugnen, Verbergen, Unterdrücken, Verzerren [...] der schlechten Nachricht über DDT [...]. Und ein neues Prinzip der Toxikologie ist fest verankert. Egal, wie tödlich ein Gift für alle Formen des Tierreiches sein mag, wenn es nicht sofort Menschen tötet, ist es sicher.«[79]

Rachel Carson starb 1964 im Alter von 57 Jahren, zwei Jahre nach der Veröffentlichung von »Silent Spring«, an Brustkrebs.

Eine Alternative: biologische Schädlingsbekämpfung

Ab den 1990er-Jahren wurden biologische Alternativen zur Bekämpfung von Schädlingen entwickelt. Diese Produkte waren zum einen zwar in der Herstellung viel teurer als konventionelle Pflanzenschutzmittel, dafür aber umweltschonend. Zum anderen trat die Wirkung im Vergleich zu den sogenannten Knock-Down-Chemikalien viel langsamer ein. Diese beiden Faktoren spielten der Chemieindustrie insofern in die Hände, als sich die biologischen Alternativen nicht verkaufen ließen. Dies vor allem aufgrund der Unkenntnis der Bevölkerung, die nie exakt darüber aufgeklärt wurde, wie gefährlich die bisher angewandten Gifte für Mensch und Tier wirklich sind. Zum Beispiel führte man den indischen Niembaum nach Afrika ein. Dort sollte er nicht nur als Schattenspender dienen, sondern es gab auch Projekte, die zum Ziel hatten, natürliche Wirkstoffe aus seinen Blättern und Früchten zu gewinnen, die als umweltverträgliche Insektizide, Fungizide und Spermizide verwendet werden konnten. Diese verliefen allerdings schnell im Sande. Heute ist Niem zumindest in kleinen Dosen für den Hausgebrauch des Hobbygärtners in Gartencentern oder in Apotheken und Drogerien in Deutschland zu kaufen.

1989 führte die Welternährungsorganisation (Food and Agriculture Organization [FAO]) eine

Studie zur Untersuchung der Nebenwirkungen von zur Heuschreckenbekämpfung eingesetzten Pflanzenschutzmitteln auf Nützlinge durch. Bis zu diesem Zeitpunkt gab es keine Daten über die Auswirkungen auf betroffene Ökosysteme. Drei Monate lang wurden Untersuchungen an Bestäubern und Wasserorganismen vorgenommen. In beiden Fällen wurden die negativen Wirkungen festgestellt.[80]

Es war offensichtlich, dass Forschung in dieser Richtung weitergehen musste, weg von den konventionellen, chemisch-synthetischen Pflanzenschutzmitteln, hin zu alternativen Methoden.

1989 begann am Internationalen Institut für Tropische Landwirtschaft (International Institute for Tropical Agriculture [IITA]) in Westafrika ein Programm zur biologischen Kontrolle von Heuschrecken. Ziel war es, auf Basis eines Pilzes, der in der Natur Heuschrecken befällt und tötet, ein Biopestizid zu entwickeln.[81] Auch dieses biologische Produkt konnte sich gegen die Lobby der großen Chemiekonzerne nicht durchsetzen. Ich musste vor Ort miterleben, wie das Insektizid Fipronil des französischen Pharmakonzerns Rhône-Poulenc trotz fehlender ökotoxikologischer Tests eine provisorische Zulassung über zwei Jahre bekam.

Für Afrika ist die Organisation Comité permanent Inter-Etats de Lutte contre la Sécheresse dans le Sahel (CILSS) für die Zulassung von Pflanzenschutzmitteln für die Sahelregion zuständig. Um eine Zulassung für Fipronil zu bekommen, wurden die Direktoren aller Pflanzenschutzdienste im Sahel nach Montpellier in Frankreich geflogen und erhielten dort Stifte, Kappen und Rucksäcke mit Marketing-Logos. An den richtigen Stellen wurde zudem noch geschmiert, et voilá: Das Produkt war während der kommenden zwei Jahre bei allen Pflanzenschutzdiensten im Sahel das Mittel der Wahl gegen Heuschrecken. So hatte der damalige Pharmakonzern Rhône-Poulenc in Montpellier sein Produkt in nur zwei Jahren wirtschaftlich rentabel gemacht und es danach meistbietend abgestoßen. Heute gehört Fipronil der BASF. 2002 fusionierte Rhône-Poulenc mit Höchst. So entstand Aventis. Daraus wurde Syngenta in Basel, einer der größten Konzerne im Agrargeschäft (»Syngenta Crop Protection«). Im Jahr 2017 fusionierte Syngenta dann mit Chemchina. Die letzte große Fusion von Chemiegiganten erfolgte am 7. Juni 2018 mit der Übernahme des umstrittenen amerikanischen Großkonzerns Monsanto durch Bayer. Es gibt mittlerweile in der Pflanzenschutzmittelsparte weltweit nur noch wenige Player. Bei ihnen sind Macht und Geld konzentriert.

Belastung der Ökosysteme

Es ist ein unumstößlicher Fakt, dass die synthetischen Pflanzenschutzmittel nachhaltig Ökosysteme belasten. Sie sind teilweise sogar über Jahrzehnte hinweg im Boden nachweisbar. Durch die Anwendung des 1950 entwickelten Endosulfans in der Baumwollproduktion in Afrika wurde der Boden beispielsweise so stark und nachhaltig negativ belastet, dass man auf diesen vorbelasteten Flächen eigentlich überhaupt keine Biobaumwolle mehr produzieren kann. Nie mehr! Biobaumwolle aus

Afrika geht nicht. Das Gleiche trifft für viele europäische Böden zu, die mit einem Giftcocktail auf viele Jahrzehnte hinaus verseucht sind. Laut einer Studie der Universität Wageningen in den Niederlanden bezüglich der Pestizidrückstände in landwirtschaftlichen Böden in Europa, die im Jahr 2018 erschien, fand man in 80 Prozent der 317 Bodenproben aus elf EU-Ländern Rückstände von Pflanzenschutzmitteln, wobei keiner zu sagen wusste, wie genau sich dieser Giftcocktail bis heute auswirkt. Wie die holländische Forschergruppe um João Vasco Silva weiter berichtete, lag die höchste Pestizidbelastung bei 2870 Mikrogramm pro Kilogramm, während für Trinkwasser in der EU der Grenzwert bei 0,1 Mikrogramm pro Liter Wasser liegt (ein Liter Wasser wiegt unter Idealbedingungen ein Kilogramm, sodass die Werte gut miteinander vergleichbar sind). Und solche Werte seien eher die Regel als die Ausnahme. Das sind die Fakten. Sehr häufig tauchten in den Bodenproben das Unkrautvernichtungsmittel Glyphosat sowie DDT – unser alter persistenter Freund vom Anfang – auf. Und so schließt sich der Kreis – und der Text kann wieder von vorn gelesen werden.[82]

Genau genommen braucht man nunmehr nur zwei und zwei zusammenzuzählen: Unsere Umwelt ist verseucht. Quasi alles, was wir täglich zu uns nehmen, ist mit »Umweltchemikalien« belastet: Obst, Gemüse, Getreide, die Tiere aus den Mastbetrieben sowieso. Wenn wir über unsere Lebensmittel all diese Schadstoffe aufnehmen, ist es dann noch verwunderlich, dass so viele Menschen erkranken? Und die Gewinner sind auch hier wieder die Konzerne, die das Chemie-Pharma-Kartell bilden, denn um all die Krankheiten zu behandeln, benötigt man wiederum ihre Medikamente. So verdienen sie gleich doppelt.

Der Wirkstoff Glyphosat

Der Wirkstoff Glyphosat wurde 1971 unter dem kommerziellen Namen Roundup durch den Saatgutproduzenten Monsanto auf den Markt gebracht. Populär wurde das Herbizid dann Mitte der 1990er-Jahre in Kombination mit genmanipuliertem Saatgut, das künstlich resistent gegen den Wirkstoff gemacht wurde. Roundup ist das meistverkaufte und weltweit eingesetzte Herbizid. Bei der größten, milliardenschweren Übernahme im Agrargeschäft aller Zeiten von Monsanto durch den Bayer-Konzern im Jahr 2016 war CEO Werner Baumann geradezu euphorisch. Dabei hatte bereits 2015 eine Studie der International Agency for Research on Cancer (IARC) herausgefunden, dass der Wirkstoff wahrscheinlich krebserregend ist.[83, 84]

Da das Unkrautvernichtungsmittel als umstritten gilt, wurde von der Bundesregierung im September 2019 beschlossen, Glyphosat nach Ablauf des Jahres 2023 zugunsten eines sehr ambitionierten Agrarpaketes mit der Bezeichnung »Aktionsprogramm Insektenschutz« zu verbieten.[85]

»Glyphosat tötet alles, was grün ist«, so die Bundesumweltministerin Svenja Schulze. »Alles, was Insekten hilft, wollen wir fördern, und alles, was ihnen schadet, werden wir vermeiden.« – »Wir werden Pflanzenschutzmittel immer brauchen«, konterte die Landwirtschaftsministerin Julia Klöckner. »Die Frage ist nur, welche, wie werden sie eingesetzt und welche Kollateralschäden gibt es?« Bis Ende 2022 besteht eine Zulassung seitens der EU. Glyphosat ist weltweit vor allem in der kommerziellen Landwirtschaft das meistverkaufte Herbizid, weil es billig und effektiv ist. In Deutschland werden circa 5000 Tonnen pro Jahr auf den Feldern verspritzt. Weder die Chemiekonzerne noch die heimschen Bauern sind mit der Entscheidung einverstanden. »Wir sehen die Entscheidung der Bundesregierung kritisch, bis Ende 2023 aus Glyphosat auszusteigen«, sagte Liam Condon von Bayer.[86]

Genau genommen wäre ursprünglich die EU-Zulassung für Glyphosat bereits im Jahr 2012 ausgelaufen, doch die EU-Kommission verlängerte die Zulassung schon 2010 auf das Jahr 2016. Somit wurde damals auch die von der Europäischen Behörde für Nahrungsmittelsicherheit (EFSA) verlangte Risikobewertung vertagt. Ende 2013 gab Deutschland einen Berechtigungsbericht zu Glyphosat an die EFSA, die ihn positiv bewertete, was viele Wissenschaftler und Umweltschützer scharf kritisierten. Die Internationale Agentur für Krebsforschung (IARC) der WHO hatte Glyphosat 2015 als »wahrscheinlich krebserregend« bewertet. Daraufhin beauftragte die Europäische Kommission die EFSA mit einer neuen Risikobewertung. Die stellte im Oktober 2015 fest, dass ein Krebsrisiko unwahrscheinlich und eine Risikoeinstufung unnötig sei. 2016 wurde das Resultat seitens der WHO und der FAO bestätigt. Daraufhin stellte die EU Glyphosat zur Genehmigung vor, wobei es keine eindeutige Mehrheit gab. Ein erneuter Bewertungsbericht durch die Europäische Chemikalien-Behörde (ECHA) im Jahr 2017 bestätigte, dass es keine genotoxische Wirkung gäbe und eine Einstufung als karzinogen nicht notwendig sei. Aufgrund der Stimme Deutschlands – als Zünglein an der Waage – konnte eine befristete Genehmigung bis zum 15. Dezember 2022 erteilt werden. Die Enthaltung Deutschlands hätte zu einem Verbot geführt.[87, 88, 89]

Im Jahr 2017 hatten 1,3 Millionen Menschen eine Petition unterzeichnet, die forderte, Glyphosat in Europa zu verbieten.[90] »Global 2000«, die Umweltschutzorganisation Österreichs, hatte zusammen mit weiteren 38 europäischen Organisationen die EU-Mitgliedsstaaten aufgerufen, sich gegen eine Wiederzulassung von Glyphosat zu entscheiden.[91]

Die französische Zulassungsbehörde für Pflanzenschutzmittel teilte im Mai 2020 mit, dass für eine erneute Zulassung von Glyphosat auf europäischer Ebene IARC auch Daten liefern solle. Frankreich, Schweden, die Niederlande und Ungarn gehören der Bewertungsgruppe für Glyphosat an, die den Antrag auf Wiederzulassung prüfen und EFSA einen Bewertungsentwurf vorlegen werden. Eine Wiederzulassung muss drei Jahre zuvor beantragt werden. In der Glyphosate Renewal Group (GRG) sind unter anderem die belgische Bayer Agriculture BVBA, die Nufarm GmbH & Co. KG sowie die Syngenta Crop Protection AG tätig.[92] Diese jüngste Studie zur Risikobewertung von Glyphosat kommt zu dem Ergebnis, dass das Herbizid die Zulassungskriterien für die menschliche Gesundheit erfüllt, es sei weder krebserregend, noch schädige es das Erbgut.[93]

Bayer hatte sich auf circa 800 Studien berufen und beteuert, dass Glyphosat bei sachgemäßer Anwendung ungefährlich sei. Der Konzern sieht sich nunmehr mit 125.000 Klagen in den USA konfrontiert, was ihn teuer zu stehen kommen wird. Tendenz steigend. Ein Kläger erhielt 10,9 Millionen Dollar von Bayer.[94, 95]

Ende Mai 2021 lehnte ein Gericht in San Francisco einen Vergleich seitens des Bayer-Konzerns in Milliardenhöhe ab. Bayer wollte damit Schadensersatzklagen in den Vereinigten Staaten verhindern. Kläger sind in den meisten Fällen Privatpersonen, die das Produkt in ihrem Garten benutzt haben. Deshalb denkt Bayer darüber nach, Glyphosat nicht weiter an amerikanische Privatleute zu verkaufen, da das Hauptgeschäft ohnehin in der Landwirtschaft liegt.[96]

Übrigens: Nach jahrelangen Verhandlungen hat Bayer das Gerichtsurteil, dass das Herbizid bei dem Platzwart Dewayne Johnson Krebs verursacht hat, anerkannt und 20,5 Millionen Dollar zahlen müssen. Ein indirektes Schuldeingeständnis?[97] Auch im zweiten Berufungsverfahren wegen Krebsrisiken ist Bayer unterlegen und muss dem Kläger Edwin Hardeman rund 25 Millionen Dollar zahlen.[98]

In einigen Regionen der Vereinigten Staaten wurde Glyphosat wegen des Risikos, sowohl krebserregend als auch umwelttoxisch für nützliche Insekten wie Bienen zu sein, verboten. In Dänemark ist die private Nutzung seit September 2017 untersagt. In Luxemburg erfolgte ein Verbot mit Wirkung vom 1. Januar 2021.[99] Auch Frankreich wollte 2021 komplett aussteigen. Holland (Ende 2015) und Belgien haben jegliche nichtkommerzielle Nutzung verboten, Italien (2016) und Portugal haben die Nutzung auf öffentlichen Plätzen untersagt, und Brüssel (Belgien), Barcelona, Madrid und Zaragoza (Spanien) sind glyphosatfrei. Wie in der Schweiz haben einige Anbieter das Produkt bereits aus den Regalen entfernt.[100, 101]

Darüber hinaus ist der Import von Glyphosat seit 2019 in Malawi verboten; in Togo stehen alle Produkte, die Glyphosat enthalten, ebenfalls auf dem Index. Thailand hat zum 1. Juni 2020 die Nutzung von Paraquat und Chlopyrifos verboten. Die Nutzung von Glyphosat wurde nicht untersagt, ist aber genehmigungspflichtig. Im März 2019 kam das Verbot in Vietnam.[102] Wegen Glyphosat hat Bayer 2020 ein Minus von 10,5 Milliarden Euro eingefahren, der höchste Verlust seit Gründung des Konzerns.[103]

Seit der Ankündigung des Kaufs von Monsanto war der Börsenwert der Aktie von Bayer um bis zu 50 Prozent gefallen. Eine moralisch saubere Lösung dieser Misere wäre es sicherlich gewesen, Glyphosat endlich ganz vom Markt zu nehmen – mittlerweile ist es wahrscheinlich auch in wirtschaftlicher Hinsicht die beste Lösung. Schuld und Sühne. Hier steht das Wohl von Umwelt und Mensch der Gier nach Macht und Geld gegenüber. Wir ernten, was wir säen.

Agnotologie, die strategisch generierte Unwissenheit

Wie verbreiten Regierungen und Großkonzerne gezielt Unwissen in der Öffentlichkeit oder verschleiern verfügbares Wissen? Nun, es gibt tatsächlich eine Wissenschaft, die sich mit diesem Thema beschäftigt. Die Macht des Nichtwissens ist nämlich ebenso effektiv, wie die Macht des Wissens. Systemisches Unwissen wird politisch, sozial und kulturell erzeugt. Der Mangel an Wissen in der breiten Masse ist ein künstlich herbeigeführtes Konstrukt, das durch gezielte Auswahl oder das Weglassen von Informationen – ergo aktive Täuschung – entsteht. Agnotologie ist abgeleitet vom griechischen Wort »Agnose« für Unwissenheit und beschäftigt sich mit der gesteuerten Verbreitung von Nichtwissen: Handlungen und Taten, um Verwirrung in der Öffentlichkeit zu stiften oder um einen Betrug zu verbreiten, wie zum Beispiel die Bereitstellung irreführender Statistiken, um ein Produkt zu vermarkten oder die Gunst der Öffentlichkeit zu gewinnen.[104]

Der Forschungsgegenstand besteht darin, wie gezielt Unwissen durch irreführende oder Falschinformationen, durch Zensur oder anders herbeigeführte Selektivität erzeugt werden kann. Manipulation und Propaganda also. Es geht hierbei nicht um Unwissen im eigentlichen Sinn. Vielmehr wird hier bereits vorhandenes Wissen gezielt verzerrt oder infrage gestellt, um so den Markt zu manipulieren und Verwirrung oder Zweifel zu schaffen. Die öffentliche Meinung wird mittels massenpsychologischer Methoden verdreht und so vorhandenes Wissen getilgt. Agnotologie beschäftigt sich mit Desinformation, Propaganda, Betrug und

Fälschung in der Wissenschaft, alternativen Fakten sowie postfaktischer Politik. Zum Beispiel ist es Großkonzernen und Regierungen möglich, einfach ein Gegengutachten zu einer vorliegenden Studie anfertigen zu lassen, um so dem Geschäftsinteresse nicht dienliches Wissen entweder ganz zu entfernen oder es so zu manipulieren, bis es zweckdienlich ist. Meist hieß es, dass es ungenügend stichhaltige Beweise für diese und jene Vorwürfe gäbe und sie deshalb ungerechtfertigt seien. Gutachter werden hinzugezogen, um bereits vorhandene Erkenntnisse infrage zu stellen.[105]

Wie stellt man es nun an, wenn man Unwissen produzieren will? Man behindert entweder das Wachsen von Wissen oder man verhindert, dass die Menschen merken, dass sie über vieles genau genommen gar nichts wissen. Wissenschaftshistoriker, Philosophen und Sozialwissenschaftler stellten die These auf, dass Nichtwissen sowohl in der Wissenschaft als auch in der Gesellschaft eine zunehmend größere Rolle spiele. Normalerweise treibt gerade Nichtwissen die wissenschaftliche Forschung an, die dann versucht, die vorhandenen Wissenslücken zu schließen. Daneben gibt es die zweite Gangart, bei der vorhandenes Wissen vorsätzlich zurückgehalten wird. Robert N. Proctor hat diese Praktiken unter anderem am Beispiel der Tabakindustrie herausgearbeitet.[106]

In ihrem 2008 erschienenen Buch »The Making and Unmaking of Ignorance« erklären die Herausgeber Robert N. Proctor und Londa Schiebinger, was wir nicht wissen und warum wir gar nicht wissen, dass wir es nicht wissen, was Unwissen aufrechterhält und wie es als politisches Instrument genutzt wird. Oft ist

Unwissen nicht die Abwesenheit von Wissen, sondern das Resultat kultureller und politischer Machtkämpfe.[107]

Proctor zog bei seinen Recherchen eine große Anzahl von Studien zu krebserregenden Stoffen – mit Ausnahme des Nikotins – als Beispiele heran, die allesamt von der Tabakindustrie finanziert worden waren, da diese logischerweise nicht mit Krebs in Verbindung gebracht werden wollte. So gelang es über Jahrzehnte hinweg, durch Rauchen entstandene Gesundheitsschäden bei der Bevölkerung als zweifelhaft erscheinen zu lassen. Evidenz im Sinne der Tabakindustrie wurde durch Experten geschaffen, die gleichzeitig tatsächliche Fakten kolportierten.[108,109] Proctor durchschaute das System, wie die Wissenschaft großzügig finanziert wurde, um mithilfe ihrer Autorität einerseits Unwissenheit zu schaffen und andererseits Gegner des Expertenwissens (und damit der Tabakindustrie) als Fanatiker darzustellen.[110]

Die seinerzeit angewendeten Techniken der Produktion von Unwissen werden heutzutage von den gleichen oder anderen Marketingunternehmen wie auch von wissenschaftlichen Instituten in unterschiedlichen Bereichen angewandt. Wenn die Bevölkerung ein Konzept oder einen Sachverhalt nicht verstehen kann oder gezielt in die Irre geführt wird, breitet sich Unwissen aus. Und je unwissender die Massen, desto leichter sind sie steuerbar und manipulierbar. Neu ist das Ganze nicht, schon im Jahr 1895 wurden diese Zusammenhänge durch Gustave Le Bon in seinem Buch »Psychologie der Massen« beschrieben. Es funktionierte damals, es wirkt auch heute. Wer sich allerdings noch nie mit den psychologischen Fakten der Manipulation befasst hat, ist ihnen machtlos ausgeliefert. Eduard Bernays, Erfinder der »Public Relations« (PR) und Kenner der Materie – sein Onkel war Sigmund Freud, was natürlich nicht unerheblich ist –, brachte durch gezielte Werbekampagnen, die rauchende Frauen zeigten, die durch Schauspielerinnen dargestellt wurden, während der Suffragetten-Bewegung der 1920er-Jahre die Zigarette an die Damen und verdoppelte damit den Umsatz der Tabakindustrie.[111]

Propaganda wurde also gebraucht, um gesundheitsschädliche Zigaretten zu vermarkten – und Propaganda war später wieder vonnöten, um die Ursachen für die entstandenen Schäden bei den Rauchern zu verschleiern.

»Man hilft den Menschen nicht, wenn man etwas für sie tut, was sie selbst tun könnten.«

Abraham Lincoln[112]

IM TSCHAD, IN KAMERUN, IM NIGER UND IN NIGERIA

Was im Tschad hinter mir hergerufen wurde, weil ich eine Weiße war, habe ich vergessen oder wahrscheinlich eher verdrängt.

Ich war in der Hauptstadt N'Djamena für eine internationale Organisation – ihre französische Bezeichnung lautet Commission du Bassin du lac Tchad (CBLT), ihre englische Lake Chad Basin Commission; es gibt englisch- wie französischsprachige Mitgliedsländer – tätig, die dort ihren Hauptsitz hat.

Die Kommission wurde im Jahr 1964 von den Mitgliedstaaten Niger, Nigeria, Kamerun und Tschad gegründet, da sie alle flächenmäßig einen Anteil am ehemaligen Tschadseebecken haben. Ihr Ziel war es, in den Bereichen Wassermanagement sowie Umwelt- und Naturschutz ab jetzt grenzüberschreitend zusammenzuarbeiten.

Der Tschadsee war vor langer Zeit ein riesiges Binnenmeer in einem großen Becken in Zentralafrika, südlich der Sahara. Heute ist nur noch ein Relikt davon übrig, das im Verschwinden begriffen scheint. Seit den 1960er-Jahren ist der Süßwassersee flächenmäßig um 90 Prozent geschrumpft.[113] Seine Ausdehnung beläuft sich seit der Jahrtausendwende auf circa 1350 Quadratkilometer bei einer Tiefe zwischen zwei und sieben Metern, die abhängig von den Niederschlägen und der Wasserführung der Zuflüsse ist. Vor 5000 Jahren bedeckte dieses Binnenmeer eine Fläche von zwei Millionen Quadratkilometern.[114]

Der heutige See fällt zunehmend der Desertifikation (Verwüstung) anheim. Vor allem das Klima mit ausgedehnten und immer häufiger werdenden Dürreperioden sowie die Bewässerung der Felder durch eine wachsende Bevölkerung, die am Seeufer lebt, hätten, so heißt es, zu der Austrocknung des Sees geführt.[115]

Das Ganze ist ein Teufelskreis. In der Wüste lagen, als ich vor Ort war, noch viele Boote herum – Zeugen aus einer Zeit, in der es noch viel Wasser gab. Vor Urzeiten existierten in der Region eine üppige Vegetation und riesige Wildtierherden. Es gab ausgedehnte Feuchtsavannen und Wälder.

Veränderungen in der von mir eben beschriebenen Art gehen auf unserem Planeten seit jeher vonstatten. Das einzig Beständige ist der Wandel. Allerdings hat es bis dato tatsächlich nur der Mensch geschafft, Landschaften in so kurzer Zeit massiv und extrem zu beeinflussen und zu verändern. Deshalb wurde das Erdzeitalter, in dem wir heute leben, Anthropozän genannt. Aufgrund des eigennützigen Verhaltens der Industriestaaten und ihres unkontrollierten Strebens nach Wachstum entstehen unbewohnbare Gegenden, in denen die Lebensgrundlagen von Menschen, Tieren und Pflanzen zerstört sind.

Die Sahelzone, die sich vom Senegal im Westen bis zum Horn von Afrika im Osten durch den afrikanischen Kontinent zieht – und in der ich die meiste Zeit verbracht habe –, gehört zu den fragilsten Ökosystemen der Welt. Nach meiner persönlichen Meinung hat nicht nur die menschliche Überpopulation durch die hohen Geburtenraten vor Ort, sondern auch das egozentrische Leitbild der Nordhemisphäre dazu geführt, dass immer mehr Gebiete im Sahel unbewohnbar werden.

2017 erlebte die Region des Tschadseebeckens nach Dürreperioden eine humanitäre Katastrophe, bei der mehr als sieben Millionen Menschen nicht mehr genügend Nahrung zum Überleben hatten. Zwei Millionen Menschen waren aufgrund bewaffneter Konflikte, die durch die Boko Haram ausgelöst worden waren, zu Flüchtlingen geworden. Die Marginalisierung der Menschen in dieser unwirtlichen Region wie auch die immer weiter fortschreitende Austrocknung und Verwüstung spiegeln die katastrophalen Lebensbedingungen wider. Auch Corona-Maßnahmen hätten, so heißt es, die Situation weiter verschlimmert.[116]

Die betroffenen Bevölkerungsgruppen diverser Ethnien leben mehr schlecht als recht von Subsistenzlandwirtschaft, andere von ihren Viehherden, die aus abgemagerten Rindern und Ziegen bestehen, und wieder andere vom Fischfang im Tschadsee, dessen Wasser mit den Regenfällen steigt und fällt. Zum Leben zu wenig, zum Sterben nicht immer zu viel. Zwischen Landwirten und Viehzüchtern gibt es, wie überall im Sahel, bereits seit Jahrzehnten bewaffnete Konflikte um die raren Ackerflächen.[117]

Im Oktober 2019 stellte die Berliner Denkfabrik »adelphi« ihre Studie »Shoring Up Stability« vor, die zeigt, dass der Klimawandel in der Region sowohl Sicherheitsrisiken verschärft als auch die humanitäre Situation weiter verschlimmert.[118]

Zuvor hatte bereits im Juli 2019 ein Fachdialog zwischen einer EU-Delegation und adelphi bei den Vereinten Nationen in New York stattgefunden, bei dem es darum ging, wie der Klimawandel gepaart mit einem fragilen Staat eine nachhaltige Entwicklung beeinträchtigt.[119] Diese Probleme könnten das Erreichen der Agenda 2030 für nachhaltige Entwicklung (»Sustainable Development Goals« [SDGs]), innerhalb der die Erreichung von insgesamt 17 Zielen vorgesehen ist, verhindern. »Hunger ist und bleibt der größte vermeidbare Skandal. Wir haben die Mittel und das Wissen, um alle Menschen auf unserem Planeten zu ernähren«, sagte der damalige Bundesentwicklungsminister Gerd Müller.[120]

Wohnen im Tschad

Nach meiner Ankunft in N'Djamena wohnte ich zuerst einmal im Hotel. Ab diesem Zeitpunkt hatte ich kein Forscherteam mehr um mich herum. Nunmehr war ich auf mich allein gestellt. Es war zunächst einmal nicht einfach, eine Wohnung in N'Ddjamena zu finden. Hinzu kam noch das Problem, dass keine Projektgelder auf den neu eröffneten Projektkonten ankamen. Das ist eigentlich nichts Ungewöhnliches bei solchen Vorhaben. Bürokratische Mühlen mahlen ja bekanntlich überall sehr langsam. Da kann es schon einmal ein halbes Jahr oder noch länger dauern, bis die Projektgelder fließen. Also hieß es für mich, zu improvisieren. So gab ich in der Anfangsphase des Projektes in

N'Djamena mein ganzes Geld aus, das ich für private Zwecke mitgebracht hatte. Als wirklich fast nichts mehr davon übrig war und ich schon Angst hatte, aus dem Hotel geworfen zu werden, fand ich endlich eine Wohnung in einem alten, heruntergekommenen Kolonialbau an der Hauptstraße, die durch die Innenstadt führt, in unmittelbarer Nähe des Präsidentenpalastes. In der ganzen Umgebung wurde scharf geschossen.

Im Hotel hatte ich einen Schreiner kennengelernt, der dort die Möbel reparierte. Er war bereit, für mich ein Bett zu bauen, und zahlte sogar die Matratze für mich. Ich könne ja bezahlen, wenn das Projekt endlich Gelder überweise, so seine Ansage. Ich hatte wirklich so viele schöne und anrührende Erlebnisse mit Einheimischen in all den Ländern, in denen ich war, inmitten von all den zermürbenden Unannehmlichkeiten beim Leben und Arbeiten in Afrika. Letztendlich sind es genau diese kleinen Dinge, die einem helfen, nicht aufzugeben.

Also zog ich nach drei Monaten im Hotelzimmer mit meinem Bett und meiner 20 Kilogramm schweren Aluminiumkiste, die mich bereits seit Madagaskar begleitete und in der mein ganzes Hab und Gut war, in die Wohnung ein. Das Haus hatte ganz sicher irgendwann einmal wie die wunderschönen Gebäude in der Altstadt von New Orleans ausgesehen. Mit großen bodentiefen Fenstern und großen Eisenfensterläden. Vor den Fenstern befand sich ein großer Balkon, der über die ganze Länge des Hauses reichte. Das Wohnzimmer hatte schwarz-weiße Karos auf dem Boden. Die Toilette und das Spülbecken waren original Villeroy und Boch, dereinst von den Kolonialherren mitgebracht. Sie hatten wirklich

Altertumswert. Diese Badezimmerutensilien erinnerten mich täglich an meine Heimat, denn dort kam dieses Edelporzellan her.

Leider war es im Tschad wie allgemein überall im Sahel und speziell auch in dieser Wohnung die meiste Zeit so unerträglich heiß, dass ich letztendlich kaum in dem handgefertigten Bett schlief. Ich zog stattdessen den zweiten kleineren Balkon auf der Rückseite der Wohnung vor. Dort lag ich auf einer 70 Zentimeter breiten, lokal angefertigten Eisenliege mit Plastikbespannung und einer dünnen Schaumstoffmatte als Luxus unter einem Moskitonetz. Unterhalb des Balkons in einem Holzverschlag lebte der Wächter des Hauses mit seiner nicht genau zahlenmäßig erfassbaren Großfamilie. Es wohnten tatsächlich einige Erwachsene sowie ganz viele Kinder, Hühner und Ziegen dort unten. Aber wir störten uns einfach nicht aneinander. Eigentlich war ich froh, dass sie alle da waren, denn irgendwie boten sie mir einen bestimmten Schutz in dem gefährlichen Land.

Später fertigte der Schreiner noch einen Tisch und sechs Stühle für mich. Jedes der Zimmer meiner Wohnung verfügte über einen eingebauten Wandschrank. So waren das Bett, der Tisch, meine Liege, ein Kühlschrank und ein Campinggasherd meine einzigen Möbel, wobei ich nie das Gefühl hatte, es würde irgendetwas fehlen. Auf den großen Balkon auf der Vorderseite des Hauses stellte ich viele natürlich lokal gefertigte Tontöpfe mit Pflanzen. Diese waren für ganz wenig Geld überall am Straßenrand zu bekommen. So war das New-Orleans-Flair perfekt.

Jeden Sonntagmorgen gab es eine Militärparade

mit Panzern und schwer bewaffneten Soldaten zu beobachten, die unterhalb meines Balkons vorbeilief. Die Kaserne war nur rund 100 Meter von meiner Wohnung entfernt, und der Präsidentenpalast lag der Kaserne genau gegenüber. Am Palast durfte man nicht mit dem Auto vorbeifahren, die Wachen hätten sofort geschossen. Ich finde es rückblickend sehr interessant, wie cool ich doch immer blieb in all den Ländern, in denen ich tatsächlich niemals sicher war, sondern allzu oft allein auf weiter Flur das prädestinierte Target darstellte. Allerdings ist mir in all den Jahren mit Ausnahme des Sudan nie nach dem Leben getrachtet worden. Ich verspürte auch keine Angst vor den Einheimischen, die ja doch so anders waren als ich, denn sonst hätte ich dort, wo ich war, nicht hingehen beziehungsweise bleiben können.

Einmal hatte eine schöne große Gottesanbeterin in der Küche Eier an das Moskitogitter am Fenster abgelegt. Da ich bekennende Insektenforscherin bin, war ich glücklich über das folgende Ereignis. Als Hundertschaften junger Heuschrecken schlüpften, die alle aussahen wie die Mutter, eben nur in Miniaturgröße, nannte ich eine ziemlich große Wohngemeinschaft mein Eigen – bis die Insektenmutter verstarb und der Nachwuchs, der es schaffte, seiner Wege ging.

Als allerdings eine sandfarbene Wüstenrennspinne bis zu mir hinauf in die Wohnung im ersten Stock kam, war die Liebe zum Getier dann doch vorbei. Vor allem, weil diese Insekten rennen können wie der Teufel, wie der Name schon sagt, und dazu auch noch hochgiftig sind wie ihre Verwandten, die Skorpione. Mit Spinnentieren habe ich es tatsächlich nicht so, da bin ich ganz Frau. Gott sei Dank gab es damals schon die tragbaren Telefone. So konnte ich, auf meinem stabilen Tisch stehend, meinen Kollegen aus dem Niger anrufen, dass er kommen möge, das Ungeheuer zu töten, um mich aus der misslichen Lage zu befreien.

Zum Projekt

Ich war für ein Projekt der Afrikanischen Entwicklungsbank eingestellt worden. Der betreffende Projektvorschlag steckte zuvor ganze zwölf Jahre, nicht Monate, in der Pipeline, bevor er tatsächlich finanziert wurde. So, als würde eine Kaffeemaschine erfunden und erst zwölf Jahre später auf den Markt gebracht werden.

Das Projekt arbeitete in vier Ländern: im Niger, in Nigeria und Kamerun sowie im Tschad. Seit ihrer Gründung hatte die Kommission 1996 auch noch die Zentralafrikanische Republik aufgenommen. 2008 kam Libyen hinzu. Zu dem Zeitpunkt, als der ominöse Projektvorschlag geschrieben wurde, waren es aber nur vier Länder gewesen, also wurde auch nur dort gearbeitet. In jeder der genannten Nationen waren vor zwölf Jahren insgesamt fünf Dörfer ausgewählt worden. Als wir mit der Umsetzung begannen, waren im Tschad zwei der ausgesuchten Dörfer mittlerweile Stadtteile von N'Djamena geworden. In Kamerun war ein Dorf gar nicht mehr vorhanden; es war verlassen worden, weil es kein Wasser mehr gab. Das übliche Schicksal im Sahel.

Gearbeitet werden sollte – mit Ausnahme von zwei Dörfern im Tschad – ausschließlich mit Hirse – das war zwölf Jahre zuvor die wichtigste Anbaufrucht gewesen. Nachdem ich die Bauern befragt hatte, was sie von der Projektidee hielten, stellte sich Folgendes heraus: Aus wirtschaftlichen Gründen hätten die Bauern in Kamerun Tomaten und Zwiebeln klar bevorzugt. In Nigeria hätten sie lieber Mais gepflanzt. Nur in der Projektregion im Niger hatte sich in den vergangenen zwölf Jahren nicht viel verändert und die Bauern waren mit Hirse einverstanden. Es war und ist immer wieder äußerst beeindruckend zu sehen, in wie vielen Projekten die Theorie von der Praxis widerlegt wird und damit an den Interessen der betroffenen Bevölkerungsgruppen vorbeigeht. Letztlich ergibt dann auch die Durchführung der »gut gemeinten« Maßnahmen allzu oft keinerlei Sinn für die »Nutznießer«. Und dann wundern sich die diversen Organisationen, weshalb ihre Projekte nach dem Ende der jeweiligen Laufzeit kaum positive Resultate erzielt haben, sondern meist stillschweigend im Sand verlaufen sind und man froh sein kann, wenn der angerichtete Schaden nicht allzu groß war. Leider hat sich an diesem Prozedere aus meiner Sicht nicht viel verändert, außer, dass die Afrikaner beginnen, sich gegen diese Art der Intervention zu wehren.

Da Bürokratie bekanntlich bleiern ist – eine der Erbschaften aus der Kolonialzeit –, gab es kaum eine Möglichkeit, an dem Projektentwurf irgendetwas zu verändern. Wo immer es möglich war, den Bauern entgegenzukommen, setzte ich alles daran, dies zu tun. Als wir die Bauern in N‘Djamena, die am Flusslauf des Logone Gemüsegärten anlegten, fragten, mit welchen Schädlingen sie in ihren Gärten die größten Probleme hätten, war ihre Antwort einstimmig: die allgemein vermuteten Heuschrecken, Läuse und/oder Käfer seien es nicht. Sondern

Nilpferde! Nachts überfielen die riesigen Kolosse die Gärten und ernteten im Zeitraffer alles ab, was die Bauern mühevoll angepflanzt hatten. Versuchte ein Bauer, ein Nilpferd aus dem Garten zu vertreiben, verlor er nicht selten einen Arm, ein Bein oder das Leben. Leider hatte ich in diesem speziellen Fall auch keine Lösung für die Bauern parat, außer, die Gärten am Flussufer aufzugeben und auf andere Flächen auszuweichen. Dies konnten die Bauern aber nicht. Sie besaßen keine weiteren Flächen, und nur dort am Flusslauf gab es immer genügend Wasser. Eine »Loose-Loose-Situation«.

Als nach einem halben Jahr die Projektgelder endlich überwiesen worden waren und es mit der Umsetzung des Projektes losgehen konnte, schossen in jedem der vier involvierten Länder Beamte wie Pilze aus dem Boden, die alle irgendwie bei der Durchführung der Maßnahmen eine Rolle zu spielen gedachten. Einen Beamten im Norden Kameruns, der seiner Funktion alle Ehre machte und stolz einen originalen gelben »Mickey Mouse«-Schlafanzug als Amtstracht trug, werde ich in diesem Zusammenhang niemals vergessen. Für ihn war das absolut hipp und der letzte Schrei aus der entwickelten Welt; für mich war es immer noch ein Schlafanzug. So prallten Welten und Sichtweisen aufeinander. Ansonsten waren Offizielle aller Art in Afrika immer im feinsten Zwirn zu sehen, sie wirkten stets wie aus dem Ei gepellt. Darauf wurde größter Wert gelegt.

Nunmehr jagte eine große Versammlung die nächste – und das in jedem der vier Länder. Jedes hatte an die Reihe zu kommen; das war besonders wichtig. Endlich gab es jetzt die im Projekt festgesetzten Reise- und Sitzungsgelder, und zwar satt. Das damit verbundene Spektakel hatte etwas von einer Hollywood-Veranstaltung. Jeder, der Rang und Namen hatte, einer wichtiger als der andere, war präsent und gab sich die Ehre. Und dabei ging es immer nur ums Geld. Für sich selbst. Das war der Motivationsfaktor. Freilich wurde in den Projektberichten alles so dargelegt, als käme der Löwenanteil der Projektgelder der sogenannten Zielgruppe zugute. Man muss das Ganze eben relativ sehen, im weiteren Sinne.

Letztendlich haben die Bauern immer das Nachsehen.

»Die Umwelt wird so lange nicht geschützt, bis die Menschen befähigt werden, sie informiert sind und ihnen geholfen wird zu verstehen, dass diese Ressourcen ihre eigenen sind, die sie schützen müssen.«

Wangari Maathai[121]

Die sogenannten Feldschulen[122]

Der partizipative Ansatz, der in allen Projekten angewandt wurde, in denen ich arbeitete, nennt sich »Farmers Field School«, »Feldschulen für Bauern«. Die Methode wurde Ende der 1980er-Jahre in Indonesien im Reisanbau entwickelt. Aufgrund des Umstandes, dass in der Landwirtschaft jahrzehntelang eine Monokultur als das Nonplusultra angesehen wurde, die einen immensen Einsatz von Pflanzenschutzmitteln erforderte, war ein Schädling resistent geworden. Im Klartext: Dem Insekt machte das eingesetzte Gift nichts mehr aus. Das führte wiederum zu einem fast totalen Ernteverlust in zahlreichen

Regionen. Es wurde klar, dass man an diesen gängigen Praktiken in der Landwirtschaft etwas ändern musste.

Die ersten Feldschulen richteten ihren Fokus klar auf integrierte Schädlingsbekämpfung aus: Was gibt es für Alternativen zur chemischen Keule? Der partizipative Ansatz wurde dann später breiter gefächert.

Anfang der 1990er-Jahre änderte sich die internationale Politik und damit auch die bisherige Orientierung in der Entwicklungshilfe. Im Zuge dessen verschwanden die landwirtschaftlichen Projekte von der politischen Agenda und der Ansatz der Feldschulen geriet in Vergessenheit.

Erst 15 Jahre später wurde der partizipative Ansatz der Feldschulen in Projekten der internationalen Akteure wieder ausgegraben, nachdem augenscheinlich wurde, welch ein grober Fehler es damals war, die Unterstützung und Weiterentwicklung der Landwirtschaft in Afrika so sträflich zu vernachlässigen. Hierin liegt meiner Ansicht nach eine der Hauptursachen der Nahrungsmittelkrise in Afrika, die wir seit vielen Jahren erleben. Afrikanische Staaten hatten sich über 25 Jahre lang darauf verlassen, dass die Entwicklung der Landwirtschaft von außen durch multiple Player, wie die damalige Gesellschaft für Technische Zusammenarbeit (GTZ), betrieben wurde. Dann wurde der damit verbundene Geldhahn relativ abrupt zugedreht und alle lokalen und nationalen Beratungsdienste wie Forschungseinrichtungen vor Ort brachen zusammen. Diese weitreichenden Folgen hatte niemand berücksichtigt.

Zurück zu den partizipativen Feldschulen.

Es handelt sich hierbei um eine Art praxisorientierter Berufsschule für afrikanische Landwirte. Während der Feldschule, die im Normalfall zwei komplette Anbauperioden umfasste, sollte im Idealfall zusammen mit einer Gruppe von 25 bis 30 Bauern, die sich freiwillig zur Teilnahme entschieden hatten und nicht dafür bezahlt wurden, direkt in ihren Feldern gearbeitet werden. Ihr Land stand stellvertretend für das Schulgebäude; Samen und Erde waren die Stifte und die einzelnen Felder die Hefte. Dieser bildliche Vergleich beschreibt die Vorgehensweise sehr treffend.

Vorhandenes traditionelles Wissen im Anbau einer bestimmten Feldfrucht wird im Vergleich zu neuen alternativen Methoden von den Bauern selbst ausprobiert. Es gibt hierfür bestimmte Felder, auf denen die Neuerungen getestet werden, zum Beispiel trockenresistente Sorten, alternative Düngung, beispielsweise in Form der Gründüngung, effektivere Methoden bei der Bewässerung. Alles ist möglich. Das Arbeitsprogramm ist hierbei nicht von vornherein durch Experten bestimmt und vorgegeben worden, sondern es wird gemeinsam mit den Bauern aufgestellt und dabei explizit auf ihre Wünsche und Bedürfnisse eingegangen. Daneben gibt es Felder, auf denen die Bauern wie zuvor weiterarbeiten.

Eine Feldschule trifft sich von der Aussaat bis zur Ernte an einem festgelegten Tag einmal pro Woche auf dem Gelände der Bauern. So können ihre Mitglieder von Woche zu Woche die Entwicklungen auf den Feldern miteinander vergleichen und selbst herausfinden, welche Methode die bessere ist. Das Ganze wird vorzugsweise von einheimischen Experten geleitet, das sind zum Beispiel Bauern aus einer anderen Region des Landes, die sich bereits genau mit dem Anbau der betreffenden Feldfrucht auskennen und, wenn möglich, schon in Erwachsenenbildung geschult wurden. Von Vorteil ist auch, dass sie die gleiche lokale Sprache wie die Bauern sprechen und so Kenntnisse gut weitergeben können. Die Bauern erlernen hier die Grundkenntnisse der Agroökologie ihres Feldes. Sie kennen Schädlinge, aber auch deren natürliche Feinde. Sie lernen den Lebenszyklus verschiedener Insekten kennen und welche Larve zu welchem Insekt gehört. Sie erfahren, welche Praktiken zu welchem Zeitpunkt auf ihrem Feld sinnvoll sind, um den Ertrag zu verbessern. Die Bauern erhalten nach der Teilnahme ein Zertifikat mit einem Stempel. Das ist besonders wichtig und hat einen hohen Stellenwert für die Teilnehmer, obwohl die allermeisten von ihnen nicht lesen können, was darauf steht.

Es war immer wieder beeindruckend zu erleben, wenn nationale oder internationale Wissenschaftler eine Feldschule besuchten und sprachlos dastanden, wenn ihnen ein Bauer auf seinem Feld erklärte, was er da genau tat und warum er es so machte. Unsere Zusammenarbeit basierte auf dem Motto, das wir immer wieder propagierten: »Wir bringen euch keine Fische, aber wir zeigen euch, wie man fischt. Was ihr dann daraus macht, ist eure Sache!«

Der Wahlspruch einer Feldschule heißt: »Was man hört, vergisst man. An das, was man sieht, erinnert man sich. Von dem, was man mit eigenen Händen ausprobiert hat, weiß man danach, wie es geht, und was man selbst herausgefunden hat, wird man benutzen.«

Partizipative Methoden verlangen eine sehr intensive Zusammenarbeit aller Beteiligten auf Augenhöhe. Das macht den Ansatz so besonders. In früheren Beratungsansätzen erfolgte die Schulung nie auf Augenhöhe, sondern durch die Berater »top down« von oben herab in Richtung der Bauern. Ohne Diskussion oder Erklärung wurde den Bauern gesagt, was sie zu tun hatten.

Bei den Feldschulen handelt es sich um eine Form der Erwachsenenbildung, bei der berücksichtigt wird, dass ein Großteil der Teilnehmer Analphabeten ist. Demzufolge wird die Arbeitsweise daran angepasst. Oder es werden begleitend Alphabetisierungskurse angeboten. Die Bauern erweitern durch genaues Beobachten und Ausprobieren ihre Kenntnisse und entwickeln sich dadurch selbst zu Experten in ihrem Umfeld. Ja, wenn man es denn gewollt und solche Feldschulen überall im Sahel umgesetzt hätte, wäre vielleicht vieles nicht so schlimm gekommen. Doch scheinbar war es politisch nicht beabsichtigt: Wenn Bauern zu Experten werden, autark werden, wer braucht dann noch ausländische Experten?

Ich weiß heute, nachdem ich in vielen Ländern mit dem beschriebenen Ansatz gearbeitet habe, dass es möglich wäre, den Ärmsten der Armen, und das sind in den meisten Fällen Subsistenzbauern mit ihren Familien überall in Afrika, nachhaltig und effektiv zu helfen. Der Knackpunkt dieses erfolgreichen Ansatzes ist allerdings folgender: Will man eine wirklich nachhaltige Veränderung der Situation in der Landwirtschaft erreichen, muss man von Anfang an bereit sein, sich selbst den Ast abzusägen, auf dem man sitzt. Doch wer von den vielen Nutznießern des Entwicklungsgeschäfts spielt ernsthaft mit dem Gedanken, zum Versiegen seiner lukrativen Einkommensquelle beizutragen?

Das »Vier-Länder-Eck«

Aufgrund der Tatsache, dass das Projekt in den vier Ländern gleichzeitig durchgeführt wurde, war ich mit meinen Kollegen fast ununterbrochen mit dem Auto unterwegs – nachdem die Projektfahrzeuge endlich angekommen waren, versteht sich.

Von N'Djamena aus fuhren wir zuerst in die Dörfer im Norden Kameruns. Dazu überquerten wir nicht weit hinter der Stadtgrenze von N'Djamena eine Eisenbrücke über den Chari, den Grenzfluss zwischen dem Tschad und Kamerun. Diese Brücke erinnerte mich stark an den Dampfer, mit dem ich damals im Senegal auf die Insel Goré übergesetzt war. Die Brücke scheint bis heute zu stehen, der Dampfer fährt wahrscheinlich auch noch. Direkt hinter der Grenze lag der Ort Kousséri. Dort fuhren wir, wann immer wir Zeit hatten, zum Einkaufen hin, denn dort gab es viele Läden mit Waren aus dem Süden des Landes und aus Nigeria – all das, was man im Tschad nicht kaufen konnte. Allerdings gab es in N'Djamena ein wunderbares kleines französisches Café mit delikaten Backwaren aller Art. Direkt daneben befand sich ein großes Freilichtkino, das leider seit Langem nicht mehr in Betrieb ist.

Von Kousséri aus ging es in westlicher Richtung über Ngala weiter nach Maiduguri in Nigeria, mitten hinein in die Boko-Haram-Region. Ab dort nahmen wir quasi mit dem Kompass Kurs durch das trockene Tschadseebecken in Richtung Norden in den Niger nach Diffa. Was waren das immer für Gewalttouren! Doch Maloum, unser wunderbarer Fahrer, managte jede Situation. Er sprach zehn lokale Sprachen der Region und dolmetschte oft, wenn wir auf der Strecke irgendwo im Nirgendwo anhielten, um von Bauern oder Nomaden Informationen einzuholen. Leider starb Maloum im Jahr 2009. Ich werde ihn nie vergessen.

Während der Trockenzeit war diese gewaltige Rundfahrt durch vier Länder einigermaßen zu bewältigen. In der Regenzeit konnte es allerdings prekär werden. Einmal mussten wir unbedingt nach Ngala in Nigeria zu einer einwöchigen Schulung. Wir waren die Trainer. Kurz hinter der zwischen dem Tschad und Kamerun gelegenen Grenze erreichten wir eine geschlossene Schranke, die jenen glich, die in Deutschland installiert werden, wenn eine Straße wegen Hochwassers gesperrt ist. Da hinter der Schranke alles trocken zu sein schien und weit und breit keine Straßenpatrouille zu sehen war, entschlossen wir uns, schnell an ihr vorbei- und weiterzufahren. Das sollte sich als fataler Fehler herausstellen. Es ging noch etwa eine Stunde lang gut. Man konnte sehen, dass es bereits heftig geregnet hatte, was es ja meistens in Afrika tut. Die Lehmpiste verwandelte sich nun zusehends in eine glitschige, rotbraune Fläche. Der ganze Oberboden schwamm. Das Auto kam ins Rutschen und Maloum verlor mehr und mehr die Kontrolle. Der Wagen glitt schließlich seitlich von der Piste, einen Graben hinunter und stoppte erst kurz vor dem Umkippen. Als alle tief durchgeschnauft und sich vom Schrecken erholt hatten, krabbelten wir auf der Fahrerseite aus den Fenstern hinaus.

Verdammt, was herrschte da draußen für ein ohrenbetäubender Lärm! Das war tatsächlich nicht zum Aushalten. Durch den Regen hatte sich das Land wieder in einen Teil des alten Tschadsees verwandelt und scheinbar hielten sich zu diesem Zeitpunkt alle Frösche der ganzen Welt genau dort auf. Es waren zwar auch genauso viele große Vögel – Marabus, Sekretäre, Störche und Reiher – eingeflogen, um sich den Bauch mit den quakenden Fröschen vollzuschlagen, doch das schien kaum ins Gewicht zu fallen, wenn man den herrschenden Geräuschpegel als Maßstab ansetzte. Da standen wir nun mit der ganzen Truppe – das Auto war nicht mehr zu bewegen – inmitten des größten Froschkonzertes, das die Welt je gehört hatte. Die Ohren dröhnten wie nach einem Hardrock-Konzert noch nach Tagen. Es war auch damals, wie so oft in Afrika, wirklich bemerkenswert, wie unbeeindruckt und ruhig die afrikanischen Kollegen blieben. Ihnen konnten solche Ereignisse nichts anhaben. Man konnte es ja sowieso nicht mehr ändern, warum sich also noch unnötig aufregen?

Auch zu Fuß kamen wir nicht weiter. Der Lehm – aus dem übrigens die Häuser der Gegend gebaut waren, die bei solchen Regenereignissen immer zusammenfielen – blieb unerbittlich an den Sohlen kleben, und nach wenigen Schritten hatten wir »Astronautenschuhe« an den Füßen. Was nun? Plötzlich, wie aus dem Nichts und auf völlig unerklärliche Weise, tauchte eine Gruppe jüngerer und älterer Männer mit einem Sandblech auf. Dieses benutzt man in der Wüste, wenn man im Sand stecken bleibt, so wie damals während des Großversuches im Niger. Mithilfe dieses Bleches und ihren bloßen Händen schafften es die Männer mit vereinten Kräften, das Auto aus der lehmigen Knetmasse zu befreien und mit Maloum am Steuer wieder auf die Piste zu schieben. Es war einfach unfassbar. Wie im Film. Wir bedankten uns herzlich. Keiner der Männer wollte Geld annehmen. Diese Anekdote wäre ein weiteres schönes Beispiel, das in Michael Sandels Buch »Gerechtigkeit«[123] aufgenommen werden könnte, denn in ihm wird aufgezeigt, dass man nicht alles für Geld kaufen kann. Einige Dinge sind einfach nicht käuflich, sondern nur durch selbstloses Handeln zu erlangen mit dem einzigen Ziel, jemandem, der in Not geraten ist, zu helfen.

Auf der Weiterfahrt kamen wir an einem großen Bewässerungsprojekt aus den 1960er-Jahren vorbei, das dem Weizengürtel in den USA zur damaligen Zeit augenscheinlich in nichts nachstand. Riesige Wasserkanäle zogen sich durchs Land. Dennoch lag das gesamte Gelände brach, da es nicht mehr genug Wasser für das Bewässerungssystem in der Region gab.

Aus der Zeit, in der noch großflächig Getreide angebaut wurde, gibt es eine Anekdote zu berichten. Überall im Sahel wüten neben Heuschrecken auch die goldgelben Webervögel – sie sind fast so laut wie die Frösche, und als riesige Vogelschwärme richten sie große Schäden auf den Feldern der Bauern an. Deshalb wurden die Webervögel mit sogenannten Aviziden behandelt, die sie töten sollten. Doch nicht nur die Webervögel fielen solchen Maßnahmen zum Opfer, sondern gleich alle Vögel der Region. Das führte dann im darauf folgenden Jahr dazu, dass es zu einer mengenmäßig gewaltigen Vermehrung von allerlei Nagern kam, da das natürliche Gleichgewicht gestört war. Die natürlichen Feinde der Nager fehlten. Jetzt fraßen diese die ganze Ernte auf.

Die gesamte Strecke durch Nigeria, von der Grenze Kameruns bis nach Maiduguri, bestand aus einer unbefestigten Piste, in der während der Regenzeit nicht nur wir, sondern auch die Lastwagen feststeckten. In Ost-West-Richtung war diese Piste die einzige Route, um Waren hin und her zu transportieren. Eigentlich sollte sich dort eine komplett geteerte Straße befinden. Allerdings verschwanden die dafür vorgesehenen Gelder auf unerklärliche Weise und so existierte die Straße nur auf dem Papier.

Maiduguri und die Korruption

In der Provinzhauptstadt Maiduguri schien wirklich und wahrhaftig das gelebte Chaos zu herrschen. Etwas Ähnliches hatte ich bis dahin in meinem Dasein nur ein einziges Mal erlebt, damals, als wir von Benin aus durch Lagos fuhren.

Als wir das erste Mal in Maiduguri ankamen, schliefen wir in einem großen Hotel, das etwa aus derselben Zeit stammte, wie die von mir einige Absätze zuvor erwähnte gewaltige Bewässerungsanlage. Die gesamte Region hatte scheinbar in den 1960er-Jahren eine wahre Blütezeit erlebt und schien seinerzeit von der europäischen Entwicklung gar nicht so weit entfernt zu sein. Es gab damals auch eine weiterverarbeitende Industrie, Fabriken für Fruchtsäfte, Tomatenmark und Fleischkonserven. Aber das war lange vorbei.

Das Hotel war ein mehrstöckiger Bau und erinnerte tatsächlich an amerikanische Luxushotels. Wir bekamen Zimmer ganz oben. Auf jeder Etage stand in der Nähe des Aufzugs ein elektrischer Schuhputzer und zudem gab es die obligatorische Eismaschine. Natürlich waren diese Geräte außer Betrieb. Ebenso der Aufzug. Es gab keinen Strom, als wir ankamen. Und es sollte ihn auch später nicht geben. Genau genommen gab es, rückblickend betrachtet, schon damals in der Millionenstadt beinahe niemals Strom. Auf jeden Fall wäre das Hotel unter normalen (Versorgungs-)Umständen voll klimatisiert gewesen, weshalb man auch die Fenster nicht öffnen konnte.

Nach einer schier unerträglichen, schlaflosen Nacht ohne Alkohol – dort herrschte schon damals die Scharia, ein islamisches Regelwerk, das verschiedene Verhaltensweisen, wie das Trinken von Alkohol, unter Strafe stellt – schleppten wir unser Gepäck wieder hinunter und verließen den Ort des Grauens. Später fanden wir ein Motel mit kleinen Bungalows, aus denen man zumindest ebenerdig nach draußen konnte, wenn es drinnen unerträglich heiß wurde.

Entlang aller Straßen, die in die Stadt führten, waren damals neue Tankstellen gebaut worden, eine neben der anderen. Das wirkte auf den ersten Blick recht beeindruckend. Das Interessante daran war aber nun der Umstand, dass es an keiner einzigen Benzin gab. Dieses musste man, wie auch oftmals in Benin, an der Straße auf dem Schwarzmarkt von Straßenhändlern kaufen, die es in alten Glasflaschen lagerten. Warum das so war, habe ich nie wirklich begriffen. Es hatte wohl etwas mit der Korruption im Land zu tun. Außer den Tankstellen gab es auch überall Fast-Food-Restaurants, die dem amerikanischen Vorbild folgten, allerdings andere Namen trugen. Über der Theke stand jeweils das reichhaltige

Angebot angeschrieben. Doch das war nur Show, denn es gab immer nur Reis mit Huhn, wie damals im Hotely »Mahafaly« auf Madagaskar. Dieses Gericht stand zwar nicht auf der Tafel, war aber trotzdem gut. Also gingen wir jedes Mal dorthin, wenn wir auf dem Weg in den Niger dort vorbeikamen.

Maiduguri war wirklich der helle Wahnsinn. Heute erscheint mir das damals dort Erlebte surreal, und manchmal zweifle ich schon an meinen Erinnerungen, ob ich das alles wirklich erlebt habe. Es gab in dieser Stadt fast nichts zu kaufen. Scheinbar nichts funktionierte – und trotz allem ging alles irgendwie ungehindert weiter seinen Gang. Man fühlte sich wie in den Becher eines Mixers gefallen: Der ganze Staat schien ein Shake aus Perspektivlosigkeit. Das Einzige, was im Norden Nigerias funktionierte, war die Korruption.

Von Maiduguri aus ging es auf unserer Rundfahrt zu den ganzen Projektstandorten weiter in den Niger, nach Diffa. Nachdem wir stundenlang Niemandsland ohne Straßen oder Pisten mithilfe eines GPS-Gerätes durchquert hatten, wobei wir oft genug im Kreis gefahren waren, kamen wir endlich irgendwo im Nirgendwo des Tschadseebeckens an eine Grenzstation.

Alle, ich inklusive, hatten einen speziellen Ausweis von der Kommission erhalten, der es uns erlaubte, alle Grenzen der Mitgliedsländer der CBLT (Commission du Bassin du lac Tchad) ohne Visum zu überqueren. Als wir die nigerianische Grenzkontrolle zum ersten Mal erreichten, behaupteten die Grenzposten, ich könne mit diesem Pass die Grenze nicht passieren.

Es begann nun eine unendlich lange Diskussion zwischen meinen Kollegen und den nigerianischen Grenzbeamten, von der ich kaum ein Wort verstand. Im Endeffekt ging es nur darum, dass wir Schmiergeld bezahlen sollten. Diesmal hatten sich die Grenzbeamten jedoch mit der Falschen angelegt.

Ich öffnete den Kofferraum des Autos, nahm mein Zelt heraus – ich reise immer mit Zelt, das ist sicherer als ein Moskitonetz – und sagte den Kollegen, sie sollten ohne mich nach Diffa weiterreisen. Ich würde hier übernachten und am nächsten Tag zurück zum Gouverneur der Region Borno State nach Maiduguri fahren. Bei diesem waren wir gerade gewesen, um uns offiziell vorzustellen. Er war der erste Mann in Afrika, der mir den Handschlag verweigerte. Auch das ist Scharia.

Der Name des Gouverneurs war noch nicht richtig ausgesprochen, da wurden die nigerianischen Beamten bleich. Nein, sorry, ich hätte das falsch verstanden. Natürlich könne ich ohne Probleme weiterfahren. Jetzt wollte ich aber nicht mehr. Jetzt war ich auf Krawall gebürstet. Rückblickend betrachtet verhielt ich mich damals genauso fahrlässig wie der Franzose im Niger, der den Rebellen seine Autoschlüssel nicht geben wollte und das mit seinem Leben bezahlte. Nachdem ich meinem Ärger Luft gemacht hatte, durfte auch ich weiter nach Diffa fahren. Das war das erste und letzte Mal, dass wir an diesem Grenzübergang kontrolliert wurden.

Auf der Fahrt durch den Norden Kameruns durchquerten wir einen großen Nationalpark. Dort gab es immer irgendetwas zu sehen. Ich schaute gespannt aus dem Fenster und wartete auf einen die Piste kreuzenden Elefanten oder sonst etwas Spektakuläres, was sich dort für gewöhnlich immer bot. Dann blickte ich entlang der Straße nach vorn. Von Weitem kam ein großes Fahrzeug auf uns zu. Was nichts Spektakuläres war. Als das Fahrzeug sich weiter annäherte, sah ich, dass es ein Lkw mit Anhänger und dunkelgrüner Plane war. Irgendwie erinnerte der mich an etwas. Schließlich fuhr der Lastwagen an uns vorbei und mir blieb fast das Herz stehen. Der Grund: Es handelte sich um einen alten Lastwagen aus der Brauerei meiner Heimatstadt, der irgendwann einmal ausrangiert wurde und hier gelandet war. Im Rückblick waren das die allerschönsten indirekten Grüße aus der Heimat, die ich je in Afrika bekommen habe.

Der islamistische Terror und Boko Haram

Als ich damals, im Jahr 2002, in der Region des ehemaligen Tschadseebeckens auch in den nördlichen Bundesstaaten arbeitete, war es bereits grenzwertig für eine weiße Frau, sich unverschleiert und frei zu bewegen. Es war für mich in Afrika das erste Mal, dass ich dort auf offener Straße angefeindet wurde. Auch der Süden Nigerias war chaotisch und bekannt für die räuberischen Überfälle, aber es gab keine islamistisch motivierten Übergriffe, da die Region vorwiegend christlich-animistisch geprägt war. Maloum, der Fahrer, und Kollo, mein Kollege, ein Wissenschaftler aus dem Niger, mussten mich in Maiduguri beim Aussteigen aus dem Auto immer abschirmen, damit ich nicht mit Steinen beworfen oder auf andere Weise tätlich angegriffen wurde. Feindliche Schmährufe waren an der Tagesordnung. Gedanken, dass man mich hätte jederzeit erschießen können, gab ich mich nie hin. Alle Männer in der Region weigerten sich, mir die Hand zu schütteln. Auch das war das erste Mal in Afrika. In zwölf der 36 Bundesstaaten des Nordens wurde ab 2001 die Scharia – das islamische Recht – ausgerufen, und Boko Haram formierte sich in Maiduguri.

Christentum und Islam sind die beiden größten Religionen Afrikas. Das Christentum hatte sich seit dem Beginn der europäischen Kolonialisierung, die eng mit der Seefahrt verbunden war, durch Missionierung ausgebreitet. Unter der Kolonialherrschaft wurde der Islam, der damals in Zentral- und Ostafrika durch Handelskarawanen verbreitet war, gezielt unterdrückt. Vor allem in den vergangenen Jahrzehnten hat der Islam das Christentum in weiten Teilen Afrikas jedoch wieder zurückgedrängt und ist somit die einflussreichste Religion des afrikanischen Nordens geworden. Voudou und andere Formen der Naturgläubigkeit spielen bis heute vor allem in Westafrika nach wie vor eine bedeutende Rolle.

In Nigeria kommt es seit Langem immer wieder zu religiös bedingten Spannungen zwischen der überwiegend christlich geprägten Hälfte der Bevölkerung im Süden und der muslimisch geprägten im Norden. In ethnischer, soziokultureller, traditioneller sowie wirtschaftlicher Hinsicht gab und gibt es bis heute sehr große Unterschiede. Viele dieser Konflikte haben ihre Wurzeln in der Kolonialzeit. Wie in Westafrika wurde auch hier von den Briten die tropische Küstenregion mit ihren Häfen bevorzugt entwickelt, während der trockene, karge Norden sträflich vernachlässigt wurde. Somit wurde ein soziales wie wirtschaftliches

Gefälle geschaffen. Die geschürten Konflikte blieben nach der Unabhängigkeit im Jahr 1960 bestehen, da man an den 1884 in Berlin festgelegten Ländergrenzen, die zusammengehörende Ethnien oft voneinander trennten und solche, die nicht zusammengehörten, in einer Nation vereinten, überall in Afrika festhielt. Bis heute liegt die politische und wirtschaftliche Macht in Nigeria im Süden.[124]

Radikale Splittergruppen versuchten bereits seit der Jahrtausendwende, im Norden Nigerias die Scharia durchzusetzen, um gezielt nicht nur auf die Kultur und Religion einwirken zu können, sondern auch auf die Korruption und die Folgen der Ungerechtigkeit, die die Regierung zu verantworten hatte, Einfluss auszuüben. Ihr Ziel war, das ehemalige Kalifat von Sokoto, das während der Kolonialzeit aufgelöst worden war, erneut zu errichten.

»Boko Haram« setzt sich aus zwei Begrifflichkeiten zusammen. Das Wort »Boko« stammt aus der Sprache der im Norden ansässigen Haussa und heißt in diesem Zusammenhang »westliche Bildung/Gesellschaftsform«. Genau genommen handelt es sich um ein Schimpfwort ähnlich den Bezeichnungen für die Weißen in den afrikanischen Ländern. »Haram« ist arabisch für »durch die Religion strikt verboten«. Boko Haram lässt sich also (sinngemäß) mit »westliche Bildung ist Sünde« übersetzen.[125]

Nigeria ist mit rund 212 Millionen Einwohnern im Jahr 2021 das bevölkerungsreichste Land und seit 2014 die größte Volkswirtschaft Afrikas, wobei der Reichtum extrem ungleich verteilt ist und sich der industrielle Sektor sowie die Erdölgewinnung im Süden befinden.[126]

Nigeria spielt darüber hinaus eine Führungsrolle in der Westafrikanischen Wirtschaftsgemeinschaft (ECOWAS). Wie auch in den Nachbarländern entlang der westafrikanischen Küste gibt es in Nigeria etwa 300 unterschiedliche Ethnien, von denen viele ihre eigenen Sprachen sprechen. Die Ethnie der Haussa im Norden zählt zu den größten. Nigeria wurde 1960 von Großbritannien unabhängig. Nach Militärdiktaturen und Bürgerkriegen, wie dem Biafra-Krieg, der jedem durch die sogenannten Biafrakinder im Gedächtnis blieb, wurde 1999 eine demokratische Verfassung eingeführt.[127]

Das Kernland der islamistischen Miliz Boko Haram lag ursprünglich im Bundesstaat Borno. Heute sind der Nordosten Nigerias, der Süden des Niger um Diffa, der südliche Tschad entlang des Tschadsees und der Norden Kameruns durch Raubüberfälle, Selbstmordattentate, Mord und Entführungen stark in Mitleidenschaft gezogen. In diesen Regionen befinden sich Flüchtlingslager mit Hunderttausenden von Menschen. Sie existieren seit vielen Jahren und lösen sich, wie aus vielen anderen Ländern Afrikas bekannt, nicht mehr auf. Denn dorthin, wo sie hergekommen sind, können und wollen die Menschen aufgrund der Gräuel, die sie erlebt haben, nicht mehr zurück. Zudem ist in ihnen die Ernährung sichergestellt. Diese Flüchtlingslager werden oft federführend vom international aufgestellten UN-Flüchtlingshilfewerk (UNHCR) in Zusammenarbeit mit diversen anderen internationalen Hilfsorganisationen geleitet.[128]

Die Entstehungsgeschichte von Boko Haram lässt sich bis zur Gründung einer muslimischen Sekte an der Universität von Maiduguri im Jahr 1995 zurückverfolgen. Es handelte sich um eine konservative, aber keineswegs militante Studentengruppe. Das änderte sich, als 2002 der charismatische Ustaz Mohammed Yusuf ihr Anführer wurde. Er war als Prediger beliebt, und die sunnitische Sekte fand regen Zuspruch. Im Laufe der Zeit radikalisierte sich die Sekte gezielt gegen Institutionen der christlich geprägten Regierung im Norden und entwickelte sich zusehends zu einem Staat im Staat Nigeria. Die von Boko Haram ausgehende Gewalt ging so lange weiter, bis Yusuf im Jahr 2009 bei dem Versuch, den Islamischen Staat im Norden auszurufen, vom Militär gefangen und später in der Haft exekutiert wurde. Insgesamt 800 Kämpfer kamen während dieser Operation zu Tode.[129]

Bewaffnete Anhänger der Sekte verschanzten sich nunmehr in den Wäldern von Borno, radikalisierten sich weiter und erklärten unter der neuen Führung von Abubakar Shekau den »Heiligen Krieg«. 2015 schlossen sie sich der Terrormiliz »Islamischer Staat« an. Bis heute terrorisieren sie Kamerun, den Niger, Nigeria und den Tschad, genau die Regionen also, in denen ich zuvor tätig war. Die Kämpfer finanzieren sich durch Raub, Entführungen sowie Waffen- und Drogenhandel. Die Milizen rekrutieren viele junge Männer aus der Region, deren Zukunftsperspektiven gleich null sind. Der Anschluss an die Terrormilizen verspricht zumindest etwas zu essen und Gottes Segen.[130]

Oft fallen im Vier-Länder-Eck ganze Dörfer der brutalen Zerstörungswut der Miliz zum Opfer. Alles, was sie tut – rauben, morden, vergewaltigen und brandschatzen – führt sie auf die Lehren des Koran zurück. Mit dieser radikalen Vorgehensweise und Interpretation des Koran ist der Großteil der islamischen Welt nicht einverstanden, er spricht sich klar gegen diese brutale Form des Islam aus. Leider wird dies in Europa und Amerika oft nicht wahrgenommen, stattdessen werden alle Muslime über einen Kamm geschoren. Der Islam avanciert pauschal zum personifizierten Bösen und die Ideologie von Boko Haram wird mit dem Glauben aller Muslime gleichgesetzt. Das scheint mir der falsche Weg, um mit dieser Bedrohung umzugehen.

Im Jahr 2014 hatte die Terrormiliz in Chibok 276 Schülerinnen entführt. Um auf das Schicksal der Entführten aufmerksam zu machen, wurde eine Aktion im Internet gestartet, die unter »#bringbackourgirls« weltweit viral ging. Sie war zwar prominent besetzt und medienwirksam, ihre tatsächliche Wirkung auf das Schicksal der Mädchen blieb jedoch unerheblich: 112 von ihnen gelten bis heute noch als vermisst. Darüber hinaus wurden bei einem bewaffneten Überfall durch Boko-Haram-Einheiten auf eine christliche Oberschule in Kankara im Dezember 2020 über 600 Kinder, im Mai 2021 nochmals 200 Schulkinder entführt.[131, 132]

Die entführten Mädchen und jungen Frauen werden mit den Gotteskriegern zwangsverheiratet und bringen schließlich deren Nachwuchs zur Welt. Viele von ihnen werden auch als Selbstmordattentäterinnen instrumentalisiert; sie sprengen sich dann in Dörfern und Städten auf belebten Plätzen in die Luft. Diejenigen Frauen, die später aus der Gefangenschaft freikommen, erwartet leider auch ein schweres Schicksal, denn sie werden von ihren dörflichen Gemeinschaften verstoßen.

Im November 2020 wurden über 100 Menschen auf ihren Feldern im Bundesstaat Borno brutal ermordet, nachdem es bereits im Oktober zu Übergriffen nahe Maiduguri gekommen war. Der nigerianische Präsident Buhari verurteilte den islamistischen Terror zwar scharf, doch es scheint, als würde die Regierung im Süden der immer weiter eskalierenden Situation im Norden seit vielen Jahren nicht Herr werden. In den vergangenen Jahren wurden über 35.000 Menschen getötet, zwei Millionen sind geflohen und befinden sich in Flüchtlings-Camps in den Nachbarländern.[133]

Auch Kousseri im Nordkamerun, wo die Brücke über den Fluss Chari steht, die in den Tschad führt, wurde ab 2014 von Binnenvertriebenen aber auch von Flüchtenden aus dem Tschad geradezu überrannt, sodass sich die Einwohnerzahl sprunghaft von 200.000 auf 280.000 erhöhte. In Kousseri waren die Hilfsorganisationen nicht so zahlreich vertreten wie in Maroua. Nachdem die nigerianische Grenze geschlossen wurde, kam der Warenverkehr zum Erliegen und die einst florierende Stadt mit ihren vielen Läden und dem großen Angebot, das ich damals so schätzte, brach in versorgungstechnischer Hinsicht zusammen.[134]

2020 kam es am Tschadsee an den Landesgrenzen des Tschad, des Niger und Nigerias eine Woche lang zu heftigen Kämpfen zwischen der tschadischen Armee und mutmaßlichen Terrorkämpfern, bei denen angeblich 1000 Boko-Haram-Mitglieder getötet und deren Camps zerstört wurden. Es handelte sich um einen Vergeltungsschlag, da Milizen zuvor einen Militärstützpunkt im Tschad angegriffen und 92 Soldaten getötet hatten. Präsident

Déby persönlich führte die Offensive an. Laut der International Crisis Group (ICG) seien die Terrormilizen auf den Inseln des Tschadsees nicht fest stationiert, sondern in Form mobiler Einheiten vor Ort. Bei den 1000 Toten könnte es sich demnach um dort lebende, also heimische Zivilisten gehandelt haben, denen eine Nähe zu Boko Haram unterstellt wurde. Die tschadische Menschenrechtsliga gehört zu den wenigen, die es wagen, diesbezüglich kritische Fragen zu stellen. Sie findet allerdings nur wenig Gehör, obwohl Amnesty International und Human Rights Watch bereits seit Jahren die humanitäre und menschenrechtliche Situation im Tschad beklagen. Gegen die Opposition im Land wird rigoros vorgegangen. Westliche Partner wie die USA und die EU ignorierten bislang Menschenrechtsverletzungen, weil Präsident Déby bis zu seinem Tod im Jahr 2021 ihrer Meinung nach im Kampf gegen den Terror im Sahel eine wichtige Rolle einnahm. Frankreich betreibt im Übrigen seit Jahrzehnten eine Militärbasis in der Hauptstadt und führt von dort seit dem Jahr 2014 eine Militäroperation gegen die Terrorgruppen im Sahel. Déby, der seit 1990 Präsident des Tschad war, starb am 21. April 2021 im Alter von 68 Jahren, nachdem er bei Kämpfen schwer verletzt wurde. Der französische Präsident Emmanuel Macron nahm an seiner Beisetzung teil.[135, 136]

Im Krieg gegen den Terror in der Region greifen die Vereinigten Staaten nicht direkt ein, bilden aber das nigerianische Militär aus. Frankreich ist schon seit Langem wegen der Situation in seinen ehemaligen Kolonien besorgt und hat deshalb quasi die Rolle einer »Sicherheitspolizei« im frankophonen Westafrika übernommen. Die Situation ist seit 2012 nicht mehr nur auf Nigeria beschränkt. Seit 2014 sind der Niger, Kamerun und der Tschad in das regionale Problem in der Tschadseeregion militärisch involviert.[137]

Laut Angaben des Auswärtigen Amtes (AA) engagierte sich Deutschland allein im Jahr 2019 mit über 67 Millionen Euro in der Tschadseeregion, weil dort »eine der größten humanitären Krisen weltweit« tobt. Mehr als zehn Millionen Menschen seien auf humanitäre Hilfe angewiesen. Das Geld fließt in Projekte zur Wasser- und Sanitärversorgung sowie in solche zur Ernährung und Gesundheit. Die Arbeit der Hilfsorganisationen vor Ort sei schwierig und teilweise lebensgefährlich. Das Auswärtige Amt arbeitet in internationalen humanitären Projekten mit dem Welternährungsprogramm und dem Flüchtlingshilfswerk der Vereinten Nationen, der Rotkreuz- wie Rothalbmondbewegung und diversen nationalen und internationalen Nichtregierungsorganisationen eng zusammen. Auf seiner Internetseite heißt es: »Humanitäre Hilfe ist Ausdruck unserer ethischen Verantwortung und Solidarität mit Menschen, die aufgrund von Krisen oder Katastrophen in Notlagen geraten sind. Das Auswärtige Amt versteht sich als ein den humanitären Prinzipien, der Menschlichkeit, Unparteilichkeit, Neutralität und Unabhängigkeit verpflichteter Geber. Das Ziel der humanitären Hilfe ist es, für betroffene Menschen ein Überleben in Würde und Sicherheit zu gewährleisten, ihnen Perspektiven zu ermöglichen und das Leid derer zu lindern, die ihre akute Notlage aus eigener Kraft nicht überwinden können. Prinzipiengeleitete humanitäre Hilfe kann auch Voraussetzungen für Maßnahmen der Stabilisierung schaffen. Außerdem kann sie zum Aufbau nachhaltiger

Rahmenbedingungen für Entwicklung und Frieden beitragen.«[138]

Frederic Kamta untersucht am Centrum für Erdsystemforschung und Nachhaltigkeit (CEN) ob und inwieweit die anhaltenden Dürreperioden neben dem Terror eine Ursache für Flucht und Konflikte in der Region darstellen. Im Jahr 2019 hatte er in Maiduguri das größte Flüchtlings-Camp der Region mit circa 30.000 Menschen besucht und mit 300 Bauern und Viehhirten gesprochen. Dabei erfuhr er, dass insbesondere Wassermangel und der damit einhergehende Verlust von Ackerland zu vermehrten Konflikten vor allem zwischen Bauern und Viehhirten geführt hatten. Auch ethnische Konflikte spielten laut den Aussagen eine Rolle, dies allerdings schon seit alters her. Viele Bauern und Nomaden mussten aufgeben und in Flüchtlings-Camps umsiedeln, wo sie zumindest nicht verhungerten. Vor allem junge perspektivlose Männer schlossen sich den Terrormilizen an, weil dies ihr nacktes Überleben sicherte. Die Befragungen bestätigten die Ergebnisse aus anderen Ländern, denen zufolge Dürren die Abwanderung wegen wachsender Konflikte und Terror noch verschärften. Maßnahmen, um die Situation zu entschärfen, sind zum Beispiel der Bau von Bewässerungsanlagen und Dämmen sowie die Niederbringung von Bohrlöchern zur Installation von Brunnen zur Grundwassergewinnung. Die meisten Schäden jedoch, die klimatisch bedingte Probleme in Afrika nach sich ziehen, werden von den Industriestaaten verursacht.[139]

In seinem 2015 publizierten Buch »Boko Haram: Du problème nigérian à la menace régionale« beschäftigt sich der senegalesische

Islamforscher Dr. Bakary Sambé mit der Entwicklung der Terrororganisation. Aus seiner Sicht hat die Kolonialzeit das sozioökonomische Ungleichgewicht zwischen christlich-animistisch geprägtem Süden und dem muslimisch geprägten Norden bedingt. Der muslimische Glaube wurde entwertet. Diese Situation blieb auch nach der Unabhängigkeit bestehen.

Während der Dürrekatastrophe der 1970er-Jahre nahm der islamische Einfluss durch finanzielle Unterstützung seitens der arabischen Erdölstaaten wieder zu, sodass sich der Islam erneut ausbreiten konnte. An diese Zeit schloss sich die Ära der Strukturanpassungsprogramme der westlichen Welt an, die vorhandene Organisationsformen radikal veränderten. Islamische Gruppierungen übernahmen ehemals staatliche Dienstleistungen in den sozialen Bereichen, was ihren Einfluss im Norden weiter stärkte. Die Einführung der Scharia nach der Jahrtausendwende und damit der Kampf gegen alles Westliche bilden das Fundament der Ideologie von Boko Haram und werten den traditionellen Islam auf. Sie bekämpfen den künstlich geschaffenen Staat, der in der Kolonialzeit über die Köpfe der betroffenen Bevölkerung hinweg gebildet wurde. Und das ist nicht nur ein nigerianisches Problem. Das Geschwür eitert bis heute in wahrscheinlich allen afrikanischen Ländern. Das in Nigeria anvisierte Ziel ist ein autonomer Staat über die Kolonialgrenzen hinweg. Je nach Perspektive führt Boko Haram aus Sicht seiner Anhänger einen »Heiligen Krieg« gegen die westliche Invasion, während der Rest der Welt die Miliz als brutale Terrorstruktur ansieht, die christliche Schulen niederbrennt und nur Koran-Schulen akzeptiert, Mädchen und Frauen von der Bildung ausschließt und sie verschleiert, damit die Männer nicht in Versuchung geführt werden, und ihre wesentlichen Aufgaben auf das Kochen und Kindergebären beschränkt. Fortschritt hat in der Welt von Boko Haram keinen Platz, ausgenommen davon sind moderne Waffen, Autos, Uhren und Mobiltelefone. Armut, Elend und eine extrem hohe Frustrationsrate sowie fehlende Zukunftsperspektiven im strukturell unterentwickelten Norden sind der ideale Nährboden für Indoktrinationen durch eine radikale Ideologie. Dieses Prinzip funktioniert nicht nur hier, sondern in allen von Armut und Elend geprägten Regionen der Welt.[140]

Am 17. Juni 2021 gab die Terrormiliz Boko Haram den Tod ihres Anführers Abubakar Shekau bekannt: Er sei als Märtyrer im Kampf gestorben.[141]

Bildergalerie Tschad

Kleintransporter beladen mit Plastikkanistern in Nord-Kamerun (2003)

Für die Sahelregion typische Dornenbüsche mit Plastiktüten (2003)

Tränken der Rinder am Tschadsee (2004)

Bildergalerie Tschad

Ein Webervogelschwarm, die überall große Schäden anrichten (2004)

Ein typischer Pflug in Diffa, Niger (2004)

Ein Wohnhaus mit aus Nothilfeplastiktüten gedecktem Stall, Nigeria (2004)

Typisches Gehöft in Nord-Kamerun (2003)

Szene am Tschadsee (2004)

Meeting mit den Bauern (2004)

»Wir leben in einem gefährlichen Zeitalter. Der Mensch beherrscht die Natur, bevor er gelernt hat, sich selbst zu beherrschen.«

Albert Schweitzer[142]

IN GHANA (2004)

In Ghana war ich als weiße Ausländerin eine »Obruni«. Bei meiner Ankunft waren vor der Küste gerade neue Erdölvorkommen entdeckt worden. Nein, das stimmt so nicht ganz. Man wusste bereits vorher, dass es dort Erdöl gab, aber es lag zu tief, und die Technologie, um es zu fördern, war zum Zeitpunkt der Entdeckung noch nicht so weit. Jetzt aber war die Förderung möglich geworden. Und siehe da: Sofort gab es auch internationale Gelder für Projekte der Entwicklungshilfe. Eine Hand wäscht bekanntlich die andere. Durch eines der Projekte wurde das ghanaische Agrarministerium unterstützt. Im Hinterland gelegene Verwaltungen sollten mit Büroausstattung, Computern und Fahrzeugen bestückt werden. Die Anzahl nagelneuer schwarzer Mercedes-Limousinen vor dem Ministerium in Accra stieg rapide an, wobei in diesem Falle ein möglicher Zusammenhang natürlich rein spekulativ ist ...

Es existierte auch ein Projekt zur Berufsschulausbildung von Pflegepersonal für Krankenhäuser. In der Theorie für solche, die sich im Land befanden. In der Praxis jedoch hatten die Absolventen nach ihrer Ausbildung ein Ticket für einen Job in England in der Tasche, da dort akuter Mangel an Pflegepersonal herrschte. Die frisch ausgebildeten ghanaischen Krankenschwestern arbeiteten also nun in England. Dort konnten sie viel mehr Geld verdienen als im gleichen Job in ihrem Heimatland und somit auch ihre Familien finanziell besser unterstützen. Ich kannte das bereits aus meiner Heimatstadt, in der viele Afrikaner Medizin studierten. Kaum einer von ihnen ging danach zurück, um seinem Land zu dienen. Einen Vorwurf kann man ihnen nicht machen. Menschen neigen oft dazu, an die Moral der anderen zu appellieren, nie aber an ihre eigene.

Bei dem Projekt, in dem ich arbeitete, handelte es sich um ein Forstprojekt in der Voltaregion, in dem die Deutsche Gesellschaft für Technische Zusammenarbeit (GTZ) und der Deutsche Entwicklungsdienst (DED) zusammen tätig waren – eines der großen alten Projekte der Entwicklungszusammenarbeit, das eine Laufzeit von 16 Jahren hatte.

Vom Voltastaussee hatten wir schon im Kapitel über Benin gehört, als es keinen Strom mehr gab, weil der See versandet war. Der See wird vom Akosombodamm aufgestaut – die ersten vier Turbinen für dieses Stauwerk wurden 1964 fertiggestellt. Der Volta-Stausee ist der größte künstlich angelegte See der Welt. Viele Quellflüsse des Voltaflusses münden seit der Errichtung des Staudamms in den See. Insgesamt 78.000 Menschen wurden vor der Inangriffnahme der damit verbundenen Baumaßnahmen umgesiedelt. Aufgrund von Verträgen aus der Anfangszeit wird Strom auch in die Nachbarländer geliefert.[143]

In Ghana war es wie in allen Ländern am Golf von Guinea: Der Süden, die Küstenregion, entwickelte sich (weiter), im kargen, trockenen, muslimisch geprägten Norden passierte hingegen nichts. Während die Hauptstadt Accra florierte, flächenmäßig wuchs und ganze Wohnviertel mit großen Villen aus dem Boden schossen, blieb der Norden von Stroh- und Lehmhütten der armen Bauern geprägt, die Subsistenzwirtschaft betrieben. Dieses Phänomen traf, wie ich bereits feststellte, auf viele Länder zu, die ich bereiste. Warum dem so ist, haben wir im Kapitel über den Senegal erfahren: Es hängt mit dem früheren Kolonialsystem zusammen. Wir verstehen die Gegenwart nur, wenn wir die Vergangenheit kennen.

In Accra führte eine mehrspurige Straße durch die Stadt bis hinunter zum Meer. So etwas hatte ich in keinem anderen Land Afrikas zuvor gesehen. Auch hier war der Verkehr chaotisch, allerdings nicht mit den Verhältnissen in Nigeria zu vergleichen. Am Meer angelangt, konnte man nach links oder rechts abbiegen. Fuhr man nach rechts, kam man zu den großen englischen Luxushotels à la »Jenseits von Afrika« mit ihren abgeriegelten Badestränden. Fuhr man nach links, ging es hinein in den alten Kern der Küstenstadt, das alte Hafengelände. Hier befand sich früher der Sklavenhafen. Mir schien es, als gäbe es eine imaginäre Mauer, die Himmel und Hölle voneinander trennte. Wenn man, wie die Nachfahren von Tanja Blixen, im wohltemperierten Luxushotel sitzt und einen tropischen Cocktail schlürft, kann man sich wirklich beim besten Willen nicht vorstellen, dass nur wenige Kilometer weiter die Küste hoch alles nur noch rabenschwarz erscheint: die Kinder in ihren Lumpen, die Häuser, die Zukunft und selbst der Strandabschnitt dieses völlig verwahrlosten Stadtviertels. Er dient nämlich, man mag es kaum glauben, der besseren Welt als Schuttabladeplatz für ihre alten Fernseher und Computer, all den Elektroschrott also, den im Norden keiner mehr braucht.

Agbogbloshie: »Welcome to Sodom«

Agbogbloshie, einstmals eine Lagune, ist jener Stadtteil von Accra, in dem seit Jahrzehnten der Elektroschrott aus Europa und auch aus anderen Teilen der Welt landet. Tagtäglich erreichen mit ihm gefüllte Frachter den Hafen von Tema. Dort, irgendwo am Strand, liegen unsere alten Fernseher, unsere Mikrowellen, Kühlschränke, Autobatterien und die ganzen ausgemusterten Computer.

Bei den Einheimischen heißt dieser Ort, ein Slum, in dem circa 70.000 Menschen leben, »Sodom«. Giftige Dämpfe, die Quecksilber, Phosphor, Blei und Cadmium enthalten, steigen in Form von schwarzen Rauchschwaden empor. Der beißend stechende und tödliche Gestank ist allgegenwärtig. Greenpeace berichtete 2008, dass die Schadstoffbelastungen in Boden und Luft den Wert, der als gesundheitlich unbedenklich gilt, um das 50-Fache überstiegen.[144]

Um Kupferdrähte oder Coltan aus dem Schrott zu gewinnen, wird zuvor die Plastikhülle des jeweiligen Gerätes abgebrannt. Die Kinder, die dafür zuständig sind, werden als »Burner« bezeichnet. An anderen Stellen wird Batteriesäure in den Sand geschüttet. Tagtäglich. Der Isolierschaum aus den Elektrogeräten dient als Brennstoff und setzt FCKW frei. Was am Boden nach diesem Recyclingprozess besonderer Art zurückbleibt, ist schwarz und zähflüssig. Agbogbloshie zählt zu den verseuchtesten Plätzen der Welt, von Menschen geschaffen. Abertausende von jungen Männern und auch Frauen aus dem vernachlässigten Norden kommen hierher auf der Suche nach Arbeit. Auch viele Kinder sind hier anzutreffen, die den Lebensunterhalt für ihre Familie verdienen. Ein paar Euro. Wie toxisch die Dämpfe sind, interessiert keinen. Kein Arzt wird die hier Tätigen je untersuchen. Leben, die nicht lange dauern. Haben diese Menschen eine Wahl?

Das von Deutschland und Ghana unterzeichnete Baseler Abkommen verbietet den Export von Elektroschrott aus Europa. Pro Jahr exportiert Deutschland 150.000 Tonnen. Das meiste davon geht nach Afrika, weil das Recycling hier billiger ist, als wenn man die Wiederaufbereitung nach EU-Standards vornehmen müsste. Die ausrangierten Elektrogeräte aus Deutschland, die nach Afrika gehen, seien zwar technisch veraltet, aber noch zu nutzen. Second-Hand-Elektroware aus der entwickelten Welt ist ein florierendes und lukratives Export-Import-Handelsgeschäft auf dem Schwarzen Kontinent geworden. Wirklich kontrolliert wird das, was in den Containern ist, kaum. Und falls es doch einmal geschieht, fließt eben Schmiergeld, sodass die Kontrolle bereits im Ansatz stecken bleibt.[145, 146]

Die »Neue Zürcher Zeitung« schrieb 2017 Folgendes zu diesem Thema: »Zweifellos ist Agbogbloshie ein atemberaubendes Beispiel für ›informelles‹ Wirtschaften. Zugleich ist es ein hoch organisierter, durchaus formalisierter Ameisenhaufen, der zudem auf vielfache Weise mit der formellen Wirtschaft verflochten ist. Oft wird Agbogbloshie in apokalyptischen Tönen als Hölle beschrieben, als dunkle Kehrseite der westlichen Dekadenz. Man kann aber auch bewundern, mit welchem Einsatz hier selbst aus scheinbar wertlosem Müll noch Verwertbares extrahiert wird – Alchimisten, die versuchen, aus Dreck Gold zu machen. Hier wird ein Recycling praktiziert, das wegen der hohen Lohnkosten in Europa nie und nimmer rentabel wäre.«[147]

Der 2018 entstandene Dokumentarfilm »Welcome to Sodom« zeigt den Alltag in Agbogbloshie. Die beiden Österreicher Christian Krönes und Florian Weigensamer, welche die Doku produzierten, verbrachten zwei Monate inmitten der Menschen, die am unteren Ende der globalen Wertschöpfungskette stehen, und konnten sich so deren Vertrauen erarbeiten, ihnen eine Stimme und Raum für ihre Gefühle geben. Letztlich entstand ein Streifen, der es jedem Betrachter möglich macht, sich ein umfassendes und gleichzeitig unvergessliches Bild von der Situation vor Ort zu machen.[148] Wieso zählt dieser Film nicht zum Lehrmaterial an Schulen? Weshalb läuft er nicht zur besten Sendezeit in den Mainstream-Medien?

Der Weg in die Voltaregion

Auf dem Weg von Accra Richtung Norden gab es die besten Straßen, die ich je in Afrika erlebt hatte. Mit ihrer Qualität war es dann aber in der Voltaregion abrupt vorbei. Da waren sie nun wieder, die berüchtigten afrikanischen »Potholes« – Schlaglöcher von der Größe, dass sie leicht einen Hund verschlucken konnten.

Hierzu fällt mir eine Anekdote ein. Es war einmal ein Projektleiter, der einen Fahrer hatte. Das ist nichts Ungewöhnliches, denn wenn man als Ausländer in Afrika arbeitet, wird einem so gut wie immer ein Fahrer an die Seite gestellt. Außer beim Deutschen Entwicklungsdienst. Die hatten keine – dafür aber dementsprechend viele Tote bei Autounfällen. Neben dem Wächter ist der

Fahrer der zweithäufigste Berufszweig. Besagter Projektleiter trug das Gehalt des Fahrers in kleinen Scheinen stets bei sich. Und er machte sich einen persönlichen Spaß daraus, jedes Mal, wenn der Fahrer in ein Schlagloch fuhr, Teile des Gehaltes zum Wagenfenster hinauszuwerfen. Zugegebenermaßen kenne ich diese Geschichte nur vom Hörensagen und bin mir deshalb nicht sicher, ob sie wirklich der Wahrheit entspricht. Allerdings kamen solche Auswüchse der »Expat-Idiotie« tatsächlich immer wieder einmal vor, insbesondere dann, wenn sich weiße Experten in Afrika unglücklich fühlten und sich ihrer Meinung nach missmutig durch ihr gut bezahltes Dasein quälen mussten. Diese Leute waren auch über all ihre Fehler erhaben. Alles, was nicht gelang, war die Schuld der Afrikaner.

Auf der Fahrt kam man durch viele stark entwaldete Regionen. Es gab zwar vereinzelt noch intakte Waldgebiete, aber der Urwald Ghanas war durch Brandrodung und Raubbau von Tropenhölzern extrem dezimiert worden. Die Region erinnerte mich an das abgeholzte Hochland von Madagaskar. Entlang der Straße gab es überall Masken und die typischen geschnitzten Stühle aus Tropenhölzern zu kaufen. Die ortsansässigen Schreiner, die sie angefertigt hatten, waren nicht die Ursache für den Raubbau an den Hölzern. Sie verarbeiteten lediglich die Abfälle, die ausländische Holzkonzerne zurückgelassen hatten.

In den übrig gebliebenen Wäldern gab es kaum noch Wildtiere, vor allem keine Affen. Die schmeckten den Einheimischen besonders gut. Wie auf Madagaskar und in Benin stand auch hier alles, was in den Wäldern kreuchte und fleuchte, auf dem Speiseplan. Hier wie auch in Benin standen entlang der Straße immer wieder Männer oder Kinder, die etwas am ausgestreckten Arm in die Luft hielten. Dabei handelte es sich um die sogenannten Grasscutter, wie sie in Ghana genannt werden. In Benin heißen sie Agouti, Bisamratten bei uns. Es handelt sich um eine Delikatesse, wenn die Ratte nicht zu alt ist oder das Fleisch nicht zu lange irgendwo herumlag. Dazu gab es gestampfte Yamswurzel, wie seinerzeit auch in der Mensa in Cotonou in Benin. Die gekochten Wurzeln wurden von mehreren Frauen in einem großen Holzmörser mit vier oder fünf Stößeln gestampft. Der Schweiß, der von Gesichtern der Damen in den Mörser tropfte, machte das besondere Aroma aus.

In jedem Ort, durch den man fuhr, wurde schnell offensichtlich, dass hier Projekte – es gibt nur diesen Begriff dafür – gewütet hatten. Der letzte Schrei der Entwicklungshilfe war zu dieser Zeit, zwei spezielle Bauwerke in allen Kleinstädten zu errichten: Betonmarkthallen mit nummerierten Standplätzen und öffentliche, betonierte Bedürfnisanstalten. Beides totale Flops. Kein Einheimischer ging auf die Toiletten, sondern wie gehabt rechts oder links daran vorbei in den Wald. Die neuen Markthallen waren auch nicht verwendungsfähig; erstens war es in ihnen viel zu heiß (das wissen wir ja schon über Betongebäude in Afrika), und zweitens sollten die Stellplätze von den Händlern bezahlt werden. Das Geld hatte keiner von ihnen, und falls doch, dann wollten sie es für diesen Zweck nicht ausgeben. Drittens hatte kein Mensch – außer vielleicht einem Regierungsbeamten mit rein persönlichen Interessen – darum gebeten, die Gebäude überall zu platzieren. Wieder einmal hatte man völlig an den Bedürfnissen der Bevölkerung vorbei Tatsachen geschaffen. Typisch Entwicklungshilfe.

Damals trat die Globalisierung mit globaler Marktwirtschaft und freiem Handel auf den Plan. Von Europa aus wurde der ghanaische Markt beispielsweise mit »Hühnerärschen« geflutet, also jenem Teil, der am eingeschweißten Huhn abgeschnitten wird, zusammen mit Kopf und Krallen, weil europäische Konsumenten diese Teile nicht essen möchten. Kopf, Hinterteil und Hahnenfüße kamen ins Flugzeug – und ab damit nach Ghana. Die Hintern gab es dann dort in den Garküchen entlang der Straßen als gegrillte, scharf gewürzte, schön fette Spezialität. Und das mit dem nachhaltigen »Erfolg«, dass ein jeder Kleinunternehmer, der vor Ort versucht hatte, ein paar Hühner für den Markt großzuziehen, um sich damit eine Existenz aufzubauen, in seine Schranken verwiesen wurde und seinen Kleinbetrieb ganz schnell dichtmachen konnte. Wie war das noch einmal mit dem freien Markt? Und gleichen Rechten für alle?

Auch zum Thema des Plastikmülls gibt es etwas zu berichten: Überall in Ghana konnte man einen Viertelliter Wasser, eingeschweißt in Plastik, kaufen. Das Ganze sah aus wie ein kleines blaues, quadratisches Wasserkissen. Blau, weil die Plastikfolie entsprechend eingefärbt war. Getrunken wurde daraus, indem man eine Ecke abbiss und das Kissen ausdrückte. Das Ganze erinnerte irgendwie an das Saugen eines Babys an der Brust seiner Mutter. Das machte das Schauspiel sehr befremdlich. Jede Person in Ghana trank mehrere Beutel pro Tag. Die Plastikhülle ließ man da, wo man stand, fallen. So, als würde sie sich hernach in Luft auflösen. Was keine Einzige tat. So entstanden regelrechte Plastikverwehungen an Hängen und Plastikaufschüttungen in Tälern. Dort sammelten sich Abermilliarden dieser Tüten. Gottseidank gab es die »glorreiche« Erfindung nur in Ghana zu bestaunen. In den anderen Ländern konnte ich diese Form der Umweltverschmutzung nicht beobachten. Mit Ausnahme dünner, schwarzer Plastiktüten, die überall im Sahel in den dornigen Akazien hingen. Später wurden die Tüten und die Akazien bunt. Wie vieles andere auch alles nur eine Frage der Zeit. Es ist bedauerlich, dass Afrika viele Dinge ertragen musste, die dort nicht benötigt wurden und nur zur Verschmutzung der Umwelt beitrugen. Mich erinnerte das an meine Heimat, in der zahlreiche Entwicklungen aus den USA im Abstand von zehn bis 15 Jahren übernommen wurden, auch wenn sie noch so schwachsinnig waren.

Sterben in Ghana

In Ghana kann Sterben ein Spektakel sein. An der Küste stand das Christentum nach wie vor an erster Stelle, was die Religionen und ihre Riten anging, aber bereits in der Voltaregion war es anders. Moscheen schossen entlang der großen Straßen wie Pilze aus dem Boden.

In Accra gab es christliche Bestattungen, wenn gewünscht, in sehr außergewöhnlichen Särgen. Im Süden hatten sich viele Schreiner auf besondere Sargausführungen spezialisiert. Alles, was der Tote zu Lebzeiten niemals haben konnte, einen Pink Cadillac, ein tolles Haus, ein weißes Boot, wurde in Sargform umgesetzt. Beliebt waren auch Tiere: ein Krokodil, ein Elefant oder ein Nilpferd. Auch eine tropische Frucht, eine große Ananas oder eine Banane, waren als Sargausführung denkbar. Dem Gehäuse für die letzte Ruhe waren in Ghana also keinerlei gestalterische oder kreative Grenzen gesetzt. Ich war sicher, dass, wenn es so weit sein würde, ich mir natürlich eine Heuschrecke würde zimmern lassen.

Ein Todesfall galt in Ghana als das absolut wichtigste Ereignis. Bestattungen waren eigentlich in jedem Land, das ich bis dato in Afrika besucht hatte, wichtiger und zeitaufwendiger als Hochzeiten. Speziell in Ghana gab es sogar Beerdigungsstoffe, immer in rot-schwarz und klein gemustert. Da konnte man sich als Obruni schon einmal ganz schön blamieren, wenn man das nicht wusste und sich ein Hemd oder ein Kleid mit den genannten Eigenschaften nähen ließ.

Selbst wenn irgendwo im Land ein weit entfernter Verwandter verstorben war, nahm man natürlich an dessen Beerdigung teil. Auch Projektmitarbeiter handhabten das so. In diesem Falle wurde nicht groß Bescheid gesagt oder gar Urlaub beantragt. Man war einfach einmal eine Woche oder länger weg, weil das so ist in Ghana.

Ein Schwein schlachten und Wurst herstellen

Beinahe alle meine Kollegen waren, da es sich um ein Forstprojekt handelte, bei dem wir eingesetzt waren, Förster. Diese sind auch meist Jäger und können daher Tiere schlachten und ausnehmen. Einmal hatten sich die Kollegen in den Kopf gesetzt, ein Schwein zu schlachten, das sie von irgendeinem anderen Obruni, der freiwillig in Ghana lebte und Schweine in der Voltaregion züchtete, gekauft hatten. An diesem Tag kam ich erst am frühen Nachmittag am Ort der Ereignisse an. Da war das Schwein schon geschlachtet und zerlegt. Während der diversen Arbeitsschritte wurden viel ghanaisches Bier und lokaler Palmenschnaps, der hier »Akpeteschi« und in Benin »Sodabi« heißt, getrunken.

Was an diesem Tag einen besonderen Eindruck hinterließ, waren all die Geier, die einer neben dem anderen oben auf dem Dach des Hauses aufgereiht saßen und hofften, irgendwann etwas von dem Schwein abzubekommen. Die Kollegen produzierten neben Fleisch auch Würste und Leberknödel. Letztere wurden so hart, dass sie diese ihren Hunden gaben, die es aber vorzogen, sie zu vergraben. Die Aktion artete damals in eine zwei Tage dauernde Party aus. Wie es schon so schön im »Dschungelbuch« heißt: »Keine Feier ohne Geier«.

Der Kollege, in dessen Haus sich das Happening abspielte, starb im Jahr 2015 sehr jung an einem Hirntumor und erlitt damit das gleiche Schicksal wie eine meiner besten Freundinnen. Ich bedauere, dass die beiden mein Buch nie werden lesen können, weiß allerdings, dass sie sich köstlich amüsiert hätten.

Evaluierung des Projektes

Einmal wurde das Projekt von einem sogenannten externen Experten evaluiert, sozusagen von außen unter die Lupe genommen. Interessant an Projektevaluierungen dieser Art ist, dass es sich bei den »unabhängigen« Gutachtern in den allermeisten Fällen um ehemalige Mitarbeiter derjenigen Organisation handelt, die das Projekt durchführt. Wenn ein Gutachter dreimal im Jahr einen solchen Auftrag an Land zieht, kann er mit dem dabei verdienten Geld ein schönes Leben führen. Da liegt es doch auf der Hand, dass ein solcher Experte genau das herausfindet und niederschreibt, was die Organisation hören und lesen will.

Zu diesem Thema schrieb Martha Mamozai in ihrem Buch »Zwischenwelten« Folgendes: »Erfahrene Projektbearbeiter in den Institutionen führen ihre eigene Gutachterkartei. Nur zu verständlich, dass sie Prüfungen nur von Firmen oder Personen durchführen lassen, die sie kennen, von denen sie annehmen, dass sie – ihrem Verständnis nach – »gut« arbeiten. Je nachdem, was darunter verstanden wird, reicht die Skala vom Wunsch nach einer wirklich unabhängigen Prüfung bis hin zu »Gefälligkeitsgutachten«, bei denen das Ergebnis – nach Absprache – zumindest in der Tendenz bereits vorher feststeht. Die Gründe dafür variieren: sei es aus Bequemlichkeit, dass man »Reibungsverluste« verhindern, den Arbeitsaufwand so gering wie möglich oder einmal getroffene Entscheidungen nicht gerne revidieren möchte, sei es, dass es handfeste politische Interessen und entsprechende Signale oder gar Anweisungen von »Höherenorts« gibt. Wenn alle mitspielen, klappt das ganz gut: Den Vorschriften ist genüge getan, die Prüfungen [sind] durchgeführt, alles bleibt, wie es war, und alle sind zufrieden.«[149]

Das war damals eine sehr enttäuschende Woche für mich und die Kollegen vor Ort, denn es lag so viel im Argen in diesem Projekt, und wir alle hatten gehofft, Gehör zu finden und vielleicht das ein oder andere verändern zu können.

Doch weit gefehlt. Auch hier drehte sich wieder einmal, und das auf allen Seiten, alles nur ums Geld. Also ging, wie gehabt, der illegale Handel mit Holz, an dem viele einheimische Mitarbeiter des Projektes beteiligt waren, ungehindert weiter. Hauptsache, man konnte möglichst viel in die eigene Tasche wirtschaften.

Auch hier wurden, wie im Tschad, in regelmäßigen Abständen große Halbjahres- und Jahresversammlungen durchgeführt, zu denen die Mitarbeiter aus allen Regionen anreisten. Es handelte sich hierbei um regelrechte Geldverbrennungsmaschinen: Reisegelder, Tagegelder, gutes Essen, schöne Hotels. Nur darum ging es.

Die Einheimischen und vor allem die geladenen Provinzpolitiker kamen meist mehrere Stunden zu spät zu den Treffen und viele hingen danach laut schnarchend in ihren Stühlen. Es war eine Farce. Es war eine Schande.

Übrigens: Die Projektberichte, die alljährlich zu erstellen waren, wurden nur kopiert, mit etwas veränderten Zahlen. Keiner merkte etwas. Keinen interessierte es.

Der Verkehrsunfall

Kurz vor Weihnachten 2004 musste ich nach Accra zum Hauptsitz des Deutschen Entwicklungsdienstes (DED). Der Verkehr war wieder einmal unbeschreiblich. Denn Weihnachtsstress gibt es auch in Ghana, genauso wie in Benin, im Niger und sogar im Tschad. Alle Fenster der Geschäfte waren mit Schneeschaum besprüht. Überall standen grüne

Plastiktannenbäume mit roten Kugeln herum – von aufblasbaren Weihnachtsmännern ganz zu schweigen. Das alles wirkte irgendwie surreal, denn es herrschten Temperaturen von 30 Grad Celsius und mehr.

Da mir der Trubel auf der Straße zu viel war, ließ ich das Auto etwas außerhalb stehen. Ghana war das einzige Land, in dem ich keinen Fahrer hatte. Auf dem Rückweg von meinem Termin aus der Innenstadt musste ich an einer Fußgängerampel eine sechsspurige Straße überqueren. Es handelte sich dabei um die größte Straße, die ich je in einer afrikanischen Innenstadt erlebt hatte. Und da war tatsächlich auch die erste Fußgängerampel. In der Mitte waren die beiden Fahrbahnen durch eine kleine Mauer getrennt, auf der ein Zaun montiert war. Dieses Hindernis sollte die Ghanaer davon abhalten, über diese Straße zu rennen und totgefahren zu werden. Das war in afrikanischen Ländern immer ein großes Problem. Dort, wo die Ampel stand, war der Zaun unterbrochen und die Mauer mittels dreier Stufen zu erklimmen. Die Ampel wurde grün und ich überquerte die Straße bis zu ihrer Mitte, um dort auf das Grünsignal für die zweite dreispurige Fahrbahn zu warten.

Als dieses Signal ertönte und die Ampel auf grün schaltete, stieg ich die Stufen hinunter, den Blick nach unten gerichtet, um nicht zu stolpern und auf die Straße zu fallen. Ich war noch nicht auf dieser angekommen, als ein Lastwagen aus dem riesigen Kreisverkehr mit der Bezeichnung »Tetteh Quarshie Circle«, der 2003 erbaut wurde, auf die Straße bog und mit 80 Kilometern pro Stunde auf mich zuraste. Der Fahrer hatte die Ampel übersehen. Der Lkw erwischte mich glücklicherweise nur mit dem ausgestellten

Außenspiegel, weil es dem Fahrer gerade noch gelang auszuweichen, da die Autos auf den beiden anderen Fahrspuren sofort gebremst hatten. Eigentlich hätte ich tot sein müssen.

Durch den Aufprall des Spiegels auf meine rechte Gesichtshälfte flog ich in die Luft, drehte einen Salto und kam einige Meter weiter wieder zum Stehen. Ich wusste nicht, was passiert war, fasste mir ins Gesicht und bemerkte, dass Blut in Strömen floss. Ich spürte allerdings keinen Schmerz. Ab dem Zeitpunkt des Aufpralls war ich quasi auf Autopilot geschaltet und nahm alles nur noch wie von außen war, als wäre ich selbst an dem Vorfall gar nicht beteiligt.

Zwei Kellner eines teuren französischen Restaurants hatten zum Zeitpunkt des Unfalls genau gegenüber auf einer Mauer gesessen und alles beobachtet. Geistesgegenwärtig rannten die beiden los. Einer von ihnen hielt ein Taxi an, schnappte mich und fuhr mit mir in die nahegelegene Yahoo-Klinik. Welch ein Zufall! Der andere Kellner stoppte einen Wagen und fuhr dem Lastwagen hinterher, der einfach weitergefahren war.

Im Krankenhaus wurden nur 20 Minuten später die zwei Platzwunden auf meiner rechten Gesichtshälfte genäht – eine davon befand sich direkt unter dem Auge. So hörte das Bluten auf. In jedem Land, in dem ich zuvor gearbeitet hatte, hätte es keine solche Klinik gegeben. Ich hatte Glück im Unglück.

Am nächsten Tag ging ich mit einem Kollegen aus dem Hauptstadtbüro in Accra ins Militärkrankenhaus, um mein Gesicht röntgen zu lassen. Bei dem Gerät handelte es sich um ein vorsintflutliches Monster. Die Botschaftsärztin – auch das gab es in Ghana – konnte keine Verletzungen auf dem Bild erkennen, meinte aber, es sei doch besser, nach Hause zu fliegen. Also saß ich bereits am Abend als gewöhnlicher Passagier mit einem kleinen roten Köfferchen als Handgepäck im Flugzeug. Nur mit dem Unterschied, dass ich von allen mitleidig beäugt wurde. Mein Gesicht sah aus, als hätte mein (fiktiver) gewalttätiger Mann mich totschlagen wollen. Ich war immer noch voll auf Autopilot. Stunden später in der Unfallchirurgie der Uniklinik meiner Heimatstadt angekommen, wurde ich in die Kiefer- und Gesichtschirurgie geschickt. Dort nahmen mich die Ärzte in Empfang, indem sie mich in ihre Mitte bugsierten und jeweils meinen Arm nahmen. Das fand ich befremdlich, denn ich hatte doch nichts Schlimmes. Oder doch? Nun, die Ärzte hatten sofort gesehen, dass ein paar Dinge in meinem Gesicht nicht mehr dort waren, wo sie eigentlich sein sollten. Nach der Schichttomografie des Kopfes stand fest: Ich hatte eine sechsfache Fraktur erlitten – alles, was in der rechten Gesichtshälfte kaputt sein konnte, war es auch. Als die Ärzte dann noch meinten, dass sie sich nicht sicher seien, ob sie mein rechtes Auge retten könnten, fiel ich um.

Während einer mehrstündigen Operation verschraubten die Experten mein Gesicht mit einigen Titanplättchen und schoben meine Nase zurück an ihren ursprünglichen Platz. Ich hatte zu keiner Zeit Schmerzen, weil der Trigeminusnerv, der für das Gefühl zuständig ist, am Ansatz abgerissen war.

Heute sieht mir keiner an, dass ich diesen schlimmen Unfall hatte. Ich war weiß, wurde ausgeflogen und zusammengeflickt. Trotzdem hatte ich wohl damals mehr Glück als Verstand gehabt. Oder, besser formuliert: Ich hatte einen guten Schutzengel.

Nach dem Unfall wollte ich nicht mehr nach Ghana zurück. Man bot mir stattdessen eine Stelle im Niger an, die ich nicht ablehnen konnte. Leider sah ich die beiden Kellner, die so beherzt eingegriffen hatten, niemals wieder. Ich hätte mich gern bei ihnen bedankt. Ich wollte auch nicht, dass der Fahrer des Lkw zur Rechenschaft gezogen wurde. Er hatte kein Geld, und ich hatte das Ereignis ja überlebt.

»Die schönste Freude erlebt man immer da, wo man sie am wenigsten erwartet hat.«

Antoine de Saint-Exupéry[150]

IM NIGER (2005-2007)

Der Niger ist flächenmäßig etwa viermal so groß wie Deutschland und zählte im Jahr 2020 etwa 24 Millionen Einwohner, das sind 18 Einwohner pro Quadratkilometer. Als ich von 2005 bis 2007 dort weilte, waren es sogar nur zwölf Einwohner pro Quadratkilometer. (Im Vergleich dazu lebten im Jahr 2020 in Deutschland 233 Einwohner auf dieser Fläche.) Im Niger mussten 2020 45,4 Prozent der Bevölkerung unterhalb der Armutsgrenze existieren. Beim Großteil der Einwohner handelt es sich um sunnitische Moslems. Das Land wurde 1960 von Frankreich unabhängig, die Amtssprache ist Französisch.[151, 152, 153]

Im Niger war ich eine »Nassara«. Wie wir bereits wissen, hatte ich schon vorher hier gearbeitet, als ich in Benin am Agrarforschungszentrum war und die Freilandversuche in zwei aufeinanderfolgenden Jahren in Maine Soroa und Zinder durchgeführt wurden. Damals in Zinder lernte ich zwei deutsche Fernsehkrimis kennen, die ich mir zu Hause nie angeschaut hatte: »Der Alte« und »Derrick«. Damit hatte ich nie gerechnet, genauso wenig wie mit der Tatsache, dass ich seit meiner Zeit im Senegal in jedem afrikanischen Land von der deutschen Bundesliga heimgesucht wurde. Genau wie bei uns daheim war der deutsche Fußball jeden Samstag Standardprogramm. Männer, ob groß oder klein, ob alt oder jung, kannten die deutschen Vereine und alle ihre Spieler. Das wurde des Öfteren peinlich für mich, denn ich kannte kaum einen, schon gar nicht mit Namen. In Afrika waren sie allesamt Helden.

Auf der Straße in Zinder stand, wie in jedem Land, das ich kennengelernt hatte, vor einem Hotel ein alter Schwarz-Weiß-Fernseher aus dem europäischen Müll. Davor saßen all meine Kollegen und Horden von Kindern. Das Fernsehbild war so schlecht wie bei den ersten deutschen Geräten mit Zimmerantenne und einem draußen tobenden Unwetter. Das spielte aber keinerlei Rolle. »Komm schnell her, das musst du dir unbedingt ansehen!« Bis dahin hatte ich kein Interesse an deutschen Krimiserien gehabt, auch an keinen aus dem Ausland. Doch das Spektakel, das sich vor dem Hotel abspielte, mitzuerleben war grandios. Die Zuschauer hielt es kaum auf ihren Sitzen – bei denen es sich um durchgebrochene Plastikstühle aus dem Hotel, ein Stück Holz oder Pappe handelte. Manche saßen auch auf dem blanken Boden. Ich weiß nicht, ob ich eine solche Begeisterung zu Hause vor dem Fernseher oder im Kino je erlebt habe. Die Handlung des jeweiligen Krimis wurde von allen gleichzeitig laut und aufgeregt kommentiert und manche Szenen live mitgespielt. Kollektive Schreckensschreie und Gelächter durchdrangen die Nacht. Niemals hätte ich gedacht, dass diese deutschen Krimis so spannend sein könnten. Um das zu erfahren, musste ich erst nach Afrika kommen.

Ebenfalls seit meinen ersten Aufenthalten im Niger kannte ich die Bäume, auf denen die Plastiktüten wachsen. In Niamey standen vereinzelt Akazien herum. Da sie Stacheln hatten, blieben die umherfliegenden schwarzen Plastiktüten – von denen ich bereits berichtete – darin hängen. Der Wind blähte sie auf. Sie erinnerten an ein Kunstwerk von Christo. Manchmal sieht man vor lauter Plastiktüten den Baum darunter nicht mehr. Übrigens: In der Nähe typisch afrikanischer Autowerkstätten, die auch immer ein Erlebnis sind, gab es noch einen weiteren Baumschmuck zu bestaunen. Dort hingen die alten Reifen in den Bäumen ...

»Die Wüste kann man nicht mit Worten beschreiben. Man muss sie erleben. Wie also die passenden Worte für die unbezwingliche Liebe des Nomaden zu seiner Wüste finden? Für Menschen, die nicht in ihr gelebt haben, erscheint sie wie ein großer leerer Raum, während sie für uns unendlich lebendig ist. Wie diese Liebe erklären, die wir unserer so ausgedörrten und schwierigen Umwelt entgegenbringen?«

Mano Dayak[154]

Auf den Spuren Heinrich Barths ins Paradies

Der bei uns eher weniger bekannte deutsche Entdecker, Wissenschaftler und Weltreisende Heinrich Barth zeichnete im 19. Jahrhundert die ersten Landkarten vom Aïr-Gebirge in der Sahara und hinterließ detaillierte Reiseberichte zur Kultur und Geschichte der Großregion. Barth trat den Menschen, denen er begegnete, völlig unvoreingenommen auf Augenhöhe gegenüber und lernte viele einheimische Sprachen. Mit der seinerzeit vertretenen Theorie der biologischen Minderwertigkeit afrikanischer Rassen konnte er rein gar nichts anfangen. Im Europa der damaligen Zeit sah man Afrikaner als Objekte und nicht als Subjekte mit eigener Geschichte an. Missionaren warf Barth die systematische Zerstörung traditioneller Kulturen und Werte vor.[155]

Im Nordosten des Niger kennt und verehrt den Deutschen fast jeder, und wie das Karl-Marx-Haus in Trier gibt es das Heinrich-Barth-Haus in Agadez.

Im Jahr 1849 beauftragte die britische Regierung den Missionar Richardson mit einer Afrika-Expedition (1849–1855), die von Tripolis, der heutigen Hauptstadt Libyens, bis zum Tschadsee ging. Wegen seiner wissenschaftlichen Vorbildung sowie seiner Arabisch-Kenntnisse wurde ihm Barth zur Seite gestellt. Ebenfalls dabei war Adolf Overweg, ein Astronom und Geologe. Die Reise dauerte für Barth sechs Jahre, die beiden anderen sollten ihr Ende nicht mehr erleben: Richardson starb 1851 in Nordnigeria und Overbeck ein Jahr später am Tschadsee an Fieber, wahrscheinlich Malaria. Barth erforschte weiter allein die Region bis nach Timbuktu und kehrte 1855 nach Tripolis und England zurück. Die Expedition hatte über 20.000 Kilometer zurückgelegt.[156]

1850 war sie, gut geplant, gestartet worden: von Tripolis aus ging es in die Sahara, die durchquert wurde, und Anfang September erreichte man das Aïr-Gebirge und später Agadez. Barths Berichten zufolge scheint es in diesen Regionen in früherer Zeit eine weitaus üppigere Vegetation als heute gegeben zu haben. Im Aïr entdeckte Barth Felszeichnungen mit Giraffen und Büffeln, die in einer Feuchtsavanne gelebt haben mussten, die sich einst dort erstreckte, wo Barth und seine Begleiter nur Wüste sahen. Der Weg durch die Berge war schwierig, die Expedition wurde überfallen, wohl unter anderem deshalb, weil die einheimischen Tuareg sie als Bedrohung für den damals lebensnotwendigen Transsahara-Handel ansahen. Man muss sich in diesem Zusammenhang ins Gedächtnis rufen, dass die Reise in die Zeit des Sklavenhandels und der Kolonialisierung fiel. Da französische Eroberungen in der Region im Gange waren, standen die Wüstenbewohner der Expedition mit Misstrauen gegenüber. Nach seiner Rückkehr schrieb Barth in London einen 3500-seitigen Bericht. Seine Ausführungen zu den Tuareg des Aïr-Gebirges sind bis heute für die Völkerkunde unverzichtbar geblieben.[157]

Als ich zusammen mit meinem Fahrer Hamadi rund 150 Jahre nach Heinrich Barth in genau derselben Gegend unterwegs war, hatte ich das Gefühl, als wäre er erst eben hinter einem Felsen verschwunden. Die Region ist seit 1988 Naturreservat und beherbergt viele geschützte Antilopen- und Gazellenarten. Es gibt darüber hinaus Hyänen, Geparden, Schakale, Luchse und natürlich auch den Wüstenfuchs. Auf den Felsen leben Affen sowie die kleinen, manchen Nagerarten ähnlich sehende Klippschliefer, die – man mag es kaum glauben – mit den Elefanten nahe verwandt sind. Es hat lange gedauert, bis ich diese Felsbewohner entdeckt hatte. Danach sah ich sie überall.

»Nur« 220 Kilometer von der alten Wüstenstadt Agadez entfernt, liegt die Oase Timia. Doch genau wie auf Madagaskar von Tuléar nach Bétioky brauchte man für diese Strecke einen ganzen Tag. Für uns Europäer sind 220 Kilometer eine kurze Wegstrecke, die man in zwei Stunden Autobahnfahrt locker zurücklegen kann. Hier war das anders. Der Pick-up, beladen mit Hirsesäcken, Reis, Medikamenten und Schulbüchern für die Tuareg in Timia, quälte sich ächzend karge Felsen hinauf. Die Ladung hatte ich privat beschafft, genauso wie das Benzin und die Wasserreserven für uns und die Nomaden, die man sporadisch irgendwo im Nirgendwo traf und die uns um das lebensnotwendige Nass baten. In diesen Regionen der Welt fragt keiner nach Geld, denn »Aman Iman« – Wasser ist Leben. Die Wüste besteht nicht nur aus Sand. Große Teile sind Geröll- und Schuttwüsten und mittendrin befinden sich die Gebirge.

Der Pick-up schaukelte über alle Arten von Gesteinsbrocken, bis ich jeden einzelnen Knochen in meinem Körper spürte. Unter der sengenden Hitze – die noch heißer als im Südwesten Madagaskars war – flirrte alles um uns herum und wurde zur Fata Morgana. Ich versuchte, genau wie damals in der Wüste im Senegal, mir eine mehrspurige volle Autobahn vorzustellen. Gab es diese wirklich? Zur gleichen Zeit auf diesem Planeten? Oder halluzinierte ich bereits?

Wir kamen auf der Fahrt nach Timia an einem gigantischen Steinhaufen vorbei, so hoch wie ein dreistöckiges Haus. Es waren große, rundliche Steine, die da aufeinandergeschichtet waren. Hamadi lächelte und sagte: »Das ist doch ein wunderschönes Beispiel für die Existenz Gottes. Wer sonst würde hier ohne Grund einen solch monströsen Steinhaufen errichten?«

Ich dachte: Gott? Schwieg und schaute weiter aus dem Fenster. Jetzt trieb das Auto durch eine Mondlandschaft aus schwarzem vulkanischem Tuffstein. Es war, als würden wir in einem Science-Fiction-Film auf einem anderen Planeten herumfahren. Wir folgten keiner Straße, keinem Schild, das den Weg hätte weisen können. Aber Hamadi kannte sich aus.

Kann hier wirklich jemand auf Dauer überleben,

fragte ich mich. Und plötzlich, nach Stunden des Durchschüttelns, lag, wie aus dem Nichts, ein saftig-grünes Tal vor uns, dicht bewachsen mit Dattelhainen, gesäumt von üppigen Gärten mit Brunnen darin. Es gab Kamele und Ziegen und sogar einen Wasserfall: »die Grotte von Timia«. Mir stockte der Atem. Ich konnte es nicht fassen. Nie zuvor in meinem Leben hatte ich einen schöneren Ort gesehen. Hamadi lächelte mich wissend an. Und jetzt dachte auch ich: »Ja, Gott! Und wenn es das Paradies wirklich gibt, habe ich es gefunden!«

Die Oase Timia

Das Aïr-Gebirge ist ein Hochgebirge vulkanischen Ursprungs inmitten der Sahara, eine Bergkette, die sich in Nord-Süd-Richtung bis auf 2000 Meter Höhe erhebt. Es gibt mehrere Oasen, beispielsweise Timia, Iférouane und Tabelot. Timia liegt auf 1200 Metern Höhe mitten in der lebensfeindlichen Wüste Ténéré. Diese Gebirgsregion ist der nördlichste Punkt in der Sahara, an dem noch irgendetwas wächst.

Timia wurde 1920 gegründet und hatte, als ich ankam, 13.000 Einwohner. Aufgrund dieser isolierten Lage konnten sich dort noch Wildformen alter Kulturpflanzen erhalten. Hier waren die Nomaden zu Bauern geworden und betrieben Gartenbau. In den Gärten gab es Bewässerungssysteme mit Kanälen, die an das alte Ägypten erinnerten. Das Wasser wurde mithilfe von Kamelen oder Rindern über altmodische Holzwinden in Tierbälgern, die in modernen Zeiten immer öfter Säcken aus dickem Plastik wichen, nach oben befördert. Manchmal wurden sogar alte Radnaben von

Autos als Winden benutzt.

Die Gärten waren in einem sogenannten Stockwerkbau angelegt worden: oben die Dattelpalmen, darunter die diversen Obstbäume und ganz unten die Beete mit den unterschiedlichen Gemüse- und Getreidesorten. Vor allem der Verkauf von Zwiebeln und Kartoffeln war rentabel für die Oasenbauern.

Je nach Niederschlagsmenge und Anbaufrucht sind in den Gärten im Aïr-Gebirge bis zu drei Ernten pro Jahr möglich. Es gibt Datteln, Feigen, Granatäpfel, Melonen, Orangen, Pampelmusen, Zwiebeln, Tomaten, Karotten und Salat. Aber auch Trauben, Erdbeeren und sogar ein Apfelbaum haben es ins Aïr-Gebirge geschafft. Es gibt darüber hinaus Wildformen von Oliven, Perlhirse, Sorghum und Weizen – das Sortiment eines ganzen Marktes.

Die Kooperative besaß damals einen alten Lkw, mit dem transportierte sie ihre Gartenfrüchte nach Agadez. Sehr beliebt waren dort die Trauben. Die Pampelmusen waren sogar bis Niamey bekannt.

Die Oase Timia erstreckt sich entlang eines Kori oder Wadi – dabei handelt es sich um ein trockenes Flussbett, das nur während der Regenzeit, wenn es denn überhaupt regnet, ein- bis zweimal pro Jahr für wenige Stunden Wasser führt. Dieses Regenereignis kann dann allerdings auch einmal so stark ausfallen, dass das Wasser rechts und links vom Wadi alle Gärten wegreißt. Ebenso häufig kommt es vor, dass der Kori über Jahre hinweg gar kein Wasser führt. Wir befinden uns hier ja inmitten in der Wüste.

Das Zentrum Timias bestand aus einfachen Lehmbauten. Eine Lagerhalle für Getreide, eine Schule und die damals neue Stadtverwaltung waren Betongebäude. Es gab zudem eine Radiostation, die einzige Informationsquelle weit und breit.

Ich schlug mein kleines Igluzelt zwischen den Lehmbauten der sesshaften Tuareg auf und fühlte mich sofort wie ein Teil dieser Gemeinschaft, obwohl ich ihre Sprache nicht sprach und ihre Geschichte nicht teilte. Ich spürte Herzlichkeit, Wärme und Vertrautheit und fühlte mich aufgenommen, angenommen und angekommen.

Die Frauen im Aïr-Gebirge sind die Hüterinnen der Zelte; ihnen gehört das Zelt, der Mann ist Gast. Es handelt sich um Kuppelzelte, die innen ein Gerüst aus biegsamen Stangen aufweisen. Darüber werden handgeflochtene Matten aus Blättern von Doumpalmen befestigt. Im Inneren des Zeltes steht ein für die Tuareg typisches zerlegbares, stabiles Holzbett. Um das Zelt herum verläuft in den meisten Fällen ein Reisigzaun für die Tiere.[158]

Die Frauen tragen typische handgenähte schwarze Baumwollblusen mit Fledermausärmeln, die reich mit geometrischen weißen Mustern bestickt sind. Zu Festen trägt man Blusen in weiß mit roter Stickerei. Da die Ärmel am Gelenk weit offen sind, sind sie wunderbar luftig in der Hitze. Meist sind in Afrika Männer die Schneider.

Hauptnahrungsmittel der Tuareg im Aïr-Gebirge sind neben Milch und Fladenbrot Bällchen aus gestampfter Hirse sowie getrockneter, von

Frauen hergestellter Ziegenkäse und Datteln. Regelrechte Nährstoffbomben. Die Kugeln werden vor dem Verzehr in Wasser oder Ziegenmilch aufgeweicht. Das Ganze schmeckt ähnlich wie Müsli.

Die Dattel ist die Frucht mit den meisten Vitaminen und Nährstoffen überhaupt. Wenn ein Nomade in der Wüste nichts mehr außer einer Dattel pro Tag zum Essen hat, kann er trotzdem überleben. Natürlich braucht er auch Wasser – »Aman Iman« –, aber sonst im Notfall nichts weiter.

Fleisch gibt es hier – wie auch in den anderen Ländern Afrikas, die ich kenne – nur zu großen Festen wie Hochzeiten oder Beerdigungen, bei denen es sich lohnt, ein Tier zu schlachten. Das hat auch damit zu tun, dass es bei den Einheimischen weder Kühlschränke noch Gefriertruhen gibt, um übrig gebliebenes Fleisch aufzubewahren. In anderen Regionen des Niger, wo zum Beispiel die Peulh-Nomaden, die Viehzüchter sind, leben, wird das Fleisch der geschlachteten Rinder getrocknet und aufbewahrt. Eine Herde aus Rindern, Ziegen und Schafen ist lebendes Kapital, sozusagen eine Sparkasse auf vier Beinen.

Was diese Region im Gegensatz zur westlichen Welt besonders angenehm machte, war die Tatsache, dass es keinen Lärm, kein permanentes Hintergrundrauschen, wie es Fabriken, Züge oder Autos verursachen, gab. Man hörte nur das Röhren der Kamelbullen und das Meckern der Ziegen. Sonst nichts. Es herrschte angenehme Stille.

Wenn ich mit den Bauern im Garten in unserer

Feldschule (»Farmers Field School« [FFS], siehe Kapitel »Die sogenannten Feldschulen«) zusammensaß und über etwas nachdachte, kam es mit schöner Regelmäßigkeit vor, dass einer von ihnen lächelte und mir die Antwort auf die Frage gab, die ich gerade im Kopf hatte. Die Fähigkeit zur Telepathie, so erfuhr ich, sei bei den Tuareg noch immer sehr ausgeprägt. Eigentlich würde jeder Mensch diese Form der Kommunikation beherrschen, wir, die Bewohner der besseren Welt, hätten sie nur vergessen. Unsere regelmäßig stattfindenden Feldschulen-Tage wurden mithilfe des lokalen Radiosenders in die ganze Region ausgestrahlt.

Abends aß ich immer zusammen mit den Männern, was keineswegs normal war. Männer essen getrennt von Frauen und Kindern. Doch ich bildete eine Ausnahme. Wir saßen im Schneidersitz auf dem Boden um eine große Schale herum. Jeder hatte einen großen hölzernen Löffel in der Hand. Die Tuareg waren die einzige Ethnie, bei denen ich lebte, die einen Löffel benutzten. Es hieß nur »Bismillah«, was so viel bedeutet wie »Willkommen, guten Appetit, setz dich zu uns, du bist eingeladen«. Das war wahre Gastfreundschaft. Alle aßen bedächtig; keiner sprach ein Wort. Wer genug zu sich genommen hatte, ließ sich mit einem »Alhambdoulilah«, dem Gott sei Dank, zur Seite in den Wüstensand fallen.

Danach folgte der gemütliche Teil des Abends inklusive der Teezeremonie. Sie wurde langsam und bedächtig absolviert, jeder einzelne Handgriff wurde vom Zeremonienmeister gelebt. Hier war wirklich alles so ganz anders als bei uns in Europa, in der entwickelten Welt, wo man für nichts mehr Zeit und Muße hat. Alles muss immer nur schnell gehen, alles löst Stress aus.

Basis der Zeremonie ist grüner Tee. Hinzu kommen frische Minze aus den Gärten und viel Zucker. Alles zusammen wird in einem kleinen Emaillekännchen auf Holzkohlen so lange gekocht, bis es brodelt. Dann wird der Tee in Gläschen gegeben und hin und her geschüttet, bis eine schöne Schaumkrone entsteht. Dies ist sehr wichtig und in etwa vergleichbar mit dem Einschenken eines Bieres, das in Deutschland eine Schaumkrone tragen muss. Es gibt drei Aufgüsse beim Tee: »Der erste ist bitter wie das Leben; der zweite so süß wie die Liebe; der dritte so sanft wie der Tod«, so heißt ein Sprichwort. Die kleinen Teegläser werden herumgereicht, jeder nimmt laut schlürfend einen Schluck daraus. Anschließend werden sie ausgewaschen und wieder nachgefüllt.

Wir lagen alle im Sand und betrachteten den Abendhimmel, der kurz vor Sonnenuntergang in einem unfassbaren Rot entflammte. Nun war Zeit für Gespräche, Lachen und Lieder. Geschichten vom Heldenmut der »Blauen Reiter« und der Schöpfung wurden erzählt. »Allah«, begann einer, »hat zuerst das Kamel erschaffen und danach erst den Nomaden, damit er sich um das Wohl des edlen Tieres kümmern durfte.« Alle nickten zustimmend. Eine andere Geschichte war die vom Fuchs, der immer hungrig war: »Eines Tages versammelten sich alle Tiere zu einem großen Fest. Jeder zog per Los ein Tier, das er fressen durfte. Der Fuchs zog die Fledermaus. ›Sie ist zwar lang und breit, aber da ist ja gar nichts dran‹, raunte er enttäuscht. Wieder feierten die Tiere ein Fest. Dieses Mal hatten sie auch die Menschen eingeladen. Wie so oft war auch dieses Mal das Essen knapp. Deshalb dachten sie sich etwas Besonderes aus: Jedes Tier durfte sich aussuchen, mit wem zusammen es eine Mahlzeit teilen wollte. Der Fuchs sagte: ›Ich nehme diese dicke Frau.‹ Der schlaue Fuchs dachte nämlich, die hat ja schon so einen dicken Bauch, da braucht sie nicht mehr viel zu essen. Aber er täuschte sich gewaltig. Die Frau hatte einen dicken Bauch, weil sie schwanger war und da sie ja für zwei essen musste, aß sie den Teller ganz alleine leer.«[159]

Innerhalb von wenigen Minuten wurde es Nacht und die Sterne gingen auf – Myriaden von Sternen. Ich sah so viele Sternschnuppen, dass mir schließlich gar keine Wünsche mehr dazu einfielen. Die Milchstraße direkt über uns durchzog leuchtend das Firmament. Eigentlich heißt es immer, der Südhimmel über Madagaskar sei schöner als der Nordhimmel und es gäbe dort mehr Sterne, was tatsächlich auch stimmt. Allerdings empfand ich das nicht so und war stattdessen dem Aïr, den Tuareg und dem Sternenhimmel total verfallen.

Die Tuareg im Aïr-Gebirge ziehen nachts mit ihren Karawanen zu den Salzlagern nach Bilma und orientieren sich dabei an den Sternen. Jetzt, da ich im Sand lag, konnte ich auch verstehen, wie das möglich ist. Sie wandern quasi entlang der Milchstraße. Dieser Gedanke faszinierte mich. Was waren das hier für wundervolle Menschen. Warum konnte es davon nicht mehr geben auf unserem Planeten?

Bei den im Aïr-Gebirge lebenden Tuareg began sich meine Weltsicht und mein Bewusstsein zu ändern. Dort, wo Menschen unterhalb des von Europäern definierten und für sie unvorstellbaren Existenzminimums leben, wird das Leben auf die wesentlichen Dinge reduziert. Die Tuareg stellen nichts infrage. Sie zweifeln nicht. Sie tun einfach, was getan werden muss. Und das jeden Tag.

Frühmorgens brechen die Nomadinnen mit ihren Säuglingen, die in einem Tragetuch mitgeführt werden, und einem den modernen Zeiten zu verdankenden 20-Liter-Plastikkanister auf dem Kopf auf, um Wasser zu holen. Dieses wird, sobald sie zurück sind, in den Lehmhütten und Zelten in einen Ziegenbalg umgefüllt und aufbewahrt. Die Frauen und Mädchen wandern oft mehr als 15 Kilometer bis zum nächsten Brunnen – und das bei teilweise mehr als 50 Grad Celsius! Begleitet werden sie dabei von ihren mageren Ziegen, die auf dem »Ausflug« hier und da mal ein paar trockene Halme finden.

Keine der Frauen und keines der Mädchen klagten über diese Arbeit. Das käme ihnen überhaupt nicht in den Sinn. Das Leben ist hier und jetzt – und jeden Tag aufs Neue stellen sie sich diesem Jetzt. Sie suchen nicht nach dem Sinn des Lebens, denn die einzigen Fragen, die für sie wichtig sind, lauten: wie und wo? Wie finde ich Nahrung für mich, meine Familie und meine Tiere? Wo bekomme ich Wasser her? »Aman Iman«, Wasser ist Leben, heißt das Tuareg-Sprichwort, das sehr treffend ihre Existenzgrundlage beschreibt.

Das Leben in Timia ist, so würden wir Europäer es zumindest beschreiben, »entschleunigt«. Man ist ganz im Hier und Jetzt, im Moment. Manchmal ist es auch schlicht und einfach viel zu heiß im Aïr-Gebirge, sodass sich jede unnötige Aktivität von selbst verbietet. In solchen Momenten kann man nur irgendwo im Schatten herumliegen und darauf warten, dass die Sonne in einem etwas flacheren Winkel zur Erdoberfläche steht und damit die erbarmungslose Hitze nachlässt. Sich dann – als Deutsche – vorzustellen, wie all die Menschen im Norden während der Sommerzeit (aber auch sonst) in ihrem eng getakteten Arbeitsrhythmus von Termin zu Termin hetzen, fällt in solchen Momenten im Aïr-Gebirge schwer. Sie scheinen wie in George Orwells »1984«[160] oder in Fritz Langs »Metropolis«[161] nur noch wie Roboter zu funktionieren, die einer Programmierung folgen. Ihr wirkliches Leben haben sie dabei völlig aus den Augen verloren.

Ich stellte mir in Timia für mich selbst die Frage nach Luxus. Nach wahrem Luxus. Bedeutet dieser, richtig viel Geld zu verdienen, um sich davon ein noch größeres Haus bauen oder ein noch schnelleres Auto leisten zu können? Ergibt es einen Sinn, all seine wertvolle Zeit und sein Leben in Dinge zu investieren, die man im Grunde seines Herzens gar nicht zum Leben benötigt und die am Ende auch nicht glücklich machen, sondern sich allzu oft als Ballast herausstellen? Für mich zumindest waren die Tage in Timia der pure Luxus und ich erlebte hier wahres Glück. Genau wie die Tuareg fühlte ich mich als wirklich freier Mensch mit freiem Willen und konnte deshalb auch leicht nachvollziehen, warum die Tuareg sich selbst als »freie Menschen« bezeichnen. Um mich herum war Einfachheit, Klarheit, Weite.

Mein Fahrer Hamadi

Hamadi war eine zutiefst beindruckende Persönlichkeit, groß und kräftig von Statur. Er war wie ein von mir erfundener Flaschengeist. Er agierte als mein Führer, Beschützer, Orakel und als ein wunderbarer Freund. Ich genoss jeden Tag mit Hamadi und werde ihn niemals vergessen. Wenn ich über meinen Laptop hinweg an die Zimmerwand schaue, wo sich ein Bild von ihm befindet, dann schaut er mich lächelnd an.

Bevor Hamadi Fahrer für internationale Projekte wurde, war er als solcher für lokale Reiseagenturen in Agadez mit meist französischen Abenteuertouristen im Aïr-Gebirge unterwegs. (In Frankreich sind sowohl das Aïr-Gebirge als auch Timia sehr bekannt. Es gab einst sogar eine französische Fluggesellschaft namens Pont d'Afrique, die auf direkter Linie von Südfrankreich aus Agadez anflog. Doch das ist lange vorbei.) Davor diente Hamadi beim Militär und reparierte dort, für mich erstaunlich, Panzer. Dieser Umstand sollte uns noch einmal sehr nützlich sein, um nicht zu sagen: Mir wieder einmal das Leben retten.

Ich liebte es, wenn Hamadi mir seine Geschichten erzählte. Meine liebste war die Folgende: Hamadi war mit einem französischen Touristen im Aïr-Gebirge unterwegs. Abends schlugen sie die Zelte auf und Hamadi kochte. Nach dem Essen reichte ihm der Franzose ein Stück Käse. Hamadi dankte ihm und schob es in den Mund. Er fand den Geschmack zwar schrecklich, wollte aber den Franzosen nicht beleidigen – Tuareg sind sehr höflich – und schluckte das Stück hinunter. Am nächsten Morgen bot der Tourist ihm erneut ein Stück von diesem Käse an.

Hamadi winkte dankend ab. Dann sah er, wie der Franzose die rote Wachsschicht von dem »Baby Bell« entfernte und das weiße Stück genüsslich aß. Hamadi hatte am Vorabend, weil er es nicht besser wusste, die rote Wachsschicht, die den Käse umschloss, mitgegessen ...

Als wir wieder einmal durch das Aïr-Gebirge Richtung Timia fuhren, sprang uns die Kupplung des Vierradantriebes heraus. Eine Weiterfahrt war unmöglich. In diesen Regionen können solche Pannen ganz schnell über Leben und Tod entscheiden. An diesem Tag herrschte eine Temperatur von um die 50 Grad Celsius, es gab weit und breit keinen schattenspenden Baum und auf der Motorhaube hätte man Eier braten können. Als Hamadi das Auto untersuchte, stellte er fest, dass der Werkzeugkasten fehlte. Da die Autos von mehreren Projektmitarbeitern benutzt wurden, hatte wohl einer am Abend zuvor den Kasten herausgenommen, aber nicht wieder hineingestellt. Und Hamadi war am folgenden Morgen davon ausgegangen, dass er drin sei. Das fehlte gerade noch! Was nun? Plötzlich fiel mir ein, dass ich morgens vor der Abfahrt im Vorbeigehen noch eine Multifunktionsschere in meine Tasche geworfen hatte. Aus purem Zufall natürlich.

Diese Schere war jetzt das einzige Werkzeug, das uns zur Verfügung stand. Wie auch immer er das schaffte: Hamadi reparierte damit die Kupplung und wir konnten bis Iferouane, unseren zweiten Projektstandort neben Timia, weiterfahren. Dort gab es glücklicherweise eine der berühmt-berüchtigten Autowerkstädten Afrikas, deren Personal den Pick-up fachmännisch reparierte.

Eines Tages überraschte ich Hamadi dabei, wie

er im Schneidersitz im Wüstensand saß, mit dem Zeigefinger Striche zog, dann mit der Hand wegwischte und erneut Striche zeichnete. Er orakelte. »Demander la Terre« – er befrage Mutter Erde, erklärte er. Die Tradition würde von Generation zu Generation weitergegeben. Er habe es von der Großmutter gelernt. So könne man Fragen beantworten wie: Werde ich reich? Fliege ich in die USA? Betrügt mich meine Frau? Ich erkannte weder Regel noch System dahinter. Später einmal bat ich ihn zum Scherz, den Ausgang des Fußballspiels Deutschland gegen Polen bei der Weltmeisterschaft vorherzusagen. Gesagt, getan! Hamadi malte Striche, wischte sie weg, malte neue, lächelte und sagte: »Das Spiel ist sehr langweilig, außer wenigen Chancen passiert überhaupt nichts. Aber dann, in der 91. Minute, fällt das Tor für die Deutschen.« Ich erwiderte nur abwinkend, dass ein Fußballspiel doch nur 90 Minuten dauern würde. »Ok, dann fällt es eben in der 84. Minute«, lachte Hamadi. Da wir vor dem Büro in Agadez draußen im Hof miteinander sprachen, bekamen viele Mitarbeiter den Inhalt unserer Unterhaltung mit.

Am Abend, als beinahe alle Kollegen und Odjo, mein Pflegesohn aus Benin, zusammen vor einem Fernseher in einem Lokal in Agadez die Live-Übertragung des Spieles ansahen, sollte Hamadi Recht behalten. Das Spiel war, wie von Hamadi vorausgesagt, gähnend langweilig. Über lange Strecken hinweg passierte überhaupt nichts. Doch dann, plötzlich, in der 84. Minute, fiel ein Tor für die Deutschen. Ich sprang auf. Dabei schlug ich mir den rechten Fuß an einer Eisenstange an und verletzte mir die Achillessehne. Genau genommen wurde sie durchtrennt, was ich allerdings erst viel später in Deutschland erfuhr. Was war das für ein höllischer Schmerz!

Das Tor war Abseits. Das Spiel ging weiter. Es kam zur Verlängerung. Mein Fuß begann schon anzuschwellen. Das Siegestor des Spiels fiel in der ersten Verlängerungsminute. Für Deutschland. Danach zweifelte ich niemals wieder an Hamadis Orakelfähigkeiten.

Ja, das war wieder so eine Lehre. Man sollte Gott nicht herausfordern. Es dauerte ein halbes Jahr, bis der Fuß auch ohne Operationen verheilt war. Eigentlich war es, rückblickend betrachtet, eine richtige Fußballerverletzung, die ich mir da zugezogen hatte und die mich und Hamadi zweimal nach Arlit, die Uranabbauregion, führen sollte. Hier reichte bereits ein Tagesaufenthalt, um einer radioaktiven Belastung ausgesetzt zu sein, die der zulässigen Höchstdosis für ein ganzes Jahr entsprach.[162] Das wusste ich damals noch nicht.

Arlit, Areva und die Umweltkatastrophe[163,164,165]

Auf der einen Seite gilt der Niger laut dem »Human Development Index« (HDI), einer Liste, die alljährlich von den Vereinten Nationen herausgegeben wird, als eines der ärmsten Länder weltweit. Im Jahr 2020 war der Niger sogar wieder einmal Spitzenreiter geworden. Auf der anderen Seite ist das Land weltweit der viertgrößte Uranexporteur.[166,167]
Wie passt das zusammen?

Während der zurückliegenden 50 Jahre wurden in den Uranminen von Arlit, das im Nordwesten des Aïr-Gebirges liegt, mehr als 100.000 Tonnen Uran vom französischen Staatskonzern Areva abgebaut, womit Frankreich etwa 40 Prozent seines Bedarfs für die insgesamt 58 landeseigenen Atomkraftwerke deckt. Auch die nukleare Stromerzeugung anderer europäischer Länder beruht auf der Uranausbeute im Niger. Das nigrische Uran spielt somit für die Energiegewinnung und den Wohlstand Europas eine wichtige Rolle. Areva strich in dieser Zeit mehrfache Milliardengewinne durch die Weiterverarbeitung des nigrischen Rohmaterials ein, während die Nomaden der Region seither durch radioaktiv verstrahlte Gebiete ziehen mussten. Der Uranabbau durch Areva steht für eine nachhaltige Katastrophe, die die Menschen und ihre Tiere sowie das fragile Ökosystem der Region betrifft, die als eine der meist verseuchten Abbaugebiete weltweit gilt.[168, 169, 170, 171, 172]

Laut dem Internationalen Währungsfonds (IWF) erzielte Areva im Jahr 2013 einen Gewinn, der sich auf einen Betrag von neun Milliarden Euro belief.[173, 174]

Nachdem schon im Jahr 1957 Uranvorkommen im Niger entdeckt worden waren, eröffnete der staatliche französische Nuklearkonzern Areva 1968 im Norden des Landes die im Tagebauverfahren arbeitende Mine SOMAÏR und 1974 die unter Tage fördernde Mine COMINAK, die größte der Welt. Eine Tonne Gestein enthält zwischen drei und 4,5 Kilogramm Uran.[175]

Laut der internationalen Atomorganisation World Nuclear Association verfügt der Niger damit über zwei sehr bedeutende Uranminen, die etwa 7,5 Prozent der weltweiten Produktion an hochwertigstem Uran liefern.[176]

So etwas wie diese Stadt hatte ich zuvor noch nicht gesehen. Zunächst war mir schon aufgefallen, dass eine für Afrika verhältnismäßig gut geteerte Straße dorthin führte. Das kommt selten vor. Die meisten Straßen – und zwar nicht nur im Niger – waren von Löchern durchzogen, in denen leicht ein mittelgroßer Hund verschwinden konnte. Des Öfteren fielen diesen Schlaglöchern Autos, voll besetzte Busse oder total überladene Lastwagen zum Opfer. Unmittelbar vor Arlit hörte die Straße abrupt auf, und es gab nur noch eine Sandpiste.

Setzte man die Fahrt auf dieser Piste fort, kam man in ein Wohngebiet, in dem seltsame Blechhütten herumstanden. Ich konnte mir nicht vorstellen, was diese Bleche zuvor einmal für eine Funktion gehabt hatten. Wir fuhren noch eine Zeit lang durch diesen Slum, bis wir das Krankenhaus erreichten, das die französische Firma, die dort das Uran abbaute, der Stadt gestiftet hatte. Hier wurden die Nomaden gratis behandelt. Und auch ich wollte jetzt hier untersucht werden.

Nachdem ich in das Gebäude gegangen war, begab ich mich mit meinem »Elefantenfuß« in die Schlange zu all den dort wartenden Frauen und ihren Kindern. Nach einiger Zeit wurde ich in das Behandlungszimmer gerufen. Mit dem Arzt hatte ich bereits telefoniert. Kaum, dass ich ein paar Worte mit ihm gesprochen hatte, musste er noch einmal weg und ließ mich in dem europäisch anmutenden Zimmer allein. Mein umherschweifender Blick fiel auf das Bildschirmschonerfoto seines Computers. Ich ging näher heran, um mir das Bild genauer anzusehen. Es schien ein Geschwür darzustellen. Es sah aus wie ein Gehirn, war in etwa auch so groß, aber irgendwo äußerlich an einem Körper festgewachsen. Der Mediziner aus dem südlichen Afrika kam zurück. Er sah sich meinen geschwollenen Fuß an, drehte ihn in alle Richtungen, sodass ich fast die Besinnung verlor, und meinte, es sei alles in Ordnung. Dann drückte er mir ein Kühlspray, das Spitzensportler verwendeten, in die Hand – dieses solle ich benutzen. Was das Zeug in dieser Region der Welt zu suchen hatte? Einem Nomaden konnte man es eigentlich nicht geben. Es wäre nach einer Stunde bei 60 Grad Celsius unter voller Sonneneinstrahlung in die Luft geflogen.

Nun war ich doch neugierig und fragte den Arzt nach dem Foto auf seinem Bildschirm. Er lachte und sagte: »Ach ja, das sieht toll aus, nicht wahr? Eine Nomadin kam zu mir und hatte dieses monströse Gewächs an ihrem Hinterteil. Ich wollte es ihr wegoperieren, da ist sie davongerannt und nicht wiedergekommen. Geschwüre dieser Art sind häufig in der Region, aber selten so groß wie dieses.« Ich staunte aus vielerlei Gründen über das vom Arzt Gesagte, zog es aber vor zu schweigen, denn in dieser Materie kannte ich mich zu wenig aus.

Nach dem Arztbesuch zeigte mir Hamadi noch ein anderes Wohnviertel in Arlit, besser: eine Geisterstadt, die in der wahren Blütezeit des Uranabbaus in den 1960er- und 1970er-Jahren entstanden war. Dort standen riesige Villen, mit großen leeren Schwimmbädern im Vorgarten. Hier lebte schon lange kein Europäer mehr – wahrscheinlich seitdem bekannt wurde, wie groß die radioaktive Verstrahlung war. Ausländische Experten kamen jetzt nur noch zu Kurzzeiteinsätzen in die Gegend.

Anschließend wollte Hamadi mir unbedingt noch die Kantine der das Uran abbauenden Firma zeigen, die es immer noch gab, auch wenn die Kundschaft rar geworden war. Hier klärte sich dann auch die Sache mit den Blechen auf, aus denen das andere Wohlviertel gebaut worden war. In der Kantine sah ich die großen Konservendosen herumstehen, von denen in der Blütezeit der Mine, als zahlreiche Ausländer vor Ort weilten, jede Menge geöffnet worden waren. Die armen Einheimischen holten sich die Dosen vom Müll, schnitten sie auf, klopften sie platt und bauten ihre Hütten und Zäune damit. Und aus altem Schrott aus den Minen entstanden Töpfe und Löffel. Beim Essen erfuhren wir, dass der Konzern natürlich nach wie vor der größte Arbeitgeber der Region war und Arlit zu den größten Uranminen der Welt gehörte. Lobeshymnen wurden gesungen, die ökologische Katastrophe für Mensch, Tier und Umwelt allerdings kompliziert ignoriert. Wozu auch hätte man darüber sprechen sollen, es interessierte ja sowieso keinen. Außerdem kümmerte sich die Firma hervorragend um das Wohl ihrer Mitarbeiter und das der Nomaden.

In diesem Zusammenhang erinnerte ich mich wieder an das Foto, das ich beim Arzt gesehen hatte. Das Geschwür der Frau kam sehr wahrscheinlich davon, dass sie auf radioaktivem Abraum gesessen hatte. Auch viele Kinder der Nomaden im Aïr kamen verkrüppelt oder tot zur Welt. Die Menschen sprachen aber nicht darüber. Wenn ein Kind oder ein Erwachsener starb, dann war das der Wille Allahs. Und wenn die Nomaden sich wehren würden, wenn sie überhaupt wüssten, was man ihnen antat, wer würde ihnen dann zuhören? Dachten die Verantwortlichen bei ihrem Tun an Hiroshima, Tschernobyl oder Fukushima? Nein. Immer waren die Folgen für Mensch und Umwelt die gleichen. Genauso wie jetzt in Arlit.

Die harten Daten und Fakten

Arlit entstand quasi auf dem Reisbrett, nur wenige Kilometer von den Minen entfernt, für 3000 Bergbaufamilien als Werkssiedlung mit Strom und Wasser sowie Schulen und Sportanlagen. Rundherum entwickelten sich die Slums der afrikanischen Arbeiter, die auf all den Komfort verzichten mussten. Die Stadt erreichte eine Einwohnerzahl von bis zu 100.000 Menschen. In ihr vegetieren bis heute die strahlenden Verlierer des Uranabbaus dahin.[177]

Das erste Abfallprodukt bei der Uranerzgewinnung sind die radioaktiven Abraumhalden. Das Erz wird mit Schwefelsäure und unvorstellbar großen Mengen Wasser ausgewaschen. Verseuchter Klärschlamm bleibt zurück. Das gewonnene Produkt, »Yellow Cake« genannt, wird in Fässern vom Hafen Cotonou in Benin nach Marseille verschifft. Die Minen und Halden verseuchen die Luft und das Grundwasser auch durch die Freisetzung von Radon. 85 Prozent der Radioaktivität bleibt in den 35 Millionen Tonnen Abraum zurück, die einen gigantischen artifiziellen Berg aus Schuttbrocken bilden, der sich über Jahrzehnte hinweg angehäuft hat – zusätzlich zu den austrocknenden Klärschlammbecken. Alles strahlt.[178, 179, 180]

Sowohl die radioaktive Verseuchung des Grundwassers als auch der exzessive Raubbau der Mine an der Ressource Wasser stellen darüber hinaus eine große Gefahr für die im Umfeld lebenden Menschen dar. Seit Abbaubeginn wurden 270 Milliarden Liter Grundwasser verbraucht, 65 Prozent für die Werkssiedlungen und 35 Prozent für die Minen. Kontaminierte

Abwässer wurden einfach in nahegelegene Seen und Flüsse abgeleitet.[181, 182]

20 Prozent des von den Minen verbrauchten Wassers stammt aus dem Grundwasserreservoir der Stadt Agadez, das eine große Bedeutung für das gesamte Brunnensystem in dieser Wüstenregion hat. Das Gebiet zwischen Agadez, Ingall und Arlit wird alljährlich in der Regenzeit von den Nomaden und ihren Herden bevölkert. Es gibt dann eine grüne Grasnarbe und salzhaltiges Wasser, weshalb die Nomaden die Zeit als »Cure Salée«, die Salzkur für ihre Tiere, bezeichnen. Wie lange das Wasser noch zur Verfügung steht, ist nur eine Frage der Zeit. Der Grundwasserspiegel sinkt weiter. Die Umweltschutzorganisation Greenpeace schreibt dazu: »Anhaltende Umweltzerstörung! Wassermangel, weil der Grundwasserstand sich derzeit bei 70 Prozent befindet. Da die Reservoire 100 Millionen Jahre brauchen, um sich wieder zu füllen, kann man sagen, dass sie sich nicht wieder füllen werden. Entsprechend sind die Tiere verschwunden. Die Pflanzen sind verschwunden. Es ist eine Wüste, aber es gibt Bäume, deren Wurzeln können nicht weiter als 60 Meter in die Tiefe wachsen. Wie auch immer, der Grundwasserspiegel liegt jetzt 300 Meter tief: Die Bäume können ihn nicht erreichen. Unsere Erbschaft ist anhaltende Umweltzerstörung.«[183]

In den Jahren 2003 und 2005 kam die unabhängige französische Umweltorganisation CRIIRAD (Commission de recherche et d'information indépendantes sur la radioactivité) wie auch Greenpeace im Jahr 2009 zu alarmierenden Ergebnissen, nachdem Messungen in der Region vorgenommen worden waren. In vier von fünf Brunnen lag die Radioaktivität höher als der von der Weltgesundheitsorganisation (WHO) erhobene Grenzwert von 0,5 Bequerel. An einer Wasserstelle wurden 3,32 Bequerel gemessen, an anderen öffentlichen Wasserstellen lagen die Messwerte sogar bis zu 110 Mal (!) höher als der zulässige Wert.[184, 185]

Die Mitarbeiter von CRIIRAD wurden übrigens 2003 am Flughafen in Niamey aufgehalten und ihre Strahlenmessinstrumente beschlagnahmt. Einen der Geigerzähler hatten sie zuvor an eine nigrische Umweltorganisation geschickt, sodass die Untersuchungen trotzdem stattfinden konnten. Der aus ihnen resultierende Bericht aus dem Jahr 2003 erhob schwere Vorwürfe gegen Areva: Die bis zu 25 Meter hohen Abraumhalden aus 10,5 Millionen Tonnen Gesteinsschutt, mit einer Grundfläche von 50 Hektar, enthielten noch 80 Prozent der ursprünglichen Radioaktivität, bestehend aus Thorium 230 (mit Plutonium 238 zu vergleichen), Radium 226 sowie Blei 210 bei gemessenen Werten von 500.000 Bequerel pro Kilogramm.[186]

Aufgrund des besonders verantwortungslosen Umgangs mit Menschen und Umwelt in der Uranabbauregion im Niger wurde Areva im Jahr 2008 der Negativpreis »Public Eye Award« verliehen.[87, 188]

Ein besonderes Thema sind die durch Radioaktivität verursachten Krankheiten. In den Krankenhäusern von Arlit und Akouta seien Fälle von zu erwartendem Lungenkrebs und Leukämie im letzten Stadium zwar nicht diagnostiziert worden, allerdings später in Agadez und Niamey. Ein Krankenhausmitarbeiter wurde zitiert, der sagte, dass die Ärzte in den SOMAÏR-Krankenhäusern dazu angehalten seien, »alle

Krankheiten, die mit [der] Uranproduktion zu tun haben könnten, insbesondere diejenigen des Atmungsapparats, zu kaschieren«.[189]

Seitens Areva herrschte zu diesem Thema nur arrogante Ignoranz. 15 Jahre nach Eröffnung der Minen erhielten die Arbeiter ihre erste (!) Schutzkleidung. In Arlit liegt die Sterberate durch Atemwegserkrankungen doppelt so hoch wie überall sonst im Niger. »Uran als Feinstaubpartikel in der Luft und Radon als radioaktives Gas und Nebenprodukt der Urangewinnung können nachweislich unter anderem Lungen-, Magen-, Leber-, Nieren- und Hautkrebs wie [auch] Leukämie verursachen.«[190]

Areva behauptete 2009: »Krebserkrankungen sind extrem selten. Während des 40 Jahre währenden Uranabbaus wurde kein einziger Fall aufgedeckt, den man mit der Verseuchung durch radioaktive Bestrahlung in Verbindung bringen könnte. Krebs ist eine Erkrankung, die man hauptsächlich in westlichen Staaten mit erhöhter Umweltverschmutzung und stärkerem Konsum von üppigem Essen, Tabak und Alkohol findet.«[191]

Oder es hieß: »Areva sagt, jeder in Arlit und Akokan werde gratis behandelt, auch ehemalige Arbeiter. Bislang sei kein einziger Arbeiter an berufsbedingtem Krebs gestorben.«
Die vor Ort lebenden Menschen machen allerdings andere Erfahrungen: »Es war etwas Böses im Staub«, erklärte eine Nomadin zum Tod ihres Mannes. Von Radioaktivität hatte sie jedoch noch niemals etwas gehört.[192]

Wie ist es eigentlich möglich, dass der Niger und seine Menschen auf diese Weise ausgebeutet werden können? Nun, die geografische wie wirtschaftliche Marginalisierung des Landes, die jahrzehntelangen Konflikte zwischen den Tuareg und der Regierung sowie der Status als ehemalige französische Kolonie spielen Areva in die Hände.

Im Jahr 2009 erhielt Areva die Lizenz für eine weitere Uranmine in Imouraren. Sie wurde 2013 eröffnet und ist nunmehr die zweitgrößte Mine der Welt. Aufgrund der niedrigen Uranpreise und der allgemeinen Sicherheitslage wurde das Projekt mehrmals verschoben und darüber hinaus mit der nigrischen Regierung vereinbart, dass der Abbau nicht vor 2020 rentabel sei. Deshalb wurden insgesamt 35 Millionen Euro Entschädigungszahlungen geleistet, wobei auch hier wieder Korruptionsvorwürfe laut wurden.[193]

Als 2010 fünf französischstämmige Areva-Mitarbeiter entführt wurden, erhöhte Frankreich seine Militärpräsenz in der Region. François Hollande, der damalige französische Präsident, erklärte, er würde alles daransetzen, die Interessen Frankreichs im Niger zu wahren.[194]

Der nigrische Staat besitzt keine große Macht, noch irgendwelche Ressourcen sowie Infrastruktur, um gegen die Machenschaften des Konzerns in seinem Land vorzugehen. Die Einwohner der Region zahlen die Zeche mit ihrer Existenz, mit ihrem Leben. Über die Gefahren hat sie niemals jemand aufgeklärt. Und weder Initiativen der Basis noch bewaffnete Organisationen der Tuareg in der Region fordern das Ende des Uranabbaus. Von den Familien, die in dem Gebiet leben, hat mindestens ein Mitglied dort Arbeit gefunden. Areva ist mit rund 6000 Mitarbeitern der größte Arbeitgeber im Niger.[195, 196]

Laut Angaben des World Information Service on Energy (WISE) sind die deutsche Urangesellschaft mbH als Gesellschafter der SOMAÏR, die EnBW AG und die E.ON AG sowie die STEAG AG (Ruhrkohle AG) und Cogéma-Areva Deutschland GmbH am Uranabbau im Niger beteiligt.[197]

Der Uranabbau sorgt auch immer wieder für interne Konflikte im Land. Das Geld, das der Konzern Areva dem Staat zahlt – eine lächerliche Summe im Vergleich zu der, die durch Weiterverarbeitung erzielt wird –, verbleibt in der Hauptstadt, 1500 Kilometer weit vom Ort des Geschehens entfernt. Der Autor Martin Caparros schreibt in seinem Buch »Hunger«, dass für den Niger, eines der Länder mit den größten Uranabbaustellen weltweit, dabei nur wenig für das Land selbst herausspringe. »Die staatliche französische Gesellschaft Areva hat seit jeher das Monopol zum Abbau, und sie zahlt dem Staat nur eine lächerliche Gebühr.« Als 2007 bei Azelik neue Uranvorkommen entdeckt wurden, beschloss der damalige Präsident Mamadou Tandja, dass ein Konzern den Abbau übernehmen solle. Zwei Jahre später wurde ein neues Vorkommen in Imourarene gefunden. Frankreich erhob sofort Anspruch. Das Land sei weltweit die »Atomnation«, drei Viertel ihres Stroms stammten aus Atomkraftwerken, die mit importiertem Uran gespeist würden; nahezu die Hälfte davon stamme aus dem Niger. Im Februar 2010, so schreibt Caparros weiter, startete Tandja Gespräche mit den Chinesen. Das hatte Folgen: »Nur wenige Tage später führte Oberst Salou Djibo einen Staatsstreich an. Kaum hatte er das Zepter in der Hand, brach er die Verhandlungen mit China ab und erklärte Frankreich und Areva gegenüber die ›Dankbarkeit und Loyalität‹ seines Landes. Ein Jahr später wurde Mahamadou Issoufou zum Staatsoberhaupt gewählt, ein Bergbauingenieur, der für Areva gearbeitet hatte.«[198]

Im Jahr 2014 wurden in Niamey, der Hauptstadt des Niger, neue Regeln zum Abbau von Uran festgesetzt. Avera baute nunmehr fünf weitere Jahre im Niger Uran ab – zu den Konditionen der Regierung. Der Konzern verlor seine Steuervorteile und musste statt bisher 5,5 jetzt zwölf Prozent Steuern auf Uran zahlen, so, wie es genau genommen das nigrische Bergbaugesetz bereits seit 2006 verlangte. Dafür wurde die Mehrwertsteuer erlassen. »Das ist sehr intransparent und wir wissen noch gar nicht, ob die Bevölkerung im Niger und die Arbeiter in den Minen tatsächlich in Zukunft mehr profitieren.« Zusätzlich versprach der Konzern, 100 Millionen Euro für Entwicklungsprojekte bereitzustellen, beispielsweise für die Straße zwischen Arlit und Tahoua – ein Projekt, vom dem Avera selbst profitierte, weil der Konzern diese Transportverbindung benötigte. Projekte für Strom und Wasser, mit denen die einheimischen Bewohner Arlits hätten versorgt werden können, standen nicht auf dem Programm.[199, 200]

2017 ergab eine Untersuchung im nigrischen Parlament, dass Areva für den »Uranium-Gate« genannten Uran-Deal des Jahres 2011 über 320 Millionen US-Dollar verantwortlich gewesen sein sollte. 2017 hatten Aktivisten im Niger Klage eingereicht, weil befürchtet wurde, die parlamentarische Untersuchung ende in Schönfärberei. Es ging um Veruntreuung öffentlicher

Gelder, Geldwäsche, Fälschung, Verschwörung und Betrug. Im Mittelpunkt stand der Vorwurf, Areva habe 2011 große Mengen Uran über Firmen in Russland und Dubai verkauft, um es mithilfe des Finanzministers Hassoumi Massoudou über die nigrische Bergbaufirma Sopamin mit einem Verlust von rund 100 Millionen Dollar zurückzukaufen. Sopamin erzielte einen Gewinn von 850.000 Dollar. Der Deal sei über die deutsche Areva-Tochter Urangesellschaft (UG) abgewickelt worden. Areva hätte diese Transaktion getätigt, um Mittel für den Schutz gegen die Angriffe auf seine Standorte bereitzustellen. Ein Sprecher von Areva sagte der BBC, sie hätten den Bericht nie gesehen und könnten diesbezüglich keinen Kommentar abgeben.[201, 202, 203]

Eines ist sicher: Die radioaktive Verstrahlung bleibt den Menschen in der Region noch für Tausende von Jahren erhalten. Daran ändert auch nichts, dass – als kleiner Lichtblick sozusagen – im Jahr 1988 das Aïr-und-Ténéré-Naturreservat mit vielen bedrohten Arten gegründet wurde, das größte zusammenhängende Schutzgebiet Afrikas. Es zählt seit 1991 zum UNESCO-Welterbe.[204]

2011 kam der Thriller »Strahlende Wüste«[205] in die Kinos, der die Situation und die Machenschaften rund um das Uran im Niger sehr treffend und nahe an der Realität beschreibt.
Seit 2017 heißt Avera Orano.[206]

Ansonsten hat sich nicht viel verändert. Mein Herz blutet und meine Seele schreit um meine Brüder und Schwestern, die ich im Aïr-Gebirge zurückgelassen habe.

»Jedes Mal, wenn ich der Wüste gegenüberstehe, führt sie mich auf die erregende Reise in mein eigenes Ich, in dem wehmütige Erinnerungen, Befürchtungen und Hoffnungen des Lebens miteinander ringen. Wer in der Wüste überleben will, muss sie verstehen, ihr zuhören. Denn sie wird immer stärker sein als der Mensch.«

Mano Dayak[207]

Die Tuareg-Nomaden im Niger[208]

Die Nomaden der Sahara bezeichnen sich selbst nicht als Tuareg, sondern im Allgemeinen als »Imuhar«. Speziell im Niger heißen sie »Imascheren«, was gern als die Freien, Edlen oder Würdevollen ausgelegt wird, wie sie von frühen Afrika-Reisenden und später den Franzosen gesehen wurden. Die »Kel Ewey« sind eine Untergruppe der »Kel Air«, was bedeutet: »Der Stamm, der im Air Gebirge lebt.« Sie siedeln in der und um die Oase Timia. Bis heute haben die Imuhar eine gemeinsame Sprache, das Tamasheq, und eine geometrische Keilschrift, das Tifinagh.[209]

Die Tuareg sind keine einheitliche ethnische Gruppe, sondern eine freie, nicht-staatliche muslimische Gesellschaft, die sich aus unterschiedlichen Stämmen zusammensetzt, die Sprache, Kultur und Tradition vereint.[210]
Sie bewegen sich ungehindert innerhalb großer Naturräume. Seit der Grenzziehung durch die Kolonialmächte 1884 sind die verschiedenen Stämme auf die Staaten Algerien, Libyen, Mali, Burkina Faso, Niger und Nigeria verteilt.[211]

Mythen erzählen, die Tuareg seien Nachkommen der Überlebenden von Atlantis, sie könnten aber auch von den alten Ägyptern abstammen. Sogar die Wikinger werden aufgrund ihrer hellen Haut und blauen Augen als Vorfahren in Betracht gezogen, und das biblische Zweistromland könnte ebenfalls ihre Heimat gewesen sein. Sehr wahrscheinlich haben Berber im 7. Jahrhundert die Sahara durchquert und entlang des Nigerflusses das Königreich Songhay mit der Hauptstadt Gao gegründet, das im 15./16. Jahrhundert sehr mächtig war und sich bis zur Atlantikküste im Westen, Kano in Nigeria im Osten und ins Aïr-Gebirge im Norden ausdehnte.[212]

Im 14. Jahrhunderts sollen die Kel Ewey ins Aïr-Gebirge eingewandert sein, wo sie sich im Laufe der Zeit mit der ursprünglich dort lebenden, dunkelhäutigen Bevölkerung vermischten. Ihr Weidegebiet erstreckt sich auf 1000 Kilometer vom nördlichen Teil des Aïr-Gebirges und der Region um Arlit und der Ténéré bis Bilma, und südlich durch den Niger hindurch bei Zinder, Maine Soroa und Diffa bis zu der Grenzstadt Kano im Norden Nigerias. Zyklische Wanderungen im selben Gebiet, die den Regelfällen folgen, werden Transhumanz genannt.[213]

Die Tuareg sicherten sich durch das Wissen um die Wasserreservoire der Region ihre Existenz. Bis heute transportieren ihre Karawanen Waren auf uralten Strecken, allerdings nur noch wenigen. Den Transsaharahandel haben Lastwagen übernommen. Vor allem Flüchtlinge sind heute auf Ortskenntnisse der Tuareg beim Durchqueren der Wüste angewiesen. Agadez ist seit Jahrzehnten ein Knotenpunkt der Flüchtlingsströme aus Afrika.[214]

Die im Aïr-Gebirge lebenden Familien sind nomadisierende Viehhirten und sesshafte Gartenbauern. Die Tuareg-Gesellschaft bildet ein Matriarchat. Die Frau ist Hausherrin – Eigentümerin des Zeltes und der Ziegenherde – und kann im Gegensatz zu vielen anderen Kulturen über ihren Besitz frei verfügen. Die Männer sind monatelang mit den Karawanen unterwegs und laufen bis zu 15 Stunden täglich neben den Kamelen her. Während den Dürre- und Hungerperioden von 1968 bis 1973 und 1983 bis 1985 verloren viele Nomaden ihre Existenzgrundlage und ließen sich in Agadez und im Norden Nigerias nieder.[215]

Die Regierung in Niamey nutzt gern Konflikte verschiedener ethnischer Gruppen im Land für ihre eigenen Zwecke aus: Rivalitäten zwischen sesshaften Bauern und Nomadenvölkern um Land und Wegerechte. Transhumanz und Karawanenhandel bestanden nach der Kolonialzeit über die Grenze hinweg nach Nigeria fort. Während die Kamelnomaden mit den Bauern keine Probleme haben, kommt es mit Rinderhirten, die sich permanent im Süden aufhalten, häufig zu Konflikten.[216]

Während der Kolonialzeit wurde der rassische Unterschied zwischen den hellhäutigen Tuareg als Sklavenhändlern und den Schwarzafrikanern als Sklaven seitens der Europäer als Druckmittel instrumentalisiert. Dabei lebten Nomaden und Bauern friedlich zusammen. Im 19. Jahrhundert gab es zudem viele Mischehen zwischen Tuareg und schwarzen Sklavinnen. Nach der Geburt des ersten Kindes war die Sklavin eine freie Frau. Die Hautfarbe war also niemals ein Problem in der Tuareg-Gesellschaft.[217]

Unmittelbar nach der Unabhängigkeit im Jahr 1960 wollte die Regierung in Niamey die Tuareg sesshaft machen und die Weidewirtschaft eindämmen. Während der Dürren kam es zu Zwangsumsiedlungen. Viele Tuareg verließen den Niger Richtung Algerien und Libyen. Ab 1990 kehrten sie zurück und organisierten sich. Im Mai 1990 kam es in den Flüchtlingslagern wegen Veruntreuung internationaler Hilfen für die Krisenregion Nordniger zu Demonstrationen. Nachdem es dabei zu Verhaftungen kam, überfielen die Rebellen das Gefängnis von Tchintabaraden und befreiten Gefangene.

Das Militär reagierte mit Bomben. Die Rebellen wurden verfolgt und umgebracht. Daraufhin entstanden viele bewaffnete Gruppen. Nach den Friedensverhandlungen im Jahr 1995 garantierte die nigrische Regierung ein wirtschaftliches und soziales Entwicklungsprogramm für den Norden. Die Region sollte außerdem vom Uranabbau profitieren. Im Jahr 2000 zerstörten die Rebellen symbolisch ihre Waffen. Da allerdings keine der Regierungsversprechungen in die Tat umgesetzt wurde, kam es ab 2007 erneut zu Kämpfen. Der Militärstützpunkt von Iferouane wurde von der Bewegung Mouvement des Nigériens pour la justice (MNJ) angegriffen. Weitere Attacken auf Militärbasen und die Uranminen folgten, das Gebiet wurde schließlich vermint. Präsident Tandja stationierte die Hälfte seiner Streitkräfte in Agadez, und die Tuareg wurden erneut unterdrückt und gedemütigt. Nach einem Militärputsch im Februar 2007, bei dem Tandja abgesetzt wurde, wurde es wieder ruhiger.[218, 219]

Die Unterwerfung der Tuareg hatte eine lange Geschichte, dauerte Jahrzehnte und begann am Anfang des 20. Jahrhunderts durch die französische Armee, die dabei großen Aufwand betrieb und brutal vorging. Die Franzosen wollten sich die Handelswege von Westafrika nach Frankreich durch die Sahara sichern. Die zuvor autonomen Tuareg wurden bereits durch die Grenzziehung von 1884/85 in ihrem territorialen und somit auch sozialen und kulturellen Nomadentum in der Sahara extrem beschnitten. Außerdem wanderten von Norden her arabische Volksgruppen sowie Haussa und Bamabara von Süden her in die Gebiete der Imascheren ein.

Ende 1916 kam es zu einer Rebellion, in der die Tuareg Agadez fast drei Monate belagerten. Nach einem von Franzosen und Engländern im Jahr 1917 vorgetragenen Angriff zogen sich die Turareg ins Aïr-Gebirge zurück. 1918 wurden die letzten Aufständischen vertrieben. Während der Kolonialzeit suchten die Franzosen nach Erdgas, Erdöl, Gold und Uran; nach ihrem Ende planten sie einen »Tuareg-Staat« zu errichten, um weiterhin die Sahara ausbeuten zu können.[220]

Aus den Kolonien wurden jetzt Nationalstaaten, die allerdings die durch die Europäer künstlich gezogenen Grenzen, die bisherigen Machtzentren sowie deren Staatsmodell beibehielten. Die Hauptstadt des Niger liegt 1500 Kilometer vom Tuareg-Gebiet entfernt, was bedeutet, dass dessen Bewohner marginalisiert wurden. Zudem wurden sie ihres Landes beraubt, da dieses in Staatseigentum überging. Es gab einige Versuche, die Nomaden sesshaft zu machen, die jedoch wenig erfolgreich waren. Heute ist der Nomadismus durch die Nische, die er kulturell und wirtschaftlich gesehen besetzt, anerkannt.

Der Silberschmuck der Tuareg ist heutzutage auch bei uns in der westlichen Welt bekannt und gefragt, weshalb seine wirtschaftliche Bedeutung zugenommen hat. Die Arbeit der Metallschmiede zählt in der Tuareg-Kultur allerdings als unrein. Die betreffenden Handwerker werden in der Gesellschaft respektiert, doch genauso gefürchtet. Sie sollen über dunkle Kräfte verfügen. Die Schmiede fertigen die typischen Schwerter und den Schmuck, der früher aus den silbernen Maria-Theresia-Talern hergestellt wurde. Die 21 Tuareg-Kreuze, deren Ursprung unbekannt ist, werden verschiedenen Städten zugeschrieben, ähnlich wie Wappen. Mein Schmuckarsenal wurde von Schmieden aus dem Aïr-Gebirge gefertigt, die ich alle persönlich kannte. Für mich ist es daher vor allem ein wahrer ideeller Schatz, auf den ich besonders stolz bin.

Der typische Turban der Männer, der meist nur die Augenpartie freilässt, aber auch bis unter den Mund gezogen werden kann, wird »Tagelmust« genannt. Er gilt als Zeichen von Würde und Stolz und steht symbolisch für die Freiheit der Tuareg. Freiheit und Unabhängigkeit sind für sie die höchsten Güter. Die Freiheit, selbst über alle Aspekte des Lebens zu entscheiden: was man tun und wie man leben will – sollte das nicht das höchste Gut aller Menschen sein? Natürlich ja, denn Sklave eines Systems zu sein, verhindert die freie Entfaltung der eigenen Persönlichkeit. Allerdings ist den meisten Menschen in der besseren Welt gar nicht bewusst, dass sie Sklaven eines Systems sind.

Das Leben der Nomaden ist frei von Hektik, aber ohne Stillstand. Alles befindet sich im Fluss. Auch wenn sie nur eine marginalisierte

Minderheit darstellen, könnte man die nomadische Lebensweise als eine der ökologisch nachhaltigsten in einem der schwierigsten Naturräume überhaupt bezeichnen. Viele Tuareg leben bis heute als Nomaden. Sehr wichtig für die Männer und ihre Söhne war und ist der Dreieckshandel zwischen Timia, Bilma und Kano. Die Karawanen ziehen von Timia aus zu den 500 Kilometer östlich liegenden Salzlagern von Bilma, wo die Kamele mit Salzkegeln beladen werden. Von dort aus geht es 900 Kilometer in Richtung Süden – vorbei an Zinder, Maine Soroa oder Diffa zu den großen Märkten von Kano in Nordnigeria. Dort hatte ich die Salzkarawanen der Tuareg in den Jahren zuvor schon gesehen und war tief beeindruckt, beinahe den Tränen nah. Wenn ich die Augen schließe, sehe ich sie immer noch ziehen. In Kano verkaufen sie das Salz und erwerben dafür Hirse, Kleider, Stoffe, Tee, Zucker und Gebrauchsgegenstände, die ihre Familien benötigen.[221]

Die Salzkarawanen ziehen alljährlich zur gleichen Zeit los, damit sie auf ihrem Weg nach Süden die Grasnarbe in der Savanne besonders gut ausnutzen können, die sich nach den ersten Regenfällen im Juni bildet. Auch das war für mich sehr beeindruckend. Innerhalb von zwei Tagen verwandelt sich der ockergelbe Wüstensand in einen gigantischen grünen Golfplatz. Ist unsere Natur nicht fantastisch? Ist sie nicht perfekt? Und braucht sie uns Menschen, die wir vor allem im Westen meinen, sie manipulieren zu müssen, wirklich?

Nach mehreren Monaten des Unterwegsseins ziehen die Karawanen wieder zurück ins Aïr-Gebirge, wo die Männer ihre Eltern, Frauen und Kinder zurückgelassen haben. Diese wissen übrigens durch Telepathie, wann die Karawane bei ihnen eintreffen wird.

Die Nomaden der Sahara leben schon seit jeher am Rande des für uns vorstellbaren Existenzminimums. Trotzdem wirkten sie auf mich weit glücklicher als wir. Da sie unter solchen lebensfeindlichen klimatischen, wirtschaftlichen und soziokulturellen Bedingungen leben, haben sie sich mit ihren Vorstellungen von Sitte und Moral, Würde und Respekt eine Art Ehrenkodex geschaffen. Sie wollen beispielsweise keine Uniformität. Ihr Gesetz basiert auf Freiheit, Weisheit und Zusammenhalt. Direkter Augenkontakt gilt als respektlos, alte Menschen werden als Weise geschätzt. Diebstahl und Lügen werden abgelehnt, ebenso wie Neid, Geiz und Gier.

Während unserer Touren durch das Aïr-Gebirge standen immer wieder volle Wasserkanister oder andere Gebrauchsgegenstände mitten in der Wüste herum. Mein Fahrer Hamadi erklärte mir, es handele sich dabei um Dinge, die jemandem gehörten, der irgendwann käme, um sie zu holen. Niemand würde auf die Idee kommen, die Dinge einfach mitzunehmen, wenn sie nicht sein Eigentum seien.

Apropos Gegenstände, die einem gehören. Der deutsche Ethnologie-Professor Gerd Spittler verglich einmal Haushalte von Bayreuther Studenten mit denen von in Timia befindlichen. Das Ergebnis war interessant: »Das zweijährige Kind im studentischen Haushalt besitzt 1400 Gegenstände. Kinder unter 15 Jahren besitzen dagegen in Timia etwa 15 Gegenstände, einschließlich der Kleidung, die sie auf dem Leib tragen. Ein deutsches Baby wird ebenso wie das afrikanische nackt geboren, aber es wächst schon früh mit vielen eigenen Gegenständen auf und lernt, sich in der Welt der Konsumenten zurechtzufinden. Wie sind die Unterschiede im deutschen und afrikanischen Güterbesitz zu erklären? Geht es hier um Reichtum beziehungsweise Armut?« Und: »Essenzielle Dinge jeder Wohnung in Deutschland wie Tische, Stühle, Sessel, Sofas, Schränke, Regale, Deckenlampen, Vasen, Bilder, Wasseranschlüsse, Staubsauger, Waschmaschinen fehlen bei den Tuareg vollständig.«[222] Sie besitzen nur wenige Gebrauchsgegenstände. Der Mörser, ein solch alltäglicher Gebrauchsgegenstand, hat für seine Besitzerin eine Geschichte, die der Zeit eine Struktur gibt. Die teuersten Gegenstände wurden nicht importiert, sondern es handelt sich um regional und überregional gefertigte Handwerksprodukte. Für uns unvorstellbar, für die Tuareg absolut kein Zeichen von Mangel.

Auch eine auf dem Boden liegende Matte aus Blättern von Doumpalmen reicht völlig aus, wenn es darum geht, irgendwo Platz zu nehmen. Stühle gibt es nur in öffentlichen Gebäuden. Auch bei Kleidungsstücken ist der Unterschied ein enormer. Bei uns steht abgenutzte beziehungsweise abgetragene Kleidung stellvertretend für Armut. Ergo muss alles, was einen solchen Eindruck bei den Mitmenschen erzeugen könnte, vermieden und neu gekauft werden sowie – ein weiterer wichtiger Aspekt – auch der aktuellen Mode entsprechen. Für die Tuareg stellen diese Aspekte keine Werte dar. Ihr Reichtum, der nicht zur Schau gestellt wird, besteht aus den Tierbeständen. Konsumgüter sind überflüssig. Sie tragen bei der Arbeit ihre alten Sachen auf und besitzen ein prächtiges Gewand für Festivitäten. Wobei die Prioritäten klar gesetzt sind: Der Festschmuck für die Kamele ist doppelt so teuer wie für die Tuareg selbst. Hochzeitskleider und -schmuck werden vererbt. Kleider, Lederwaren und Silberschmuck werden vor Ort handgefertigt. Niemand empfindet das als Makel oder gar als Zeichen der Armut. Und dass sich Alltagsgegenstände mit der Zeit abnutzen, gilt als völlig normal, macht sie aber, was ihre Funktionalität angeht, nicht schlechter, sondern beweist vielmehr ihre lang andauernde Nützlichkeit.

Professor Spittler sieht den Wandel einer Gesellschaft nicht als von außen wirkendes Phänomen, sondern als lokal gesteuerten Prozess, der sich in Form von Widerstand, Selbstbehauptung, Aneignung und Imitation zeigt. Basis hierfür ist seiner Meinung nach die Interpretation seitens der Betroffenen und nicht das, was Entwicklungsorganisationen vorgeben. Wenn es um entwicklungspolitische Ziele wie Schulbildung, Gesundheit und Ernährungssicherung geht, wird unterstellt, dass es sich um Ziele handelt, die alle Menschen teilen: »Veränderungen lassen sich auch bei den Kel Ewey beobachten. Entwicklungsprojekte, Schulsystem, Rebellionen und Migration haben den Kontext verändert. Der zunächst erzwungene Schulbesuch wird inzwischen von vielen akzeptiert. Im Rahmen unseres Ansatzes stellt sich die Frage nach dem lokalen Handeln der Kel Ewey in einem globalen Kontext. Wie gehen sie mit den fremden Gütern um: Leisten sie Widerstand, eignen sie sich diese selbstbewusst an, werden sie ihnen aufoktroyiert oder ahmen sie sie nach, weil sie die Überlegenheit im neuen sozialen, ökonomischen und wirtschaftlichen Kontext anerkennen?«[223] Diese Fragen habe auch ich mir oft gestellt. Aus der Sicht eines aus der besseren Welt stammenden Menschen habe ich Zweifel, ob der sogenannte (westliche) Fortschritt tatsächlich ein solcher ist: Sehnt sich jeder Mensch auf dieser Erde nach einem westlichen Schulsystem? Nach Konsumgütern? Nach einem Leben, das immer weniger selbstbestimmt verläuft und das stattdessen immer öfter von Politik, Medien und Wirtschaft vorgegeben wird?

»Noch sind wir frei, eine Freiheit wie die der Gazelle, die ohne Wasser lebt und dem Jäger aus der Stadt zum Opfer fällt. Bleibt standhaft, Männer, gebt nicht auf! Sonst wird man euch wie Kamelen die Beine zusammenbinden und euch verspotten und verschmähen. Nichts wird sein wie früher, wenn wir uns ergeben. Ein Löwe in Gefangenschaft lebt ärmer als ein Hund. Lasst uns nicht mutlos sein und abwarten, bis das Ende uns niederdrückt im roten Licht der Morgendämmerung.«

Gedicht der Tuareg

Das ewige Leiden der Menschen im Sahel

»El Sahel« ist arabisch und bedeutet Ufer. Bei Wüstendurchquerungen erscheint dieses Gebiet am Horizont wie ein grünes Ufer. In der Sahelzone, die sich auf dem afrikanischen Kontinent südlich an die Sahara anschließt, gibt es, statistisch gesehen, eine dreimonatige Regenzeit. Pro Jahr fällt eine durchschnittliche Regenmenge von 200 Millimetern, im Vergleich hierzu regnet es in Deutschland 800 Millimeter. Der Niederschlag im Sahel ist aber ein sehr unregelmäßiger, er erfolgt oft nur sporadisch und dann meist heftig, zum Beispiel in Form eines Platzregens, der manchmal sogar Hagel mit sich bringt. Meist regnet es nicht genug. Dann schafft es die Hirse nicht bis zur Reife. Die Bauern im Sahel bringen die Saat direkt nach dem ersten kräftigen Regenfall in den Boden ein. Wenn dann über längere Zeit hinweg kein Regen mehr fällt, vertrocknet sie. Die wenigsten Bauern besitzen die Kapazität, ein zweites Mal aussäen zu können, sodass sie einen wirtschaftlichen Totalausfall erleiden. Dieser kann aber ebenso in einem Jahr mit genügend Niederschlägen drohen, nämlich dann, wenn die herangereiften Feldfrüchte von Heuschrecken oder Webervögeln heimgesucht werden, die alles kahl fressen. Das schlimmste Szenario, das einem Todesurteil gleichkommt, droht, wenn der Regen in einem Jahr ganz ausfällt oder es über Jahre hinweg zu wenig regnet. Dann hungern die Menschen und sterben irgendwann an den Folgen ihrer Unterernährung.

Die Mehrzahl der Sahelbewohner lebt von der Subsistenzlandwirtschaft, deren Ertrag gerade einmal so zum Überleben reicht, wenn es genug regnet. Ihre Tierherden, die aus Ziegen und Kamelen bestehen, sind lebende Sparkassen auf vier Beinen, die bei Dürren jedoch regelmäßig und meist komplett dahingerafft werden. Für die Menschen im Sahel ist dieser Verlust mit einem Börsencrash vergleichbar, bei dem sie ihr ganzes Vermögen verlieren. Früher war die Lagerung von Hirse in Ländern wie Niger oder Burkina Faso staatlich geregelt. So konnte in Krisenjahren die Bevölkerung mittels der vorhandenen Reserven überleben. Diese Lagerhaltung wurde zugunsten des Einsatzes von Nahrungsmittelüberschüssen der globalisierten Welt abgeschafft.

Das Überleben im Sahel ist heute zu einem Geschäft mutiert, von dem die eine Seite profitiert, indem sie die Überproduktion an Mais, Weizen oder Reis loswird, Subventionen hierfür erhält und die Aktion als »humanitäre Hilfe« geadelt wird. Die andere Seite stellen entmündigte Bittsteller am Tropf der Wohlstandsgesellschaft dar, von denen es die meisten irgendwann und aus den unterschiedlichsten Gründen dahinraffen wird. Die, die dann immer noch existieren, haben oftmals keine andere Wahl und werden, nachdem sie alles auf eine Karte gesetzt haben, zu Flüchtlingen, die in Europa gern als Wirtschaftsflüchtlinge tituliert werden. Wer es sich leisten kann, ein Familienmitglied ins nordische Paradies zu schicken, der tut es. Ein ganzer Clan legt dafür sein letztes Geld zusammen. Die weite Reise, organisiert von Schleppern, kostet schließlich ein Vermögen. Manch einer von denen, die ihre Heimat verlassen, überleben den nun folgenden Höllentrip allerdings nicht. Sie verdursten auf dem Weg durch die Wüste oder ertrinken später im Meer, zusammengepfercht auf seeuntüchtigen Kähnen.

Diejenigen, die den Weg in die bessere Welt schaffen, erzeugen hier jedoch entsetzte Aufschreie: »Was wollen die denn alle bloß hier? Wieso kommen sie gerade zu uns? Warum bauen sie nicht ihre eigenen Länder auf? Wir können sie nicht gebrauchen. Wir müssen selbst sehen, wie wir klarkommen mit dem, was wir haben.« Diese Sichtweisen sind allgemein bekannt, doch viel zu kurz gefasst: Die wenigsten der in der besseren Hälfte der Welt Lebenden wissen, dass der hohe Lebensstandard im Norden überhaupt erst möglich wurde auf Kosten der südlichen Hemisphäre, die dafür in einer Art neuen

Kolonialismus ausgebeutet wird.

Im Übrigen: Wie genau sollen denn die Afrikaner ihre Länder aufbauen? All ihre Ressourcen wurden und werden ihnen nach wie vor geraubt, und wenn es ein einheimischer Staatsmann doch einmal ernst meint mit seinem Land und seinen Einwohnern und von den westlichen Politikern und Konzernvertretern entsprechende Vertragsnachbesserungen fordert, wird er vom Westen schleunigst eliminiert und durch willfährige Figuren ersetzt. Es wäre durchaus möglich, mit bereits vorhandenem und an die örtlichen Gegebenheiten angepasstem Saatgut und der Verbesserung des Zugriffs auf Wasser den Bauern und ihren Familien ein weit besseres Leben sowie diverse Entwicklungschancen zu ermöglichen. Dies wird aber nicht gemacht – weil es nicht gewollt ist. Der aus den Missständen resultierende wirtschaftliche Profit ist wichtiger als alles andere.

Heutzutage hungern beziehungsweise verhungern so viele Menschen, dass es für mich kaum einen Sinn ergibt, Zahlen zu nennen. Sie sind zu abstrakt, zu schwer vorstellbar und schwanken, je nachdem, wer sie veröffentlicht. Für die Menschen, die sich inmitten dieses Teufelskreises aus Missständen und Hunger befinden, gibt es kein Entrinnen.

Die Menschen im Sahel sind sehr gläubig. Auch dieser Umstand ist heute für Europäer schwer nachvollziehbar. Er wird allerdings verständlich, wenn man einerseits weiß, dass der höhere Lebensstandard des Westens den Atheismus geradezu nach sich zieht. Andererseits ist bekannt, dass immer dann, wenn es Menschen schlecht geht, diese an etwas Größeres, Höheres zu glauben bereit sind. Und sie glauben auch, dass es einen Grund geben muss, warum ihnen all diese schlimmen Dinge widerfahren. Wenn dem nicht so wäre, dass man der menschlichen Tragödie einen Grund im unbeeinflussbaren Außen geben kann, würde die Lebenssituation dieser Menschen schier unerträglich und der Wille zum Weiterleben unter solch hoffnungslosen Bedingungen eigentlich unmöglich werden.

Im Zuge verbesserter medizinischer Versorgung wurde erreicht, dass sich die extrem hohe Kindersterblichkeit im Sahel verringerte. Eine hohe Geburtenrate stellt in zahlreichen afrikanischen Ländern eine notwendige Überlebensstrategie dar. (In Europa war es zu Beginn des 20. Jahrhunderts kaum anders.) Afrikanische Mütter bekommen so viele Kinder, weil sie schon im Voraus wissen, dass es nur die wenigsten von ihnen bis ins Erwachsenenalter schaffen werden. Mithilfe des Einsatzes von Medikamenten überleben nun fast alle zunächst einmal die ersten fünf Lebensjahre, um dann früher oder später in der Sahelzone doch gnadenlos zu verhungern. Der bekannte sozialkritische Schweizer Autor und Soziologe Jean Ziegler sagte in einem im österreichischen »Standard« erschienenen Interview am 26. September 2012 dazu: »Jedes Kind, das verhungert, ist ermordet worden.«[224]

Schluss also mit der Scheinheiligkeit! Beinahe eine Milliarde Menschen qualvoll hungern und Millionen von ihnen verhungern zu lassen, um sich anschließend kopfschüttelnd darüber zu wundern, wieso dem so ist und wie es dazu kommen konnte und als ob es das allererste Mal wäre, dass so etwas auf Erden geschieht, ist an Zynismus kaum mehr zu überbieten.

Die Bewohner der besseren Welt glauben immer noch, dass das alles so weit weg sei, so unüberschaubar, so unwirklich, einfach nur ein schlechtes Drehbuch zu einem miesen Film. Man schaltet daher schnell ab, um nicht länger mit Dingen belästigt zu werden, die einen scheinbar gar nichts angehen. Doch diese Dinge gehen uns etwas an. Wir sind mitverantwortlich! Auch wir haben die Hungernden und die Verhungerten auf dem Gewissen, und irgendwann wird uns unsere Ignoranz und Arroganz einholen.

Bildergalerie Niger

Der Bäcker von Timia (2007)

Eine Gruppe Nomaden (Frauen, Kinder, Alte) im Air-Gebirge (2007)

Typischer Brunnen im Air-Gebirge, Holzspindel durch Radfelge ersetzt

Spektakulärer Sonnenuntergang in Timia (2008)

Ansicht von oben auf Timia mit dem trockenen Flussbett (2008)

Die ominösen Bauten aus den Blechkonservendosen in Arlit (2007)

Bildergalerie Niger

Teilnehmer am Kamelrennen in Timia

Meeting mit den Bauern der Feldschule von Timia

Versuchsfelder der Bauern in der Feldschule

»Wer so tut, als bringe er die Menschen zum Nachdenken, den lieben sie. Wer sie wirklich zum Nachdenken bringt, den hassen sie.«

Aldous Huxley[225]

IN BURKINA FASO

Wie im Niger war ich in Burkina Faso eine »Nasara«. In diesem Land gibt es herrliche Ortsnamen: Ouagadougou ist die Hauptstadt, die zweitgrößte Stadt heißt Bobo-Dioulasso und irgendwo dazwischen liegt Sogossagasso. Ich war wieder in der Sahelzone, über die wir nun schon einiges gehört hatten, dieses Mal an der südlichen Grenze. Dort regnet es häufiger als im Norden und so ist die Landwirtschaft etwas einfacher zu betreiben und kein Lotteriespiel mit hohem Risikofaktor. In allen Ländern, in denen ich gearbeitet hatte, ist Landwirtschaft der wichtigste Wirtschaftsfaktor. Meist arbeiten mehr als 80 Prozent der dort lebenden Menschen in diesem Sektor.

In Burkina war ich von 2008 bis 2011 für eine private deutsche Stiftung tätig, die ein Millionär gegründet hatte. Es handelte sich um einen wahren Philanthropen, könnte man sagen. Genauso wie ich schien auch er von einem tiefen Willen und Geist angetrieben zu sein, um dazu beizutragen, die Probleme der Welt zu lösen. Er hatte in Saudi-Arabien sein Vermögen als Architekt gemacht. Sein Büro, so erzählte er, lag dort mit Blick zum Hauptplatz, auf dem jeden Freitag nach dem muslimischen Gebet Gericht gehalten wurde. Er beschrieb mir, was dort so alles geschah. Ich war schockiert, konnte es nicht fassen. Darauf sagte er: »Frau Stolz, jetzt sind Sie doch nicht so naiv, wie stellen Sie sich denn die Welt vor?« Dieser von ihm geäußerte Satz hat mich tatsächlich nachhaltig in meinem Denken in Bezug auf die Zustände auf diesem Planeten geprägt.

Das imposante Stiftungsgelände, entworfen von Stararchitekten, die die stabilsten Gebäude, die Burkina je gesehen hatte, auf ihm hatten errichten lassen, thronte auf einem Hügel, hoch über einer Kleinstadt namens Dano. Besucher mussten anerkennen, kaum jemals so viele rechte Winkel auf einmal in Afrika gesehen zu haben. Es gab auch ein Gebäude mit einem Restaurant, in dem zwei Köche tätig waren und in dem für die ausländischen Mitarbeiter serviert wurde. Im Vorratsraum wurden teure Weine und Champagner gelagert. Ob das alles für das eigentliche Ziel der Stiftung relevant war?

Die Stiftung unterstützte bereits bestehende Schulen mit der Ausstattung von Klassenräumen und der Beschaffung weiterer benötigter Infrastruktur und entwarf und baute eine Vorschule für Drei- bis Sechsjährige, die definitiv ihresgleichen suchte – zumindest in den Regionen, die ich kannte. Es handelte sich wahrhaftig um eine Schule wie aus dem Bilderbuch. Angelehnt an einen Waldorfkindergarten, könnte man sagen, mit bunten kleinen Stühlchen, einem Spielplatz und Ruheräumen mit Matratzen. Auch darüber ließe sich streiten. Es gab auch dort eine Kantine und täglich Mahlzeiten für 1800 Kinder, ein absolut nobler Ansatz. Die Stadt und ihre Einwohner waren auf ihre Vorschule sehr stolz. Sie war ein Traum: die wahr gewordene Illusion von einer besseren Welt, die die Maxime des Gründers, dass durch Bildung und die Etablierung von Wohlstand Friede und Fortschritt möglich sind, umsetzte. Zur Einweihung waren viele regionale und überregionale Würdenträger, ja sogar die Präsidentengattin, angereist.

Die Stiftung hatte vor dem Hügel, auf dem sie mit ihrem Gebäude thronte, im vorgelagerten Tal mithilfe einer großen Mauer einen See anstauen lassen. Ein Großteil der Bevölkerung erhielt so permanent für sich und die Tiere Zugriff auf Wasser. Wie bei den Tuareg lautete auch das Motto der Stiftung »Wasser ist Leben!« Auf der anderen Seite des Dammes entstand Bewässerungsland mit einer entsprechenden Anlage zur Wasserversorgung. Dort konnten die Bauern jetzt Reis unter Bewässerung anbauen. Ich war – wie immer in den Projekten – auch hier für die Landwirtschaft zuständig. Mittels der zwischenzeitlich bekannten Feldschulen unterstützte ich die Bauern bei der Verbesserung ihres Reisanbaues.[226]

In den Wintermonaten, in der Zeit also, nachdem der Reis abgeerntet worden war, wurde dann auf der gleichen Fläche der Gartenbau realisiert.

Ich hatte auch dort wieder eine intensive und schöne Zeit mit den Bauern. Wir begannen damit, der bereits auf Initiative der Stiftung gegründeten, aber bis dahin nicht wirklich funktionierenden Kooperative mittels intensiver Schulungen durch »einheimische Experten« zur Selbstverwaltung zu verhelfen, um sich von äußerer Unterstützung unabhängig machen zu können und damit autonom zu werden. Nicht unbedingt der beliebteste Ansatz in der Entwicklungshilfe, obschon so oft propagiert.

Die Bauern wählten für ihre Kooperative den Namen »Handi«, was in der lokalen Sprache so viel bedeutet wie »Die vom Schweiß ihres Angesichts leben«. Anschließend begannen die intensiven Schulungen zum Reisanbau. Dafür suchte ich die besten einheimischen Trainer, die ich in Burkina finden konnte. Die Trainer für die Feldschulen kamen aus Bobo-Dioulasso. Dort wurde bereits seit den 1960er-Jahren großflächig Reisanbau betrieben. Als Trainer konnte ich tatsächlich den Präsidenten der Union der Reiskooperativen von Burkina Faso und einen seiner engsten Mitarbeiter gewinnen. Welch ein Glück! Besonders beliebt bei den Bauern und auch bei mir waren die Busfahrten mit den Mitgliedern der Kooperative in die Reisanbaugebiete nach Bobo-Dioulasso und die Gartenbauregion im Norden des Landes. Auch dort konnte ich den Präsidenten der Gartenbaukooperative dafür gewinnen, zu uns zu kommen und die Bauern auszubilden. Noch solch ein Glücksfall.

Dank der Wissensvermittlung in den Feldschulen konnten die Bauern der Kooperative tatsächlich ihre Reisernte in nur einem Jahr verdoppeln. Das war ein großer Erfolg für sie. Auf besonderen Wunsch der Frauen der Bauern hin wurden diese zu Schulungen nach Bobo-Dioulasso geschickt, um dort im Dämpfen von Reis ausgebildet zu werden. Zusätzlich wurden einige Bauern im Agrarforschungszentrum von Bobo-Dioulasso ausgebildet, um eigenes Saatgut zu produzieren. Damit wurden die Bauern der Kooperative »Handi« befähigt, die »Filière riz«, im entwicklungspolitischen Fachjargon die sogenannte Vermarktungskette von Reis von der Saatgutproduktion bis zum Endprodukt im Sack, komplett zu bedienen. Alles blieb in den Händen der Bauern – der Idealzustand, von dem viele Experten der Entwicklungshilfe gern behaupteten, er sei nicht möglich.

Wie ich bereits schrieb: Vor allem das neu gewonnene Wissen und die praktische Ausbildung waren für die Bauern sehr wertvoll. Denn letztendlich sind nur Bildung und Wissen wirklich Nachhaltigkeit erzeugende Faktoren. Damit war in diesem Fall der Ansatz des Stiftungsgründers bewiesen. Die »Dagara«, die vorrangig in der Region beheimatete Volksgruppe, gaben mir damals einen Namen in ihrer Sprache, der übersetzt so viel bedeutet wie »Die, die zu uns kam, um uns die Augen zu öffnen«. Sie waren glücklich über das, was sie gelernt hatten – und ich war glücklich, dass mein Einsatz für die Bauern nachhaltig war.

In der Realität sah allerdings die Produktion des qualitativ hochwertigen einheimischen Reises durch die Kooperative dann leider doch etwas anders aus. Über die Hälfte der in Burkina Faso benötigten Lebensmittel müssen importiert werden. So auch Reis, an dem ein hoher Bedarf besteht.

In Südostasien, der Hauptanbauregion von Reis, wird er nach der Ernte teilweise bis zu 20 Jahre gelagert, um somit den Reispreis auf dem Weltmarkt beziehungsweise an den Börsen hochzuhalten. Dieser Reis wird natürlich, um eine solch lange Lagerung zu ermöglichen, mit Pestiziden gegen Schädlinge behandelt. Es gibt zu diesem Thema eine sehenswerte Fernsehproduktion von Arte, die dieses System beschreibt. Sie entstand im Jahr 2010 und trägt den Titel »Main basse sur le riz«.[227] Irgendwann landet dann dieser alte vergiftete Reis in Afrika, in Burkina Faso. Da er subventioniert wird, kann er deutlich billiger verkauft werden als der einheimisch produzierte Reis. Die Burkinabé können es sich leider nicht leisten, den teureren einheimischen Reis trotz seiner höheren Qualität zu bevorzugen, dazu sind sie zu arm. Also kaufte die Stiftung ihnen den Reis ab und verarbeitete ihn in den Mahlzeiten der Vorschule. So ergab das Ganze, wenn auch auf Umwegen und mit Mühen, doch noch einen Sinn. Und die Qualität des Reises kam den Kindern der Bauern direkt zugute.

Subventionierte Nahrungsmittelimporte machen überall in Afrika lokale Märkte kaputt, und untergraben damit die Entwicklung vor Ort. Wirtschaftliches Wachstum funktioniert nur auf dem Rücken der Armen. Gleiches Recht für alle wird zwar immer wieder gefordert, ist aber reine Augenwischerei. Dieses Recht gibt es weder im Märchen noch in der Realität, obwohl im Märchen letztendlich doch die Gerechtigkeit siegt. Deshalb ist es ja ein Märchen.

»Revolutionäre und Individuen kann man ermorden, aber Ideen lassen sich nicht töten.«[228]

Thomas Sankara eine Woche vor seiner Ermordung im Gedenken an Che Guevara

Thomas Sankara

Thomas Sankara (1949–1987) war in der Zeit von 1983 bis 1987 der fünfte Präsident von Obervolta – einer ehemaligen französischen Kolonie (bis 1960), deren Name er 1984, am ersten Jahrestag der Revolution, symbolisch mit neuer Flagge und Hymne in »Burkina Faso«, das »Land der unbestechlichen Bürger«, änderte. Damit wollte er seiner Nation und den Burkinabé ihren Stolz und ihre Würde zurückgeben.[229, 230]

Sankara hatte in Obervolta eine militärische Laufbahn absolviert und es bis zum Hauptmann der Luftwaffe gebracht. Während dieser Zeit freundete er sich mit Blaise Compaoré an. Sie gründeten damals die Geheimorganisation Regroupement des officiers communistes (ROC). Am 10. Januar 1983 wurde Sankara unter der Regierung von Jean-Baptiste Ouédraogo Premierminister. Im Mai desselben Jahres wurde er nach einem offiziellen Staatsbesuch des damaligen französischen Präsidenten Jean-Christophe Mitterrand, der Sankara so gar nicht wohlgesonnen war, unter lautem Protest der Öffentlichkeit verhaftet. Von Anfang an war Sankara der ehemaligen Kolonialmacht Frankreich ein Dorn im Auge gewesen. Die Franzosen waren nicht bereit, ihren Einfluss aufzugeben, obwohl das Land pro forma unabhängig war. Compaoré organisierte daraufhin einen Staatsstreich zur Befreiung Sankaras, der glückte. Sankara wurde am 4. August 1983 mit 33 Jahren Präsident, damals einer der jüngsten in Afrika. Die Revolution wurde im Übrigen von Libyens Staatsoberhaupt Muammar al-Gaddafi tatkräftig unterstützt.[231, 232]

Als marxistisch-leninistisch ausgerichteter Revolutionär mit daraus folgendem antiimperialistischem Ansatz und geprägt durch die Entwicklungen in Kuba sowie im Nachbarland Ghana unter seinem damaligen Präsidenten Jerry Rawlings setzte Sankara konsequent sozialistische und planwirtschaftliche Maßnahmen durch, um die Korruption in der Regierung und die Armut der Bevölkerung im Land zu bekämpfen. Seine Reformen waren sowohl ehrgeizig als auch weitsichtig. Er verbesserte die Bildung, denn er wusste genau wie Südafrikas Nelson Mandela, dass Bildung die stärkste Waffe ist, mit der man die Welt verändern kann, sowie der US-amerikanische Aktivist und Bürgerrechtler Malcom X, dass man ohne Bildung nirgendwohin kommt. Die Alphabetisierungsrate erhöhte sich während seiner Amtszeit um 60 Prozent. Als leidenschaftlicher Fußballspieler animierte er Sportveranstaltungen. Die Gesundheitsversorgung wurde verbessert. Er ließ 2,5 Millionen Kinder gegen Gelbfieber, Masern und Hirnhautentzündung impfen. Im Kampf gegen die Korruption reduzierte er die Gehälter der Staatsbeamten drastisch und schaffte viele ihrer Privilegien ab. Ab diesem Zeitpunkt gab es auch keine großen, schweren Limousinen mehr, sondern einen kleinen Renault R5 als Staatskarosse. Sankara baute die Infrastruktur im Land aus und förderte den Manganabbau, ohne hierbei finanzielle Unterstützung von außen annehmen zu müssen. Seine Landreform machte Burkina in kurzer Zeit von Lebensmittelimporten unabhängig. Die Getreideproduktion nahm während seiner Amtszeit um 75 Prozent zu: Das Land, das heute große Mengen Grundnahrungsmittel importieren muss, war unter ihm autark. Er bestand darauf, einheimische Produkte importierten vorzuziehen: »Unser Land produziert genug, um uns alle zu ernähren. Leider sind wir aufgrund mangelnder Organisation gezwungen, um Nahrungsmittelhilfe zu betteln. Es ist die Hilfe, die in unserem Geist die Haltung von Bettlern einflößt.«[233]

Ein Thema war ihm besonders wichtig: die Gleichberechtigung der Frau: »Ich spreche im Namen aller Frauen weltweit, die unter einem System der Ausbeutung leiden, dass Männer erzwungen haben.«[234] – »Genossen, ohne die Befreiung der Frauen gibt es keine wahre soziale Revolution.« – »Die Situation der Frau steht daher im Mittelpunkt der Menschheitsfrage selbst, hier, dort und überall.«[235]

Die Beschneidung wurde verboten, die Polygamie verurteilt und die Verhütung propagiert. Sankara bekämpfte die Genitalverstümmelung, lange bevor sie zum Thema der Entwicklungshilfe hochstilisiert wurde. Sogar seine Leibgarde bestand aus Frauen. Er reformierte die Politik, und sein Parlament hatte die höchste Frauenquote Afrikas.[236, 237, 238, 239, 240]

Als Pan-Afrikaner, der für ein vereintes Afrika kämpfte, ging er vor allem hart mit dem »Imperialismus« ins Gericht und führte infolgedessen das Land aus den vom Weltwährungsfonds und Weltbank geforderten Strukturanpassungsmaßnahmen. Als bekennender Marxist sprach er sich energisch gegen Entwicklungshilfe aus: »Wer dich ernährt, kontrolliert dich auch.«[241, 242] – »Wo ist der Imperialismus?« – »Ihr seht ihn auf euren Tellern: importierter Reis und Mais, importierte Hirse. Das ist Imperialismus.«[243] – »Schulden sind das Mittel einer geschickt organisierten Rekolonisierung Afrikas, um unser Wachstum und unsere Entwicklung Stufen und Normen zu unterwerfen, die uns vollkommen fremd sind.«[244]

Seine Rede am 4. Oktober 1984 vor den Vereinten Nationen begann er mit den Worten: »Ich maße mir nicht an, Dogmen vorzubringen. Ich bin weder ein Messias noch ein Prophet. Ich habe keinerlei Wahrheitsanspruch. Mein einziger Anspruch ist ein zweifacher Wunsch: Erstens in der einfachen Sprache der Offenheit und Klarheit im Namen meines Volkes, des Volkes von Burkina Faso, sprechen zu können. Zweitens auf meine Art und Weise das Wort des ›großen Volkes der Entrechteten‹, jener, die der Welt angehören, die man arglistig ›Dritte Welt‹ getauft hat [, verkünden zu können].«[245, 246]

Im Jahr 1987 griff Sankara mit einer Brandrede vor der Organisation for African Unity (OAU) in Addis Abeba, Äthiopien, den Westen scharf an. Er weigere sich Staatsschulden zurückzuzahlen, deren Ursprung im Kolonialismus liege, und forderte die anderen Staatschefs auf, es ihm gleich zu tun.[247, 248]

»Herr Präsident, lassen Sie uns diese Einheitsfront von Addis und Abeba gegen die Schulden bilden. Lassen Sie uns die Verpflichtung eingehen, die Aufrüstung in schwachen und armen Ländern zu begrenzen. Die Keulen und Messer, die wir kaufen, sind nutzlos. Lasst uns den afrikanischen Markt auch zum Markt für Afrikaner machen: In Afrika produzieren, in Afrika umwandeln, in Afrika konsumieren. Lassen Sie uns selbst produzieren, was wir brauchen, und konsumieren wir, was wir produzieren, anstatt zu importieren. Burkina Faso kam her und zeigte den in Burkina Faso hergestellten Baumwollstoff, der in Burkina Faso gewebt und in Burkina Faso genäht wurde, um Bürger von Burkina Faso zu kleiden. Unsere Delegation und ich werden von unseren Webern, unseren Bauern, angezogen. Es kommt kein einziger Faden aus Europa oder Amerika. Ich würde keine Modenschau machen, aber ich würde einfach sagen, dass wir akzeptieren müssen, als Afrikaner zu leben – das ist die einzige Möglichkeit, frei und würdevoll zu leben.«[249]

Dem kubanischen Vorbild folgend, wurde ein Comités de Défense de la Révolution gebildet, das Reformen teilweise unter Zwang umsetzte. Die Maßnahmenvorgabe erfolgte »von oben herab«, also in streng hierarchischer Form. Die Kontrolle im Land lag beim Conseil National Révolutionnaire – einem souveränen Organ der

Revolution, das oppositionelle Parteien wie zivilgesellschaftliche Organisationen untersagte. Hierdurch wurde Sankara für Gegenputsche durch Kräfte im Land verwundbar, die zum französischen Imperialismus zurückwollten, da sie gut von diesem profitiert hatten.[250]

Sankara schien auf der Zielgeraden zu sein, das arme, abhängige Obervolta in ein wirtschaftlich autonomes Burkina Faso zu transformieren. Die Tatsache, dass er die Landwirtschaft weiter revolutionieren und weitaus mehr Gelder ins Hinterland fließen lassen wollte, wurde ihm letztendlich zum Verhängnis. Staatliche Stellen boykottierten ihn. Die Unzufriedenheit wuchs auf allen Seiten. Am 15. Oktober 1987 wurde schließlich durch seinen Wegbegleiter und Freund, den Vizepräsidenten Blaise Compaoré, ein rücksichtslos geplanter Putsch angeführt. Sankara, damals 37-jährig, geriet in einen Hinterhalt und wurde von Bewaffneten in Militäruniform niedergeschossen. Compaoré sei, so hieß es offiziell, derweil krank zu Hause gewesen. Doch noch am selben Abend wurde er als Präsident von Burkina ausgerufen und hob in dieser Funktion sukzessive die unter Sankara eingeführten Reformen auf. Stattdessen führte er die Strukturanpassungsprogramme des IWF und der Weltbank wieder ein. Das Land erhielt die alten Strukturen zurück.[251, 252, 253]

Als es im Oktober 2014 nach 27 Jahren Amtszeit – eine der längsten in Afrika – zu Massenprotesten gegen Blaise Compaoré kam, weil dieser die Verfassung ändern und erneut kandidieren wollte, die durch die Bewegung »Le Balai Citoyen«, zu Deutsch: »Der Bürgerbesen« (und jeder, der einmal in Afrika war, weiß, um welch wichtiges Utensil es sich dabei handelt) angeführt wurden, trat der Autokrat endlich zurück, setzte sich umgehend nach Marokko ab und lebt heute im Exil in der Elfenbeinküste. 28 Jahre nach der Ermordung Sankaras wurde unter der Übergangsregierung von Michel Kafando die Exhumierung des Leichnams angeordnet. Dieser Schritt war von Compaoré stets kategorisch abgelehnt worden. Die Autopsie ergab, dass der Oberkörper von 16 Kugeln durchsiebt worden war. 2017 soll der französische Präsident Emmanuel Macron verlautbart haben, Frankreich würde Regierungsdokumente bezüglich der Ermordung Sankaras freigeben. Fast 34 Jahre nach der Ermordung Sankaras wurden 14 Personen von einem Militärgericht angeklagt. Seitdem bemüht sich Burkina auch um die Auslieferung Compaorés durch die Elfenbeinküste – bisher leider erfolglos und trotz der Tatsache, dass es ein Auslieferungsabkommen zwischen den beiden Ländern gibt. Anfang Mai 2021 klagte ein Gericht in Ouagadougou Blaise Compaoré in Abwesenheit aufgrund seiner Rolle bei der Ermordung Sankaras am 15. Oktober 1987 an. Ein wichtiger Meilenstein, zumal sich die Familie Sankaras seit seiner Ermordung eher erfolglos für Gerechtigkeit eingesetzt hatte. Der Prozess gegen Compaoré wegen Mordes an seinem einstmals besten Freund und Kameraden, dem eines Tages vielleicht auch dessen Verhaftung folgen wird, könnten final eine Chance auf Gerechtigkeit und Wiedergutmachung sein.[254, 255, 256, 257, 258]

Heute steht Sankaras Name – im Gegensatz zu denen vieler anderer Machthaber in Afrika – für Integrität, Glaubwürdigkeit und Bescheidenheit. Er war ein charismatischer Visionär, ein Mann des Volkes. Er kämpfte dafür, dass Afrika sich aus eigener Kraft entwickeln konnte und endlich wirklich unabhängig von westlichen Geldgebern werden sollte. Seine Ermordung war symptomatisch für die gescheiterten Chancen Afrikas, symptomatisch aber auch für die unheilvolle Politik westlicher Nationen, die einen unabhängigen Schwarzen Kontinent fürchten wie der Teufel das Weihwasser. Sankara war ein Revolutionär, der zum Märtyrer wurde – eine Legende, der »Che« Afrikas, der für viele Afrikaner noch heute ein Idol und ein Nationalheld ist. Er wollte ein Land mit aufrechten Bürgern schaffen, das nicht mehr am Tropf der besseren Welt hängen sollte. Dieses Vorhaben kostete ihn letztendlich sein Leben, schuf aber auch einen Mythos. Bis heute ist er auf Graffitis und T-Shirts allgegenwärtig.[259, 260]

»Ich möchte, dass sich die Menschen an mich als jemanden erinnern, dessen Leben der Menschheit genutzt hat.«

Thomas Sankara[261]

Dolo?

Was die Kultur der Dagara besonders auszeichnet und sie damit der deutschen ähnlich macht, ist das Bierbrauen und der Bierkonsum. In beinahe jedem zweiten Haus in Dano gab es zu meiner Zeit eine traditionelle »Hirsebier-Brauerei«. So etwas wie dort hatte ich während meiner gesamten Laufbahn noch nie gesehen, erlebt, geschweige denn für möglich gehalten. In Dano herrschte quasi 24 Stunden pro Tag – um es einmal drastisch zu formulieren – »Komasaufen«, wobei an diesem alle Altersklassen beiderlei Geschlechts beteiligt waren. Über das ganze Jahr hinweg wurde also das betrieben, was in Deutschland nur während des Münchner Oktoberfestes zu beobachten ist.

Die Bauern besaßen fast alle original chinesische Fahrräder. In der Region bestand der Untergrund meist aus rotem, festem Laterit. Somit konnte man, im Gegensatz zum Wüstensand im Niger oder Tschad, gut Fahrrad fahren. Wenn, ja wenn der Alkohol nicht gewesen wäre. Denn die Bauern kippten regelmäßig nach exzessivem Dolo-Zuspruch mitsamt Fahrrad um wie Dominosteine. Danach blieben sie dort, wo sie umgefallen waren, liegen, um erst einmal ihren Rausch auszuschlafen. Ich würde das eben Berichtete auch nicht glauben wollen, wenn ich es nicht mit eigenen Augen gesehen hätte. Ich holte einige meiner ehemaligen Kollegen aus dem Niger zu Schulungen nach Dano. Sie sahen das von mir Beobachtete ebenfalls. Und auch für sie war es kaum fassbar.

Wegen des extensiven Bierbrauens wurde überall, wo das irgendwie möglich war, Hirse angebaut. Im Gegensatz zu den vorherigen Ländern, in denen ich tätig war, wurde in Burkina Faso die Hirse nicht als Hauptnahrungsmittel verwendet, sondern sie wurde – wie bei uns Hopfen oder Weizen – als Grundstoff für die Bierherstellung angebaut. Ganz allgemein wurde, wie in den anderen Ländern auch, nicht allzu viel gegessen bei den Dagara; das Dolo-Bier half offensichtlich über den Hunger hinweg.

Apropos Ernährung. Von den jungen bis hin zu den ganz alten Männern hatte jeder eine handgemachte Schleuder dabei. Damit wurden die Webervögel, die etwa so groß wie Spatzen sind, jedoch eine gelbe Gefiederfärbung aufweisen, während unserer wöchentlichen Schulungszusammenkünfte im Gelände von den Bäumen geschossen, gerupft und direkt vor Ort auf einem kleinen Feuer gegrillt. Sie erinnerten mich immer an Wachteln, die in der besseren Welt eine Delikatesse darstellten, während die Webervögel als eine Notwendigkeit angesehen wurden, wenn man etwas Essbares zu sich nehmen wollte.

Das Bierbrauen hatte auch noch einen weiteren negativen Effekt, fiel ihm doch aus zwei Gründen fast der gesamte Waldbestand zum Opfer. Zum einen gab es in jedem Frühjahr, der Trockenzeit, große Waldbrände, die so gut wie immer auf Brandstiftung zurückzuführen waren, weil die Einheimischen neue Hirseanbauflächen an Berghängen schaffen wollten. Zum zweiten brauchten die Dagara viel Brennholz, um Bier zu brauen. Burkina Faso, aber auch Ghana und Madagaskar hatten und haben extrem unter dem Raubbau der Wälder zu leiden. Da es sich oft um bewaldete Hügellandschaften handelt(e), wurde und wird durch die Abholzung, Übernutzung und den Starkregen der fruchtbare Oberboden bis zum festen Gestein abgetragen. Die Gipfel blieben dann kahl, in den unteren Regionen bildeten sich Erosionsrinnen. In der Zeit der Seefahrer und Entdecker wurden auch in Südeuropa die Wälder dezimiert, um Schiffe zu bauen und fremde Kontinente zu erobern. Die Folgen sind bis heute sichtbar.

Das Dolo-Bier muss ganze drei Tage auf dem Feuer kochen. Es wird in großen Tonkesseln gebraut. Das Sammeln von Brennholz und das Ernten der Hirsekolben ist Aufgabe der Frauen. Sie tragen die extremen Lasten kilometerweit auf dem Kopf. Auch die Zubereitung des Bieres liegt in Frauenhand. Die Männer sind in Dano für den Reisanbau zuständig und trinken darüber hinaus allesamt professionell Bier. Sobald etwa 100 Liter Bier in einem Tonkessel gebraut sind, müssen diese umgehend getrunken werden, da es keine Möglichkeit gibt, das Bier zu konservieren. Das heißt im Klartext: Sobald irgendwo das Bier fertig ist, gehen alle dorthin und trinken es leer. Dazu wird es aus dem Kessel geschöpft, in Kalebassen gefüllt – und aus diesen wird getrunken. Manchmal wandert die Kalebasse reihum, manchmal hat jeder eine eigene in der Hand. Und so geht es tagein, tagaus. Die kollektive Promillezahl der Region ist stets extrem hoch. Das war seit alters her so und hat sich bis heute nicht geändert. Sogar Babys gibt man Dolo-Bier, um sie zu beruhigen, wenn sie schreien. Oder damit sie gut schlafen. Zum Trinken auf den Feldern nimmt man natürlich auch Dolo mit – in einem Fünf-Liter-Kanister, denn hier gilt nicht die Weisheit »Wasser ist Leben«, sondern »Dolo ist Leben«. Wobei das mit dem Leben so eine Sache ist: Nicht selten fällt nämlich auch einmal ein dürrer Bauer auf seinem Feld tot um. Wegen der Hitze gepaart mit Dolo.

Glauben und Hühner

Wie in Benin und Ghana auch wurden die Einwohner während der Kolonialzeit missioniert. Viele Burkinabé galten als christianisiert und besuchten regelmäßig katholische Messen, in denen – wie in Benin – damals lauthals mitgesungen wurde, nur mit dem kleinen Unterschied, dass die Sänger in Cotonou nicht betrunken waren, zumindest nicht schon morgens in der Kirche. Wie in Benin bestimmte allerdings auch hier der Animismus, die Naturgläubigkeit, nach wie vor das Leben. Zu allen Fragen und Problemen wurde ein Marabu, ein weiser Mann, konsultiert. Meist mussten bei den damit verbundenen Zeremonien ein oder mehrere Hühner ihr Leben lassen. Je nachdem, wohin das Huhn sprang, nachdem man ihm den Kopf abgehackt hatte – und die kopflosen Hühner springen noch eine ganze Weile umher –, bedeutete dies in Bezug auf die Frage- oder Problemstellung Gelingen oder Misslingen – je nach Auslegung und Tagesform des weisen Mannes natürlich. Vielleicht war auch wirklich etwas dran an dem Zauber, nur eben für mich nicht ersichtlich. Mit einer Ausnahme: Da die Orakelhühner nach der Zeremonie zubereitet und gegessen wurden, war für mich zumindest ersichtlich, dass das Ganze auch einen praktischen Zweck hatte. Wenn der Hunger groß war und der, der Fragen hatte, es sich leisten konnte, wurde auch schon einmal verlangt, ein Rind zu opfern. Viele wurden dann satt und das Los des Fragestellers hatte sich in die eine oder andere Richtung bewahrheitet.

Vergiftungen und Beerdigungen

Eine weitere besondere Eigenart der Dagara bestand darin, dass es des Öfteren vorkam, dass sie sich gegenseitig vergifteten. Dazu muss man Folgendes wissen: Überall in der Region gab es Krokodile, so auch im Stausee der Stiftung. Wenn Hirten kamen, um dort ihre Tiere zu tränken, schoss nicht selten ein Krokodil aus dem Wasser und schnappte sich ein Schaf oder eine Ziege. Doch auch Krokodile wurden zu Opfern, denn sie wurden gefangen, getötet und ihre Galle entnommen, aus der man das Gift gewann. (Übrigens ist auch die Galle des Menschen extrem giftig. Deshalb heißt es auch »Gift und Galle spucken«.) Die Galle der Krokodile entfernen konnten nur wenige Spezialisten. Um den Tod eines Menschen herbeizuführen, genügte eine Fingerspitze davon, die man in eine mit Dolo gefüllte Kalebasse gab. Der Exitus kam innerhalb der nächsten Stunden, man konnte nichts tun, zumindest nicht dort vor Ort in Dano.

Natürlich wurde nie offen darüber gesprochen, dass eine Person vergiftet worden war, aber aufgrund bestimmter Umstände, die Dorfgespräch waren, wusste es jeder. Ich selbst musste drei Vergiftungen von Bauern miterleben, die ich gut kannte, da sie mit mir in der Feldschule arbeiteten und sehr engagiert waren. Lange quälten mich Schuldgefühle, denn irgendwie fühlte ich mich für die Tode mitverantwortlich, obwohl ich keinerlei Schuld an dieser Form der Selbstjustiz trug.

Wie auch immer eine Person zu Tode gekommen war, die Beerdigung bei den Dagara in Burkina Faso war wie auf Madagaskar auch ein wirkliches Spektakel. Die Leiche, egal ob Mann oder Frau, wurde auf einen großen hölzernen Thron gesetzt. Um die thronende Leiche herum wurden ihre Habseligkeiten aufgebaut. Ein Paar Gummistiefel, ein Plastikkanister, Kalebassen, ein Hemd, ein Hut, die wertvollsten Dinge eben. Verwandte und Bekannte kamen von überall her, und da eine Beerdigung eines der größten Familienfeste war, zu denen man eingeladen werden konnte, kamen die Leute in ihren besten Kleidern. Jeder Neuankömmling lief zunächst mehrmals in festgelegten Schrittfolgen auf die Leiche zu und warf Kaurimuscheln oder Münzen auf den Boden. Kaurimuscheln stehen in vielen Regionen Afrikas noch immer symbolisch für Geld. Es wurde drei Tage lang laut geheult, gesungen, geschrien, getrauert, geredet. Die Leute kamen und gingen – und keine Frage: natürlich wurden Unmengen an Dolo-Bier konsumiert. Noch mehr als sonst. Ein Fahrer der Stiftung erzählte einmal, wenn besonders böse Menschen stürben, würde Gott sie manchmal sprengen. Das mitzuerleben blieb mir Gott sei Dank erspart. Rein medizinisch-physikalisch betrachtet ist eine solche »Sprengung« möglich. Da es dort so heiß und feucht ist, und je nachdem, was der Tote vor seinem Ableben gegessen hat, kann es zur Gärung kommen. Der Körper bläht sich auf und kann im ungünstigen Fall sogar irgendwann platzen.

Scheißi

Eines Tages brachte mir ein Bauer ein winziges Tierbaby, das er irgendwo gefunden hatte, wo man wieder einmal ein Stück Wald niedergebrannt hatte. Ich hatte keine Ahnung, worum es sich dabei handelte. Solch ein Pelztier hatte ich noch nie gesehen. Ich fand allerdings durch Konsultation einer alten Schulfreundin, die in einem Zoo arbeitet, heraus, dass es sich um eine afrikanische Schleichkatze handelte. Ich erfuhr, dass ich dem Tierbaby beim Ausscheiden seiner festeren Stoffwechselendprodukte (vulgo: beim Kacken) helfen müsse, sonst würde es sterben. Also rieb ich, nachdem es seine Milch aus einer Spritze gesaugt hatte, sein kleines Bäuchlein mit einem feuchten Läppchen, und es klappte: Es setzte, sich lang ausstreckend, mit einem Schrei und den Kopf im Nacken eine kleine »Patrone« ab. Welch ein Glück! Es ist wohl nicht verwunderlich, dass das kleine Wesen hernach den Namen »Scheißi« erhielt.

Aus dem Winzling, der auf meine Handfläche passte, wurde im Laufe der Zeit ein kleines dominantes Schleichkatzenmännchen, das eine Vorliebe für Bananen hatte. Scheißi bewohnte ein extra für ihn gebautes Holzhaus mit Klettergerüst mitten im Wohnzimmer. Es stank wie in einem Raubtierkäfig, da Scheißi überall seine Duftmarken platzierte, um sein Revier zu markieren. Er benahm sich wie ein richtiger kleiner Macho. Ich wollte ihn eines Tages freilassen, aber er lief nicht weg, sondern blieb bei mir. Es gab immer wieder Abende, an denen wir zusammen auf der Couch lagen, besser: Ich lag auf der Couch und Scheißi auf meinem Bauch. Scheißi starb, als ich einmal in Urlaub war, wohin ich ihn nicht hatte mitnehmen können. Ich werde die innige Beziehung zu diesem Tierchen niemals vergessen.

Die Regenmacher in Burkina Faso

Geschnitzte Holzmasken gibt es in Afrika seit Urzeiten. Sie verbinden die Welt der Menschen mit der Welt der Ahnen und der Geister. Masken stellen die geistige Welt quasi bildlich dar. Bis heute haben sie ihre Bedeutung in Afrika nicht verloren. Es existieren Masken zu allen Festen und Zeremonien, die spezielle Traditionen und Riten verkörpern: Initiationsriten, Voudou-Zeremonien in Benin und die Regenmacherzeremonien in Burkina Faso. Masken stehen in Afrika nicht herum oder werden an die Wand gehängt, sie werden getanzt. Einige Ethnien pflegen die Glaubensvorstellung, dass Regen und Gewitter ein Ausdruck des göttlichen Wirkens sind. Die Regenmacher können Regen anlocken oder vertreiben.[262]

Alljährlich werden junge heiratsfähige Männer auserkoren, die Masken beim Regentanz zu tanzen. Der menschliche Körper wird unter einem Kostüm aus Blättern und Fasern verborgen. Die bis zu 15 Kilogramm schweren und teilweise über einen Meter hohen Holzmasken einen Tag lang bei der Hitze auf dem Kopf balancieren zu müssen, ist eine wahre Leistung. Sie stellen stilisierte Tiere wie Rinder, Krokodile, Vögel, Fische, Hunde, Insekten, aber auch die Sonne dar.

Einmal durfte ich dem traditionellen Tanz der Regenmacher beiwohnen. Die damit verbundenen Erinnerungen gehören zu denen, die ich niemals vergessen werde. Weshalb ich sagen kann, dass, wenn ich einmal sterben werde, es meinerseits keine Beschwerde darüber geben wird, dass ich im Laufe meiner Existenz nichts erlebt hätte. Ich war frühmorgens mit einem französischen Kollegen in das Dorf der Regenmacher gefahren. Dort folgten wie so oft Stunden des Wartens, etwas, das in Afrika eher die Regel als die Ausnahme ist. Ich lernte zwangsläufig, mich in Geduld zu üben. Man konnte es in der Luft spüren, dass das Dorf in heller Aufregung war und alle mit den Vorbereitungen für das große Spektakel beschäftigt waren. Musik wurde nicht nur mit Trommeln gemacht, sondern auch mit den für Burkina Faso so typischen großen Xylofonen.

Dann kamen die jungen Frauen des Ortes, die, wie bei einer Polonaise, tanzend hintereinander herliefen. Sie trugen Wickelröcke aus dem typischen indigo-blauen Webstoff der Region. Darüber ein weißes T-Shirt. Tradition und Moderne. Danach folgten die Masken, unter beziehungsweise hinter denen die jungen Männer steckten. Über Stunden wurde getanzt. Dabei drehten sich die schweren Masken im Kreis, und das üppige Blätter- und Faserkleid ihrer Träger flog wie wild durch die Luft. Und das alles bei 38 Grad Celsius! Es wurde natürlich auch dort wieder viel Bier getrunken, von den zahlreichen geopferten Hühnern ganz zu schweigen. Für mich war das Ganze ein unglaubliches Erlebnis, an das ich jeden Tag aufs Neue erinnert werde, erstand ich doch damals eine alte getanzte Frauenmaske, an der ich ständig vorbeilaufe.

Auf der Rückfahrt querte eine Elefantenherde mit einem riesigen Bullen an der Spitze die Straße nach Bobo-Dioulasso. Nachdem sich der Bulle in der Mitte der Straße platziert und die Ohren aufgestellt hatte, was alle Autos zum Anhalten zwang, folgte die Herde. Zuerst die Jungbullen und dann die Weibchen, viele davon mit ihren Jungen. Eines war noch ein Baby. Es wurde von seiner Mutter mit dem Rüssel über die Straße geschubst, während die anderen Elefanten auf der Straße Spalier standen. Was für ein Tag, was für ein Erlebnis! So viele Bilder im Kopf. So viele einzigartige Erinnerungen ...

Bildergalerie Burkina Faso

Eine Elefantenherde quert direkt vor uns die Straße (2010)

Maskentanz bei den Regenmachern (2010)

Masken der Regenmacher (2010)

Mein wunderbares Schleichkatzenmännchen Scheißi (2011)

Die wundervolle Viktoria bei einer unserer Bauernbusfahrten (2010)

Mal so zum Vergleich, ein typisches Fahrrad in Burkina (2010)

Bildergalerie Burkina Faso

Raubbau an Holz zum Brauen von Dolo-Bier (2010)

Die Teilnehmer an der Feldschule (2010)

Umsetzen von Reis aus dem Beet ins Feld (2011)

**»Wer Afrika helfen will,
darf kein Geld geben!«**

*James Shikwati,
kenianischer Wirtschaftswissenschaftler*

IN KENIA

Entwicklungshilfe: Umdenken oder abschaffen?

Im August 2012 führte der Sender n-tv ein Interview mit dem Politikwissenschaftler Dr. Johannes Michael Nebe durch, das unter dem Titel »Afrika braucht keine Milliarden« gesendet wurde.[263]

Nebe baute ab 1997 den Afrika-Schwerpunkt der Universität Trier aus und initiierte 1998 eine Partnerschaft mit der Kenyatta University in Nairobi. Seit 2012 arbeitete er als Lehrbeauftragter für »Entwicklungspolitik und Entwicklungszusammenarbeit«, wobei er sich mit den Studierenden kritisch in Hinblick auf diese Thematik auseinandersetzte und hierbei unter anderem die »Lichtblick-Initiativen« in den Slums von Nairobi, die Bedeutung zivilgesellschaftlicher Akteure und Organisationen für Frieden und Demokratie in Afrika und die Ursachen von Migration in den Herkunftsländern sowie deren Folgen in den Zielgebieten behandelte. Nachfolgend werden wichtige Auszüge aus diesem Interview sowie einem Beitrag im »Greenpeace Magazin« vom November 2011[264] und einem Artikel im Trierer »Volksfreund« vom September 2011[265] wiedergegeben.

»Wer Afrika helfen will, darf kein Geld geben!«[266] Dieser Ausspruch von James Shikwati stellt entschieden die Sinnfrage in Bezug auf die internationale Entwicklungshilfe. Shikwati gilt seit dem Jahr 2004 als anerkannter Experte für wirtschaftliche Belange Afrikas und spricht sich klar für die Abschaffung der Entwicklungshilfe aus: Statt die wirtschaftliche Entwicklung auf dem Kontinent zu fördern, werden alte Machtstrukturen zementiert und Unternehmergeist unterdrückt. Oft diene die Hilfe lediglich den Eliten der Länder.[267]

Seit den 1960er-Jahren flossen mehrere Hundert Milliarden Euro wie Dollar – ein genauer Betrag ist nicht bekannt – in den vom Norden so bezeichneten unterentwickelten südlichen Teil der Erde. Es ist Zeit, den Trugschluss, dass noch mehr Milliardenhilfen den Fortschritt bringen würden, als solchen zu enttarnen.

Der UN-Bericht »Hunger in der Welt«, der gemeinsam von der Ernährungs- und Landwirtschaftsorganisation der Vereinten Nationen (FAO), dem Internationalen Fonds für landwirtschaftliche Entwicklung (IFAD), dem Kinderhilfswerk der UN (UNICEF), dem UN-Welternährungsprogramm (WFP) und der Weltgesundheitsorganisation (WHO) veröffentlicht wurde, kam am 12. Juli 2021 heraus. Es heißt dort, ausgelöst durch die Folgen des Pandemiejahres sei der Hunger weltweit – speziell aber in Afrika – im Jahr 2020 erneut stark angestiegen. Das Ziel, dass der Hunger bis 2030 aus der Welt geschafft sein soll, steht nach wie vor.[268]

Seit 2015 stieg die Zahl der Hungernden auf der Welt kontinuierlich an. 2019 waren weltweit circa 811 Millionen Menschen unterernährt, mehr als ein Drittel (282 Millionen) von ihnen lebte in Afrika. Fast zehn Prozent der Menschheit galten im Jahr 2020 als unternährt. Circa 149 Millionen Kinder unter fünf Jahren wurden als wachstumsverzögert (»stunted«) eingestuft, das bedeutet, sie sind zu schmächtig für ihr Alter; über 45 Millionen wurden der Kategorie ausgezehrt (»wasted«) zugeordnet, das heißt, sie weisen ein zu geringes Gewicht für die jeweilige Körpergröße auf. Zur gleichen Zeit galten 39 Millionen Kinder auf der Welt als fettleibig.[269]

In Afrika ist der Anteil an hungernden Menschen mit 21 Prozent doppelt so hoch wie überall sonst auf der Welt. Da scheinen die nachhaltigen Entwicklungsziele der Vereinten Nationen doch sehr ambitioniert. Als Gründe für dieses Desaster werden von den am Bericht beteiligten Organisationen neben der Pandemie auch Konflikte und Klimaextreme genannt, wobei weitere wirtschaftliche Herausforderungen aber nicht näher spezifiziert werden. Der Bericht fordert von den Regierungen: »Humanitäre entwicklungspolitische wie friedensfördernde Maßnahmen in Konfliktgebieten zu integrieren«, »Klima-Resilienz im Nahrungssystem zu erhöhen«, »Widerstandsfähigkeit der am stärksten gefährdeten Bevölkerungsgruppen in wirtschaftlichen Notlagen zu stärken« sowie »Interventionen entlang der Versorgungsketten zu fördern«, »Armut und strukturelle Ungleichheiten zu bekämpfen«, »Das Ernährungsumfeld zu stärken und das Verbraucherverhalten zu ändern«. Ein Umfeld aus Steuerungsmechanismen und Institutionen soll den Wandel unterstützen.[270, 271]

Während sich aufseiten der Zivilgesellschaften der »Nehmerländer« Unmut bezüglich internationaler Entwicklungshilfe und deren Effektivität und Effizienz breitmacht, fordern Regierungen weitere Milliardenhilfen.[272]

In den vergangenen Jahren hat sich in Afrika eine kleine, aber effektive kritische Masse gebildet, die die Rückständigkeit des afrikanischen Kontinents zum größten Teil auf die verfehlte Entwicklungspolitik der Geberländer zurückführt und behauptet, sie seien für Entmündigung, Lähmung und den Stillstand der wirtschaftlichen Entwicklung in vielen Teilen Afrikas verantwortlich. Zu diesen Kritikern zählen unter anderen der ugandische Journalist A. Mwenda, der sagte: »Der Grund für die anhaltende Armut ist die Entwicklungshilfe selbst!«[273, 274] Oder die aus Sambia stammende Finanzexpertin Dambisa Moyo, die erklärte: »Der Grund für den afrikanischen Rückstand ist hauptsächlich die Entwicklungshilfe!«[275] Auch die Journalistin Axelle Kabou meint in Bezug auf Afrika, dass der Kontinent »weder arm noch ohnmächtig« sei – so auch der Titel ihres Buches.[276]

Auch im deutschsprachigen Raum ergreifen immer mehr Kritiker für Afrika das Wort. Zum Beispiel der schon erwähnte Autor Johannes Michael Nebe (Herausgeber des Buches »Herausforderung Afrika, Gesellschaft und Raum im Wandel«[277]) oder der ehemalige deutsche Botschafter Volker Seitz in seinem Werk »Afrika wird armregiert oder wie man Afrika wirklich helfen kann«. Auf dem Bucheinband findet sich ein Kommentar von Rupert Neudeck, dem Gründer des Komitees Cap Anamur/Deutsche Notärzte e.V., in dem es heißt: »Es gibt viele Bücher über das Scheitern dessen, was wir mit einem falschen Wort Entwicklungshilfe nannten. Dieses Buch gibt dem Gebäude den letzten Stoß. Nach seiner Zerstörung muss etwas ganz anderes aufgebaut werden.« Seitz zeigt in seinem Buch seine kritische Einstellung zur internationalen Entwicklungshilfe auf und plädiert für eine radikale Änderung der Ansätze in der Entwicklungspolitik.[278]

Hinsichtlich der Kritik an der westlichen Afrika-Entwicklungshilfe sind zudem noch die international tätig gewesene Gutachterin Martha Mamozai mit ihrem Buch »Zwischen Welten. Alltag im Entwicklungsgeschäft«[279], das für mich ein absoluter »Eye Opener« war, sowie der ehemalige Direktor der Hanns-Seidel-Stiftung in Kenia, Dr. Helmut Danner, mit seinem Buch »The End of Arrogance«[280] zu nennen.

Mit Geld allein, das zudem meist nicht dort ankommt, wo es ankommen soll, kann kein Wandel herbeigeführt werden. Das System selbst beweist diese Behauptung. Der wichtigste Faktor für einen Wandel ist die Bildung. Die Rückständigkeit des afrikanischen Kontinents ist allzu oft auf verfehlte Entwicklungspolitik der Geberländer zurückzuführen. Sie alle fordern eine Kehrtwende in der Entwicklungszusammenarbeit. Im Vorwort des Buches »Herausforderung Afrika« schreibt Professor Klaus Töpfer, der von 1998 bis 2006 dem Umweltprogramm der Vereinigten Nationen (UNEP) in Nairobi vorstand: »Afrika darf nicht wieder vergessen werden – schlimmer noch, es darf nicht wieder wegen wirtschaftlicher Rohstoffinteressen im globalen wirtschaftlichen Wachstumsrausch zerrieben werden. Dagegen ist zu arbeiten – nicht nur in Afrika –, sondern auch bei uns, in den sogenannten hoch entwickelten Ländern. Die Interessen aufzuspüren und transparent werden zu lassen, hilft Afrika mehr als vieles andere, was in Afrika selbst investiert wird«.[281]

In den vergangenen Jahrzehnten ist eine wahre »Entwicklungshilfeindustrie« entstanden. Allzu oft dienen »gut gemeinte Geldgeschenke« der »Helfer«, die gern als »Experten« tituliert werden, mehr dem eigenen Geldbeutel als einem bettelarmen Bauern samt dahinsiechender Familie in irgendeinem Gral in Afrika. Doch genau sie sind es, derer sich in Projekten bedient wird. Sie werden als die »Nutznießer« – im Fachjargon »Zielgruppe« genannt – dargestellt, um eine Finanzierung zu erwirken.

Der deutsche Steuerzahler, der seit nunmehr 60 Jahren die Projekte finanziert, hat keinen Einblick in die Geschäfte der Entwicklungshilfe: wer sie plant, wie sie laufen, was sie bringen und wie es mit der Nachhaltigkeit steht. Weltweit spricht man von ungefähr 100 Milliarden Euro pro Jahr, die in Entwicklungsländer, zu denen auch China und Indien zählen, fließen. Was mit dem Geld genau geschieht, kann niemand überprüfen. Auf dem lukrativen Einkommensfeld tummeln sich heute Abertausende, von denen nicht wenige anfällig für Korruption sind. Untereinander abgestimmte Programme zwischen den diversen »Weltrettern« gibt es kaum, jede Nichtregierungsorganisation (NRO) arbeitet meist für sich allein und verschwindet, sobald die bewilligten Projektgelder aufgebraucht sind, meist ohne positive Spuren zu hinterlassen. Die »Experten« setzen sich kaum mit den unterschiedlichen Sozialstrukturen, der kulturellen Vielfalt und den spirituell-naturgläubigen Traditionen der unterschiedlichen Ethnien in den künstlich geschaffenen afrikanischen Vielvölkerstaaten auseinander.[282, 283]

Gern stülpen sie den Afrikanern stattdessen ihr Selbstverständnis von Rationalität, Effektivität und Fortschritt als der gültigen Wahrheit, um das Übel ihrer »Unterentwicklung« zu bekämpfen, über. Letztendlich kann aber nur der Respekt vor der Andersartigkeit wie die Anerkennung der Funktionalität, sei sie auch noch so unvereinbar mit unseren europäischen Normen und Werten, eine wirklich nachhaltige Entwicklung im Sinne der Bevölkerung des afrikanischen Kontinents herbeiführen. Das klassische westliche Entwicklungsmodell kann nicht Maß aller Dinge sein und sollte endlich kritisch hinterfragt und öffentlich auf seine Gültigkeit und Effektivität hin überprüft werden. Um das Problem einmal genauer zu benennen: Die Eigenverantwortung afrikanischer Regierungen war genau genommen das ursprüngliche Ziel internationaler Entwicklungspolitik. Eigenverantwortung wird allerdings nur auf dem Papier gefördert, in Aktion aber unterdrückt und von außen manipuliert. Die Korruption wird Mittel zum Zweck. Eine solche Situation macht eigenständige wirtschaftliche Entwicklung unmöglich, da im Rahmen der Entwicklungshilfe fließende Gelder immer wieder zweckentfremdet werden.[284, 285]

Zu den größten »Gebern« für Afrika gehören neben der Europäischen Union auch die Weltbank und der Internationale Währungsfonds. Auf den Gipfeln der Wirtschaftsmächte wird weiterhin von Mittelaufstockung – heute meist für humanitäre Hilfe – gesprochen, die die betroffenen Länder immer tiefer in die Schuldenfalle treiben sowie Eigendynamik und Selbstbestimmung kolportieren.

Das Bundesministerium für wirtschaftliche Zusammenarbeit und Entwicklung (BMZ) stellt seine Schwerpunkte in Kurzfilmen und Broschüren dar – unter anderem in »Zukunftsentwickler. Wir machen Zukunft – Machen Sie mit« –, in denen in Bezug auf Afrika folgende Forderungspunkte dargestellt werden: Demokratie fördern, Bildung ausbauen, Klima- und Umweltschutz, Gesundheit stärken, Ernährung sichern, Entwicklung der Landwirtschaft vorantreiben. All das für mehr Wirksamkeit, mehr Engagement, mehr Sichtbarkeit.[286]

Die Kreditanstalt für Wiederaufbau (KfW)[287] ist größter Finanzgeber des BMZ. Darüber hinaus gibt es eine Zusammenarbeit mit der Bill & Melinda Gates Foundation, der Weltbank und dem Internationalen Währungsfonds (IWF).[288] Die Arbeit des BMZ orientiert sich an den »Millennium Development Goals« (MDG), bei denen es sich um acht im Jahr 2015 beschlossene Entwicklungsziele der Vereinten Nationen handelt.[289] Die nötigen Voraussetzungen zur Finanzierung eines Projektes in einem Partnerland bestehen darin, dass es in ihm keine Korruption gibt und dass funktionierende demokratische Strukturen aufgebaut worden sind.[290]

Als eine wichtige Erkenntnis aus den zurückliegenden 60 Jahren sollte Entwicklungszusammenarbeit nicht mehr auf der Ebene von Regierungen, sondern auf Basis von Initiativen der Zivilgesellschaft stattfinden. Das wäre tatsächlich »Hilfe zur Selbsthilfe« und keine leere Worthülse aus dem Fachjargon der Entwicklungspolitik. Solche Ansätze würden es den Betroffenen wirklich ermöglichen, eigenverantwortlich zu handeln und ihre Zukunft selbst in die Hand zu nehmen.

Während der sich seit vielen Jahrzehnten symptomatisch wiederholenden und immer kritischer werdenden Hungerkrisen in der Sahelregion passiert stattdessen Folgendes: Die Regierungen in Europa oder den USA kaufen ihren Bauern die vorhandenen Getreideüberschüsse ab, um diese nach Afrika in die Hungerregionen zu schaffen. Was für den Laien am TV-Bildschirm großmütig aussieht, ist vom moralischen Standpunkt aus betrachtet allerdings verwerflich. Durch das aufgezeigte System werden europäische und amerikanische Bauern mit Entwicklungshilfegeldern für »humanitäre Hilfe« subventioniert – für seine Betreiber eine Win-win-Situation. Die Bauern in Afrika hingegen sind – wie immer – die Verlierer. Sie werden durch das System nicht unterstützt, im Gegenteil, sie werden noch mehr geschwächt, da kostenlose Hilfslieferungen langfristig und nachhaltig die Strukturen der lokalen Märkte zerstören und damit wirtschaftliches Wachstum im Keim ersticken.

Im Jahr 2010 fusionierten die Gesellschaft für Technische Zusammenarbeit (GTZ) und der Deutsche Entwicklungsdienst (DED) nach langem Hin und Her unter dem damaligen Entwicklungshilfeminister Dirk Niebel zur Gesellschaft für Internationale Zusammenarbeit (GIZ). Allerdings behielten die beiden genannten Organisationen ihre Verwaltungen – in Bonn beziehungsweise Eschborn.

Ein Mitarbeiter der ehemaligen GTZ blieb weiterhin ein Experte mit dementsprechendem Gehalt, ein »DEDler« ein Entwicklungshelfer, unverändert vergütet mit dem durch das Entwicklungshelfergesetz festgesetzten Unterhaltsgeld. So viel zum Thema »Entwicklungshilfe aus einem Guss«[291], einer weiteren Wortschöpfung der Entwicklungshilfe, die noch aus der Ära der früheren Ministerin Heidemarie Wieczorek-Zeul stammt. Die Kreditanstalt für Wiederaufbau (KfW) hat zusammen mit der Deutschen Bank (DB) und dem Bundesministerium für wirtschaftliche Zusammenarbeit und Entwicklung (BMZ) einen für sie weitaus lukrativeren Weg der Entwicklungshilfe im Agrarbereich gefunden.[292, 293, 294]

Ich habe viele Jahre lang tatsächlich fest daran geglaubt, dass es möglich ist, den Ärmsten der Armen in Afrika zu helfen, wenn man es will. Diese Überzeugung habe ich immer noch. Mithilfe des partizipativen Ansatzes der Feldschulen »Farmers Field Schools«[295] können viele Bauern – die bis heute das Gros der afrikanischen Bevölkerung ausmachen – in einer Anbauperiode ausgebildet werden. Der Knackpunkt dieses effektiven, erfolgreichen und zielführenden Ansatzes ist allerdings der, dass, wenn man wirklich eine Veränderung herbeiführen will, man auch bereit sein muss, sich selbst den Ast abzusägen, auf dem man so komfortabel sitzt. Wer von den Nutznießern am Entwicklungsgeschäft, von denen viele extrem hohe Gehälter plus Spesen steuerfrei einstreichen, spielt aber ernsthaft mit dem Gedanken, selbst zum Versiegen seiner lukrativen Einkommensquelle beizutragen?

Die meisten meiner Erfahrungen habe ich im Niger gesammelt. Ich fühle mich Land und Leuten sehr verbunden. 2012 musste ich live miterleben, wie wieder einmal mehr als 18 Millionen Menschen im Sahel von einer Hungersnot biblischen Ausmaßes bedroht waren. Und das mit dem Wissen, dass seit der ersten großen, von Medien begleiteten Hungersnot im Jahr 1974 viele Milliarden Euro in diese Gebiete geflossen sind – mit dem Effekt, dass die Hungersnöte immer katastrophalere Ausmaße annehmen. Es gab in jener Zeit Großprojekte, finanziert durch die Weltbank, bei denen zum Beispiel Schneeräumfahrzeuge in die Sahara eingeflogen wurden, um die Verwüstung aufzuhalten.[296] Desertifikation war damals über lange Zeit hinweg ein Schlagwort der Entwicklungshilfe. (Der Begriff bezeichnet in der Bodenökologie die Verschlechterung des Bodens in relativ trockenen Regionen, die durch unterschiedliche Faktoren wie Klimawandel und andere menschliche Aktivitäten herbeigeführt wird.) Heute stehen diese »Pistenwalzen« als sogenannte Weiße Elefanten in der Wüste – Mahnmale einer gescheiterten Entwicklungspolitik. Darüber hinaus wurden grüne Schutzstreifen, die die weitere Ausbreitung der Wüste verhindern sollten, aus eingeführten Büschen angepflanzt: Sie vermehrten sich nach Ende der Projekte unkontrolliert im Sahel, verdrängten einheimische Pflanzen und konnten von den Tieren der Nomaden nicht verdaut werden.

Zurück zur Nahrungsmittelkrise im Sahel: Bis heute werden, wo möglich, sogenannte Cash-Crops – wie zum Beispiel Erdnüsse oder Baumwolle, die seit der Kolonialzeit angepflanzt werden – für Exportzwecke angebaut. Wie schon damals wird das Endprodukt aus dem Land abtransportiert – die Wertschöpfung geschieht also im Ausland. Das System bringt erneut verschuldete Bauern hervor, die sich zuvor auf Kredit Saatgut und Pestizide gekauft hatten, die sie nunmehr von den spärlichen Ernteeinnahmen nicht bezahlen können. In der Folge treten Krediteintreiber auf den Plan und nehmen das Fahrrad oder vielleicht sogar das Moped und, wenn das noch nicht reicht, auch noch das Wellblechdach der Hütte mit.

Aus den Erdnüssen wird in den USA Erdnussbutter hergestellt, die dann während der Hungersnöte, zusammen mit Weizenüberschüssen, als »humanitäre Hilfe« nach Afrika zurückgeschickt wird. Das habe ich in Agadez live miterlebt, als die großen Transportflugzeuge quasi direkt neben meinem Haus landeten. Vor Ort soll die Erdnusspaste dann denen zugutekommen, die bereits als Folge des Hungers erblindet und/oder völlig lethargisch sind und nie mehr ein gesundes Leben führen werden. Die Schäden des monatelangen Darbens sind und bleiben irreversibel.

Ich möchte das, was der Schweizer Soziologe Jean Ziegler in einem Interview, das er am 26. September 2012 zu diesem Thema gab, noch einmal wiederholen: »Jedes Kind, das verhungert, ist ermordet worden.«[297]

»Heute feiern wir den Sieg der Demokratie und des Friedens.«

Uhuru Kenyatta

Wahlen in Kenia

Wegen der in Kenia am 4. März 2013 bevorstehenden Wahlen war der Politikwissenschaftler der Universität Trier, Johannes Michael Nebe, von der deutschen Botschaft und dem Goethe-Institut nach Nairobi eingeladen worden, um das neue Buch »Peace Building and Conflict Management« vorzustellen und einen Beitrag zu friedlichen Wahlen zu leisten. Ich begleitete ihn. Der 300 Seiten umfassende Band trug die Ergebnisse des Projektes »Civil Conflict Management of the Post Election Violence 2007/08 in Kenya, Lessons Learnt and the Way Forward« zusammen, das 2012 von Studenten der Kenyatta-Universität und der Universität Trier gemeinsam durchgeführt worden war. Es wurden 27 zivilgesellschaftliche Organisationen untersucht, die sich mit Ursachen und Hintergründen der politischen Unruhen und der rohen Gewalt nach den Wahlen 2007 sowie ihrer Strategien zur Friedensbildung auseinandersetzten. Das Fazit lautete, dass nur die Vernetzung zivilgesellschaftlicher Strukturen mit Regierungsstrukturen zu einer friedlichen Entwicklung in Kenia führen könne. Klar war aber auch, dass es nach wie vor tief verwurzelte Probleme und ethnopolitische Konflikte in Kenia gab, die ungelöst waren und die Gesellschaft spalteten.[298]

Einer der Umstände, die zu Konflikten führen, ist zunächst einmal die ungerechte Landverteilung unter der Bevölkerung. Mit Landbesitz sind Wohlstand und Einkommen verbunden. Diese Diskrepanz hat in vielen afrikanischen Ländern zu einem erheblichen Teil ihren Ursprung in der Kolonialzeit. Die machte es Angehörigen der Regierung – die meist die heutigen Eliten im Land stellen – einfach, sich Gebiete anzueignen, während der Großteil der Bevölkerung landlos zurückblieb. Gemeindeland wurde verkauft oder vom Staat verwaltet. Auch ein Großteil der Medien gehört den Eliten. Dementsprechend werden Nachrichten und Informationen interessengebunden gesteuert. Darüber hinaus bleiben ethnische Konflikte ungelöst, beispielsweise jene zwischen Kikuyu, Kalenjin und Luo. Insgesamt gibt es in Kenia 42 Ethnien, wobei die Kikuyu und die Luo die zahlenmäßig größten sind. Die Kalenjin schließen sich je nach politischer Wetterlage abwechselnd der einen oder anderen Ethnie an. Nach der Unabhängigkeit Kenias von England Ende 1963 wurde die Politik entlang ethnischer Trennungslinien organisiert und die Verteilung der »Früchte des Friedens« in Nairobi und London verhandelt. Die Kikuyu waren gut in das koloniale System integriert. Mit Unterstützung der Luo wurde Jomo Kenyatta – Kikuyu und Anführer des Mau-Mau-Aufstandes gegen die englische Besatzungsmacht – der erste Präsident Kenias, der das Land von 1963 bis 1978 regierte. Als 1969 der einzige potenzielle Gegenkandidat Kenyattas, der Luo Tom Mboya, bei einem Attentat ums Leben kam, zerbrach die Allianz zwischen den Luo und Kikuyu. Die Luo warfen Kenyatta vor, dass ihre Loyalität nie gewürdigt worden sei; zudem fühlten sie sich politisch und wirtschaftlich marginalisiert. Diese spannungsgeladene Situation dauert noch heute an. Zudem wird die Kluft zwischen Arm und Reich größer. Und noch immer vegetieren etwa 50.000 Vertriebene unter unwürdigen Zuständen in den UN-Flüchtlingscamps im Rift Valley dahin. Weitere 350.000 Vertriebene leben bei Verwandten, weil sie Angst vor ihren ehemaligen Nachbarn in ihrer Heimat haben. Kaum einer dieser Menschen wurde entschädigt. Das starke Anwachsen von militanten Gangsterbanden in den Slums von Nairobi ist nicht verwunderlich. Sie formieren sich aus Jugendlichen ohne Perspektive, die, auf der Suche nach Arbeit, vom Land in die Stadt gezogen sind, wo sich ihre Situation noch weiter verschlechterte. Der Film »Nairobi Half Life« zeigt die Situation auf.[299]

Was war vor und nach den Wahlen des Jahres 2007 in Kenia passiert? 2002 endete mit dem Wahlsieg von Mwai Kibaki das fast 40 Jahre andauernde Einparteiensystem mit der Hoffnung auf Demokratie. Doch ethnische Konflikte teilten die Macht. Am 27. Dezember 2007 standen der amtierende Mwai Kibaki – aus der Ethnie der Kikuyu – und der Oppositionsführer Raila Odinga – aus der Ethnie der Luo – zur Wahl, wobei Letztgenannter die Kalenjin, Kisii und andere ethnische Minderheiten hinter sich wusste. Die Wahlbeteiligung lag bei über 70 Prozent. Zunächst sah deshalb alles nach einem Wahlsieg Odingas aus. Doch dann wurde Kibaki zum Wahlsieger erklärt. Seitens der EU-Wahlbeobachter wurde Wahlbetrug bestätigt. In dessen Folge fielen die Anhänger der Opposition in Stadt und Land wochenlang über die Kikuyu her. Im größten Slum von Nairobi, Kibera, gab es die massivsten Verwüstungen, Übergriffe und Vertreibungen. Bei den Auseinandersetzungen kamen insgesamt 1300 Menschen ums Leben, mehr als 600.000 wurden vertrieben. In der Folge dieser Ereignisse kam es zu einem blutigen Rachefeldzug. Kenia befand sich im Ausnahmezustand. Kurz bevor ein Bürgerkrieg auszubrechen drohte, konnte der ehemalige UN-Generalsekretär Kofi Annan den Konflikt schlichten. Am 28. Februar 2008 wurde Mwai Kibaki zum Präsidenten und Raila Odinga zum Premierminister erklärt.[300, 301, 302, 303]

Wiedergutmachung und »Reconciliation«, der englische Begriff für Versöhnung, waren seither an der Tagesordnung. Insbesondere der zweite Begriff meinte den Prozess des Wiederaufbaus einer zerrütteten Beziehung zwischen zwei Handelnden, hier Feinde, die sich in einem Teufelskreis aus Hass, Misstrauen und Rache befanden, weil sie sich gegenseitig tiefe emotionale Wunden zugefügt hatten. Es war ein Prozess, in dem soziale, spirituelle und kulturelle Aspekte zusammenwirkten. Soziale Wiedergutmachung brauchte vor allem Toleranz. Um diese zu erreichen, mussten sowohl Demokratie als auch die Menschenrechte in Kenia gestärkt werden.

Ein weiterer Konfliktpunkt war der damals bevorstehende Prozess vor dem Internationalen Strafgerichtshof in Den Haag, bei dem es um die Aufarbeitung der ethnischen Gewalt des Jahres 2008 ging. Uhuru Kenyatta, Sohn des ersten Präsidenten Jomo Kenyatta und favorisierter Präsidentschaftskandidat, war in Den Haag vorgeladen worden: Er wurde beschuldigt, nach den Wahlen 2007 die Milizen der Kikuyu koordiniert und zu gezielten Gewaltaten an der Opposition aufgehetzt zu haben. Der ehemalige Agrarminister William Ruto wurde ebenfalls beschuldigt, Angriffe der Milizen der Kalenjin gegen die Kikuyu geplant zu haben.

Der Internationale Strafgerichtshof (International Criminal Court, ICC) wurde 1998 ins Leben gerufen. Er nahm 2002 in Den Haag seine Arbeit auf, um Warlords und ehemalige Staatschefs im Falle begangenen Völkermordes und schwerer Kriegsverbrechen sowie Verbrechen gegen die Menschlichkeit anklagen und verurteilen zu können. Dabei handelte er als unabhängige Institution, die damit eine Emanzipation des Rechts von der Macht ermöglichte. Davor lag die Macht beim UN-Sicherheitsrat. Der Beitritt zum Internationalen Strafgerichtshof stand und steht allen Staaten frei. Als 60 Länder beigetreten waren, konnte er seine Arbeit beginnen. Heute sind es 120 Staaten, allerdings ohne Russland, die USA, China und die Arabischen Emirate. Der ICC tritt ein, wenn ein Land die Belange auf eigener Ebene nicht regeln kann. Gegen 39 Personen, darunter Minister, Generäle und Staatschefs, hat der ICC bis heute Ermittlungen aufgenommen. Sie alle stammen aus Afrika, weshalb die Afrikanische Union den Juristen in Den Haag bereits postkoloniale Selbstgerechtigkeit vorgeworfen hat. Allerdings kommt die derzeitige Chefanklägerin aus Gambia, auch sind insgesamt 25 Prozent der Mitarbeiter afrikanischer Herkunft. Ein Problem des ICC ist der Umstand, dass es in betroffenen Ländern keine internationale Polizei gibt, die Angeklagte bis Den Haag eskortieren könnte. Als Laurent Gbagbo, Präsident der Elfenbeinküste, 2010 trotz verlorener Wahl nicht zurücktrat und seine politischen Gegner verfolgen ließ, wurde er von der Opposition mit Unterstützung Frankreichs und der UN nach Den Haag ausgeliefert. Die Mitarbeit der Regierung im Ursprungsland ist also notwendig. Ohne Beweismaterial erfolgt keine Anklage. In diesem Falle schwankt die Unabhängigkeit.

Ein wahres Dilemma.[304]

Im Januar 2012 bestätigte der Internationale Strafgerichtshof die Anklage gegen vier Kenianer – unter ihnen Uhuru Kenyatta und sein Gegner William Ruto von der Opposition – wegen Verbrechen gegen die Menschlichkeit, denn beide sollten die Ausschreitungen 2008 organisiert und finanziell unterstützt haben. Die Regierung in Kenia hatte nach Phasen der Ignoranz versucht, dieses Verfahren zu verhindern, indem sie die Geschehnisse in Kenia vor einem eigenen Gericht zu verhandeln suchte. Dazu kam es nicht. »Ich werde so oder so für die Präsidentschaft kandidieren«, meinte Kenyatta.[305]

Nachdem der Prozess vor dem ICC mehrfach vertagt worden war, weil die Regierung in Kenia kaum Beweismaterial vorlegte, obwohl sie mehrfach dazu aufgefordert worden war, sollte der Prozess schließlich am 7. Oktober 2012 beginnen. »Unter normalen Umständen wäre die Anklage gezwungen, das Verfahren einzustellen«, so die Chefanklägerin. Als Regierungschef war Kenyatta selbst für die mangelnde Kooperation mit dem ICC verantwortlich. Die Afrikanische Union verlangte auf einem Gipfel, den Prozess gegen Kenyatta ruhen zu lassen, bis er kein Präsident mehr sei. Währenddessen hatte der Prozess gegen die Mitangeklagten William Ruto – einen Vertreter der Opposition – sowie den Radiomoderator Joshua Sang, der die Massen mit Propaganda aufgehetzt hatte, begonnen. Ursprünglich als Zeugen infrage kommende Personen zogen ihre Aussagen allerdings zurück.[306]

In Kenia gibt es ein geflügeltes Wort, welches die Vorgänge sehr treffend umschreibt: »You are guilty, until proven rich«, was man mit »Du bist so lange schuldig, bis dein Reichtum bewiesen ist« übersetzen kann. Da der ICC auf die Kooperation der betroffenen Staaten angewiesen ist, bleiben die Ergebnisse solcher Anklageverfahren, wie im Falle Kenias, oftmals dürftig.[307]

Am Montag, dem 4. März 2013, fanden in Kenia die Wahlen statt, für die sich acht Kandidaten aufstellen ließen. Rund 15 Millionen Kenianer waren aufgerufen, wählen zu gehen. Die Wahlbeteiligung lag bei über 86 Prozent. Die Menschen standen von morgens 4:00 Uhr bis spät in die Nacht, teilweise mehr als zwölf Stunden lang, geduldig in kilometerlangen Schlangen vor den Wahllokalen überall im Land. Es war die erste Wahl seit Inkrafttreten der neuen Verfassung im Jahr 2010. Die Geschichte wiederholte sich. Allerdings nur in Bezug auf das Wahlergebnis, nicht auf die befürchteten Unruhen. Die Wahlen verliefen, von eher unbedeutenden Ausnahmen in der Küstenregion abgesehen, friedlich, und das Wahlergebnis wurde, so schien es, von der Bevölkerung weitgehend akzeptiert. Am 9. März 2013 wurde das offizielle Wahlergebnis bekannt gegeben: Der 51-jährige Uhuru Kenyatta, zuvor Vize-Premierminister und Ex-Finanzminister, Sohn des ersten Präsidenten und Staatsgründers Jomo Kenyatta, war der gewählte vierte Präsident von Kenia. Er erzielte mit 50,7 Prozent (6,2 Millionen Stimmen) bereits im ersten Wahlgang die absolute Mehrheit von 50 Prozent und besiegte damit seinen Erzrivalen, Premierminister Raila Odinga, der 43,2 Prozent der Stimmen auf sich vereinen konnte. »Heute feiern wir den Sieg der Demokratie und des Friedens«, sagte

Kenyatta nach der Verkündung des Wahlergebnisses.[308]

Somit blieb Raila Odinga, Sohn von Oginga Odinga, der unter Jomo Kenyatta Vizepräsident war, der ewige Zweite. Bei der vorangegangenen Wahl hatte er gegen Mwai Kibaki knapp verloren, was zu den schlimmen Unruhen führte. Die Wahl des Jahres 2013 war Odingas letzte Chance gewesen, Präsident zu werden. Laut Wahlkommission war alles sachgemäß, glaubhaft und transparent verlaufen, obwohl die internationale Presse von permanenten Pannen während der Auszählung berichtete.[309, 310]

»Der moderne Mensch wird in einem Tätigkeitstaumel gehalten, damit er nicht zum Nachdenken über den Sinn seines Lebens und der Welt kommt.«

Albert Schweitzer[311]

IM SUDAN

Im Sudan war ich eine »Khawaja«. Von Kinderhorden angebettelt wurde ich dort im Vergleich zu Westafrika allerdings nie. Die ehemals britische Kolonie rief am 1. Januar 1956 die Republik aus. Umgehend folgte ein fast 40 Jahre andauernder Bürgerkrieg. Indirekt ging es dabei immer um die Ölvorkommen im südlichen Teil des Landes. Unter George W. Bush wurde das Land zum »Schurkenstaat« erklärt. 1998 wurde hier von den US-Amerikanern eine Arzneimittelfabrik zerbombt, weil in ihr angeblich Nervengas hergestellt wurde. Das stellte sich später als Falschmeldung heraus. Es handelte sich vielmehr um einen Vergeltungsschlag für Anschläge auf US-Botschaften in den Nachbarländern Kenia und Tansania.[312]

Am 9. Juli 2011 erlangte der Südsudan seine endgültige Abspaltung vom Sudan und wurde damit das 54. Land Afrikas. Im Südsudan liegen die größten Erdölvorkommen. Seit der Abspaltung versinkt der Staat im totalen Chaos.

Die Symphonie des Erwachens

Es war kurz nach 6 Uhr morgens. Khartum, die Hauptstadt des Sudan, lag noch im tiefen Schwarz der Nacht, die Sternenkuppel leuchtete hell. Es herrschte Stille. Ich schlief noch tief, zumal ich erst gerade im Sudan angekommen war. Da begann der erste Teil, der erste Ton der gesungenen Sure aus dem Lautsprecher des Minaretts der Moschee gegenüber dem Hotel auf mich einzuwirken. Ich war schlagartig wach. Der Muezzin brummte seine Zeilen vor sich hin und weitere Muezzins – in anderen Moscheen überall in der Stadt – stimmten in das frühmorgendliche Gebet mit ein. Der anschwellende Gesang breitete sich wie eine Welle über die Stadt aus. Das Zentrum stellte die Moschee dar, die meinem Zimmer gegenüberlag. Man konnte sich das Ganze vorstellen wie einen Stein, den man ins Wasser wirft und eine sich kreisförmig ausdehnende Welle verursacht. So empfand ich diesen gläubigen Gesang, das gesungene Gebet, das ich mittlerweile aus so vielen afrikanischen Ländern kannte. Der Ton schwoll immer mehr an, alles vibrierte und schien zu summen – wie ein riesiges Bienenvolk. Immer noch herrschte tiefschwarze Nacht. Ich war aufgestanden und setzte mich auf den kleinen Balkon des Hotelzimmers, um die großartige Stimmung in mich aufzunehmen, diesen vibrierenden Ur-Ton, das Om.

Alle Wirklichkeit verschwamm. Als ich so vor mich hinträumte und mich von den Klangwellen in einen riesigen Ozean aus Wüstensand hinaustragen ließ, begann der zweite Teil der Symphonie. Das Solo. Der Hahn. Er krähte urplötzlich aus vollem Hals gegen das Summen über der Stadt an: »Hört ihr mich? Ich singe das gleiche Lied. Auch ich bete.« Es war faszinierend, wie sich dieser Hahn mit seiner Stimme Raum verschaffte.

Während die Moscheen und der Hahn langsam zu einem Ende kamen und über der Stadt die

Morgendämmerung hereinbrach, begann der übermächtige Chor der Vögel, den neuen Tag willkommen zu heißen. Das Vibrieren war vorbei, ihre Stimmen waren dafür umso klarer. Nun mischten sich vereinzelt Motoren, Generatoren und Klimaanlagen in die Klangwelt und überdeckten den Gesang der Vögel.

Es wurde hell in der Stadt, und die Tauben vor meinem Fenster brachten mit tiefem Gurren die Symphonie zum Abschluss. Die Musik verlor sich in den üblichen Geräuschen einer Großstadt, übertönt vom Lärm der Flugzeuge, die im Tiefflug an meinem Zimmer vorbeiflogen, um auf dem Flugplatz inmitten der Hauptstadt zu landen. Jetzt war ich hellwach. Was war das für ein Spektakel! Der Beginn so fantastisch, mystisch und heilig. Das Ende so real, mechanisch und bleiern.

Es war Freitag, der Gebetstag der Muslime. Es war, wie meist, ein sonniger Tag. Und es war, wie beinahe immer, ein heißer Tag. Ein neuer Tag brach an in jener Stadt, in der sich seit jeher der Blaue und der Weiße Nil vereinen, um gemeinsam ihren Weg zum Meer fortzusetzen. Der Hahn schrie ein letztes Mal gegen die Realität an, welche die Illusion der Dämmerung abgelöst hatte. Schon flog die nächste Maschine ein. Es brummte und vibrierte wieder, nur eben anders. Und doch, alles wird gut, inschallah!

Der tägliche Kampf mit der Nahrungsaufnahme

Jeden Morgen gegen elf Uhr gab es im Büro in Khartum »Frühstück«. Ich war wieder einmal die Frau, die bei den Männern aß, aber das war ich ja mittlerweile gewohnt. Was gab es dort als Mahlzeit? Die Grundlage bildete ein Mus aus roten Bohnen, das auf einer Platte ausgebreitet wurde. Darüber wurde dann mindestens ein Viertelliter Sesamöl gegossen, das im Sudan hergestellt worden war. (Seitdem nehme ich, wenn möglich, nur noch Sesamöl zu mir.) Dazu wurden Joghurt mit viel frischem Knoblauch und, je nach saisonaler Verfügbarkeit, Tomaten, Gurken, Karotten und Ruccola-Salatblätter gereicht. Dann gab es noch ein paar Rühreier für alle obendrauf und von Zeit zu Zeit auch Fleisch mit Soße. Wer wollte, konnte auch noch eine frische Paste aus Chilischoten hinzufügen, die extrem scharf war.

Die Kombination des eben Dargestellten war meist ziemlich flüssig. Nun kam die Hürde: Es gab weder Messer noch Gabel noch Löffel, sondern nur Fladenbrot, mit dem ich versuchte, mit den Kollegen um die Wette Flüssiges aufzusaugen und so schnell wie möglich in den Mund zu befördern, bevor die Schwerkraft siegte.

Als ob diese Herausforderung nicht schon groß genug gewesen wäre, gab es noch ein weiteres Problem zu bewältigen. Dazu muss ich erklärend hinzufügen, dass ich Linkshänderin bin und nie umerzogen wurde. Entsprechend ungelenk ist meine rechte Hand. Nun war ich zudem wieder in einer Region der Welt, in der die linke Hand nicht im Essen landen sollte, wenn man sich nicht unbeliebt machen wollte. Alles in allem war also der Vorgang des Frühstückens etwas kompliziert für mich, aber ich genoss das morgendliche Essen trotzdem in vollen Zügen. Jeder musste für das Frühstück Geld bezahlen – außer mir. Ich war immer Gast. Das ist mir tatsächlich nur im Sudan passiert. Sonst habe ich stets für meine Kollegen bezahlt, was ich allerdings völlig normal fand, denn ich verdiente ja viel mehr als die einheimischen Kräfte. Lange Rede, kurzer Sinn: Die Gastfreundschaft der Sudanesen hat mich beeindruckt.

An einem der ersten Wochenenden im Sudan, als ich noch in Khartum weilte, war ich zusammen mit einer lieben Kollegin bei einem einheimischen Gutachter zum Essen eingeladen. Seine Wohnungseinrichtung bestand aus barocker Renaissance im Plastikzeitalter. Über Geschmack lässt sich bekanntlich streiten und ich wollte ja vom Essen erzählen.

Es gab drei verschiedene Sorten Fisch: Nilwels als ganzer Fisch, »Tilapia« (oder Buntbarsch) und Nilhecht, alles frittiert. Dazu Rohkostsalat und das typische Fladenbrot. Eine besondere Herausforderung für mich war der Nilwels. Nachdem ich den Fisch locker mit rechts auseinandergerissen hatte, hieß es: Augen zu und rein damit, Gräten hin oder her. Ich war so konzentriert bei der Sache in Hinblick auf das Fisch-Verschlucken wie ein Pelikan, sodass der Gastgeber dachte, er müsse der ausgehungerten Weißen schnell noch ein Stück Tilapia auf den Teller werfen, bevor diese noch Kopf und Schwanz vom Wels verschlucke. Was man in Benin tut. Der Buntbarsch schmeckte großartig, war auch nur eine Scheibe Fisch mit ein paar großen Gräten und daher durchaus elegant zu verzehren. Bevor ich abwinken konnte, flog schon der Nilhecht auf meinen Teller. Ich war so satt, wollte aber nicht unhöflich sein. So kämpfte ich auch noch den Fischfresser nieder.

Gleichzeitig sollte ich drei selbst gemachte Säfte probieren: Hibiskus-, Tamarinden- und Hirsesaft mit Gewürzen. Aber wie sollte ich ein Glas halten mit meiner rechten, bis zum Ellenbogen von Öl triefenden, fischverschmierten Hand? Ich durfte mir die Hände waschen gehen.

Danach schüttete ich alle Getränke in mich hinein; sie waren köstlich, ohne Frage. Abschließend trank ich noch den mit Zucker gesättigten Tee, wie ihn die Tuareg zu sich nahmen, und Kaffee mit Kardamom und Zimt.

Später am Tag konnte ich nur noch liegen! Das tat aber nichts zur Sache, denn ich hing ja nach wie vor im Hotelzimmer in Khartum fest, dort konnte ich sowieso nichts anderes machen.

Nichtregierungsorganisationen?

Ich arbeitete im Sudan für eine deutsche Nichtregierungsorganisation (NRO). Was heißt das in der Theorie genau? Per Definition bekommen diese Organisationen, im Gegensatz zu staatlichen, kein Geld vom jeweiligen Land, sondern finanzieren sich über Spenden von Privatpersonen oder Firmen. Dadurch sind Nichtregierungsorganisationen – der Theorie nach – dann aber auch nicht von politischen Vorgaben und Entscheidungen abhängig. Sie können damit eigentlich autonom agieren, könnte man meinen. Wie gesagt, das ist die Theorie!

In der Praxis mutieren die allermeisten Nichtregierungsorganisationen heute zu »Möchtegern-Dienstleistern«, die versuchen, sich auf dem »Gutachter-Schlachtfeld«, im gängigen Anglizismus »Consultancy« genannt, möglichst lukrativ zu positionieren, obwohl die Expertise oft fehlt. Jeder will ein Stück von der internationalen Torte abbekommen. Es herrscht ein Hauen und Stechen um Projekte. Das Ganze kommt einer Schlammschlacht gleich. Nur einmal so nebenbei gefragt: Wenn dem so ist, dürfte man sich dann eigentlich Nichtregierungsorganisation nennen? Was ist mit der Mission und der Vision, die sich so viele auf ihre Fahnen schreiben, die aber meist gar nichts mit der Realität zu tun haben?

Besagte NRO führte im Sudan in erster Linie humanitäre Hilfsprojekte durch, die von internationalen Geldgebern wie den Vereinten Nationen, der Europäischen Union oder dem deutschen Bundesministerium für wirtschaftliche Zusammenarbeit und Entwicklung (BMZ) finanziert wurden. Hierbei konnten die Nutznießer der Maßnahmen einen richtigen Reibach machen. In Krisengebieten wurden Nahrungsmittel und Kochutensilien nach Namenslisten an Bedürftige verteilt. Der Ansatz entwickelte die lokale Wirtschaft enorm. Hilfspakete avancierten zu den Hauptartikeln auf den lokalen Märkten. Das System wurde von Einheimischen, die pfiffig genug waren, zweckentfremdet, für eigene Absichten genutzt. Zuerst ging man unter falschem Namen zu mehreren Ausgabestellen, um danach die dort erhaltenen, so bezeichneten Hilfspakete zu verkaufen. Das war allerdings schon immer so. Als ich das erste Mal im Niger war, gab es in den kleinen afrikanischen »Boutiquen« immer Ölsardinen in Dosen zu kaufen, die als Spenden ins Land gekommen waren, was auch immer groß auf diesen Behältnissen vermerkt war. Indes interessierte es niemanden.

Es gab auch diverse Projekte, bei denen Infrastrukturmaßnahmen wie zum Beispiel in Form provisorischer Brücken, Zäune um Gemeindegärten, Impfgatter für die Rinder oder Getreidespeicher gebaut wurden. Gewiss: Hierbei war schon das ein oder andere Bauprojekt dabei, das nicht völlig verfehlt war, allerdings war kaum eines davon besonders nachhaltig. Musste es ja auch nicht sein. Die Projekte dauerten im Höchstfall zwei Jahre, meist sogar nur ein Jahr. Es gab eine Schlussevaluierung am Ende der Finanzierung. Ob dann in zwei oder fünf, geschweige denn zehn Jahren noch etwas von der Maßnahme zu sehen war, interessierte ebenfalls niemanden.

Es wurden auch Projekte realisiert, die von unterschiedlichen Geldgebern gemeinsam finanziert wurden. Diese hatten eine »nachhaltige Ernährungssicherung« zum Ziel und konnten eine Laufzeit von bis zu vier Jahren haben. Wieder gab es viel Geld, und die Dollarzeichen spiegelten sich in den Pupillen der mit den Projekten Verbundenen. Aus diesen Geldern wurde im Übrigen auch der bürokratische Wasserkopf der Organisation im Heimatland mitfinanziert.

Für ein solches Projekt war ich verantwortlich, im Osten, an der Grenze zu Eritrea und Äthiopien. Ich kam zu dem Projekt wie die Jungfrau zum Kind, gesteuert vom Willen Allahs, könnte man meinen. Eingestellt wurde ich, um ein anderes Projekt an der Grenze zum Südsudan von Khartum aus zu betreuen. Aufgrund des andauernden Bürgerkrieges war der Süden seit Jahren jedoch für Ausländer gesperrt. Dort liefen nur Projekte der sogenannten ersten Kategorie. Wie wir wissen, hatte ich keine praktische Erfahrung in Bereich »humanitärer Hilfe« – ich stellte es mir vielleicht deshalb nicht sonderlich kompliziert vor. Der Job wäre so etwas gewesen, wie eine ruhige Kugel in einem Schurkenstaat zu schieben. Die schob dann ein anderer.

Genau genommen hatte ich bereits damals von der Entwicklungshilfe die Nase gestrichen voll. Um alle Akteure in dem Geschäftszweig zu kennen, fehlte mir nur noch eine NRO. Zudem wollte ich unbedingt einmal an den Nil und schließlich im Westen des Sahel das Rote Meer erreichen, wo ich vor langer Zeit im Senegal am Atlantischen Ozean begonnen hatte. Ich hatte mich damit quer durch den ganzen Sahel gearbeitet und mir so einen guten Überblick verschaffen können.

Nun, wie ich wusste, kommt erstens alles anders, und zweitens, als man denkt. Für das besagte Landwirtschaftsprojekt im Osten wäre ein Kollege zuständig gewesen. Der war aber bereits vor Monaten krank ausgereist und schließlich auch nicht wiedergekommen. Für eine Frau, so hieß es zunächst einstimmig, sei es unmöglich, in dieser Region im Osten des Sudan zu arbeiten. Doch was wollte man tun? Der Posten musste besetzt werden. Nun gab es aber gerade vor Ort »nur« eine Frau, die den Job machen konnte und auch dumm genug war, sich darauf einzulassen. Zunächst musste ich auf eine Reisegenehmigung für das Inland warten, und zwar wochenlang. Das Visum, um überhaupt ins Land hineinzukommen, hatte, im Gegensatz zu allen anderen Ländern, noch länger gedauert. Deshalb saß ich auch so lange in dem Hotel fest. Man kann die Situation im Sudan in etwa mit der in der früheren Deutschen Demokratischen Republik (DDR) vergleichen. Alles, und das heißt auch wirklich alles, wurde überwacht, sodass ich zu einem gläsernen Menschen mutierte. Wahrscheinlich, so versuchte ich mich zu trösten, war es im Sudan auch nicht anders als in jeder anderen Militärdiktatur sonst irgendwo auf der Welt. Und heutzutage wahrscheinlich überall auf dem Globus.

So hatte ich mich in Khartum mit den vorhandenen Projektunterlagen beschäftigt und stellte fest, dass es sich eigentlich um genau das Gleiche handelte, was ich über all die Jahre hinweg in so vielen Ländern gemacht hatte. Wieder einmal ging es um die Kleinbauern und den Anbau von Hirse. Der markante Unterschied zu dem, wie ich sonst immer vorging und worauf die EU als Geldgeber bestand, war, dass das ganze System auf dem Privatsektor aufgebaut werden sollte.

Die Geldgeber

Nun zu den sogenannten Geldgebern, den »Donoren«: Für die Koordination und Durchführung unseres Projektes war ein Experte der Europäischen Union zuständig. Schon allein das Betreten des Hoheitsgebietes der Vertretung der EU im Sudan war ein absolutes Erlebnis. Es erinnerte mich umgehend an das Gelände mit dem Hochsicherheitszaun in Nigeria, welches das Agrarforschungsinstitut beinhaltete. So war er hier auch. Hoch und sicher. Draußen beim Pförtner musste man all seine Papiere abgeben, meine Identität war dahin.

Wir stellen uns die Szene jetzt rückblickend einmal bildlich vor: Ich stand auf einer typischen Hauptstraße – nicht so schlecht geteert wie in den diversen Nachbarländern – in einer der heißesten Hauptstädte der Welt. Das Umfeld war knochentrocken und staubig. (Man kann unter diesen Lebensbedingungen leicht eine Staublunge bekommen. Das fiel mir ein, weil ich aus einer ursprünglichen Bergbauregion stamme.) Beim Durchgang durch die erste Stahltür in der

Sicherheitsmauer des Forts verließ ich den afrikanischen Kontinent und kam in Europa heraus. In dieser anderen Welt stand ich in einem großen parkähnlichen Garten mit sattgrünem Rasen, der von mehreren Rasensprengern bewässert wurde – wahrscheinlich rund um die Uhr. Nochmals kurz zur Erinnerung: Wir befanden uns in der Sahelzone an der Grenze zur Sahara. Thematisiert wurde die Wasserknappheit im Sudan, unter welcher der Großteil der Bevölkerung bis heute extrem leidet, in fast allen Projekten.

Beim Betreten des Gebäudes fühlte ich mich an das Einchecken an einem großen internationalen Flughafen erinnert. Ich wurde durchleuchtet, durchsucht, abgetastet, als wäre ich eine Gefahr. Ach nein, durchleuchtet wurde ich ja gar nicht. Das riesige Gerät – das für Flughäfen typisch war – stand zwar protzig da, funktionierte aber nicht. Hier musste ich dann auch noch mein Telefon herausrücken. Somit hatte ich alles abgegeben, mit dem man sich hätte ausweisen können. Und das, obwohl ich Bürgerin der Europäischen Union war und zu Hause über alle Grenzen kam, ohne dass mich noch irgendjemand kontrollierte.

Anschließend mussten wir einige Zeit in der Eingangshalle im Wartebereich Platz nehmen – bis uns jemand abholte. Wir wurden vorbei an den Flaggen der Mitgliedstaaten der EU geführt, über lange Treppen und Flure. Die Situation erinnerte sehr an typische Ämter überall in der Heimat. Schließlich wurden wir in einen kleinen Sitzungssaal geleitet, in dem gefühlt und sehr passend die Außentemperatur von Brüssel im Spätherbst herrschte, während draußen in der realen sudanesischen Welt 45 Grad Celsius im Schatten zu verzeichnen waren.

Der zuständige Experte erklärte uns zunächst einige Aspekte bezüglich des neuen Projektes, wobei er darauf hinwies, dass bestimmte Vorbereitungen bereits pro forma angelaufen waren. Danach beschwerte er sich, an meine sudanesischen Kollegen gerichtet, kurz und heftig über die sehr schlechte Arbeit der deutschen NRO, für die wir tätig waren. Meine Kollegin nahm dies ohne jegliche Reaktion hin. Dann raunte er mich von der Seite an, dass dieser Job für eine Frau nichts sei. Ich gab zurück, dass der Fehler, den meine Eltern vor 50 Jahren begangen hätten, nun nicht mehr gutzumachen sei. Diese meine Antwort machte den EU-Beamten sprachlos. Rückblickend betrachtet muss ich ihm recht geben, dass der Job für eine Frau ohne jegliche Unterstützung aus der Hauptstadt wirklich nicht zu machen war. Doch damals wusste ich das noch nicht. Kurz darauf verließ dieser Experte den Sudan.

Da allzu viele Projekte über Jahrzehnte hinweg ineffektiv und ineffizient waren, kaum Resultate zeigten, geschweige denn nachhaltig waren, hatte die EU eine Gutachterfirma angestellt, die das landwirtschaftliche Großprojekt in vier Staaten, durchgeführt von vier unterschiedlichen NGOs, koordinieren sollte.

Bei den Gutachtern waren wir am folgenden Tag. Auch dort herrschte im Sitzungsraum Kühlschranktemperatur. Zu Besuch war gerade ein »Senior Agricultural Economist« aus dem Mutterhaus in England, der aufgrund seiner Hautfarbe scheinbar zunächst klarstellen musste, dass er kein Afrikaner, sondern »british« sei. Er erklärte uns die Arbeitsweise der Gutachterfirma und dass sie zu 100 Prozent profitorientiert agiere. Ich müsse daher solche Faktoren wie

Effizienz, Effektivität und vor allem Gewinnmaximierung (für den Geldbeutel der Firma) im Blick behalten. Ich kam mir vor, als würde ich jetzt für eine Versicherung arbeiten.

Die Zielgruppe, die »Kleinbauern«, wurde bei dem Gespräch mit keinem Wort erwähnt. Es ging einzig und allein darum, wie die Vorgaben der EU eingehalten werden könnten. Beim Abschied begleitete uns der »Native African« zur Tür. Da konnte ich mir einen Kommentar nicht verkneifen: Es sei ja schön und gut, dass die Gutachterfirma in ihrem Portfolio »profit oriented« sei, ich aber hätte eine etwas andere Einstellung. Ich sei tatsächlich im Sudan, weil ich dazu beitragen wolle, dass sich das Leben dieser Bauern verbessere, so wie sie es sich wünschten – und nicht die Geldgeber. Was im Kopf meines Gegenübers in diesem Moment vor sich ging, wusste ich nicht. Ich vermutete aber, dass es etwas war, über das der »Spiegel«-Korrespondent und Asien-Experte Tiziano Terzani in seinem Buch »Noch eine Runde auf dem Karussell« Folgendes geschrieben hatte: »Manchmal, wenn ich die eleganten Herren mit ihren Köfferchen aus feinstem Leder die großen, berühmten Gebäude in der 5th Avenue oder der Wall Street betreten sah, kam mir der Verdacht, dass dies die Leute waren, vor denen man auf der Hut sein sollte. In diesen Köfferchen mochten sich als ›Entwicklungsprojekte‹ getarnte Pläne für oft sinnlose Staudämme befinden, giftige Chemiefabriken, gefährliche Atomkraftwerke ...«[313]

Kassala

Nachdem ich endlich die Reisegenehmigung von der Sicherheitsbehörde bekommen hatte, machte ich mich mit meiner altgedienten Aluminiumbox auf in den Ostsudan. Wie viele Male und durch wie viele Länder Afrikas war ich mittlerweile schon mit dem Pick-up kreuz und quer durch den Kontinent gefahren? Die geografische Grundstruktur war in der Sahelregion von West nach Ost quer über den den ganzen Kontinent hinweg die gleiche; es gab dieselbe Vegetation, dieselben Gesteinsformationen. Während meiner Reise ging es eine ganze Zeit entlang des Nils. Wie lange hatte ich schon davon geträumt?! Was war das für ein erhabenes Gefühl, diesem uralten Fluss zu folgen, der schon so vieles gesehen und erlebt hatte. Jedes Mal, wenn ich später mit Belo, einem unserer Fahrer, nach Khartum fuhr, machten wir immer am Nil-Ufer Station, um einen Tee zu trinken. Nur so nebenbei: Im Sudan herrschte aufgrund der Scharia Alkoholverbot, es gab also kein Bier in einem Biergarten am Fluss, sondern Tee wie bei den Tuareg oder arabischen Kaffee. Ansonsten gab es natürlich überall Cola und andere Zuckergetränke zu kaufen – wie auch in allen Ländern zuvor. Irgendwann während der Fahrt ging es dann rechts ab, über den Nil hinweg Richtung Osten.

Die Straßen im Sudan waren im Vergleich zu denen des französischsprachigen Nachbarn Tschad wirklich sehr gut, fast so gut wie in Ghana. Auch hier waren wir einen ganzen Tag lang unterwegs, bis endlich das Ziel Kassala erreicht war. Apropos Kassala: Wenn ich mit Belo nach einem Termin oder Einsatz auf dem Rückweg noch circa 100 Kilometer von diesem Ort entfernt war, machten wir ein Spiel. Gewinner war, wer als Erster den Berg am Horizont erblickte. Bei blauem Himmel sah man ihn schon von Weitem, in der Trockenzeit erschien der Berg aufgrund der Sandstürme erst kurz vor der Stadtgrenze. Die Felsen sind Ausläufer des äthiopischen Hochlandes. Die Stadt liegt direkt auf der Grenze zu Eritrea. Früher gehörte dieser Teil des Sudan zu Abessinien, dem heutigen Äthiopien.

Vor Ort wurde ich fürs Erste wieder in ein Hotel verfrachtet. Es bestand aus Plastik-Wohncontainern mit Teppichboden. Wahrscheinlich stammte es aus derselben Zeit wie das Hotel in Maiduguri in Nigeria. Nahm man die alte Klimaanlage in Betrieb – vorausgesetzt, dass es Strom gab –, vibrierte der ganze Plastikkasten inklusive des Bettes. Zudem gab es wieder einmal Kakerlaken ohne Ende. Auch wenn man es kaum glauben mag: Manchmal vermisse ich sie, waren sie doch über so lange Zeit hinweg integraler Bestandteil meines Lebens.

Ich erinnere mich genau an meinen ersten Tag im Büro, als ich das Team kennenlernte. Es hatte ein Willkommensfrühstück für mich vorbereitet. Wie bei den Tuareg empfand ich auch hier von Anfang an eine tiefe Verbindung zu diesen Menschen. Es entwickelte sich ein wunderbares Arbeitsklima, und jeder kam gern zur Arbeit. Mein einheimischer Stellvertreter brachte irgendwann auch noch einen kleinen Hund mit, der mein dritter wurde (nach Libby aus Benin, die nach Deutschland auswanderte, und Ichman, der irgendwann einmal tot am Flughafen von Agadez lag). Was hätte ich ohne diesen treuen Weggefährten, der den Namen Lucky erhielt, getan?

Nach einem Monat in diesem unsäglichen Plastikcontainer hatten wir eine kleine möblierte Wohnung für mich gefunden. Sie kostete vergleichsweise so viel wie eine Luxuswohnung in München. Es gab aber keine Alternative. Die

Wohnung lag in einem zweistöckigen Gebäude in der oberen Etage. Es handelte sich um zwei winzig kleine Zimmer, die mit wahren grün-goldenen Brokatvorhängen mit Troddeln an den Fenstern und einem Chaiselongue à la Louis XIV. ausgestattet waren. Wahrscheinlich aber war diese Einrichtung doch eher dem arabischen Wohnstil nachempfunden worden.

Dummerweise gab es in Kassala während der Trockenzeit ein erhebliches Problem. Es wurde so unerträglich heiß, dass sämtliche Ämter und Büros die Klimaanlagen einschalteten. Das verkraftete das Stromnetz nicht und brach zusammen. In der Folge gab es auch kein Wasser mehr. In der Wohnung fiel die Temperatur dann niemals unter 39 Grad Celsius. Irgendwann konnte ich diese Hitze nicht mehr ertragen und zog kurzerhand ins Büro auf eine Pritsche neben meinem Schreibtisch. Wir suchten danach lange überall nach einem neuen Bürogebäude und fanden schließlich einen Neubau. Er gehörte einem Schmuckhändler in der Stadt. Der hatte das ganze Gebäude rosa anstreichen lassen. Auch hier gab es die beinahe für neue Gebäude obligatorisch zu nennende Mauer mit Stacheldraht. Ab jetzt lebte ich mit Lucky hinter einem dieser ominösen Zäune in Afrika.

Flüchtlingsthematik

Es gibt zwei Hauptfaktoren, die heutzutage Flüchtlingsströme hervorbringen, die seit dem Jahr 2015 auch vermehrt Europa erreicht haben: Erstens ist hier der Klimawandel zu nennen, der sich weltweit besonders in den Trockengebieten der Erde auswirkt, wo sich Dürren und Missernten fast alljährlich wiederholen. Der zweite Faktor resultiert aus den seit Jahren andauernden Kriegen und den sich daraus ergebenden Verfolgungen, die in vielen Ländern immer größere Flüchtlingsströme hervorrufen. Es ist notwendig zu erwähnen, dass es sich hierbei keineswegs um ein neues Phänomen handelt. Bereits 1990 veröffentlichte die BBC die Produktion »Der Marsch« von David Wheatley, die, rückblickend betrachtet, geradezu visionär die Problematik schilderte, die zu lange ignoriert wurde und jetzt kaum mehr zu kontrollieren ist. Damals wie heute mach(t)en sich darbende Afrikaner aufgrund der vorherrschenden ökonomischen wie ökologischen Krisen auf den Weg nach Europa. Weil sie keine andere Wahl hatten respektive haben. Der Treck wird aktuell immer länger. In prophetischer Weise schildert die fiktive Story der BBC-Produktion die Reaktionen der Beamten in Brüssel und wie die Menschen das Mittelmeer erreichen. Der Film ist unbedingt empfehlenswert und stellt ein Lehrstück mit Gänsehautcharakter dar.[314]

Obwohl es die sogenannten Wirtschaftsflüchtlinge nun schon seit mehr als zwei Jahrzehnten gibt, ist ihre Anzahl mittlerweile explosionsartig angestiegen. In den diversen Krisenherden fliehen die Menschen zunächst innerhalb eines Landes von einer Region in eine andere. Diese Gruppe heißt im Fachjargon des internationalen Flüchtlingshilfswerks UNHCR »Internally displaced«, also »Intern Vertriebene«, »IDPs«.[315]

Viele der Geflüchteten, meist die Frauen und Kinder, bleiben in den Flüchtlings-Camps im Sudan oder in Kenia, die sich später zu informellen Städten entwickeln. Aus Not, Verzweiflung und der Hoffnung, irgendwo eine bessere Welt zu finden, machen sich die Männer auf den Weg in die Nachbarländer. Wenn Landesgrenzen überschritten werden, handelt es sich um »Refugees«, Flüchtlinge. Laut UNHCR waren Ende 2019 weltweit 79,5 Millionen Menschen auf der Flucht, etwa 40 Prozent davon Kinder unter 18 Jahren. 85 Prozent dieser Flüchtlinge befinden sich in Lagern in Entwicklungsländern. Die Türkei beherbergt mit 3,6 Millionen die größte Anzahl von Flüchtlingen.[316]

In den seltensten Fällen hat die Flucht eines Menschen wirtschaftliche Gründe, meist geht es hierbei ums nackte Überleben. Menschen auf der Flucht werden zu Heimatlosen. Dort, wo sie herkommen, konnten sie nicht bleiben, weil sie verjagt wurden. Doch dort, wo sie hingehen, will sie auch keiner haben – in dieser Welt ein beinahe unlösbarer Widerspruch.

Aus Angst vor den nicht enden wollenden Menschenmassen, die nach Europa drängen, haben sich die deutsche, französische und englische Regierung dazu entschlossen, äußerst fragwürdige »Deals« mit Diktatoren in sogenannten Schurkenstaaten einzugehen. Zum Beispiel lief während meines Sudan-Aufenthaltes gegen den damals noch amtierenden Präsidenten des Sudan, Umar al-Baschir, ein Verfahren am Internationalen Gerichtshof in Den Haag.

Ende 2013, also nach der Gründung der »Task Force Mittelmeer« und nach der Katastrophe vor Lampedusa, bei der 359 Menschen ums Leben kamen, trafen sich in Rom ranghohe Vertreter 58 afrikanischer und europäischer Staaten, welche die »Khartum-Erklärung«[317] verabschiedeten, die zum Inhalt hatte, Flüchtlinge bereits in Afrika festzusetzen. Dieser Prozess besteht aus einer Kooperation zwischen der Europäischen

Union und Herkunftsländern wie Äthiopien, dem Sudan, Eritrea, dem Südsudan, Somalia und Kenia sowie nordafrikanischen Transitländern wie Libyen, Ägypten und Tunesien. Rund 81 Millionen Euro hat die EU bis 2022 für das »Better Migration Management« am Horn von Afrika bereitgestellt, wobei ein Großteil des Betrages die Deutsche Gesellschaft für Internationale Zusammenarbeit (GIZ) übernimmt.[318, 319]

Die Migration am Horn von Afrika sowie der Menschenhandel sollen mit dem Ziel bekämpft werden, die Flucht über das Mittelmeer nach Europa zu stoppen. Der damalige Bundesinnenminister Lothar de Maizière mahnte in Rom, Flüchtlingspolitik dürfe nicht erst an den Grenzen Deutschlands beginnen. Tatsächlich geht es allerdings um skrupellose Auslagerungsstrategien, »Migrationsmanagement« genannt, und um ein Grenzmanagement zur Fluchtverhinderung nach Europa durch Trainingsmaßnahmen für Militär und Polizei, geplant und durchgeführt mithilfe autoritärer, von Diktatoren und Despoten regierter Staaten, wie es der Sudan, der Südsudan und Eritrea sind. Die Menschenrechte werden dabei ausgeblendet. Den wahren Ursachen für die Migration dieser Menschen sowie deren Beseitigung wird in diesem Prozess keinerlei Beachtung geschenkt. Wieder einmal werden nur Symptome behandelt beziehungsweise bekämpft.[320, 321, 322]

Oder wie das niederländische Clingendeal-Institut feststellte: »Ohne seine Fallstricke anzugehen, ist der Khartum-Prozess in seiner jetzigen Form wahrscheinlich nur ein weiteres Instrument in einer langen Reihe von Instrumenten für Europa, einer größeren moralischen und physischen Verantwortung für die globale Migration auszuweichen.«[323]

Unter anderem sollen Grenzbeamte dazu ausgebildet werden, Zäune mit Überwachungsanlagen entlang der Grenze des Ostsudan und Internierungslager im Sudan zu errichten. Hintergrund ist, Eritreer und Äthiopier im Sudan festzuhalten und so daran zu hindern, bis nach Europa vorzudringen. Neben Syrern und Afghanen kamen im Jahr 2015 auch Eritreer und Äthiopier in Deutschland als Asylsuchende an. Während 2015 ein nicht unbedeutender Teil aller Geflüchteten, die nach Italien gelangten, aus Eritrea stammte, waren es 2019 nur noch einige wenige. Im vorausgehenden Jahrzehnt sind mehr als eine halbe Million Menschen aus Eritrea geflohen, die allermeisten in den Sudan. Viele sind dort Tagelöhner ohne Arbeitserlaubnis.[324]

An dieser Stelle ist interessant zu erwähnen, dass der Sudan derzeit die meisten Flüchtlinge der Welt beherbergt. Im Westen des Sudan, in Darfur, befinden sich aufgrund des langjährigen Bürgerkriegs vorwiegend intern Vertriebene, in den Osten des Landes gelangen die Flüchtlinge aus den Nachbarländern Äthiopien und Eritrea und im Süden werden die Flüchtlinge, die aus dem Südsudan stammen, aufgenommen. Rund eine Million Menschen suchen als Flüchtlinge im Sudan Schutz, 80 Prozent davon stammen aus dem Südsudan. Hinzu kommen rund 2,5 Millionen Binnenvertriebene; weitere 787.000 Sudanesen sind ins Ausland geflohen. Etwa 70 Prozent der Flüchtlinge und Binnenvertriebenen leben in den Trockengebieten in großer Existenznot, 33 Prozent davon sind Kinder.[325]

2017 hat die EU mit der Regierung des Sudan das »Regional Operational Center Khartum«

(ROCK) – ein Geheimdienstzentrum – ins Leben gerufen, um Daten über Migrationsströme in Ostafrika zu sammeln und um Schlepperbanden zerschlagen zu können. 2019 gründete die Afrikanische Union ein ebensolches Zentrum, mit der EU als Geldgeber. Seitdem die Fluchtwege nach Libyen trotz all der europäischen Initiativen tatsächlich zumeist aufgrund des Bürgerkrieges zusammengebrochen sind, öffnen sich wieder andere Pforten, die durch den Tschad nach Algerien oder Marokko führen.[326]

Seit dem Jahr 2003 dauert der Darfur-Konflikt an, der zwischen Bauern und Hirten aus dem Norden und der Regierung in Khartum stattfindet. Wie in anderen Sahelländern auch forderte der vernachlässigte Norden mehr staatliche Unterstützung. Stattdessen wurden Millionen Menschen vertrieben oder getötet. Hunderttausende mussten vor Gewaltausbrüchen militanter Rebellen in den Tschad flüchten, wo 2020 noch immer 360.000 von ihnen in informellen Siedlungen lebten. Von Menschenrechtsverletzungen sowie blinder Zerstörungswut und Massakern an der Zivilbevölkerung war die Rede. Ursprünglich war Darfur ein großes Zentrum für den Handel mit schwarzafrikanischen Sklaven. Viele interkulturelle Probleme in der Region resultieren aus dieser Zeit. Und wieder schließt sich der Kreis.[327]

Ein weiteres Problem, das durch das Bevölkerungswachstum und die sich jährlich wiederholenden Dürren verschärft wird, ist der Konflikt zwischen sesshaften Bauern und nomadisierenden Hirten um die immer knapper werdenden Ressourcen Wasser und Land. Die weiter fortschreitende Verwüstung ganzer Regionen, in die über 20 Jahre hinweg viele Milliarden an Entwicklungshilfe zur »Desertifikationsbekämpfung« flossen, haben nicht nur langfristig nichts bewirkt, sondern die Konflikte von Jahr zu Jahr nicht nur im Sudan, sondern auch in anderen Sahelländern wie dem Tschad, dem Niger oder in Nigeria noch verschärft. Die Menschen im Sahel sind gezwungen, zu migrieren, da ein menschenwürdiges Leben in ihrer Heimat heute nicht mehr möglich ist.

Ich erinnere mich noch genau daran, dass ich vor bestimmt zehn Jahren einen Kurzfilm spät nachts im Fernsehen sah, der mich sehr bewegte: In ihm fuhr ein Vater mit seiner kleinen Tochter auf einer Vespa in Italien – es kann Lampedusa gewesen sein – ans Meer. Dort angelten die beiden. Nach einiger Zeit hatten sie ein paar Fische gefangen. Der Vater ließ sie unberührt im Wassereimer stehen, legte sich hin und machte ein Mittagsschläfchen. Das Mädchen entzündete ein kleines Feuer und grillte einen der Fische. Plötzlich wurde der Vater wach, sah, was geschah, trat das Feuer aus, warf den Fisch weg und schlug das Kind aus mir unerfindlichem Grund. Die übrigen Fische wurden weggeworfen. Danach sah man die beiden mit der Vespa davonfahren. Im Abspann war zu lesen, dass mittlerweile täglich so viele Menschen auf der Flucht im Mittelmeer ertrinken würden, dass die Fische sich nunmehr von Menschenfleisch ernährten. Aus diesem Grund würden die Einheimischen die Fische nicht mehr essen …

Zum Thema der Flüchtlinge möchte ich nochmals das Clingendeal-Institut zu Wort kommen lassen: »Solange Menschen, die vor individueller und struktureller Verfolgung und wirtschaftlicher Not fliehen, nicht sicher und legal nach Europa kommen können, werden sie weiterhin

Schmuggler bezahlen, den Menschenhandel riskieren und in der vergeblichen Hoffnung auf ein besseres Leben seeuntüchtige Boote besteigen.«[328]

Martin Caparros‘ Buch »Hunger«[329]

Bei der Auseinandersetzung um Boden und Wasser trifft es, wie so oft, vor allem wieder einmal die armen Bauern, die es mit ihren vorsintflutlichen Harken gerade einmal schaffen, so viel anzubauen, dass es zum Überleben reicht. Wenn sich das Klima ändert, hungern sie. Der Autor Martin Caparros beschreibt in seinem Werk »Hunger« noch ein weiteres, die Situation verschärfendes Problem, nämlich dass ein Sudanese heutzutage für ein Kilogramm Hirse auf dem einheimischen Markt das bezahlen muss, was die gleiche Menge Hirse im US-amerikanischen Chicago kostet – und das, obwohl zwischen dem Sudan und den USA Welten liegen, die vor allem das Einkommen betreffen. Caparros stellt fest, dass so Hunger generiert wird. Gar nichts zu essen zu haben sei heute mehr denn je das Resultat eines Weltmarktes, der konzentriert, kontrolliert, ausschließt, aushungert. Dabei übersteigt die weltweite Produktion an Nahrungsmitteln bei Weitem den realen Bedarf der 7,4 Milliarden Menschen auf der Welt.

Caparros schreibt weiter, dass mehr als eine Milliarde Menschen hungern, während von den zwei Milliarden, die in der reichen Welt beheimatet sind, ein Großteil der Nahrungsmittel weggeworfen wird. Das Wort Hunger würde von überkorrekten Fachleuten sehr gern vermieden. Stattdessen gebrauchen sie bürokratische Worthülsen: Mangelernährung, Unterversorgung, Nahrungsunsicherheit – Begriffe, die dem Leser den Blick verstellen würden. Die Mangelernährung führt dann zu einer verkürzten Lebensdauer. Hungernde Schwangere bringen geschwächte und anfällige Kinder zur Welt. Ein Teufelskreis. Caparros: »Die FAO [Ernährungs- und Landwirtschaftsorganisation der Vereinten Nationen] hat es geschafft, die Anzahl der Unterernährten in der Welt deutlich zu verringern, indem sie die Berechnungsmethode verändert hat. Das hat sie schon öfter getan. In einem 1974 veröffentlichten Bericht gaben die Experten die Zahl der 1970 Hungernden mit 460 Millionen an. Das entsprach mehr oder weniger den Berechnungen anderer Organisationen, etwa der Weltgesundheitsorganisation oder von UNICEF. Man prognostizierte, dass sie innerhalb von etwa zehn Jahren auf 800 Millionen ansteigen könnte; 1989 bestätigte sich die Vorhersage: Es gab, so die Verlautbarungen, nun 796 Millionen Hungernde. Doch 1990 revidierte die FAO alle vorhergehenden Berechnungen. Es hieß, die statistische Methode sei fehlerhaft gewesen, jetzt wisse man, 1970 habe es nicht 460 Millionen Hungernde gegeben, sondern mehr als das Doppelte: 941 Millionen. Und das führte zu der Aussage, dass der damals aktuelle Stand von 786 Millionen – wir reden vom Jahr 1990 – keine Zunahme der Hungernden bedeutete, sondern, im Gegenteil, eine Reduktion: ein großer Erfolg.«

Die Revolution der Frauen

Nach monatelangen Protesten wurde der sudanesische Diktator Umar al-Baschir am 11. April 2019 vom Militär des Landes verhaftet. Damit erlebte eines der militantesten und korruptesten Länder der Welt tatsächlich einen erstaunlich friedlichen Umsturz.

Nach der Verhaftung wurde das Land von einer Militärübergangsregierung geleitet. Aber das Volk – allen voran die Frauen – wollten eine Zivilregierung installiert sehen und so demonstrierten Hunderttausende im ganzen Land weiter. Anders als beim Arabischen Frühling 2010 lag hier die Hauptrolle bei den Frauen, die sich emanzipieren wollten, um der bisherigen Unterdrückung und Erniedrigung zu entgehen.

Das Land war bis 1956 britische Kolonie. Am 30. Juli 1989 putschte sich Umar al-Baschir an die Macht und installierte eine Militärdiktatur. Fast 30 Jahre herrschte der Autokrat in einem Militär- und Polizeistaat mit der Scharia als dem islamischen Rechtssystem. Über einen Großteil seiner Regierungszeit befand sich der Sudan im Bürgerkrieg: Der Nord- und der Südsudan bekämpften einander. Im Juni 2011 trennte sich der Süden schließlich vom Norden ab und wurde damit der jüngste Staat Afrikas. Auf dem Gebiet des Südsudan befinden sich die Rohstoffe – vor allem das Erdöl. Seit der Abspaltung sind internationale Streitigkeiten um dieses Erdöl entbrannt, während das Land und seine Bevölkerung im Chaos versinken. Durch die Abspaltung hat der Norden fast alle wirtschaftlichen Ressourcen verloren.

Die folgende Schilderung der Geschehnisse im Sudan seit dem Dezember 2018 wurde mir von meiner Kollegin und Freundin Azza Mustafa übermittelt.

Wie alles begann

Aufgrund der seit Monaten anhaltenden Benzinknappheit kam es Mitte Dezember 2018 zu vereinzelten Protesten im Norden des Sudan. Die Banken waren nicht mehr liquide, und man konnte pro Tag nur noch 300 bis 500 sudanesische Pfund abheben, das entspricht etwa sechs bis acht Euro. So bildeten sich an Tankstellen und Banken endlos lange Schlangen. Auch Brot war schwer zu bekommen. Als die Brotpreise immer weiter stiegen, kam es zu ersten öffentlichen Protesten. Auch der Arabische Frühling hatte so begonnen.

Als es am 25. Dezember 2018 zu Demonstrationen in der Hauptstadt Khartum kam, wurden die Menschen von der Sicherheitspolizei des Regimes brutal angegriffen. Aufgrund des massiven Einsatzes von Tränengas, zahlreicher Inhaftierungen und der Gewalt gingen die Proteste zuerst nur zögerlich weiter. In den ersten Reihen befanden sich Studentinnen der Ahfad Womens University in Khartum. Sie ließen sich von der Brutalität der Sicherheitskräfte nicht abschrecken. Seitens der Demonstranten wurde von Anfang an auf einen friedlichen, gewaltfreien Aufstand hingearbeitet. Über die Medien drang an die Öffentlichkeit, wie viele Studenten, Juristen und Journalisten inhaftiert worden waren, nachdem sie ihre Meinung in den Straßen Khartums zu vertreten suchten.

Im Januar 2019 klärten Aktivisten mithilfe von sogenannten Sensibilisierungskampagnen die Bevölkerung über den sich etablierenden Volksaufstand im Sudan auf. Trotz hohem Militär- und Sicherheitsaufgebot gingen die Proteste weiter. Die Brutalität, mit der die

Regierung gegen die Demonstranten vorging, wurde mit Mobilgeräten gefilmt und bahnte sich ihren Weg über das Internet weit über die Landesgrenzen hinaus. Das brachte die Regierung zusehends in Bedrängnis.

Bezüglich dieser für Khartum untypischen öffentlichen Demonstrationen verhielt sich ein Teil der Bevölkerung zurückhaltend. Viele hatten Angst zur Zielscheibe der Miliz zu werden. Es gab aber auch die, die für ihre Ideale, für Frieden und Freiheit in ihrem Heimatland brannten und bereit waren, dafür alles zu riskieren. Die zivilen Aktivisten verbreiteten weiter Informationen und forcierten den friedlichen Volksaufstand.

Wir dürfen in diesem Zusammenhang nicht vergessen, dass wir uns in einer der rigidesten Militärdiktaturen befinden, in der es zu jedem Zeitpunkt zu einem Massenmord an der Zivilbevölkerung hätte kommen können – in einem Land, wo jeder und alles von der Staatssicherheit überwacht und geahndet wird. Das habe ich am eigenen Leib erfahren.

Überall in der Stadt gab es unkoordinierte kleine Protestherde, bis die Sudanese Professional Assoziation (SPA) begann, Demonstrationen gezielt zu organisieren. In den sozialen Netzwerken meldeten sich Fürsprecher der Revolution zu Wort, wie etwa die in England lebende Ärztin Dr. Sarah Abdeljaleel. Die Demonstrationen wuchsen von Hunderten zu Tausenden von Menschen an, während die Brutalität, mit der die Regierungstruppen durchgriffen, ebenfalls stieg. Im Internet veröffentlichte Bilder zeigten Verhaftete, die brutal niedergeschlagen wurden. Auch vor den Frauen wurde nicht haltgemacht, sie wurden niedergeknüppelt und einige brutal vergewaltigt.

Das sudanesische Fernsehen verschwieg die Vorkommnisse im Land. Es gab keinerlei Nachrichten, die sich mit der aktuellen Situation befassten. Informationen gab es nur über die sozialen Netzwerke, wobei die Regierung versuchte, Falschmeldungen zu platzieren. Azza sagte mir, sie hätte während dieser Zeit immer große Angst gehabt, wenn sie das Haus verließ. Aber trotzdem demonstrierte sie weiter. Nicht für Benzin, auch nicht für Brot, aber für Freiheit und Gerechtigkeit.

Gedichte und Lieder wurden verfasst, um ein Nationalgefühl zu entwickeln und die Sudanesen zu animieren, an dem Volksaufstand teilzunehmen. Mädchen und Jungen, Frauen und Männer demonstrierten Seite an Seite. Seitens der Afhad-Universität für Frauen gab es auch weiterhin von ihnen angeführte Demonstrationen. Laut Azza waren die Frauen von Anfang an aktiv und präsent und konnten dadurch auch die Männer motivieren, weiter auf die Straße zu gehen und zu kämpfen. Zeitweise sah es sogar so aus, als protestierten mehr Frauen als Männer. Sie verließen in Kleingruppen das Haus und fanden sich an angekündigten Treffpunkten ein. Dort wurden sie in der Mitte des Protestzuges platziert, um sie vor Polizeiangriffen zu schützen. Das Regime versuchte gezielt, die Menschen zu verunsichern, indem sie Frauen und Mädchen fingen und quälten. Selbst das konnte die Frauen nicht abhalten, weiter auf die Straße zu gehen.

Die Regierung spielte nun die Glaubenskarte aus, in dem sie verlautbaren ließ, dass es

Frauen laut der Scharia nicht erlaubt sei, zu demonstrieren. Protestierende Männer, die man mit dieser Argumentation nicht erreichen konnte, wurden als Kommunisten bezeichnet. So versuchte man, Bevölkerungsgruppen gegen Demonstranten, die sich angeblich gegen den Islam stellten, aufzuwiegeln. Das führte allerdings dazu, dass am folgenden Freitag in Khartum Hunderttausende Sudanesen das Freitagsgebet gemeinsam auf der Straße vor dem Militärhauptquartier zelebrierten.

Bis Anfang März hatte das Regime 53 Menschen, davon eine Frau, getötet. Da der Sudan daraufhin international wegen seiner Brutalität in den Medien angeprangert wurde, ließ die Gewalt etwas nach, sodass vorerst keine weiteren Menschen mehr zu Tode kamen.

Der 6. April 2019 war der Wendepunkt. Eine Woche zuvor hatten die Menschen begonnen, sich immer wieder vor dem Militärhauptquartier und dem Verteidigungsministerium zu versammeln. Staatliche Sicherheitstruppen blockierten die Straßen zum Hauptquartier und stoppten Demonstranten mit Tränengas. Über Mobiltelefone wurden die Massen informiert, dass eine Seitenstraße am Flughafen offen sei. So konnten sie von hinten an das Militärhauptquartier herankommen. Die Menschen zeigten Entschlossenheit und waren nicht mehr aufzuhalten. Am Abend des 6. April 2019 wurde die Zahl der Demonstranten in Khartum auf mehr als eine Million geschätzt. Immer mehr Menschen kamen aus dem ganzen Land in die Hauptstadt und blieben auch nachts vor Ort trotz der verhängten Ausgangssperre. Es sollen zeitweise mehr als drei Millionen Demonstranten gewesen sein.

Der Umsturz

Am 11. April 2019 wurde Diktator Umar al-Baschir vom Militär gezwungen, zurückzutreten. Vizepräsident General Ahmed Awad Ibn Auf sollte umgehend die Macht übernehmen. Also gingen die Demonstrationen weiter auf die Straße, bis auch er zurücktrat.

Nun wurde ein Militärrat aus zehn Kommandanten geformt. Während dieser Zeit wurden immer wieder Demonstranten von regierungstreuen Milizen angegriffen, die sogar noch vom Militär geschützt wurden. Bei den Auseinandersetzungen kamen sechs Militärs und sechs Zivilisten ums Leben. Es wird vermutet, dass bis zu 4000 Menschen inhaftiert wurden, von denen die meisten nach dem Fall von al-Baschir freigelassen wurden.

Verhandlungen zur Bildung einer Übergangsregierung zwischen dem Militärrat (Transitional Military Council [TMC]), den Oppositionsparteien aus SPA und der Allianz für Freiheit und Wandel (Alliance for Freedom and Change [APC]), die sich im März 2019 zusammengeschlossen hatten, wurden abgehalten. Erste Vorschläge seitens des Militärrates wurden abgelehnt, da wichtige konstitutionelle Grundlagen fehlten und alles auf das islamische Rechtssystem der Scharia ausgelegt war. Einerseits zögerte der Militärrat die Verhandlungen hinaus, andererseits schlug er Neuwahlen in sechs Monaten vor, was bei der momentanen Lage kaum zu erreichen war.

Die Einmischung seitens der Europäischen Union und der Vereinigten Staaten war bis zu Beginn des Ramadans sehr gering. Beide beobachteten das Geschehen mit Abstand. Die Vorgänge seien interne Angelegenheiten des Sudan, hieß es. Internationale Geber sind im Sudan stark vertreten. Ausländische Mitarbeiter verließen das Land nicht, da sie zu keinem Zeitpunkt Ziel der Auseinandersetzungen waren. Allerdings sollen Saudi-Arabien, die Vereinigten Arabischen Emirate und Ägypten in die Geschehnisse involviert gewesen sein, da sie wollten, dass die Muslimbruderschaft im Sudan verschwindet. Außerdem kämpften laut Azza Zehntausende sudanesische Soldaten für Saudi-Arabien im Jemen.

Am 6. Mai 2019 begann der Fastenmonat Ramadan, der 30 Tage andauert. Die Demonstranten führten ihre Sitzblockaden in großer Hitze weiter – ohne tagsüber zu essen oder zu trinken. Wir reden hier von Temperaturen zwischen 40 und 50 Grad Celsius. Deshalb wurden die Demonstrierenden von der Bevölkerung in Zelten vorher mit reichlich Nahrung und Wasser versorgt. Am ersten Abend des Fastenbrechens gesellten sich der amerikanische und der englische Botschafter in Khartum zu den Streikenden.

Am 8. Mai positionierte sich das Büro des Sprechers des US Department of State in einem Schreiben zu den Vorgängen, woraufhin eine Unterredung zwischen dem stellvertretenden Staatssekretär J. J. Sullivan mit dem Vorsitzenden des Militärrates General Abdel Fattah Burhan folgte. Der Staatssekretär drückte seine Unterstützung des sudanesischen Volkes für eine freie, demokratische und prosperierende Zukunft aus und forderte den Militärrat auf, zügig eine zivile Interimsregierung zu bilden. Er bekräftigte die Erwartung der Vereinigten Staaten, dass die Menschenrechte gewahrt bleiben und friedvolle Proteste und freie Meinungsäußerung gemäß den Menschrechtsverpflichtungen des Sudan erlaubt seien.

Mitte Mai 2019 einigten sich die unterschiedlichen Akteure grundsätzlich, dass während der nächsten drei Jahre eine Übergangsregierung die Geschicke des Landes lenken solle. Infolge eines Streites über die Zusammensetzung und Führung der Übergangsregierung wurden die Verhandlungen zwischen der Militärführung und den Zivilvertretern nur kurze Zeit später schon wieder ausgesetzt. Inoffiziell hieß es, der Militärrat wolle den Vorsitz in der Regierung behalten und nicht an eine zivile Regierung abgeben.

Während eines zweitägigen Generalstreiks, zu dem die Protestbewegung »Allianz für Freiheit und Wandel« aufgerufen hatte, um den verschleppten Verlauf der Verhandlungen zu kritisieren, wurde am 29. Mai bei einem Übergriff die junge Mayada getötet. Sie war im sechsten Monat schwanger.

Scheinbar ging nichts voran. Teile des alten Regimes unter Umar al-Baschir, die in der derzeitigen Militärübergangsregierung vertreten waren, schmiedeten Pläne, wie Sitzblockaden vor dem Militärhauptquartier endlich beseitigt werden könnten. Keiner hatte allerdings mit dem Durchhaltevermögen Tausender friedlicher Demonstranten gerechnet, die trotz aller Widrigkeiten auf den Straßen Khartums ausharrten. Allabendlich zum Fastenbrechen bei Sonnenuntergang hatten sich weitere Tausende hinzugesellt. Immer wieder von Milizen der Rapid Support Force (RSF) schikaniert, geprügelt und mit Steinen beworfen, ließen sie sich nicht provozieren. Die Provokationen gingen so weit, dass Schilder mit der Aufschrift, das Volk verlange eine Militärregierung, hochgehalten wurden.

Vermutungen, dass die Militärübergangsregierung nicht beabsichtigte, die Macht im Land aus der Hand zu geben, bestätigten sich. In den Morgenstunden des 3. Juni begannen militante Sicherheitskräfte unter Einsatz von Wasserwerfern und Tränengas gegen die unbewaffneten, friedlichen Demonstranten vorzugehen, um die Sitzblockaden mit brutaler Gewalt aufzulösen. Sie setzen außerdem scharfe Munition ein und schossen in die Menge. Laut persönlichen Informationen wurden dabei 136 Menschen getötet, 570 verletzt (viele von ihnen befanden sich in einem kritischen Zustand) und 650 verhaftet. Auf Facebook wurde ein Video geteilt, das zeigte, wie die in blauschwarzer Camouflage uniformierte Sicherheitspolizei auf Zivilisten losging.[330]

Lieder von Freiheit und Wandel wichen dem Maschinengewehrfeuer und den Schreien Fallender. 40 Leichen, erschossen oder mit Macheten abgeschlachtet, wurden aus dem Nil geborgen. Brennende Körper. Vergewaltigungen. Ein Massaker. »Sie verwandelten den Traum von einem neuen Sudan in einen blutigen Albtraum.«[331]

Die von der RSF rekrutierten berüchtigten Janjaweed-Milizen – die von der Umar-al-Baschir-Regierung bewaffnet worden waren – waren nun überall in den Straßen Khartums präsent und trieben die Menschen mit Stöcken und Knüppeln wie Vieh auseinander. Trotz des allgemein ausbrechenden Chaos' errichteten Jugendliche, wo immer es ging, neue Blockaden, um die marodierenden Horden zu stoppen. In der Folge setzten diese ihre brutale Tätigkeit fort, indem sie mit Kamelen und Geländewagen unterwegs waren, um Dörfer niederzubrennen und ihre Bewohner zu vertreiben oder zu töten. Aus diesem Grund erließ der Internationale Strafgerichtshof in Den Haag im Jahr 2009 gegen al-Bashir einen internationalen Haftbefehl wegen Kriegsverbrechen und Verbrechen gegen die Menschlichkeit.

Am Abend endete die 30-tägige Fastenzeit. Obwohl der Tag nach dem Ende des Ramadans im Sudan ein Nationalfeiertag war, blieben die Menschen zu Hause. Diejenigen, die sich hinauswagten, wurden zusammengeschlagen oder verhaftet. Es schien offensichtlich, dass die brutalen Janjaweed-Milizen das Land wie in den vergangenen Jahrzehnten mit Waffengewalt im Würgegriff halten wollten und nicht an einer Zivilregierung interessiert waren.

General Mohammed Hamdan Daglo, genannt »Hamedti« oder »Hamiaty«, Vizepräsident des Militärübergangsrates, Schlächter von Darfur und ehemaliges Mitglied der Janjaweed, sowie der Vorsitzende des Militärrates, General Abdel Fattah al-Burhan, der zwar am 8. Mai seinen Rücktritt erklärt hatte, es aber nie tat, werden in öffentlichen Briefen an den UN-Sicherheitsrat und an die Europäische Union als Mörder aus al-Baschirs Kabinetts bezeichnet. Sie seien für die Gräuel in Darfur, Süd-Kordofan und Blue Nile verantwortlich. Die beiden Männer seien außerstande, Stabilität ins Land zu bringen und ein soziales, politisches oder wirtschaftliches Wachstum und somit eine positive Entwicklung für den Sudan anzustreben. Im Gegenteil, sie hätten die Revolution gezielt untergraben und versucht, die Einheit des sudanesischen Volkes zu zerstören.[332]

In den sozialen Netzwerken wurden Nachrufe für die Ermordeten gepostet. Zum Beispiel für Abdalslam Kisha, der es liebte, über Politik, Karl Marx und den Kommunismus zu philosophieren, genauso wie über Menschenrechte und die Entwicklung im ländlichen Raum; oder Mohamad Nattar, der jeden zum Lächeln brachte, Musik liebte und vor Wochen aus England zurückkehrt war, um Teil der Revolution in seinem Heimatland zu sein. Beide standen stellvertretend für all die Getöteten unter den friedlichen Demonstranten in Khartum. Sie trugen keine Waffen, sie waren lediglich »bewaffnet« mit Liebe, Leidenschaft und voller Hoffnung für einen neuen Sudan.[333]

In einem öffentlichen Statement auf der Facebook-Seite der Sudanese Professionals Association (SPA) schrieb ihr Sprecher, Initiator und eine der treibenden Kräfte der Proteste, Dr. Mohamed Naji Al-Asam: »Dies ist ein wichtiger Moment in der Geschichte des Sudan und alle – über sämtliche politischen, sozialen und professionellen Ebenen hinweg – müssen sich jetzt zusammenschließen, um diese Reise gemeinsam weiterzumachen.« Außerdem appellierte er, gewaltfrei zu bleiben, auch wenn die Milizen alles versuchten, die friedlichen Demonstranten zu provozieren. Al-Asam rief zum zivilen Ungehorsam auf, der sich durch Streiks in öffentlichen und privaten Institutionen manifestieren solle. Außerdem verlangte er ein internationales Eingreifen durch eine Anrufung des UN-Sicherheitsrates, damit mehr internationaler Druck auf die Militärübergangsregierung ausgeübt werde. Die UN hatte derweil begonnen, ihr internationales Personal aus dem Sudan abzuziehen. Die Afrikanische Union suspendierte am 6. Juni nach einer Krisensitzung die Mitgliedschaft des Sudan so lange, bis eine zivil geführte Übergangsregierung eingerichtet sei.[334]

Mittlerweile wurde das Internet im Sudan häufig blockiert, um die Verbreitung von Bildern und Schilderungen aus Khartum über die sozialen Netzwerke zu verhindern.

General Burhan reiste unterdessen nach Ägypten, in die Vereinigten Arabischen Emirate und nach Saudi-Arabien auf der Suche nach Unterstützung. Zudem schlug er neue Gespräche mit den Vertretern der Zivilbevölkerung vor, die aber aufgrund der Gräueltaten der vorausgegangenen Tage abgelehnt wurden.

Es ist wichtig, hier zu erwähnen, aus welchen Töpfen diese Milizen finanziert wurden: von der Europäischen Union, um Flüchtlinge auf ihrem Weg nach Europa an der Grenze zu Libyen zu stoppen; von Saudi-Arabien, das stellvertretend mehr als 10.000 sudanesische Söldner für sich den Krieg im Jemen führen lässt; und von Bergbauunternehmen zum Schutz von Goldminen. Saudi-Arabien und die Vereinigten Arabischen Emirate hatten eine Summe von drei Milliarden Dollar versprochen, um die seinerzeitige Militärübergangsregierung zu unterstützen.[335]

An dieser Stelle muss auf einen Artikel hingewiesen werden, den der britische anglikanische Priester, Journalist und Rundfunksprecher Giles Fraser bereits 2016 für den »Guardian« verfasste. Er beschrieb in ihm damals, dass die wachsende Angst vor weiteren Flüchtlingsströmen vom Horn von Afrika die EU dazu bewog, der Regierung von Umar al-Bashir Millionen zu zahlen. Wie bereits erwähnt, erließ der Internationale Strafgerichtshof 2009 einen Haftbefehl gegen al-Bashir wegen sieben Verbrechen gegen die Menschlichkeit und Kriegsverbrechen. 2010 folgte ein weiterer Haftbefehl wegen Völkermordes in drei konkreten Fällen. Seit 2003 versuchte al-Bashir, die ethnischen Minoritäten in Darfur durch die bewaffnete Miliz Janjaweed (auch Dschandschawid geschrieben) systematisch zu eliminieren. Fraser berichtete: »Im November 2015 hat die EU bei einem Treffen in Malta den sogenannten Khartum-Prozess erörtert. Um auf die ›Migrationskrise‹ zu reagieren, unterzeichnete sie eine Vereinbarung zur ›Verstärkten Zusammenarbeit in den Bereichen Migration und Mobilität‹, die dem Sudan über einen Zeitraum von drei Jahren [hinweg] 100 Millionen Euro bewilligte. Weitere 46 Millionen wurden speziell für Grenzkontrollen, die Ausbildung der Grenzpolizei und die Einrichtung von Haftzentren bereitgestellt. Und es ist oft die Janjaweed, die die Aufgabe hat, Grenzen zu überwachen.« Und: »›Der Spiegel‹ berichtete, dass die 28 EU-Staaten der Geheimhaltung des Deals zugestimmt hätten. ›Unter keinen Umständen‹ sollte die Öffentlichkeit erfahren, was los ist, warnte die EU-Kommission.«[336]

Das Büro des Hochkommissars für Menschenrechte bekräftigte seine Besorgnis und schlug vor, ein Monitoring-Team der UN ins Land zu holen, um die Vorgänge des 3. Juni zu untersuchen. Allerdings müsse die Mission von der derzeitigen Militärregierung unterstützt werden. Am 9. Juni begann ein landesweiter Generalstreik, dem Millionen folgten. Alle Geschäfte blieben geschlossen, die Straßen gespenstisch leer, denn die Bevölkerung war aufgerufen, zur eigenen Sicherheit in den Häusern zu bleiben. Zeitgleich begannen Exil-Sudanesen mit Demonstrationen, zum Beispiel vor dem Kapitol in Washington, D. C. Jason Burke und Zeinab Mohammed Salih berichteten für den »Guardian« aus Khartum und zitierten den Sprecher der SPA wörtlich: »Der friedliche Widerstand durch zivilen Ungehorsam und der Generalstreik sind der schnellste und effektivste Weg, die Militärübergangsregierung zu Fall zu bringen.«

Die »New York Times« berichtete am 11. Juni auf ihrer Titelseite über die Vorgänge im Sudan, und die BBC brachte zeitgleich eine detaillierte Analyse der Situation.[338]

Ein Sprecher des sudanesischen Berufsverbandes sagte, die SPA würde die Streiks und den zivilen Ungehorsam aussetzen, damit die Mediation reibungslos verlaufen könne, was aber nicht bedeuten würde, dass die Gespräche mit dem Militärischen Übergangsrat wieder aufgenommen würden. Das geschehe erst, wenn ihre Forderungen erfüllt seien, ansonsten würden die Streiks wieder aufgenommen.[339]

Bezüglich der Mission des äthiopischen Mediators Dirir schien es fruchtbare Gespräche gegeben zu haben. Rufe nach einer internationalen Aufklärung der Geschehnisse am 3. Juni wurden immer lauter, sodass sich die Militärübergangsregierung für das Vorgehen der Sicherheitskräfte entschuldigte. Der Sudan war mittlerweile global in allen Nachrichten und auf den Titelseiten großer internationaler Zeitungen. Ein wahrer Erfolg, wenn man davon ausgeht, dass solche Gräuel für lange Zeit Normalität im Sudan waren. Nach allen anderen meldete sich am 17. Juni auch die EU zu Wort, um die Geschehnisse vom 3. Juni zu verurteilen.[340]

Trotz der Sperrung des Internets gingen Informationen über die Revolution im Sudan viral. Die Macht der Zivilbevölkerung wuchs. Dutzende von Petitionen wurden ins Leben gerufen. Die Woge des unbeugsamen Willens eines so lange unterdrückten Volkes war nicht mehr aufzuhalten. Nachdem weiter alles schleppend voranschritt, ging die sudanesische Bevölkerung am 19. Juni wieder auf die Straße. Nach 17 Tagen, am 23. Juni, entschied das sudanesische Gericht, dass die vom Militär befohlene Internetsperre aufgehoben werden solle.[341]

Trotz aller Versuche, dies zu verhindern, war die mediale Präsenz des Sudan im World Wide Web nicht mehr zu übersehen. Nie zuvor wurde über das Land so viel berichtet. Twitter, YouTube und Facebook waren schwarz-rot-grün. Es gab massenweise Filmmaterial, das die Gräueltaten des Militärs gegen die Zivilgesellschaft zeigte. Die globale Vernetzung machte es möglich. Es waren Lieder und Gedichte über das Volk zu vernehmen, das aufgestanden war, um sich nicht wieder zu setzen – für Frieden und Freiheit in seiner Heimat. Es war eine emotionale Welle entstanden, die keinen unbewegt lassen konnte.

Am 27. Juni erschien bei »The Globe and Mail« im südafrikanischen Johannesburg ein Artikel, der aufdeckte, dass die kanadische Lobbyfirma Dickens & Madson Canada Inc. einen Deal über sechs Millionen Dollar mit der Übergangsregierung unterschrieben hatte, um deren Image zu verbessern. »Wir werden uns nach besten Kräften bemühen, für Sie eine günstige internationale und sudanesische Berichterstattung in den Medien zu gewährleisten«, hieß es im Lobbyvertrag. Unterzeichnet wurde der Vertrag von Ari Ben-Menashe und General Mohammed Hamdan Dagalo. »Der Vertrag, der bei der US-Regierung eingereicht wurde, zeigt, dass die Firma dafür bezahlt wird, Lobbyarbeit bei der Exekutive und der Legislative der Regierungen der Vereinigten Staaten, Russlands und Saudi-Arabiens sowie bei den Vereinten Nationen, der Afrikanischen Union und möglicherweise anderen Ländern und Organisationen zu leisten.« Der Vertrag hatte zum Ziel, sicherzustellen, dass die jetzigen Machthaber »als legitime Übergangsführung der Republik« anerkannt würden.[342]

Als es am 30. Juli erneut zu friedlichen Massendemonstrationen kam, nahmen die Demonstranten der Polizei die Macht. Die Polizisten stiegen aus den Autos und legten ihre Waffen nieder. Die Macht und der Wille des Volkes schienen durch nichts mehr zu brechen sein, sondern stattdessen täglich zu wachsen. Am Freitagmorgen, dem 5. Juni, teilte der Mediator der Afrikanischen Union mit, beide Seiten hätten sich geeinigt, einen souveränen Rat unter wechselndem militärischen und zivilen Vorsitz für einen Zeitraum von circa drei Jahren einzusetzen. Danach solle es zu Wahlen kommen. Ein historischer Moment für den Sudan, von seinem Volk bedingungslos erkämpft! Der Oxford-Professor Hermann Bell postete in diesem Zusammenhang am 11. Juni ein YouTube-Video über eine Erfahrung, die er persönlich 1964 im Sudan gemacht hatte.[343]

Mir schossen beim Ansehen dieses Videos augenblicklich die Tränen in die Augen: Genauso, wie er es beschrieb, hatte auch ich in meiner Zeit im Sudan die Gastfreundschaft der Menschen – meiner Kollegen, all der Bauern im Ostsudan, die nie zuvor mit einer weißen Frau in Kontakt gekommen waren, aber auch vieler Staatsdiener – genießen dürfen. In keinem anderen Land hatte ich tatsächlich auf der einen Seite respektvollere Herzlichkeit erlebt, allerdings auf der anderen Seite, die der Polizei, Milizen und des Militärs, unfassbarere Angriffe und Demütigungen sehen und selbst erdulden müssen.

Ich bewundere zutiefst die monatelangen friedlichen Märsche eines Volkes, das keine mordende Diktatur mehr wollte und für seine Rechte einstand. Und so Gott will, haben die stolzen und tapferen Frauen und Männer ein weiteres Etappenziel auf dem Weg in eine neue Zukunft erreicht.

Am 25.10.2021 kam es erneut zu einem Putsch ...

Bildergalerie Sudan

Ein gewaltiger Sandsturm in Kassala rollt heran (2016)

Abschied von den Bauern (2017)

Die Plastiktüten in den Dornbüschen werden mehr, siehe Bilder Niger

Bildergalerie Sudan

Bauer der Feldschule mit Sichel und Sorghum (2015)

Der „Kassala Moutain", ein Ausläufer des äthiopischen Hochlands (2014)

Ein wahrer Schnappschuss ohne Worte (2016)

Bildergalerie Sudan

Vom Wind verweht unterwegs in den Norden (2014)

Auf einer Kulturveranstaltung in Khartum (2015)

Bei der Arbeit (2015)

»Es ist unser Blut, das den Aufschwung des Kapitalismus genährt, unsere heutige Abhängigkeit ermöglicht und die Unterentwicklung besiegelt hat.«

Thomas Sankara[344]

NAMIBIA

Der erste deutsche Völkermord im 20. Jahrhundert

Die eigene Kolonialgeschichte existiert im kollektiven Gedächtnis der deutschen Bürger kaum. Sie dauerte nur 30 Jahre und endete, als Deutschland den Ersten Weltkrieg verlor, während andere europäische Länder – wie etwa Großbritannien, Frankreich oder die Niederlande – ihre Kolonien doppelt so lange oder noch länger ausplünderten. Massenmorde und andere Schandtaten wurden in der Kolonialzeit sowie davor und danach begangen, wie beispielsweise die Gräueltaten der Belgier im Kongo, der Franzosen in Algerien oder der Engländer in Indien, um nur ein paar wenige zu nennen. Aber relativieren die »Taten der anderen« unsere Verantwortung für das, was unsere Vorfahren in Namibia getan haben?

Vielleicht beginnt mit der Aufarbeitung der unwürdigen Gräueltaten der Deutschen im ehemaligen Deutsch-Südwestafrika eine neue Ära, in der die weltweiten Schandtaten aller europäischen Kolonialmächte gesühnt werden, indem die Nachkommen der Täter wie auch der Opfer an einem Tisch zusammenkommen, um gemeinsam an Vergebung, Versöhnung und angemessener Wiedergutmachung zu arbeiten. Eine erhabene Vision.

Eine historische deutsche Schuld

Wie am 28. Mai 2021 aus den Medien zu erfahren war, hatte Deutschland seine 115 Jahre währende Schuld an der fast völligen Ausrottung zweier Ethnien in der ehemaligen Kolonie Deutsch-Südwestafrika (1884–1915), das heutige Namibia, eingestanden – eine Art Vergangenheitsbewältigung eines kolonialen Traumas. Die Bundesregierung erkannte nach fast sechs Jahre andauernden Verhandlungen um Schuld und Sühne, Wortklauberei und Höhe der Geldzahlungen die begangenen Gräuel des deutschen Kaiserreiches an Herero (Ovaherero) und Nama als historische Schuld an. Etwa 65.000 von im Jahr 1884 insgesamt 80.000 Herero und die Hälfte der damals circa 20.000 Menschen zählenden Nama wurden von den Deutschen umgebracht, was von Historikern als »Erster Völkermord des 20. Jahrhunderts« bezeichnet wurde. Die Bundesregierung wolle die Tatsache jetzt als »Völkermord« einstufen – der Begriff wurde vom Auswärtigen Amt seit dem Jahr 2015 für die Morde in Namibia verwendet. Der damalige Bundesaußenminister Heiko Maas hatte ursprünglich geplant, am 11. Juni 2021 zur Unterschrift des ausgehandelten Vertrages nach Namibia zu reisen. Aufgrund von Unstimmigkeiten in Namibia wurde der Vertrag bis dato noch nicht unterschrieben. Nach der Unterzeichnung würde im Laufe des Jahres eine offizielle Entschuldigung des deutschen Bundespräsidenten Frank-Walter Steinmeier vor dem Parlament in Namibia folgen.[345, 346, 347, 348, 349, 350]

Nach dem im Zweiten Weltkrieg erfolgten Holocaust entschloss sich die UN-Generalversammlung im Jahr 1948, Völkermord zum Straftatbestand zu machen. Die Konvention gilt allerdings nicht rückwirkend – Völkermord vor 1948 wurde ausgeschlossen, weshalb sich aus der Anerkennung des Mordens in Namibia keine rechtlichen Konsequenzen ergeben.[351, 352, 353]

Mittels eines Fonds in Höhe von 1,1 Milliarden Euro mit 30 Jahren Laufzeit soll in Hilfsprojekte zur Landwirtschaft, Landreform, ländlichen Entwicklung, Wasserversorgung und Bildung – allesamt Angebote aus dem Portfolio der deutschen Entwicklungszusammenarbeit – vornehmlich in den Gebieten der Herero und Nama investiert werden.

Aus diesem symbolischen Akt ergäbe sich weiterhin keine rechtliche Pflicht auf Wiedergutmachung. Es handele sich stattdessen um eine »politisch-moralische Verpflichtung«. »Das in Aussicht gestellte Hilfsprogramm für Namibia in Höhe von 1,1 Milliarden Euro ist Entwicklungshilfe und hat mit Reparationen überhaupt nichts zu tun«, hieß es vonseiten der Kritiker. »Ich bin froh und dankbar, dass es gelungen ist, mit Namibia eine Einigung über einen gemeinsamen Umgang mit dem dunkelsten Kapitel unserer gemeinsamen Geschichte zu erzielen«, so der damalige deutsche Außenminister Heiko Maas. »Unser Ziel war und ist, einen gemeinsamen Weg zu echter Versöhnung im Angedenken der Opfer zu finden.«[354, 355, 356]

2016 war der Deutsche Bundestag, als er das Massaker 1915/16 im Osmanischen Reich an den Armeniern als Genozid bezeichnete, stark unter Beschuss geraten. Der türkische Präsident Recep Tayyip Erdoğan konterte, dass Deutschland lieber vor der eigenen Tür kehren solle als andere zu beschuldigen – und verwies auf den ersten Völkermord des 20. Jahrhunderts. Noch im selben Jahr wurden die Gräueltaten in Namibia zum ersten Mal als Völkermord eingestuft. Im gleichen Atemzug distanzierte man sich allerdings von etwaigen Reparationszahlungen und wies diesbezüglich auf die bereits geleistete massive deutsche Entwicklungshilfe für Namibia hin. Laut der »Frankfurter Allgemeinen Zeitung« seien in den vergangenen 30 Jahren circa eine Milliarde Euro Entwicklungshilfe von Deutschland nach Namibia geflossen, der höchstgezahlte Pro-Kopf-Betrag in ganz Afrika. »Trotz all der Entwicklungshilfe, die Deutschland in das Land gepumpt hat, ist Namibia ärmer geworden. Auch die Herero und Nama sind ärmer geworden«, erklärten die Kritiker.[357, 358, 359]

Während die namibische Regierung die nun erfolgte Anerkennung der Verbrechen durch Deutschland als einen ersten Schritt in die richtige Richtung bezeichnete, kam Kritik seitens der größten Oppositionspartei Popular Democratic Movement (PDM) auf, die von einer Beleidigung Namibias sprach. »Wenn Namibia Geld von Deutschland erhält, sollte es an die traditionellen Anführer der betroffenen Gemeinschaften gehen statt an die Regierung«, hieß es seitens der Partei Landless People's Movement (LPM). Die Oppositionsparteien verlangten nach wie vor Reparationszahlungen an die Nachkommen der Opfer. Aus Windhuk berichtete ein lokaler Mitarbeiter der Deutschen Welle, dass Mutjinde Katjiua, Generalsekretär der Ovaherero Traditional Authority (OTA), betonte, sein Verband sei gegen einen Besuch von Bundespräsident Steinmeier. Auf der einen Seite den Völkermord anzuerkennen und auf der anderen Seite keine Reparationen zahlen zu wollen, sei Doppelmoral.[360, 361]

Schon 2001 verklagten Vertreter der Herero beim Obersten Gericht des Distrikts Washington D. C. die Bundesrepublik Deutschland, die Deutsche Bank, die Reederei Deutsche Afrika-Linie/ Safmarine und das Unternehmen Terex auf vier Millionen US-Dollar Entschädigung. 2003 stellte das Gericht seine Zuständigkeit infrage, denn Safmarine liege nicht in seinem Gerichtsbezirk. In New York lebende Herero reichten daraufhin dort Klage ein. Ohne Erfolg.[362, 363]

Am 5. Januar 2017 gab es wieder eine Sammelklage in New York, um Verhandlungen über eine Wiedergutmachung zu erzwingen. Unter den Klägern befand sich auch Vekuii Rukoro, der oberste Häuptling der Herero. Zusammen mit dem Ex-Sportler Barnabas Veraa Katuuo, der in den Vereinigten Staaten lebt, und Johannes Isaac, Häuptling der Nama, zog er gegen Deutschland vor Gericht und forderte Entschädigung für den Völkermord sowie eine offizielle Entschuldigung. Deutschland würde sich irren, zu glauben, es könne nur mit der Regierung Namibias verhandeln und Hinterbliebene ihrer brutal ermordeten Vorfahren außen vorlassen.

Am 2. März 2018 ließ Deutschland mitteilen, dass aufgrund des Prinzips der Staatsimmunität ein Gericht in New York nicht berechtigt sei, über die Rechtsmäßigkeit staatlicher Hoheitsakte zu entscheiden.[364, 365, 366, 367, 368]

»Völkermord verjährt nicht!«

Der seit 1970 in Berlin lebende Israel Kaunatjike (Ethnie der Herero) nannte die Einigung einen Skandal. Er ist Mitglied im bundesweiten Bündnis »Völkermord verjährt nicht!« und kämpft für die Anerkennung des Genozids in Namibia. In einer Pressemitteilung vom 17. Mai 2021 wurde seitens des Bündnisses verlautbart, dass ein kaum transparentes bilaterales Regierungsabkommen nicht zu einer Versöhnung mit den Opfern beitrage. Organisationen, die die Opfer vertreten, seien von den Verhandlungen ausgeschlossen gewesen. Das Bündnis kritisierte die strikte Weigerung Deutschlands, den Genozid im völkerrechtlichen Sinn anzuerkennen und Reparationen zu leisten. Wiedergutmachungspflicht gäbe es nicht, heißt es da. Außerdem habe Deutschland während des Verhandlungsprozesses die derzeitige wirtschaftliche Notlage Namibias ausgenutzt.[369, 370, 371]

Eine Pressereaktion der Verbände der Herero und Nama lautete: »Wir weisen das unterzeichnete ›Versöhnungsabkommen‹, das ohne die Teilnahme der legitimen Vertreter der Mehrheit der Opfergemeinschaften ausgehandelt wurde, mit der Verachtung zurück, die es verdient. Es ist nicht das Papier wert, auf dem es geschrieben steht, und wir fordern die Vereinten Nationen, die Afrikanische Union und die übrige internationale Gemeinschaft auf, diesen deutsch-namibischen Unsinn zurückzuweisen. Zudem rufen wir die Vereinten Nationen und die US-Regierung dazu auf, Deutschlands Massaker von 1904–07 als Völkermord und als Verbrechen gegen die Menschheit anzuerkennen«[372]

Bereits im August 2020 lehnte das Bündnis »Völkermord verjährt nicht!« den Stand der Verhandlungen aus folgenden Gründen ab: Um die Wortwahl der deutschen Regierung »Verheilen der Wunden« ansatzweise möglich zu machen, bedürfe es Reparationen, die als solche bezeichnet würden. Die in den Medien erwähnten Zahlungen von zehn Millionen Euro seien unverschämt, respektlos und zeugten von mangelnder Sensibilität. Das Geld solle in Entwicklungsprojekte mit definierten Bereichen fließen, aber Entwicklungsprojekte seien kein Ersatz für Reparationen. Hilfe zur Aufarbeitung der Kolonialgeschichte und die Rückführung von Gebeinen blieben unerwähnt. Opferverbände seien in die Konsultationen nicht einbezogen worden. Es fehle an Transparenz seitens der deutschen Regierung.[373]

Die Verbände und die Opposition im Parlament Namibias kündigten daraufhin an: »Wenn der Bundeskanzler kommt oder Steinmeier, wird keiner von uns im Parlament sitzen. Er kann dann allein vor der Swapo eine Rede halten. Willy Brandt war das gute Vorbild. Er ist in Warschau auf die Knie gegangen. Warum geht Herr Steinmeier nicht an die Orte, an denen die Herero und Nama vernichtet worden sind?«[374]

Der Verhandlungsführer Ruprecht Polenz – Namibia-Sonderbeauftragte der Bundesregierung – erklärte in einem Interview der Deutschen Welle, dass trotz gegenteiliger Behauptungen in der Delegation auch Herero und Nama vertreten waren, und nahm die namibische Regierung in Schutz: »Wir können der namibischen Regierung nicht vorschreiben, diese oder jene Person in die Delegation aufzunehmen. Das wäre ein kolonialistischer Ansatz.« Der namibische Verhandlungsführer sei ein angesehener Herero und in den Gremien seien Herero wie Nama zugegen gewesen. »Besonders laut kommt die Kritik von denen, die selbst mit am Verhandlungstisch sitzen wollten, aber von der namibischen Regierung nicht dafür ausgewählt wurden«, so Polenz.[375, 376, 377]

Am 29. August 2018, ein Jahrhundert nach Ende der Kolonialherrschaft, als das Deutsche Reich den Ersten Weltkrieg verlor und Deutsch-Südwestafrika an das englische Südafrika abtreten musste, kam es in Deutschland zu einer feierlichen Geste, bei der Vertretern einer namibischen Delegation menschliche Schädel und Knochen ihrer Vorfahren zurückgegeben wurden. Diese Gebeine dienten im nationalsozialistischen Regime als Grundlage für rassistische Theorien. Schon damals sagte einer der namibischen Friedensaktivisten: »Ich bin einer derjenigen, die mit am Verhandlungstisch sitzen. Wir erwarten [erstens], dass Deutschland den Völkermord zugibt. Zweitens fordern wir eine akzeptable Entschuldigung. Darauf sollten auch Entschädigungszahlungen folgen.«[378]

Bis dahin hatte auf der einen Seite die Bundesregierung Entschädigungszahlungen kategorisch ausgeschlossen, auch eine offizielle Entschuldigung blieb aus, während auf der anderen Seite etliche Tausend Klagen seitens der Nachkommen der Leidtragenden eingingen. Der Leader der Herero, Vekuii Rukoro, sagte 2018: »Deutschland kann weglaufen, sich aber nicht verstecken. Eines Tages wird der lange Arm des Gesetzes Deutschland einholen.«[379]

Die Historie der Kolonie Deutsch-Südwestafrika

Über 100 Jahre nach Ende der deutschen Kolonialherrschaft in Namibia stehen in Swakopmund, einer Stadt an der afrikanischen Atlantikküste, noch immer der im deutschen Auftrag errichtete Bahnhof sowie andere Gebäude. Es ist ein »Klein Deutschland« im südlichen Afrika, mit deutschen Straßennamen, einer deutschen »Bäckerei« und »Konditorei«, die deutsches Brot wie auch Schwarzwälder Kirschtorte anbieten, deutschen Restaurants mit Hausmannskost oder der »Bismarckapotheke«. Und Denkmälern, die die Kolonialherren ehren. Es gibt Bier nach dem deutschen Reinheitsgebot. Der wilhelminische Baustil weist auf die Kolonialzeit hin. Es wird Deutsch gesprochen. Alles scheint fest in den Händen einer wirtschaftlich privilegierten weißen Oberschicht zu sein. Nichts weist auf die Gräuel hin, die von den Vorfahren dieser Deutschen begangen wurden.[380, 381, 382, 383]

Die »Times of Israel« schrieb dazu: »Ein weiteres Nationaldenkmal ist das Marinedenkmal im Zentrum der Küstenstadt Swakopmund. Jenes ist, wie der Tafel zu entnehmen ist, den ›im Kampfe zur Erhaltung der Kolonie gegen die Aufständischen Hereros 1904–1905 Gebliebenen des Marine-Expeditionskorps‹ gewidmet. ›Ehre sei den bis in [den] Tod Getreuen!‹ Dass dieses Kriegerdenkmal Aufgebrachtheit entfachen kann und zu Protest führt, zeigt die Beschmierung mit roter Farbe. In gewisser Weise lässt sich dies als Aufforderung interpretieren, den begangenen Völkermord und das Blut der ›einheimischen anderen‹, das an den Händen der Kolonisatoren klebt, nicht weiter zu ignorieren.«[384]

Der Bremer Tabakwarenhändler Franz Adolf Eduard Lüderitz segelte 1883 ins südliche Afrika, wo er über Mittelsmänner Land kaufen konnte und den Grundstein der Kolonie in der nach ihm benannten Lüderitzbucht legte, die ab April 1884 als Lüderitzland unter dem Schutz des Deutschen Reiches stand. Sukzessive entstand die »Firma Lüderitz« als erste deutsche Niederlassung. 1908 wurden hier Diamanten gefunden; umgehend entstand eine Goldsucherstadt, in der diese Edelsteine wirtschaftlich lukrativ abgebaut wurden und die nunmehrige Stadt Lüderitz zu einem wichtigen Hafen machten. Angeblich profitierte das Deutsche Reich nur minimal davon.[385, 386]

Siedler und Landraub

Ab 1890 erreichte Namibia durch den Helgoland-Sansibar-Vertrag mit England seine heutige Größe, die etwa eineinhalbmal so groß wie das damalige Deutsche Reich war, bei einer sehr geringen Bevölkerungsdichte. Die Kolonie wurde umgehend gezielt mit Deutschen besiedelt. 1914 gab es circa 12.000 Siedler. Viele der großen Rinderfarmen Namibias gehören bis heute deren Nachfahren. Insgesamt existieren bis heute noch etwa 15.000 Nachfahren deutscher Siedler. Und bis heute haben die Nachfahren der Opfer die erlebten Traumata in ihren Seelen verankert. Sie werden ihnen tagtäglich durch die Siedler gespiegelt, die sehr gut von dem geraubten Land leben. Laut einer namibischen Statistik aus dem Jahr 2018 sind 53 Prozent des im Besitz von Ausländern befindlichen Landes – das entspricht fast 640.000 Hektar – bis heute deutscher Besitz.[387]

Eine im unabhängigen Namibia durchgeführte Landreform resultierte weder in der Rückgabe des ehemals heiligen »Land[es] der Ahnen« noch in einer Entschädigung für den Raub an Land und Vieh. Stattdessen blieben die aus der Kolonialzeit stammenden Eigentumsrechte unangetastet. Diese ungelöste Landfrage aufgrund der Enteignungen schreit bis heute nach symbolischer wie materieller Entschädigung. Namibia-Deutsche zählen bis heute zu den reichsten Bewohnern des Landes, während die, denen Land und Vieh vor dem Raub gehörte, marginalisiert am Existenzminimum dahinvegetieren. Herero wie Nama waren und sind Viehhirten. Ohne ihre Rinder gibt es für sie kein Leben. Die Tiere sind ein Zeichen von Macht und Ehre, ihr ganzer Stolz wie auch eine lebende Sparkasse auf vier Beinen. Bis heute gibt es eine starke Verbindung mit dem »Land der Ahnen«. Ohne Land verlieren diese Menschen ihre Würde. Die bis heute von den Folgen der deutschen Kolonialherrschaft profitieren, sollten sich dieser Tatsache bewusst werden, vielleicht könnte das zu einem besseren Verständnis gegenüber den Herero und Nama beitragen. Leider werden die Fakten aber bis heute mehrheitlich verleugnet.[388, 389, 390]

Schutzgebietsverwaltung und Aufstand der Herero

Im gleichen Jahr, 1890, ließ sich die Schutzgebietsverwaltung in ihrer Festung nieder, aus der später die Stadt Windhuk erwachsen sollte. Die Bevölkerung wurde durch Landkäufe oder gewaltsame Enteignung durch die Deutsche Kolonialgesellschaft ihrer Existenzgrundlage beraubt. Bald verfügten die Einwanderer über 70 Prozent der wirtschaftlich nutzbaren Fläche des

Landes. Die Viehhirten verloren durch die fremde Landnahme den Zugang zu den wichtigen Wasserquellen für Mensch und Tier. Nach einer Rinderpest und einer darauf folgenden Hungersnot sowie der Tatsache, dass die Siedler die Regeln des Schutzvertrages wie auch die Sitten und Gebräuche der einheimischen Bevölkerung missachteten, begann am 12. Januar 1904 die Rebellion der Herero – der Erhebung des Nomadenvolkes gegen den Verlust des Landes und die Entrechtung durch die Kolonialregierung. Ein weiterer Grund war die Morddrohung eines Oberleutnants gegen Samuel Maharero, den Oberhäuptling der Herero.[391]

Lothar von Trotha

Nachdem zu Beginn des Aufstandes 150 deutsche Siedler getötet worden waren und die Schutztruppe die Revolte nicht niederschlagen konnte, wurde ein spezielles Expeditionskorps unter Leitung von Generalleutnant Lothar von Trotha nach Südwestafrika entsandt mit dem geplanten Ziel einer »Endlösung« – des Genozids an Herero und Nama. Von Trotha hatte in Deutsch-Ostafrika und beim Boxeraufstand in China genügend Erfahrungen gesammelt. Am 11. August 1904 – bei der Schlacht am Waterberg – errang von Trotha einen vernichtenden Sieg über die Rebellen. Überlebende flohen in die Omaheke-Wüste, die von den Deutschen abgeriegelt wurde. Da die Menschen von den Wassertümpeln vertrieben wurden, verdursteten sie elendig. Im Oktober lautete der Befehl: »Innerhalb der deutschen Grenzen wird jeder Herero mit oder ohne Gewehr erschossen.« Bis 1908 wurden circa 90.000 Herero und Nama erschossen oder erhängt. Man vergewaltigte

Frauen und Kinder und ließ sie verhungern. All das war in der damaligen Denkweise der überlegenen Herrenrasse zugunsten ihrer sozialen, wirtschaftlichen und wissenschaftlichen Entwicklung unvermeidlich und durch den Sozialdarwinismus legitimiert. Man hatte es hier mit unterentwickelten Wilden zu tun. »Den Feind, so vermerkte es später der Generalstab des Kaiserreichs, scheuchte man wie ein halb zu Tode gehetztes Wild von Wasserstelle zu Wasserstelle, bis er schließlich willenlos ein Opfer der Natur seines eigenen Landes wurde.«[392, 393]

Dann kamen die Konzentrationslager und Menschenversuche

Tausende menschlicher Schädel und Gebeine, die Frauen und Kinder bis auf die Knochen von Haut und Fleisch reinigen mussten, weil sie sonst erschossen wurden, wurden zu rassistisch-pseudowissenschaftlichen Zwecken als Ausstellungsstücke für Museen oder als Dekoration im heimischen Wohnzimmer ins Deutsche Reich verschifft.[394, 395]

Bei einer Veranstaltung unter dem Titel »From Africa to Auschwitz« erklärte der Anwalt der namibischen Kläger Kenneth McCallion im Jahr 2017, warum er in den Konzentrationslagern Südwestafrikas die Vorläufer für die Vernichtungslager der Nationalsozialisten sehe. Deutsche Ärzte hätten den Gefangenen in den Lagern giftige Substanzen wie Arsen in die Venen gespritzt, wenn sie akute Mangelerscheinungen vorwiesen. An Instituten in Deutschland habe man mit den sterblichen Überresten getöteter Herero Versuche gemacht. Die Ideologien der Nationalsozialisten zur Eugenik und Rassenhygiene wurden also bereits Jahrzehnte zuvor in den deutschen Kolonien umgesetzt. 1908 wurde eine Studie über die »Mischrasse« von Eugen Fischer – einem in Deutsch-Südwestafrika tätigen physischen Anthropologen und Anatomieexperten – herausgebracht, die ihm zu internationalem Ruhm als führender Eugeniker verhalf. Er betonte die Gefahren, die aus »rassischer Vermischung« resultierten. Seine Thesen, die er aufgrund von Tests an heterogenen Menschengruppen in seinen »Humanlaboren« aufstellte, galten als zentrale Erkenntnisse in ganz Europa. In der Mitte der 1930er-Jahre unter dem nationalsozialistischen System wurde Fischer einer der wichtigsten Eugeniker. Von 1929 bis 1942 war er Direktor des »Kaiser-Wilhelm-Instituts für anthropologische Humangenetik und Eugenik zu Berlin« – finanziell von der Carnegie and Rockefeller Foundation unterstützt – und dabei an rassistischen Klassifikationen der Nationalsozialisten beteiligt. Zu seinen Universitätsstudenten zählte kein Geringerer als der für seine Experimente berüchtigte »Todesengel« von Auschwitz – Josef Mengele.[396, 397, 398]

In einem Artikel, der in der »taz« erschien, war dazu zu lesen: »Nachdem der Zweite Weltkrieg begonnen hatte, wurden an Fischers Institut entsprechende Blutproben und Augenpräparate geliefert, die aus Josef Mengeles Experimenten an Juden sowie Roma- und Sinti-Zwillingen in Auschwitz stammten. Was also 1908 als anthropologische Studie über ›Rassenvermischung‹ in Deutsch-Südwestafrika begonnen hatte, wandelte sich zu den menschenverachtenden Experimenten mit Häftlingen eines Konzentrationslagers in Polen.«[399]

Auch der Geist eines anderen deutschen Heimkehrers aus Namibia, Heinrich Göring, kaiserlicher Verwalter der Kolonie, lebte in seinem Nachfahren weiter, sein Sohn war tatsächlich Hermann Göring.[400]

Viele der Gräuel in Deutsch-Südwestafrika wie Konzentrations- oder Todeslager, medizinische Versuche an Menschen zur Rassenhygiene, Vergewaltigungen, Käfighaltung, das Verhungernlassen als Methode, setzten sich unter der Herrschaft der Nationalsozialisten in Deutschland fort – Namibia erscheint wie eine Generalprobe. In ihrem 2017 erschienenen Buch »The Genocidal Gaze: From German Southwest Africa to the Third Reich« machte Elizabeth Baer die Verbindung zwischen diesen beiden Genoziden deutlich. Es ist heute ein Lehrbuch an namibischen Universitäten. Die von Baer herangezogenen historischen Texte zeichnen ein klares Bild des Verhaltens der Deutschen gegenüber den afrikanischen Ureinwohnern.[401] Am 30. September 2011 wurden zum ersten Mal Gebeine von 20 Herero und Nama durch die Berliner Charité an ihre Nachfahren zurückgegeben. Bis heute lagern Tausende Knochen und Schädel aus Namibia, mit denen man durch menschenverachtende medizinisch-anthropologische Studien und Versuche die Rassenlehre untermauerte, in deutschen Instituten, Krankenhäusern und Museen.[402]

Wiedergutmachung

Laut einer Entschließung des Bundestages aus dem Jahr 1989 bekannte sich Deutschland aufgrund seiner kolonialen Vergangenheit zu einer besonderen Verantwortung gegenüber Namibia. Der damalige Bundespräsident Roman Herzog bezeichnete den Vernichtungsfeldzug als eines der dunkelsten Kapitel in der Geschichte beider Staaten. Finanzielle Wiedergutmachung lehnte er allerdings ab. Die seinerzeitige Regierung unter Helmut Kohl begann nach der Unabhängigkeit Namibias von Südafrika im Jahr 1990 mit einer verstärkten deutschen Entwicklungshilfe, die mit der »historischen Verantwortung« begründet wurde. So kam die Vernichtung der beiden Ethnien in Namibia wieder auf den Tisch, allerdings gab es unter Kohl kein Treffen mit den Hinterbliebenen. Auch der damalige Außenminister Joschka Fischer vermied es 2004, den Ausdruck Völkermord in den Mund zu nehmen. Nur die damalige Entwicklungsministerin Heidemarie Wieczorek-Zeul ging bei einem Besuch in Namibia so weit zu sagen: »Die damaligen Gräueltaten waren das, was man heute als Völkermord bezeichnen würde.«[403]

Bei einer Namibia-Reise des Afrika-Beauftragten des Auswärtigen Amtes Anfang Februar 2012 wurde seitens vieler Organisationen und Institutionen der Zivilgesellschaft die Bereitschaft zum Dialog begrüßt und wieder einmal zur Wiedergutmachung des Völkermordes in der ehemaligen deutschen Kolonie aufgerufen, der ein unverzichtbarer Schritt zur Versöhnung sei.[404]

Am Montag, dem 31. Mai 2021, rückten mehrere Opferverbände von dem bilateralen Abkommen ab. Das von der deutschen Regierung offerierte Angebot sei beleidigend. Vertreter der Zaraeua-Traditionsbehörde (ZTA) verlangten jetzt umgerechnet 477 Milliarden Euro Reparationszahlungen von Deutschland, zahlbar in 40 Jahren. Der ZTA hatten sich die traditionellen Führer der Herero-Königshäuser angeschlossen, die scheinbar bei den Verhandlungen zuvor nicht ausgeschlossen waren, wie Chief Rukoro. Man verlangte direkten Zugriff auf die Gelder und keine Entwicklungshilfe. »Entweder erpresst Deutschland Namibia und sieht das Ganze als PR-Coup – oder es sieht die namibische Regierung als Marionette.«[405]

Am Freitag, dem 18. Juni, verstarb der erbittert gegen das bilaterale Abkommen kämpfende Herero-Chief Rukoro mit 66 Jahren in einer Klinik in Windhuk an Corona. Die Bundesregierung sprach am gleichen Tag ihr Beileid aus. Rukoro hatte sich sowie einige Politiker am 16. Juni mit dem Virus infiziert, als Namibias Parlament das unterschriftsreife Dokument absegnen sollte, das Premierministerin Saara Kuugongelwa-Amadhila vorstellte. Auch sie war an Corona erkrankt. Des Weiteren lag der Ex-Diplomat Zed Ngavirue, der mit dem deutschen Namibia-Sondergesandten Polenz das Abkommen ausgehandelt hatte, mit dem Virus im Hospital.[406, 407]

Die Verhandlungen ruhen, allerdings lehnt Polenz Nachverhandlungen kategorisch ab. Rukoro war eine schillernde Figur und der Kampf für Gerechtigkeit sein Lebensinhalt, der ihn privat sehr viel Geld kostete. Zum Schluss brachte er, so geschehen in Zimbabwe, sogar eine Übernahme der Farmen deutschstämmiger Namibier ins Spiel. Laut der »Bild«-Zeitung wünschte sich Rukoro, dass die »Trothastraße« in »Klein-Windhuk« umbenannt werde; er empfände die bisherige Benennung als unerträglich. »In Deutschland heißt auch keine Straße mehr nach Adolf Hitler!«[408]

AFRIKA AKTUELL

Todesfälle hochrangiger Politiker in Zeiten von Corona

Auf dem afrikanischen Kontinent war und ist die epidemiologische Lage der weltweit ausgerufenen Corona-Pandemie noch weitgehend unbekannt. Eine Ausnahme bildet Südafrika mit 1,5 Millionen positiv getesteten Corona-Fällen und mehr als 150.000 Toten innerhalb eines Jahres. Weniger aussagekräftig erscheinen sechs Covid-Tote in Burundi, 21 in Tansania oder rund 2000 Virusopfer in Nigeria, einem Land mit mehr als 200 Millionen Einwohnern.[409]

Im Vergleich dazu seien im gleichen Zeitraum mehr als ein Dutzend hochrangige afrikanische Staatsmänner an dem Virus verstorben: unter ihnen der frühere burundische Präsident Pierre Nkurunziza (55 Jahre), der Premierminister aus Swasiland, Ambrose Dlamini (52), Hamed Bakayoko (56), Premierminister der Elfenbeinküste, der tansanische Präsident John Magufuli (61) sowie der Präsidentschaftskandidat von Kongo-Brazzaville, Guy-Brice Parfait Kolèlas (60).

Die nachfolgende detaillierte Bestandsaufnahme zum Tod dieser fünf exemplarisch ausgewählten afrikanischen Staatsmänner versucht – fast kriminologisch – die genauen Umstände sowie vielschichtigen Zusammenhänge ihres Ablebens zu beleuchten. Die Analyse soll verdeutlichen, dass sie alle neben »mit oder an« Corona durchaus auch »aufgrund oder wegen« ihrer Einstellung zu Corona oder aus innen- beziehungsweise außenpolitischen Gründen oder vielleicht doch schlicht an einer chronischen

Krankheit gestorben sein könnten. Jeder hat selbst die Möglichkeit, entsprechende Recherchen zu führen, verschiedene Perspektiven einzunehmen und sich eine Meinung darüber zu bilden, was hier im Einzelfall tatsächlich geschehen sein könnte.

Pierre Nkurunziza (55), Präsident von Burundi, verstorben am 8. Juni 2020

Wie die Regierung des zentralafrikanischen Landes am 8. Juni 2020 bekannt gab, verstarb der noch amtierende Präsident Pierre Nkurunziza im Alter von 55 Jahren völlig unerwartet an Herzversagen. Offiziell sollte er nach dem Wahlsieg des ehemaligen Generals Évariste Ndayishimiye in Kürze den Platz räumen. Ndayishimiye hatte sich als Kandidat der Nationalen Hutu-Partei National Council for the Defense of Democracy-Forces for the Defense of Democracy (CNDD-FDD) vor einem Monat gegen Nkurunziza durchgesetzt. Offiziell wurde auch hier – was geradezu symptomatisch für Afrika ist – am Wahlausgang gezweifelt. Der neu gewählte Präsident würde von seinem Vorgänger ein tief gespaltenes Land übernehmen. Seit der Unabhängigkeit von der Kolonialmacht Belgien im Jahr 1962 hatte Burundi nach wie vor mit ethnischen Konflikten zwischen Hutu und Tutsi, städtischer wie ländlicher Armut, hoher Arbeits- und Perspektivlosigkeit junger Bevölkerungsschichten sowie einer extrem schwachen Wirtschaft zu kämpfen. Diese Probleme teilte und teilt sich das Land mit den meisten ehemaligen Kolonien auf dem afrikanischen Kontinent.[410, 411, 412, 413]

Die 15-jährige Amtszeit des verstorbenen Autokraten war durch stetig wachsende Unterdrückung seiner Kritiker – Oppositionelle wie Medien – geprägt. Sein Nachfolger Ndayishimiye profitierte nun insofern vom Tod seines Vorgängers, weil seine Rolle nach dem Machtwechsel keineswegs klar war und seine Einflussnahme in Bezug auf die Regierungsgeschäfte quasi auf der Hand lag.[414, 415]

Nkurunziza wurde 1964 in eine wohlhabende Familie hineingeboren. Sein Vater gehörte der größten Ethnie der Hutu an, seine Mutter war Tutsi. 1972 fiel der Vater einem Massaker zum Opfer, bei dem 100.000 Hutu und 10.000 Tutsi umkamen. Burundi erlebte ab 1993 einen zwölfjährigen Bürgerkrieg zwischen Hutu-Rebellen und dem von Tutsi dominierten Militär – mit über 300.000 Toten –, der durch den ethnischen Konflikt im Nachbarland Ruanda – der Genozid von 1994 – verursacht wurde. 1995 trat Nkurunziza der Hutu-Rebellen-Organisation The Forces for the Defence of Democracy (FDD) bei, aus der später die CNDD-FDD-Partei hervorging. 1998 wurde er in Abwesenheit zum Tode verurteilt. Nach dem Friedensvertrag von 2003 bekam Nkurunziza Immunität und wurde Minister in der Übergangsregierung. 2005 wurde die CNDD-FDD stärkste Partei und Nkurunziza im Alter von 40 Jahren Präsident von Burundi. Nach einer religiösen Offenbarung, in deren Folge er als evangelikaler Christ wiedergeboren wurde, war Nkurunziza davon überzeugt, dass Gott dieses Präsidentenamt für ihn vorbestimmt hatte. Seine erste Amtszeit führte tatsächlich zu einer gewissen Stabilität in einem der ärmsten Länder der Welt, das bis heute durch die Folgen des langjährigen Bürgerkrieges, notorischer Unterernährung, Malaria und HIV/Aids gekennzeichnet ist. Im Jahr 2010 wurde Nkurunziza aufgrund seiner Errungenschaften mit 91 Prozent der Wählerstimmen wiedergewählt. Sein Führungsstil wurde autoritärer. Als er trotz Protesten seitens der Opposition sowie der Ablehnung durch die Vereinigten Staaten sowie der Europäische Union – allen voran die ehemalige Kolonialmacht Belgien – 2015 zum dritten Mal wiedergewählt wurde, kam es zu blutigen Auseinandersetzungen im Land. Hunderte starben, Tausende flüchteten ins Ausland. Der Wahlsieg zog weitreichende Sanktionen der Geberländer nach sich.[416, 417, 418, 419]

Als Reaktion auf Untersuchungen des Internationalen Strafgerichtshofes (International Criminal Court, ICC) zu Menschenrechtsverletzungen (wie Vergewaltigung, Folter und Mord) zog Burundi 2017 als erstes Land der Welt seine Mitgliedschaft im ICC zurück. Ziel der Aktion waren eine größere Souveränität und ein Abstandhalten vom Westen. Die Vorwürfe aus Den Haag wurden seitens der Regierung vehement abgestritten und als Reaktion darauf internationale Hilfsorganisationen im Land massiv unter Druck gesetzt. 2019 schloss Nkurunziza das Büro des Menschenrechtsrats der Vereinten Nationen (UNHRC) in Burundi, was nochmalige Sanktionen nach sich zog. Mit seinem Tod endeten weitere Ermittlungen, obwohl viele Opfer des Regimes weiterhin Gerechtigkeit forderten.[420, 421]

Vor den Wahlen hatte die Regierung Nkurunziza zwischen 540.000 und 750.000 Euro, eine lebenslange Rente, sechs Autos und eine Luxusvilla geboten, wenn er am 20. August 2020 zurücktreten würde. Außerdem sollte ihm der Ehrentitel »Supreme Guide of Patriotism« verliehen werden. Im Vergleich hierzu ist laut Angaben der Vereinten Nationen die humanitäre als auch wirtschaftliche Situation des Landes bis heute kritisch: 330.000 Flüchtlinge befinden sich in Flüchtlingslagern im Ausland. 2021, so wurde geschätzt, waren 2,3 Millionen Menschen in Burundi auf humanitäre Hilfe angewiesen.[422, 423]

Nach seinem unerwarteten Tod gab es Spekulationen, Nkurunziza könnte an Komplikationen, ausgelöst durch eine Corona-Infektion, gestorben sein. Seine Frau war zehn Tage vor ihm positiv diagnostiziert worden, ebenso der Gesundheitsminister. Beide wurden nach Kenia ausgeflogen. Drei Leibwächter, die die Präsidentengattin begleiteten, seien ebenfalls Corona-positiv gewesen. Bezüglich dieser Corona-Infektionen gab es keine offizielle Bestätigung seitens der Regierung. Laut Informationen der BBC hatte Nkurunziza die Tragweite der Pandemie heruntergespielt und Präsidentschaftswahlen in der Corona-Phase abgehalten. Der Direktor und drei Experten der Weltgesundheitsorganisation (WHO) wurden des Landes verwiesen, weil sie den Umgang der Regierung mit der Pandemie kritisierten. Es seien keinerlei politischen Maßnahmen erlassen worden, um die Ausbreitung des Virus zu stoppen. Burundi hatte bis zum Tod von Nkurunziza keinerlei Corona-Maßnahmen umgesetzt.[424, 425, 426, 427]

Ambrose Dlamini (52), Premierminister von Swasiland, verstorben am 13. Dezember 2020

Die Regierung des letzten afrikanischen Königreiches Eswatini – bis 2018 Swasiland – gab am 14. Dezember 2020 bekannt, dass der 52-jährige

Premierminister Ambrose Mandvulo Dlamini in einem Krankenhaus in Südafrika verstorben sei, nachdem er einen Monat zuvor positiv auf Covid-19 getestet worden war. Er wurde gegen die Symptome behandelt, eine Todesursache wurde nicht genannt. Der südafrikanische Präsident Cyril Ramaphosa drückte dem Königreich seine tiefe Trauer aus. Dieser vorzeitige Tod zeige in tragischer Weise den willkürlichen Schaden, den Covid-19 mitten unter ihnen hervorrufe, so der südafrikanische Präsident pandemiekonform.[428, 429]

Der für Afrika flächenmäßig kleine Binnenstaat, umgeben vom großen Nachbarn Südafrika, ist eine der letzten Monarchien weltweit. König Msati III., der 1986 den Thron von seinem Vater erbte, regiert per Dekret über 1,3 Millionen Einwohner, die von Subsistenzwirtschaft leben. Laut Weltbank-Daten lebten 2017 fast 40 Prozent der Bevölkerung unter der Armutsgrenze. Laut UNICEF hat das Land die höchste Aids-Rate weltweit. Unzählige Einwohner sind dem HIV-Virus zum Opfer gefallen, Tausende wurden zu Waisen. Laut Schätzung leben heute über 200.000 mit dem HIV-Virus Infizierte im Land.[430]

Der König geht mit harter Hand gegen seine Kritiker vor, und alle Medien befinden sich unter staatlicher Kontrolle. Öffentliche Gelder werden für Paläste und Limousinen verschwendet. Aufgrund der herrschenden Zustände arbeiten mehr und mehr junge Menschen aus Eswatini in Südafrika. Infolge des politischen Niedergangs wurden Proteste immer lauter. 2007 demonstrierten Tausende für demokratische Reformen in der Hauptstadt Manzini.[431, 432]

Noch etwas zur Geschichte: Im Jahr 1907 wurde Swasiland Territorium des britischen Hochkommissariats. 1921 bestieg König Sobhuza den Thron. 1964 trat die erste Verfassung in Kraft. Die Partei Imbokodvo National Movement (INM) wurde gegründet. 1968 kam die formelle Unabhängigkeit. 1973 setzte der König die Verfassung außer Kraft und verbot alle politischen Parteien. Im Oktober 2018 wurde Mandvulo Ambrose Dlamini, ehemaliger Bankdirektor und späterer Leiter der größten Mobilfunkgesellschaft MTM, vom König zum Premierminister ernannt. Seine Befugnisse waren allerdings limitiert, da der König nach wie vor alle Entscheidungen trifft.[433, 434]

Dlamini wurde am 16. November 2020 positiv auf Covid-19 getestet, zeigte aber keine Symptome und fühlte sich wohl, würde aber zunächst von zu Hause aus arbeiten. Anfang Dezember erklärte der stellvertretende Premierminister, man habe Dlamini nach Südafrika in ein Krankenhaus geflogen, um seine Genesung zu beschleunigen. Er sei stabil und hätte gut auf die Behandlung reagiert. Kurz darauf war er tot. Ende 2020 hatte das Land mehr als 6700 Corona-Infektionen und 127 mit dem Virus verbundene Todesfälle zu verzeichnen.[435, 436, 437]

Hamed Bakayoko (56), Premierminister der Elfenbeinküste, verstorben am 10. März 2021

Der Präsident der Elfenbeinküste, Alassane Ouattara, verkündete in tiefer Trauer, dass der 56-jährige Premierminister Hamed Bakayoko am 10. März 2021 in der Universitätsklinik von Freiburg einem Krebsleiden erlegen sei. Er hatte gute Chancen nächster Präsident der Elfenbeinküste zu werden. »HamBak«, wie ihn die Ivorer nannten, war ein treuer Verbündeter des 79-jährigen Präsidenten, der ihn erst im Juli 2020, nach dem plötzlichen Tod seines 61-jährigen Vorgängers Amadou Coulibaly, zum Premierminister ernannt hatte. Es hätte keinen Bezug zu Corona gegeben, wurde verlautbart.[438, 439, 440, 441, 442]

Bakayoko wurde 1965 als Sohn eines gut situierten Beamten geboren. Die Mutter verstarb früh. Nach dem Abitur studierte er zunächst zwei Jahre Medizin. In den frühen 1990ern brachte er die Zeitung »Le Patriot« heraus. Damals avancierte er zum Protegé der First Lady Dominique Ouattara. 1993 wechselte er zum Ableger des französischen Radiosenders »Nostalgie« – einem der beliebtesten Sender des Landes –, bis er im Jahr 2000 Direktor von »Radio African« wurde.[443, 444, 445, 446]

Im Bürgerkrieg, der 2002 begann, stach Bakayoko als Friedensstifter hervor. Von 2003 bis 2010 war er Minister für neue Technologien und Telekommunikation. Nach den Wahlen brach ein Bürgerkrieg aus, da Präsident Laurent Gbagbo den Wahlausgang nicht akzeptierte. 2011 wurde Bakayoko von Gbagbos Nachfolger Ouattara zum Innenminister ernannt. Als es 2017 zur Meuterei des Militärs kam, gab Bakayoko sein Amt mit dem Ziel auf, die Armee zu reformieren. 2018 wurde er der charismatische Bürgermeister des ärmsten Viertels von Abidjan und entwickelte sich zu einem der mächtigsten Männer im Regime. Issaka Sangare, Sprecher der Opposition, beschrieb ihn als Schlüsselfigur bei der Wiedergutmachung nach dem Bürgerkrieg.[447, 448, 449, 450]

Marwane Ben Yahmed, Direktor des Magazins »Jeune Afrique«, war seit 20 Jahren ein guter

Freund von Bakayoko und rekapitulierte dessen letzten Wochen. Die Familien hatten Weihnachten und Neujahr zusammen verbracht. Bakayoko war zweimal Corona-positiv getestet worden und litt außerdem an Malaria, was in Afrika nicht ungewöhnlich ist und oft tödlich verläuft. Er hatte ein sehr stressreiches Jahr hinter sich und war nicht in Bestform. Sein Zustand wurde sukzessive schlechter. Vor dem anstehenden Wahlmarathon nahm er die Gelegenheit wahr und ließ sich in Paris untersuchen. Damals wurde keine Krankheit festgestellt.[451]

Yahmed besuchte ihn am 29. Januar 2021 und war schockiert über den Gesundheitszustand seines Freundes. Er hatte stark an Gewicht verloren und war sehr schwach. Yahmed mutmaßte, er könne an einem Burnout leiden, Nachwirkungen der Corona-Infektion haben oder auch an einem anderen tropischen Virus leiden, alles war möglich. Bakayoko erzählte, dass er es seltsam fand, dass sein persönlicher Assistent zum gleichen Zeitpunkt erkrankte wie er. Er habe immer dasselbe gegessen. Yahmed fragte ihn, ob er denke, er sei vergiftet worden, was er jedoch verneinte. Aber das Gerücht hielt sich in Abidjan. Die Freunde verabschiedeten sich. Bakayoko war zuversichtlich, er müsse sich nur ausruhen. Sie sahen sich nicht wieder.[452]

Am 18. Februar wurde Bakayoko wieder nach Paris geflogen. Sein Zustand hatte sich weiter verschlimmert. Nur ein kleiner Kreis von Personen, darunter seine Frau, Präsident Ouattara und der französische Präsident Macron, waren über seinen Gesundheitszustand informiert, während sich Besorgnis im Land breitmachte. Schließlich wurde bekannt, er habe Leberkrebs im Endstadium und sei austherapiert. Seine Frau wollte nicht aufgeben und ihn in die Türkei verlegen lassen. Der türkische Präsident Erdoğan stellte ein Flugzeug zur Verfügung, das Paris am 5. März noch immer nicht verlassen hatte. Stattdessen bestätigten auch die türkischen Ärzte, eine Operation sei nicht mehr möglich. Am 6. März wurde Bakayoko nach Freiburg geflogen, wo er verstarb.[453]

Yahmed erinnerte sich an ein Gespräch, das er im Dezember mit seinem Freund geführt hatte: »Weißt du«, sagte er, während er einem Kräutertee trank, »wir müssen wirklich das Beste aus jedem Moment machen, als wäre es der letzte. Konzentriere dich auf das Wichtigste. Wir sind beide Glückspilze, wir haben alles, um glücklich zu sein, aber wir hören nicht damit auf, zu wenig darüber nachzudenken und verschwenden Zeit mit Trivialem, sogenannten Verpflichtungen, Gezänke, Neid, nehmen Dinge für wichtig, die keine Bedeutung haben. Alles, was es braucht, ist nur ein Atemzug, eine Krankheit, ein Unfall oder eine andere Tragödie – und alles ist vorbei.«[454]

Seit Januar 2021 stiegen die Covid-19-Infektionen in der Elfenbeinküste stetig an. Der bekannteste Fall sei Bakayoko gewesen. Laut Experten seien die steigenden Zahlen durch Wahlkampagnen im ganzen Land verursacht worden, bei denen viele Menschen zusammenkamen und sich ansteckten. Hygienemaßnahmen wie Masken oder Abstand halten seien nicht respektiert worden. Stattdessen tanzten und sangen die Menschen in den Straßen. Die Veranstalter der Kampagne sagten, sie hätten kein Geld dafür, 10.000 Masken zu kaufen. Am 10. März gab es 2856 Infizierte, davon 1167 in Behandlung, während das Gesundheitssystem nicht darauf vorbereitet war, seine Verantwortlichen aber trotzdem behaupteten, alles unter Kontrolle zu haben. Laut Statistik lägen die geheilten Fälle bei 95 Prozent, die der Hospitalisierten bei vier und die Todesrate bei einem Prozent. Am 26. Februar 2021 hatte das Land 504.000 AstraZeneca-Impfdosen durch die Covid-19-Vaccines-Global- Access-(COVAX-)Initiative der Weltgesundheitsorganisation (WHO) sowie durch die Impfstoffallianzen Global Alliance for Vaccines and Immunizations (GAVI) und Coalition for Epidemic Preparedness Innovations (CEPI) erhalten. Dafür stellte die Bill & Melinda Gates Foundation circa 150 Millionen Euro, die Europäische Investitionsbank (GAVI) Darlehen in Höhe von 400 Millionen Euro und die Europäische Union (EU) 100 Millionen Euro bereit. Neben Ghana, das 600.000 Impfdosen erhielt, wurden die beiden Länder als Erste in Afrika von COVAX beliefert.[455, 456, 457, 458]

Am 4. September 2020 hatte der französische Präsident Macron den ivorischen Präsidenten Ouattara zum Essen in den Elysée-Palast geladen. Da Präsidentschaftswahlen bevorstanden, tat Macron seine Bedenken bezüglich der umstrittenen dritten Amtszeit Ouattaras kund, die zu gesellschaftspolitischen Spannungen im Land führen könnte. Macron schlug vor, die Wahlen zu verschieben, um einen Dialog mit den Gegnern zu ermöglichen und einen Nachfolger zu finden. Das lehnte der ivorische Präsident entschieden ab; er hätte keine andere Wahl, als zu kandidieren, nachdem der Vorgänger von Coulibaly im Juli verstorben sei. Ouattara wurde laut einer unabhängigen Wahlkommission am 3. November mit 94,27 Prozent für eine dritte Amtszeit wiedergewählt. Die Opposition hatte die Wahlen boykottiert, weil sie gegen diese dritte Amtszeit des Präsidenten war.[459, 460]

John Magufuli (61),
Präsident von Tansania,
verstorben am 17. März 2021

Der 61-jährige tansanische Präsident Dr. John Pombe Joseph Magufuli starb am 17. März 2021 an Herzversagen. Die Nachricht wurde mit einer Mischung aus Schock und Zweifel in der Bevölkerung aufgenommen. Wochenlang war über seinen Gesundheitszustand spekuliert worden, nachdem im Februar bereits der Vizepräsident von Sansibar, Seif Sharif Hamad, an Corona gestorben war. Am 27. Februar war Magufuli zum letzten Mal in Erscheinung getreten. Die amtierende Vizepräsidentin Samia Suluhu Hassan verlautbarte, er hätte seit über zehn Jahren an einer Herzkrankheit gelitten, während die Opposition im Land beharrlich bei der Virustheorie blieb, allerdings ohne offizielle Bestätigung.[461, 462, 463, 464]

Kenias Präsident Uhuru Kenyatta sagte, er hätte einen Freund und visionären Verbündeten verloren, und der frühere nigerianische Präsident Goodluck Jonathan nannte ihn einen Patrioten, der sein Land liebte. Der Oppositionsführer Tundi Lissu hingegen behauptete, er hätte das Land durch das Leugnen der Pandemie auf eine Katastrophe zugesteuert.[465]

Auch Benjamin Mkapa – ehemaliger Präsident Tansanias von 1995 bis 2005 – war am 26. Juli 2020 mit 81 Jahren verstorben. Laut seiner Familie litt er an Malaria und starb daraufhin an einem Herzinfarkt. Seitens der Regierung wurde keine Todesursache genannt. Auch hier gab es sofort Gerüchte, er sei an Corona gestorben. Kurz vor seinem Tod hatte Magufuli noch einmal gesagt, Tansania sei Corona-frei und die Touristen könnten wiederkommen.[466, 467, 468]

Laut Verfassung wurde Vizepräsidentin Hassan umgehend als erste weibliche Präsidentin Tansanias eingeschworen, um die fünfjährige Amtszeit, die Ende Oktober 2020 begann, fortzusetzen. Ein drastischer Kurswechsel wurde eingeleitet und alle bisher nicht beachteten Beschränkungen und Verbote im Umgang mit der Pandemie unter Magufuli nunmehr umgesetzt. Hassan betonte, der Umgang mit Covid-19 in Tansania sei unangemessen gewesen. Eine Covid-Task-Force würde gegründet werden. Die neue Präsidentin gehört übrigens zum Young-Global-Leadership-Team des Weltwirtschaftsforums (WEF).[469, 470, 471]

Magufuli wird für seinen kontroversen Umgang mit der Pandemie im Gedächtnis der Menschen bleiben. Er war der bekannteste »Corona-Leugner« Afrikas. Von Anfang an zweifelte er an der Darstellung einer globalen Pandemie. Kaum einer wird je vergessen, dass er – selbst promovierter Chemiker – Proben von Papayas, Wachteln, Ziegen und Schmieröl mit dem PCR-Test auf Corona testen ließ und dabei positive Ergebnisse bekam. Er warnte schon früh vor falsch-positiven Resultaten und prangerte die Corona-Impfstoffe als Teil einer westlichen Verschwörung öffentlich an, die dem Zweck dienen sollte, sich auch weiterhin an den Rohstoffen Afrikas bereichern zu können. Er spielte die Pandemie herunter und zog deshalb den Ärger der WHO auf sich, als er sein Volk aufrief, zu Gott zu beten und zu lokalen Kräuterextrakten zu greifen, die bekanntermaßen vor Atemwegserkrankungen schützen. Der WHO-Director-General Tedros Adhanom Ghebreyesus sagte, eine Anzahl tansanischer Reisender seien im Ausland positiv auf Corona getestet worden. Das Land solle die geforderten Maßnahmen umsetzen, Corona-Daten offenlegen und sich auf Impfungen Ende Januar vorbereiten. Magufuli trug selbst nie eine Maske. Jeder der wollte, konnte es tun, sollte sie aber selbst nähen und nicht die aus dem Ausland gelieferten tragen. Ab Mai 2020 übermittelte das Land keine Corona-Daten mehr. Stattdessen hieß es, Tansania hätte die Pandemie durch ein nationales, drei Tage dauerndes Gebet besiegt. Davor waren 509 Personen positiv getestet worden und 29 gestorben – Tansania hat 60 Millionen Einwohner. Zum gleichen Zeitpunkt meldeten Kenia 16.000 und der Kongo 8000 positive Fälle. In Tansania wurde, im Gegensatz zu den Nachbarländern, kein Lockdown umgesetzt. Erst nachdem Regierungsbeamte an Lungenentzündung verstorben waren, räumte Magufuli ein, dass das Virus noch unter ihnen sei. Viele Kritiker warfen ihm vor, sein unverhältnismäßiges Handeln habe viele Todesopfer unter der Bevölkerung gefordert. Seit Januar 2021 berichtete die amerikanische Botschaft von einem signifikanten Anstieg an Todesfällen durch Atemwegsprobleme.[472, 473, 474, 475]

Am 16. Mai behauptete der in Belgien im Exil lebende Oppositionsführer Tundu Lissu, auf den im Jahr 2017 ein Attentat verübt worden war, durch Geheimdienstquellen zu wissen, dass Magufuli schwer an Corona erkrankt sei. Zudem verlangte er Aufklärung bezüglich der dreiwöchigen Abwesenheit des Präsidenten. Die Regierung wies die Behauptungen als Gerüchte zurück, es sei deshalb zu einigen Verhaftungen gekommen. Laut Lissu sei der Präsident nach einem Schlaganfall halbseitig gelähmt. Aus anderen Quellen hieß es, Magufuli sei in Kenia oder Indien hospitalisiert. Kenia habe dies bestätigt.

Seitens der tansanischen Regierung wurde derweil verlautbart, er sei gesund und arbeite. Das Volk solle nicht auf Gerüchte von außen hören.[476, 477]

Magufuli wurde am 29. Oktober 1959 am Ufer des Viktoriasees geboren und wuchs in ärmlichen Verhältnissen auf. Er betonte immer, am eigenen Leib erfahren zu haben, was Hunger und Elend bedeute. Die Schule war sein Ausweg. 2005 erlangte er an der Universität von Daressalaam den Doktortitel in Chemie. Nach einer Zeit als Lehrer und Chemiker wechselte er für die regierende Partei Chama Cha Mapinduzi (CCM) in die Politik. Sie ist seit der Unabhängigkeit von Großbritannien im Jahr 1962 stärkste Partei Tansanias. 2010, als Magufuli zum zweiten Mal Minister für Arbeit und Transportwesen wurde, gewann er zunehmend an Popularität. Seine teils grobe Art brachte ihm beim Volk den Spitznamen »Bulldozer« ein.[478, 479, 480]

Im Jahr 2015 kandidierte Magufuli für das Präsidentenamt und gewann an seinem 56. Geburtstag mit 58 Prozent der Stimmen. Er sagte nach seinem Sieg, dass Wahlen in vielen Ländern Quelle von Konflikten seien, aber Tansania hätte den Test bestanden und die Demokratie im Land sei gereift. Er vertrat von Anfang an eine Art nationalistische Wirtschaftspolitik und kontrollierte persönlich, ob Staatsbeamte pünktlich zur Arbeit erschienen, und reduzierte die Spesen. Nicht wenige Beamte wurden aufgrund von Korruption entlassen. Die Kostensenkung in der Regierung und das Vorantreiben diverser Infrastrukturmaßnahmen – wie der Bau von Straßen- und Bahnverbindungen, die Erweiterung des Luftverkehrs sowie die Verbesserung der Strom- und Wasserversorgung – in ländlichen

Gebieten und freie Schulbildung brachten ihm viel Respekt ein. Zusätzlich verlangte Magufuli Steuerbeträge in Millionenhöhe von Bergbauunternehmen aus dem Ausland, um so dem Raubbau an Bodenschätzen entgegenzuwirken. Mitte 2019 vergab er Lizenzen zum Bau von Goldraffinerien an chinesische Unternehmen, natürlich zum Unmut des Westens. Im gleichen Atemzug stoppte er ein milliardenschweres Hafenprojekt, das für China wichtig war. Magufuli wollte mehr Mitspracherecht für Tansania. In Zukunft sollte China den Westen langfristig als Investitionspartner ablösen.[481, 482, 483, 484]

Aufgrund all der Errungenschaften wurde Magufuli in seiner ersten Amtszeit im eigenen Land, aber auch in den Nachbarländern hoch angesehen. Allerdings zeigte er eine starke Intoleranz gegenüber Andersdenkenden. So stoppte er die Live-Übertragungen von Regierungsdebatten, in denen die Opposition die Regierung kritisierte. Am 28. Oktober 2020 wurde er für eine zweite Amtszeit wiedergewählt. Die Opposition sprach von Wahlbetrug. Amnesty International berichtete, die Regierung hätte vor den Wahlen mithilfe neuer Gesetze die freie Meinungsäußerung und Versammlungsfreiheit stark eingeschränkt und lokalen Medien untersagt, internationale Inhalte ohne Erlaubnis zu drucken. Online-Aktivismus wurde unter Strafe gestellt. Oppositionelle seien ohne triftigen Grund verhaftet worden. Dessen ungeachtet wurde das Land unter Magufuli eine der am schnellsten wachsenden Volkswirtschaften der Welt, und die Weltbank stufte Tansania bereits 2020 – und damit fünf Jahre früher als geplant – als Staat mit mittlerem Einkommen ein. Magufuli sagte in einem Video, das nach seinem Tod auftauchte, dass man sich eines Tages nicht an die schlechten Dinge, jedoch an seine guten Taten erinnern werde, da er sein ganzes Leben in den Dienst für ein besseres Leben der Armen in Tansania gestellt habe. Laut BBC erklärten viele Analysten, dass letztlich aber sein Umgang mit Corona sein Erbe definieren würde. Am 1. April 2021 wurde eine Corona-Mutante in Tansania entdeckt. Die transafrikanische Seuchenschutzbehörde CDC erklärte, dass die Variante 40 Variationen aufweise und sehr besorgniserregend sei.[485, 486, 487, 488, 489, 490]

Guy-Brice Parfait Kolélas, Präsidentschaftskandidat der Opposition im Kongo, verstorben am 22. März 2021

Der stärkste Konkurrent des seit 36 Jahren amtierenden Präsidenten Denis Sassou-Nguesso, Oppositionskandidat Guy-Brice Parfait Kolélas, starb am Wahltag an Corona kurz nach der Landung des Transportflugzeuges, das ihn zur Weiterbehandlung nach Frankreich bringen sollte. Er war 61 Jahre alt und litt an Diabetes, was ihn zu einem Risikopatienten machte. Einen Tag zuvor verpasste Kolélas die letzte Wahlkundgebung, da er sich nicht wohlfühlte. Er vermutete Malaria und wurde in ein lokales Krankenhaus gebracht, aus dem es später hieß, man habe eine Covid-Infektion feststellt. Die französische Staatsanwaltschaft kündigte eine Untersuchung der Todesursache an. Ein Pariser Gericht bestätigte nach der Autopsie eine Corona-Infektion als Todesursache und entkräftete damit jegliche Vergiftungsvorwürfe. Die Lunge Kolélas sei schwer geschädigt gewesen, er sei an einer diffusen Pneumonie verstorben. Nichtsdestotrotz wurde weiterhin vielfach behauptet, er sei mit Polonium vergiftet worden und bereits tot gewesen, als er das Land verließ.[491, 492]

Noch vom Sterbebett wandte sich Kolélas an seine Landsleute mit den Worten, er würde gerade um sein Leben kämpfen, riefe sie aber dazu auf, aufzustehen und weiter für eine Veränderung im Land zu stimmen, dann wäre sein Kampf nicht umsonst gewesen. Kolélas hätte ein sorgloses Leben als Minister haben können, entschied sich aber für einen unermüdlichen Kampf für Demokratie. Kolélas Partei, die Union der Demokratischen Humanisten (UDH-Yuki), gab an, sie hätte die Wahl gewonnen. Tatsächlich gewann der neue alte Präsident mit 88,57 Prozent, so die Zahlen der Wahlkommission. UDH-Yuki kam auf 64 Prozent und 31 Prozent für den Präsidenten. Beim Verfassungsgericht wurde Klage eingereicht.[493, 494]

Nach dem Tod seines Vaters Bernard Kolélas im Jahr 2010 folgte ihm der Sohn als Interimspräsident des Congolese Movement for Democracy and Integral Development (CMDID). Bei den Präsidentschaftswahlen 2016 belegte er den zweiten Platz. In seinen letzten Tagen hatte Kolélas den Präsidenten besonders stark kritisiert und den Kongo als Polizeistaat bezeichnet. Amtsinhaber blieb weiterhin Sassou-Nguesso. Es gab Einwände wegen fehlender Transparenz. Die größte Oppositionspartei, die Pan-African Union for Social Democracy (UPADS), boykottierte die Wahlen, da sie eine Spaltung der Nation befürchtete.[495, 496, 497]

Der Kongo hat 2,5 Millionen Einwohner, davon lebt der Großteil in Armut, obwohl das Land sehr reich an Rohstoffen ist. Kongo-Brazzaville hat offiziell mehr als 9000 Corona-positive Fälle und 130 Todesfälle gemeldet.[498]

In seiner 2021 gehaltenen Antrittsrede nahm

der wiedergewählte Sassou-Nguesso direkten Bezug zum UN-Klimagipfel im November 2021. Er sprach vom Kongobecken als der Lunge Afrikas, durch die die ganze Welt atme. Der Kongo nehme für den Umweltschutz und Biodiversität eine wichtige Rolle ein. Das »Schwarze Afrika« würde zum »Grünen Afrika«, so der Präsident im allgegenwärtigen Klimatenor.[499]

post mortem

Eine im Jahr 2020 aufgetauchte südafrikanische Corona-Mutante verbreitete sich und wurde in Botswana, Ghana, Kenia, auf den Komoren, in Sambia, Mosambik und Tansania nachgewiesen und führte laut WHO zu Rekordinfektionszahlen. Die Anzahl an Tests in Afrika seien im Vergleich zu anderen Regionen der Welt viel zu gering, was die Ausbreitung des Virus stark verschleiere, hieß es. Südafrika habe bisher die meisten, Nigeria nur relativ wenige Tests pro Kopf durchgeführt. In einigen Ländern seien zu wenig oder gar keine Daten zu Tests verfügbar.[500]

Laut der WHO und den afrikanischen Zentren für die Kontrolle von Krankheiten und Vorsorge – Africa Centres for Disease Control and Prevention (CDC) – sollten die afrikanischen Länder den AstraZeneca-Impfstoff trotz Bedenken hinsichtlich seiner Sicherheit problemlos verwenden können. Der Tschad und Simbabwe lehnten den Impfstoff jedoch ab. Auch in Südafrika seien Impfungen ausgesetzt worden, da er nicht gegen die südafrikanische Mutante zu wirken schien. Die Lieferung von Covid-Impfstoffen durch das COVAX-Programm nach Afrika startete im Februar 2021. Seinerzeit hätten sich, so hieß es, insgesamt 36 Länder angemeldet, um

Impfstoff zu erhalten. COVAX beabsichtigte 600 Millionen Dosen nach Afrika liefern, um etwa 20 Prozent der Bevölkerung zu impfen. Allerdings reiche der Impfstoff nicht aus, um das medizinische Personal und Risikogruppen zu impfen. Ruanda habe seine erste Lieferung bereits ausgeschöpft. Ghana sei kurz davor, und Botswana hätte aufgrund von Engpässen die Impfung ausgesetzt. Neben den Lieferungen durch das COVAX-Programm stammte etwa die Hälfte der zur Verfügung stehenden Impfstoffe von Spenden aus China, Russland, Indien und den Vereinigten Arabischen Emiraten (VAE). Untersuchungen der Weltbank (WB) und des Internationalen Währungsfonds (IWF) hatten errechnet, dass Afrika etwa zwölf Milliarden Euro für Impfstoffe und Impfungen ausgeben müsse, um die Ausbreitung des Virus aufzuhalten.[501]

Die WHO warnte eindringlich, dass diese Krise nicht überwunden werden könne, wenn nicht alle Länder ihre Bevölkerung immunisieren würden. COVAX sollte bis Ende 2021 zwei Milliarden Dosen in »die armen Länder« liefern. Wenn es keine Flughäfen gäbe, sollte der Impfstoff per Kühlwagen transportiert werden. In Nigeria wurden die traditionellen Führer, die Zivilgesellschaft sowie die Medien dazu aufgerufen, die Nachricht überall zu verbreiten, dass diese Impfung notwendig sei. Nigeria hatte die ersten vier Millionen Dosen von AstraZeneca vom Serum-Institut aus Indien erhalten, COVAX beabsichtigte 200 Millionen liefern. Nigeria hoffte, in den folgenden zwei Jahren 70 Prozent der über 200 Millionen Einwohner impfen zu können.[502]

»Einem Menschen seine Menschenrechte verweigern bedeutet, ihn in seiner Menschlichkeit zu missachten.«

Nelson Mandela

SÜDAFRIKA

Explodiert das Pulverfass?

Nachdem der ehemalige Präsident Südafrikas, Jakob Zuma, inhaftiert wurde, kam es zu Protesten von Anhängern, die schnell in rohe Gewalt, wüste Plünderungen und Gesetzlosigkeiten im südlichen Teil Südafrikas ausarteten. War wirklich nur die Inhaftierung Zumas schuld? Was könnten weitere Auslöser für die jüngsten Ausschreitungen gewesen sein? Sind die traumatischen Wunden der Apartheid in Südafrika wirklich ganz verheilt?

Am Mittwoch, dem 7. Juli 2021, lieferte sich der ehemalige vierte Präsident Südafrikas, Jacob Gedleyihlekisa Zuma, der Polizei aus. Das Urteil gegen ihn war am 29. Juni 2021 nach langen Jahren gesprochen worden. Die jetzige Inhaftierung Zumas für die Dauer von 15 Monaten löste die erwarteten Proteste bei der Zulu-Ethnie aus. Der 79-jährige Zuma hatte sich während seiner neunjährigen Amtszeit (2009–2018) der Anordnung des obersten Verfassungsgerichts widersetzt, zu Korruptionsvorwürfen und Geldwäsche auf höchster Ebene auszusagen. Er selbst bezeichnete das Vorgehen als Hexenjagd. Dabei sei Zuma, wie es hieß, tief in die Kleptokratie zwischen Regierungsbeamten und einem kriminellen Syndikat verwickelt, was er aber bestritt.

Laut Analysten würde die Haft Zumas die Regierungspartei stärken und alte, fest verwurzelte Netzwerke, die dem ehemaligen Präsidenten loyal gegenüberstünden, untergraben. Der Anti-Apartheid-Kämpfer, der zehn Jahre mit Nelson Mandela im Gefängnis saß, ist vor allem bei den armen Bevölkerungsschichten in den Townships beliebt. Seiner Tochter, Dudu Zuma-Sambudla, twitterte er vor Antritt der Strafe, er hoffe, es gäbe noch dieselben Overalls auf Robben Island.[503, 504, 505]

Die südafrikanische Polizei (South African Police Service [SAPS]) war nach durch die Regierung erfolgter Anordnung mit Unterstützung Tausender bewaffneter Soldaten mit Armeefahrzeugen der South African National Defence Force (SANDF) tagelang gegen marodierende Massen in den Straßen unterwegs. Supermärkte, die großen Malls – die einen vergessen lassen, dass man sich auf dem afrikanischen Kontinent befindet –, sowie große Warenlager wurden geplündert und angezündet. Die Horden hatten Koffer mitgebracht, um Diebesgut in Form von Kleidung, Elektronik, Nahrung und Alkohol abzutransportieren. Größere Geräte wie Mikrowellenherde oder Fernsehgeräte wurden auf dem Kopf balancierend davongeschleppt. Solche Szenen, aber auch Filme, die brennende Gebäude und Zusammenstöße mit den Sicherheitsbehörden zeigen, kann man sich im Internet auf YouTube ansehen. Die anfänglich zahmen Proteste wuchsen sich schnell zu einer Spirale der Gewalt und chaotischer Gesetzlosigkeit aus, die durch die Militärpräsenz scheinbar noch angeheizt wurde und Zumas Anhänger darin bestärkte, Opfer eines politisch gewollten Zusammenbruchs zu sein.

War das tatsächlich so oder handelte es sich bei den plündernden Horden vielleicht um bezahlte Krawallmacher? Steine flogen von der einen Seite, Gummigeschosse von der anderen. Der öffentliche Verkehr kam zum Erliegen, Autobahnen waren gesperrt, Panzer rollten. Proteste schlugen in scheinbar unverständlichen Vandalismus um; wie man hörte, waren es die schlimmsten Zusammenstöße seit Jahren in Südafrika gewesen. Der amtierende Präsident Cyril Ramaphosa ging sogar so weit zu sagen, es sei seit dem Ende der Rassentrennung nicht mehr so schlimm gewesen wie jetzt. Laut SAPS starben bis Mitte Juli 2021 72 Menschen, 1234 wurden verhaftet.[506, 507, 508, 509]

Zumas Stiftung twitterte, bevor der ehemalige Präsident nicht aus der Haft entlassen werde, gäbe es auch keinen Frieden in Südafrika. 27 Jahre nach dem Ende der Apartheid in Südafrika schien die stetig schwelende Wut über allgegenwärtige Armut, die durch über ein Jahr dauernde massive Einschränkungen zur Eindämmung von Corona und die dadurch weiter angestiegene Arbeitslosigkeit verursacht worden war, noch gewachsen. Die Ungerechtigkeit im Land war zu einer auflodernden Flamme geworden. »Solche Taten gefährden Menschenleben und schaden unseren Bemühungen zum Wiederaufbau der Wirtschaft«, sagte Ramaphosa, als er über die Corona-Pandemie im Land informierte.[510, 511]

Bei einem Pressetermin hatte der inhaftierte Ex-Präsident Zuma die Corona-Maßnahmen der Regierung mit Ausnahmezuständen während der Apartheid-Ära verglichen. Er warnte davor, die Leute zu sehr zu provozieren. Beinahe gleichzeitig wurde eine 14-tägige Verlängerung der Corona-Maßnahmen durch den amtierenden

Präsidenten aufgrund der wild um sich greifenden Delta-Variante beschlossen. Es hieß, durch die Unruhen würden die Impfkampagnen verlangsamt. Einige Impfzentren hätten geschlossen werden müssen und das Virus könnte sich nunmehr schneller verbreiten.[512, 513]

Mit im Durchschnitt 20.000 Infizierten pro Tag und 64.000 Todesfällen stellte Südafrika das auf dem Kontinent am schlimmsten von Corona betroffene Land dar. Bei den hohen Infektionszahlen sollte man aber im Hinterkopf haben, dass im südlichen Afrika Winter- und dementsprechend Erkältungszeit ist. Die Impfung der Bevölkerung verlief eher schleppend. Bis Ende August 2021 sollte aber eine Quote von 300.000 pro Tag erreicht werden.[514]

Die Unruhen hatten sich in der bevölkerungsreichsten Region Südafrikas von der Provinz KwaZulu-Natal an der Ostküste – Zumas Heimatprovinz – bis in die wirtschaftliche Metropolen Johannesburg, Pretoria und Durban ausgeweitet. Obwohl sich die Unruhen auf den Süden konzentrierten, bestanden seinerzeit Befürchtungen, dass sie sich auf die Wirtschaft des gesamten Landes auswirken konnten, da die Gefahr bestand, dass wichtige Lieferketten unterbrochen werden könnten. Die Verteidigungsministerin Nosiviwe Mapisa-Nqakula erklärte in dieser Zeit, dass der Notstand nicht ausgerufen werde.[515, 516, 517]

Die Organisation Human Right Watch appellierte an die südafrikanischen Sicherheitskräfte, sich an internationale Strafverfolgungsstandards zu halten und, wo immer möglich, keine Gewalt anzuwenden oder gar Schusswaffen zu gebrauchen.[518]

Seitens eines Mitarbeiters des Institute for Justice and Reconciliation (IJR) in Kapstadt wurde dem arabischen Nachrichtensender Al Jazeera mitgeteilt, dass zwar Unruhen erwartet worden waren, allerdings nicht in einem solchem Ausmaß. Dieser Ausbruch offenbare die vielschichtige Krise in Südafrika, bestehend aus sozialen und wirtschaftlichen Ungleichgewichten sowie der sozialen Ausgrenzung vieler Bevölkerungsgruppen – ein Erbe der Apartheid, gepaart mit jahrelanger Korruption in der Regierung.[519, 520, 521]

Präsident Ramaphosa erklärte in einem Statement: »Dieser Moment hat uns deutlich gemacht, was wir bereits wussten: dass das Ausmaß an Arbeitslosigkeit, Armut und Ungleichheit in unserer Gesellschaft nicht nachhaltig ist. Wir können keinen dauerhaften Frieden erwarten, wenn wir keine Arbeitsplätze schaffen und eine gerechtere Gesellschaft aufbauen, an der alle Südafrikaner frei und gleichberechtigt teilnehmen können.«[522]

Die Gründe der Ausbrüche liegen auch tief in den unerfüllten Erwartungen und nicht gelösten Problemen nach Ende der Arpartheidsregierung und der ersten freien und demokratischen Wahl Nelson Mandelas 1994 verwurzelt.[523, 524]

Das südafrikanische Institut für Risikomanagement (Institute of Risk Management South Africa [IRMSA]), der Rat für Konsumgüter (Consumer Goods Council of South Africa [CGCSA]) sowie die Industrie- und Handelskammer (South African Chamber of Commerce and Industry [SACCI]) verurteilten die Übergriffe. Laut SACCI seien Unternehmen das Hauptziel der Angriffe gewesen. Diese Art von Attacken, wie das Abfackeln von Lastwagen oder die Zertrümmerung von

Geschäften, gäbe es nun schon seit Monaten. Sie hätten aber keinerlei Bezug zur Inhaftierung von Zuma. Bereits im September 2019 war es zu ähnlichen Krawallen im südlichen Teil Südafrikas gekommen.[525, 526]

Laut Daten des südafrikanischen Statistikamtes (Department of Statistics in South Africa) fallen 49,2 Prozent der über 18-Jährigen im Land unter die Armutsgrenze.[527] Während sich die Wirtschaft schleppend von den Corona-Maßnahmen erholte, lag die Arbeitslosigkeit während des ersten Quartals 2021 bei einem Rekordwert von 32,6 Prozent. Die Regierung Südafrikas führte für die hohe Arbeitslosigkeit unter anderen sowohl die schlechte Schulbildung als auch Ausbildungslage an. Dementsprechend gäbe es eine große Diskrepanz zwischen Arbeitsplatzangebot und -nachfrage. Die Folgen der weltweiten Krise 2008/09 hätten sich ebenfalls hart auf Südafrika ausgewirkt. Das Interesse, ein Unternehmen im Land zu gründen, sei ebenfalls dürftig.[528]

Der Premierminister von KwaZulu-Natal, Sihle Zikalala, äußerte sich in einer Fernsehansprache am 13. Juli 2021 zu den Geschehnissen. Es sei nicht zu beschönigen, dass die Provinz KwaZulu aufgrund der Gewalt, die wegen der Inhaftierung von Zuma entflammte und eskalierte, durch schmerzliche Zeiten ginge. Auch hob er explizit den Schaden hervor, den das Land durch die Corona-Pandemie erleiden musste, und erklärte, dass der Kampf gegen die Delta-Variante durch die Revolte gefährdet sei, die sich nun unkontrolliert ausbreiten könnte. Vor allem der Gesundheitssektor sei stark betroffen, Kliniken mussten geschlossen werden. »Es ist äußerst besorgniserregend, dass die Demonstranten in einigen Fällen Fahrzeuge daran hinderten, dringend benötigten Sauerstoff zu liefern, der für Patienten gedacht war, die gegen Covid-19 und andere Krankheiten kämpften.«[529]

Danach ging Zikalala auf die wirtschaftlichen Schäden ein, die durch die Tumulte verursacht worden waren. Man würde in der Regierung hart daran arbeiten, die Krawalle zu beenden. Es gäbe Treffen mit traditionellen und religiösen Führern als auch mit Diplomaten sowie Strukturen auf Gemeindeebene. Die Provinz KwaZulu-Natal habe großen Respekt vor Zumas Leistungen für Frieden und Versöhnung nach der Phase der Apartheid. Dieses Erbe solle jetzt nicht zerstört werden. Er habe sich um die Belange der marginalisierten Menschen im Land gekümmert. Gewalt könne die Probleme nicht lösen. Sowohl die Regierung als auch die Gesellschaften in den betroffenen Regionen, die sich selbst organisiert hätten, um sich zu verteidigen, müssten jetzt zusammenarbeiten, um einer rassistischen Polarisierung entgegenzuwirken. Es sei an der Zeit, gemeinsam nach Lösungen zu suchen, statt sich für Hass und Intoleranz zu entscheiden. Abschließend bedauerte er den Tod des ehemaligen Premierministers Dr. Ben Ngubane sowie den Tod des jüngeren Bruders des Ex-Präsidenten, Michael Zuma, die beide am Vortag verstorben waren. Eine Todesursache wurde nicht genannt.[530]

Das beste Mittel, die Unzufriedenen in Südafrika zu befrieden, wäre es wohl, wenn die Regierung ihre Dienstleistungen erbringen und Polizei wie Gerichte gegen Korruption und Gesetzlosigkeit im Land vorgehen würden. Richterin Sisi Khampepe begann wohl deshalb ihr Urteil gegen Zuma mit Nelson Mandelas Worten, die er 1995 bei seiner Amtseinführung an die Verfassungsrichter des Landes richtete: »Wir erwarten von Ihnen, dass Sie nicht nur vor direkten Angriffen auf die Grundsätze der Verfassung auf der Hut sind, sondern auch vor heimtückischer Korrosion.«[531]

»Der Spiegel« und das »Handelsblatt« berichteten am 15. Juli 2021, dass die Ausschreitungen zwar beendet schienen, die Regierung aber trotzdem die Militärpräsenz von 5000 Soldaten auf insgesamt 30.000 erhöht habe. Das kam einer Totalmobilisierung aller Streitkräfte gleich. Vor Supermärkten und Tankstellen in der Krisenregion bildeten sich, wie vorausgesagt, lange Schlangen. Der Polizeiminister Bheki Cele berichtete von einem Munitionsfund in Durban und sprach in diesem Zusammenhang davon, dass sich einige wohl auf einen Krieg vorbereiteten. Wegen des Fundes hätten Hausdurchsuchungen begonnen. Cele drohte im Weiteren damit, dass vielen Haushalten ziemlich harte Zeiten bevorstünden.[532, 533, 534]

Mit etwas zeitlichem Abstand muss man sich einige Fragen stellen: Was genau passierte da in Südafrika? Wer konnte ein Interesse an der Zerstörung der südafrikanischen Wirtschaft haben? Die Bürger des Landes? Oder bestand dieses Interesse vielleicht gar nicht auf dem afrikanischen Kontinent? Wer genau waren die Krawallmacher? Wo kamen sie her? Was trieb sie an? Wurden sie eventuell von fremden »Einflüsterern« aufgehetzt? Und was hatte das alles mit Corona zu tun? Handelte es sich vielleicht um eine Inszenierung? Für mich ist es durchaus vorstellbar, dass diese Eskalation tatsächlich irgendjemandem nutzte – auf gar keinen Fall aber den Abermillionen marginalisierten schwarzen Südafrikanern in den Townships des Landes.

Selbst in den heutigen Zeiten der allgemeinen Gleichmacherei geht es doch immer noch um Schwarz oder Weiß. Es geht ums Haben oder Nichthaben. Um Arm oder Reich. Es geht um Ungerechtigkeit. Es geht um Schuld und Sühne. Es geht um Apartheid. Nicht lokal begrenzt. Nicht kontinental begrenzt, sondern sich auf dem gesamten Globus manifestierend.

Und Desmond Tutu träumte von einer Regenbogennation, in der die verschiedenen Volksgruppen zusammenarbeiten sollten ...

»Wenn du Gott hilfst, hilft dir Gott.«

Sprichwort aus Haiti

HAITI

Erdbeben in einem »gescheiterten Staat«

Die Leserschaft wird sich die Frage stellen, was mich bewogen hat, Haiti in dieses Buch, das ja dem Thema Afrika gewidmet ist, aufzunehmen. Einerseits habe ich das getan, weil das Land mehrheitlich eine schwarze Bevölkerung hat (bei der es sich um Nachkommen ehemaliger afrikanischer Sklaven handelt), zum anderen, weil dort aufgrund bestimmter Faktoren ein ähnliches Chaos zu verzeichnen ist, wie in manchen afrikanischen Staaten. Zu diesem gesellen sich noch laufend wiederkehrende klimatische und geologische Ausnahmesituationen, wie etwa das jüngste Erdbeben vom 14. August 2021. Aus meiner Sicht ist es daher unabdingbar, die meist unbekannte Geschichte Haitis und die besonderen Probleme des Landes und seiner Bevölkerung einmal aufzuzeigen. Deshalb werden wir nach der Betrachtung der Ereignisse um das besonders schwere Erdbeben des Jahres 2010 auch einmal tief in die koloniale Geschichte zu den Wurzeln des Übels hinabsteigen.

Haiti liegt im westlichen Teil der Insel Hispaniola, im östlichen Teil befindet sich die Dominikanische Republik. Hispaniola befindet sich, geografisch gesehen, zwischen Kuba und Puerto Rico in der Karibik, in Bezug auf die Klimazonen gehört es zu den Inneren Tropen. Der Name Haitis stammt von den Ureinwohnern und bedeutet

»Bergiges Land«. Haiti zählt schon seit Langem zu den ärmsten Ländern der Welt, und es ist das ärmste der westlichen Hemisphäre. Laut Daten des Landesprofils Haiti der Vereinten Nationen aus dem Jahr 2020 hat Haiti 11,4 Millionen Einwohner, 41,3 Prozent von ihnen leben unter der Armutsgrenze. Etwa die Hälfte der Bevölkerung ist arbeitslos, circa 50 Prozent der über 15-Jährigen sind Analphabeten. Die überwiegende Mehrheit der Bewohner ist afrikanischer Abstammung. Obwohl den afrikanischen Sklaven dereinst durch Missionierung der christliche Glaube oktroyiert wurde, blieben die Wurzeln ihrer Heimat stärker. Voudou, die aus Westafrika stammende Naturgläubigkeit, ist bis heute sehr weit verbreitet und mittlerweile auch offiziell den anderen Religionen gleichgestellt.[535, 536, 537, 538]

Teil I:
Die Katastrophen der Jahre 2010 und 2021

Von dem verheerenden Erdbeben der Stärke 7,2 auf der Richterskala, das am Morgen des 14. August 2021 den südlichen Teil Haitis heimsuchte, berichteten Medien weltweit. Diese Naturkatastrophe forderte 2200 Todesopfer, 12.000 Verletzte und Hunderte Vermisste. Wie bei dem weitaus verheerenderen Beben elf Jahre zuvor, das sein Epizentrum unterhalb der bevölkerungsreichsten Region rund um die Hauptstadt hatte, glich die betroffene Region auch diesmal einem Trümmerfeld wie nach einem Bombenangriff. Im Jahr 2010 hatte das Erdbeben Port-au-Prince getroffen, 2021 die Hafenstadt Les Cayes. Im Internet waren Videos der Verwüstung zu sehen. Anschließend folgte der Tropensturm »Grace« (Gnade), der die vom Beben betroffenen Gebiete unter Wasser setzte. Tropenstürme sind in der

Karibik keine Seltenheit.

Laut Human Rights Watch (HRW) wurden 2020 – vor dem Beben – auf Haiti 12.000 interne Vertriebene gezählt. Für 140.000 Menschen, die 2016 vom Hurrikan »Matthew« betroffen worden waren, fehlt bis dahin eine würdige Unterkunft. Als Folge des Bebens 2010 lebten noch immer 33.000 Personen in Flüchtlingslagern und weitere 300.000 in informellen Siedlungen. Viele Menschen hatten schon vor dem neuen Beben als Folge der Naturkatastrophe des Jahres 2010 keinen Zugang zu sauberem Wasser, geschweige denn zu sanitären Einrichtungen. Dementsprechend grassierte unter ihnen immer wieder die Cholera. Und bis zum Tag des aktuellen Bebens wurden 20.556 Corona-Infektionen sowie 576 Todesfälle gemeldet. Vor dem 13. Juli 2021 gab es in Haiti keine Impfstoffe.[539, 540]

Würde das Land hinsichtlich des Erdbebens 2021 besser gewappnet sein als 2010? Hatten die Verantwortlichen etwas aus der Katastrophe vor elf Jahren gelernt? Gab es diesmal einen Vorsorgeplan? Oder war Haiti der Situation erneut hilflos ausgeliefert? Nun, als Erstes wurden drei Tage Staatstrauer angeordnet. Ansonsten herrschten erneut Chaos und Not. Wieder war das Grundwasser verseucht. Die seit der Ermordung des Präsidenten am 7. Juli 2021 zuständige Übergangsregierung verhängte einen einmonatigen Ausnahmezustand. Wieder rollten internationale Hilfen an, flossen Gelder. Würde jetzt alles besser funktionieren? Oder würden nationale und internationale Korruption, Kriminalität, Plünderungen, Ohnmacht und Anarchie erneut dominieren?

Die Regierung hatte sich nach dem 2010er-Beben in einem »Action Plan« das ambitionierte Ziel gesetzt, aus Haiti bis 2030 ein aufstrebendes Land zu machen, mit der Vision eines gleichberechtigten Zusammenlebens der unterschiedlichen Kulturen im Einklang mit der Natur, einer Gesellschaft geprägt von Rechtsstaatlichkeit, Meinungsfreiheit und konkurrenzfähiger Wirtschaft. Diese Pläne wurden mit einem Schlag zertrümmert.[541]

In Haiti verquickten sich mit den Erdbeben, Hurrikans und Sturmfluten politisches Versagen, Hunger, Korruption und brutale Bandenkriminalität. Am 7. Juli 2021 war der amtierende 53-jährige haitianische Präsident Jovenel Moise von kolumbianischen Söldnern in seiner Residenz mit zwölf Kugeln durchsiebt worden. Ein Attentat. Die Hintergründe seien, so hieß es, allerdings unklar. Verbindungen in die USA schienen nicht ausgeschlossen. Auch die Sicherheitspolizei konnte in die Ermordung des Politikers verwickelt sein. Seit Moise 2017 sein Amt angetreten hatte, war die Präsidentschaft von Korruptionsvorwürfen und Massenprotesten begleitet. Im Februar 2021 trat Moise nicht zurück, obwohl seine Amtszeit bereits ein Jahr abgelaufen war. Von Machtergreifung war die Rede. Moise hatte versucht, eine neue Verfassung einzuführen und war wohl deshalb länger als zulässig im Amt verblieben.

Haiti war und ist instabil. Die Ermordung des Präsidenten ließ zusätzlich Befürchtungen aufkommen, dass sich die stetig wachsende Bandenkriminalität jetzt noch verschärfen könnte. Die Banden würden von Oppositionellen wie Wirtschaftseliten, bei denen es sich meist um die Nachkommen der weißen Kolonialherren handelt, unterstützt. Fragen, wer wirklich hinter dem Attentat steckte, es plante und finanzierte, standen noch immer im Raum, rückten aber schlagartig aufgrund des Erdbebens in den Hintergrund des Interesses. Haiti wird von einer umstrittenen Übergangsregierung unter Ariel Henry regiert. Der hatte angekündigt, so schnell wie möglich Neuwahlen durchzuführen. Auch die würde es nun infolge der Naturkatastrophe nicht geben. Die Übergangsregierung hatte die Vereinten Nationen aufgerufen, internationale Ermittlungen zum Tod des früheren Präsidenten aufzunehmen, und die USA gebeten, Soldaten zu entsenden. Nach dem Attentat wurde ein zweiwöchiger Notstand ausgerufen. Der Vorsitzende des Obersten Gerichtshofs, der Stabilität in die Krise hätte bringen können, fiel Corona zum Opfer. Dann bebte die Erde.[542]

Das Beben des Jahres 2010

Damals, 2010, nur wenige Tage nach dem verheerenden Erdbeben, rollte ein gigantisches Hilfsgeschwader an, das den internationalen Flughafen der Hauptstadt in noch mehr Chaos versetzte, als dort ohnehin schon herrschte. Große Teile der Infrastruktur waren komplett zerstört und machten ein Vorankommen daher so gut wie unmöglich. Auch 2021, nach dem jüngsten Erdbeben, war das Internet voll von Spendenaufrufen aller international agierenden Hilfsorganisationen. Und das Internationale Rote Kreuz war vor Ort bereits aktiv.[543]

Immer häufiger gerieten in der Zeit nach 2010 die unüberschaubaren Auslandshilfen in die Kritik, da sie die strukturellen Probleme im Land noch weiter zementierten, statt die Eigeninitiative, auch seitens der Regierung, zu fördern. Laut der »Frankfurter Allgemeinen Zeitung« hatte die internationale Gebergemeinschaft für »humanitäre Hilfe« in den vorausgegangenen Jahren mehr als 13 Milliarden US-Dollar ausgegeben, aber nicht zum Aufbau eines funktionierenden Staates beigetragen. Korruption und Gewalt bestimmten bis zu dem neuen Erdbeben das alltägliche Geschehen.[544]

Der US-amerikanische Anthropologe und Universitätsprofessor Mark Schuller veröffentlichte im Jahr 2016 sein Buch »Humanitarian Aftershocks in Haiti«, das unmittelbar danach zur Pflichtlektüre hätte werden müssen, um begangene Fehler bei der Bewältigung der 2010er-Katastrophe in Zukunft zu vermeiden – vor allem in Hinblick auf die gigantische Hilfsmaschinerie von damals.[545]

Das Erdbeben des Jahres 2010, das Haiti traf, war mit der Stärke 7,0 auf der Richterskala das größte Beben seit 200 Jahren in der Karibik. In der Folge dieser Katastrophe starben 220.000 bis 250.000 Menschen, etwa 300.000 wurden verletzt, 1,3 Millionen obdachlos; insgesamt gab es 600.000 Binnenflüchtlinge. Damals wurden eine Vielzahl provisorische Notunterkünfte errichtet, in denen bis heute noch etwa 1,5 Millionen hausen.[546, 547]

Im Erdinneren schrammen die Ränder der nordamerikanischen und der karibischen Kontinentalplatte unter Haiti in entgegengesetzter Richtung einige Zentimeter pro Jahr aneinander vorbei. Extremste Spannungen im Gestein entstehen dann, wenn sich die Platten ineinander verhaken. Wenn diese Blockade gelöst wird, was in Form eines explosionsartigen Bruchs geschieht, kommt es in der Folge zur Freisetzung gewaltiger Energien. An diesen sogenannten

Verwerfungen der Erdkruste entstehen Erdbeben. Haiti liegt genau über einer solchen Spannungszone und erlebt dementsprechend seit Jahrhunderten starke Erschütterungen. Die Verwerfungslinie verläuft direkt unterhalb der Hauptstadt Port-au-Prince. Große mechanische Kräfte werden in Sekundenschnelle freigesetzt und vernichten, je nach Dauer, Stärke, Tiefe und Lage des Epizentrums, die komplette Infrastruktur. Die sogenannte Momentmagnitude versucht einen direkten Zusammenhang zwischen der Energie eines Bebens und der Energie von Sprengstoff (TNT) beziehungsweise der Sprengkraft einer Atombombe herzustellen. Ein Beben der Magnitude 7, das 2010 Haiti betraf, setzt die 38-fache Energie einer (12,5 Kilotonnen TNT-Äquivalent aufweisenden) Hiroshima-Atombombe frei.[548, 549, 550]

Beim Beben 2010 waren Schulen und Krankenhäuser, große Teile der Infrastruktur, der Präsidentenpalast wie auch Verwaltungseinrichtungen fast komplett zerstört worden. Von den Schäden an privaten Gebäuden ganz zu schweigen. Die Wirtschaft der betroffenen Region kam zum Erliegen. Der Gesamtschaden wurde auf 7,9 Milliarden US-Dollar geschätzt. Dabei war Haiti schon ohne Erdbeben ein sogenannter Failed State, laut Definition ein Land, das wegen nicht funktionierender staatlicher Einrichtungen wie Regierung und Polizei nicht in der Lage ist, die innere wie äußere Sicherheit zu gewährleisten.[551, 552, 553]

Die humanitäre Hilfe

Sowohl 2021 wie auch 2010/11 waren die Vereinigten Staaten bereit, dabei zu helfen, den Schaden zu bemessen und Haiti wieder aufzubauen. In der Folge beider Katastrophen mangelte es an akut notwendiger Grundversorgung in Form von Trinkwasser, Nahrungsmitteln und medizinischer Ausrüstung in der Krisenregion.[554]

Meist konzentrieren sich nach solchen Katastrophen die Aufbauhilfen auf eine humanitäre und monetäre Unterstützung. Eine nachhaltige Bekämpfung der diversen Ursachen für die Instabilität des Staates Haiti bleibt indes aus. Während der ersten Monate nach dem Beben 2010 waren bestimmt 10.000 Hilfsorganisationen vor Ort, das heißt eine Organisation für 900 Einwohner. Trotzdem herrschte totales Chaos wegen fehlender Koordination oder Rechenschaftspflicht, es gab keinerlei Absprachen, ja sogar Konkurrenz untereinander. 2011, also ein Jahr nach dem Beben und nach immenser internationaler Soforthilfe durch Hundertschaften, die medizinische Versorgung, Notunterkünfte, temporäre Wasser- und Sanitäranlagen sowie Nahrungsmittel herbeischafften, herrschten immer noch katastrophale Zustände.[555, 556, 557]

Nach der Geberkonferenz im März 2010 bei den Vereinigten Nationen in New York, an der 150 Staaten teilnahmen, wurden Haiti mehr als zehn Milliarden US-Dollar für den längerfristigen Wiederaufbau zugesagt. Davon entfielen 2,57 Milliarden auf humanitäre Hilfe und 7,8 Milliarden auf Wiederaufbau- und Entwicklungshilfe. Mindestens drei Milliarden flossen an ausländische Nichtregierungsorganisationen (NRO) und UN-Einrichtungen. Laut dem Deutschen Institut für Entwicklungspolitik (DIE) seien 94 Prozent der zugesagten Gelder für humanitäre Hilfe in den Jahren 2010 bis 2012 durch die Regierungen ausgezahlt worden. Das heißt, das Geld wurde an durchführende Organisationen überwiesen, wobei dieser Umstand nichts über den Abschluss der Maßnahmen aussagt.[558, 559, 560]

Der damalige US-Präsident Barack Obama beauftragte seine beiden Vorgänger George W. Bush und Bill Clinton mit der Werbung um Spenden. 6000 Soldaten auf Schiffen, die Hilfsgüter an Bord hatten, wurden entsandt. Aus Kuba waren schon vor dem Beben 400 Ärzte nach Haiti gekommen, um dort zu praktizieren. Die meisten Hilfskräfte für die humanitäre Nothilfe waren nicht länger als zwei Monate vor Ort. Die internationalen Hilfsaktionen gestalteten sich aufgrund des zerstörten Flughafens und auch des schwer in Mitleidenschaft gezogenen Seehafens extrem schwierig, sodass das US-Militär die Koordination übernahm. Der venezolanische Präsident erklärte daraufhin Ende Januar 2010, die USA hätten das Erdbeben für eine militärische Besetzung Haitis genutzt.[561, 562]

Die Katastropheneinsatzleitung stand unter US- und UN-Kommando. Wie es hieß, seien viele Frachtflugzeuge vom Katastrophengebiet ferngehalten worden. Und zahlreiche medizinische Hilfsgüter seien in Feldlazaretten in den Sicherheitszonen rund um den Flughafen gelandet. Militärische Ziele wurden humanitären vorgezogen. »Viele Tausend Menschen wurden in den Trümmern der Armutsviertel von Port-au-Prince ihrem Tod überlassen, während internationale Rettungsteams ihre Anstrengungen auf einige wenige Einsatzorte (wie das Montana-Hotel oder das UN-Hauptquartier) konzentrierten, die in einen ›Sicherheitsbereich‹ eingegliedert werden konnten.«[563]

Allein von deutscher Seite waren im Jahr 2010

das Technische Hilfswerk (THW), die Deutsche Gesellschaft für Internationale Zusammenarbeit (GIZ), die im Auftrag des Bundesministeriums für wirtschaftliche Zusammenarbeit (BMZ) agierte, und das Deutsche Rote Kreuz (DRK) vor Ort, die damit den größten Einsatz zur humanitären Hilfe in ihrer Geschichte realisierten, wofür sie 32,7 Millionen Euro an Spenden von Privatleuten und Unternehmen erhalten hatten. Unterstützung leisteten ebenso der Arbeiter-Samariter-Bund (ASB), die Diakonie-Katastrophenhilfe, die Organisation »Aktion Deutschland Hilft«, die Johanniter und Malteser.[564]

Und das waren nur die deutschen Organisationen. Haiti wurde geradezu überrannt von Organisationen, die den von der Katastrophe betroffenen Menschen beistanden. Während die Bilanz für die Soforthilfe weitgehend positiv ausfiel, ließ der nachhaltige Wiederaufbau allerdings zu wünschen übrig. Die haitianische Regierung war mit dem Krisenmanagement völlig überfordert. Aber auch die vielen internationalen Helfer wurden kritisiert, sie hätten die Bevölkerung in ihrer Eigeninitiative eher geschwächt, als nachhaltig zu einer Stabilisierung beizutragen. Zu diesem Thema hat Jonathan M. Katz das lesenswerte Buch »The Big Truck That Went By. How the World Came to Save Haiti and Left Behind a Disaster« geschrieben.[565]

Die Bundeszentrale für politische Bildung stellte fest: »Auf fast allen Ebenen der Soforthilfe haben die Vereinten Nationen, die Interamerikanische Entwicklungsbank, die Weltbank sowie Nichtregierungsorganisationen als dominierende Akteure das Handeln übernommen. Ein starker haitianischer Staat, der von der breiten Bevölkerung getragen wird, ist jedoch nötig, um Fremdsteuerung und Abhängigkeiten zu vermeiden. Schließlich sind das koloniale Erbe und die fehlende Zivilgesellschaft weiterhin Strukturmerkmale Haitis. Eine neue Form von Kooperation und geteilter Verantwortung zwischen Haiti und der internationalen Staatengemeinschaft ist unabdingbar.«[566]

Teil II · Zur Entwicklungsgeschichte Haitis[567, 568, 569, 570, 571]

Armut und Krisen, die Haiti heimsuchen, lassen sich ohne die Kenntnis der Historie – bestimmt durch Kolonialzeit, Sklaverei und Plantagenwirtschaft – nicht erklären. Haiti trug sowohl aus dieser Zeit, als auch durch die Phase danach, als das Land Entschädigungszahlungen an die Kolonialmacht Frankreich leisten musste, sowie durch die Tätigkeit postkolonialer Eliten im Land nachhaltige und tiefgreifende soziopolitische Schäden davon, die die Erhaltung eines funktionellen prosperierenden Staates scheinbar unmöglich machen.

Als Christoph Kolumbus 1492 auf seinem ursprünglich geplanten Weg nach Indien auf einer Insel landete, entdeckte er nicht nur Amerika, sondern machte »Hispaniola« auch zu einer spanischen Kolonie. Die dort lebende indigene Bevölkerung wurde während der ersten Jahre der Kolonialisierung durch Ermordung oder eingeschleppte Krankheiten fast komplett ausgerottet.[572]

Ab dem 16. Jahrhundert verschifften die Spanier Sklaven aus Afrika auf die Zuckerrohr-, Baumwoll- und Kaffeeplantagen Hispaniolas. Es waren viele Hunderttausende. Die Plantagenwirtschaft diente zu 100 Prozent dem Export in die Heimat der Kolonialherren. Auch der Export von Tropenhölzern spielte eine große Rolle. Das Umland der Plantagen wurde strukturell zu keiner Zeit weiterentwickelt und behielt dieses Defizit bis heute bei. Hispaniola erging es damit genauso wie den afrikanischen Kolonien.

1697 traten die Spanier das westliche Drittel der Insel Hispaniola als »Saint-Domingue« an Frankreich ab. Damals war Haiti der reichste Staat in der Karibik – der uns den Kaffee auf den Tisch brachte. Der Reichtum kam natürlich nur der Kolonialmacht und einigen wenigen schwarzen Eliten aus Kollaborateuren zugute. 1749 wurde die Hauptstadt Port-au-Prince gegründet. 1770 gab es ein schweres Erdbeben. Im Zuge der Französischen Revolution organisierten Sklaven zusammen mit einheimischen Mulatten 1790 einen ersten Aufstand gegen ihre Peiniger; 1791 kam es zum blutigen Sklavenaufstand, der tatsächlich die einzige erfolgreiche Sklavenrevolte der Geschichte war. Die Afrikaner siegten.[573, 574]

Am 1. Januar 1804 erklärte Jean-Jaques Dessalines »Haiti« zur »ersten unabhängigen schwarzen Republik«. Er krönte sich nach dem Vorbild Napoleons selbst zum Kaiser Jaques I. von Haiti. Um bei der Aristokratie der Welt anerkannt zu werden, baute er sich eine Kopie des Potsdamer Schlosses Sanssouci in den Tropenwald. Anerkannt wurde er nicht. Es gab Kostüme, Kronjuwelen und eine Art Klimaanlage, die aus Wasserkanälen bestand, sowie einen Thronsaal und Bäder wie auch eine Bibliothek. Seit 1982 gehört das Schloss zum Weltkulturerbe.

Dessalines ließ aber auch Krankenhäuser bauen, zudem wurde ein kostenloses Gesundheitswesen etabliert. Er führte die Schulpflicht ein und versuchte, die Plantagen- und Holzwirtschaft so lange wie möglich aufrecht zu erhalten. 1820 beging er Selbstmord.

Die durch die Kolonialzeit geprägten sozialen Strukturen in Haiti blieben im Großen und Ganzen unverändert. Das Bündnis zwischen Schwarzen – die die (im Ursprung) afrikanische Armee stellten, die die Freiheit erkämpfte – und den Mulatten, die Nachkommen der weißen Herren und von Sklavinnen waren und demzufolge eine Bildung erlangt hatten, zerbrach damals und stellt bis heute ein schwerwiegendes soziokulturelles Problem der Insel dar. Die Nachfahren der Mulatten behielten ihre Vormachtstellung bis heute bei. Die Afrikaner waren nur die Arbeitssklaven, auf deren Rücken die Eliten Reichtum und Macht erlangten. Die Kolonialherren vereinten Geld, Wirtschaft, Staat und das notwendige Wissen, das sie allerdings nie weitergaben. Die Abschaffung der Sklaverei in Haiti brachte natürlich auch Probleme mit allen umliegenden Nachbarn, die weiterhin ihre Sklaven ausbeuteten. Auch die Kolonialmacht Frankreich erkannte die Unabhängigkeit nicht an. Europäische Kolonialmächte errichteten schließlich eine Blockade gegen Haiti, die in der Isolation des Landes endete. Wahre Souveränität wurde Haiti genau genommen bis heute niemals gewährt. Der Aufbau eines modernen Rechtsstaates war damit von Anfang an zum Scheitern verurteilt.

Die Produktion von Rum bildete in Haiti ein geschlossenes System, da der Rohstoff Zuckerrohr nicht ausgeführt werden konnte. Damit hatte Haiti Anteil am frühindustriellen Sektor, der dem in Europa in nichts nachstand. Die Revolution der afrikanischen Sklaven blockierte allerdings diese Entwicklung nach der Unabhängigkeit. Und während sich zum Beispiel in Europa der Wechsel von einer bäuerlichen zu einer industriellen Gesellschaft über viele Generationen hinweg vollzog, wurden die Afrikaner brutal aus ihrem heimischen System, ihrer afrikanischen Lebensumwelt, gerissen und als Arbeitstiere in Haiti bis zum Tode ausgebeutet und, wenn sie starben, umgehend durch neue ersetzt. Anreize gab es für sie keine. Das System bot ihnen keine Chance außer dem Tod. Das erklärt, warum das auf die Sklaven traumatisch wirkende System nach dem Aufstand umgehend von diesen boykottiert wurde.

Nach der Unabhängigkeit teilte man die Großplantagen in kleine Parzellen für die Bauern auf. Dadurch brach die Exportwirtschaft zusammen. Aufgrund der Übernutzung der Kleinparzellen und der ungebremsten Abholzung des Baumbestandes wurde der Boden unfruchtbar, und die fortschreitende Erosion machte viele Gebiete wirtschaftlich unbrauchbar. Landnahmen seitens der Eliten wechselten sich mit informellen Landreformen ab. Der Staat und die Landbevölkerung bildeten zu keinem Zeitpunkt eine zusammengehörige Einheit.

Auch ethnische und geografische Gegebenheiten verhinderten eine Entwicklung Haitis. 2000 Meter hohe Gebirge bilden drei Barrieren auf der Insel. So entstanden Enklaven mit Eigendynamik, die später schwer zu integrieren waren. Die ehemaligen Sklaven gehörten über 100 Ethnien aus unterschiedlichen Gebieten des afrikanischen Kontinents an, die sich soziokulturell völlig fremd waren. Natürlich bildete dieser Umstand einen Krisenherd, der von den Kolonialherren noch strategisch ausgenutzt wurde.

Einige Ethnien wurden bevorzugt und als Haussklaven und Aufseher eingesetzt, während andere von eben jenen gedemütigt, ausgepeitscht und ermordet wurden. Das schürte einen tief sitzenden Hass. Diese ethnische Segregation innerhalb der afrikanischen Bevölkerung ist bis heute ein Thema. Freilich entstand mit der Zeit eine Vermischung – die sogenannte Kreolisierung – der Bevölkerungsgruppen Haitis mit eigener Sprache und dem westafrikanischen Voudou als Religion. Die aus dem Geschilderten resultierenden Spätfolgen, die die Bevölkerung charakterisieren, sind in Form geringer Kompromissbereitschaft, die mit einer hohen Konfliktbereitschaft gepaart ist, zu beobachten. Regierungen scheitern bis heute, weil die Opposition immer stärker ist. Symptomatisch setzt die Regierung dann Teile der Verfassung außer Kraft. Vetternwirtschaft dominiert das Land. Die Entwicklung bleibt schwierig, da es nie gemeinsame Normen und Werte einer gewachsenen Gemeinschaft gab, die sich normalerweise über lange Zeit hinweg in einer Gesellschaft entwickeln. Diese gemeinsame Basis fehlt Haiti sowie den meisten ehemaligen Kolonien.

Im Jahr 1822 annektierte Haiti den spanischen Osten der Insel. Ab 1825 verlangte Frankreich deshalb von Haiti Entschädigungszahlungen in Höhe von umgerechnet 20 Millionen Dollar für die ehemaligen Plantagenbesitzer. Nur dann würden sie die Unabhängigkeit anerkennen. Haiti nahm daraufhin Kredite auf, die es über viele Jahrzehnte hinweg abzahlen musste. Die Kredite hatte man bei französischen Banken aufnehmen müssen, die dafür horrende Zinsen verlangten. Für Frankreich war das Ganze eine Win-win-Situation, für Haiti ein Teufelskreis. 1844 erlangte der Ostteil der Insel als »Dominikanische Republik« seine Eigenständigkeit von Haiti.

In der Zeit von 1915 bis 1934 war Haiti von den Vereinigten Staaten besetzt. Die Amerikaner instrumentalisierten das haitianische Militär und übernahmen die nationale Bank des Landes. Infrastrukturmaßnahmen, die den neuen Herren nutzten, wurden durchgeführt; sie führten aber keinerlei Verbesserung der politischen und wirtschaftlichen Situation herbei. Die Amerikaner schafften eine Klausel in der haitianischen Verfassung ab, die es Ausländern untersagte, haitianischen Grundbesitz zu kaufen. Die Landbevölkerung musste Zwangsarbeit leisten, viele wurden enteignet, das Land verkauft. Haiti blieb nach dem Rückzug der Amerikaner weiterhin Protektorat.[575]

Von Anfang an durch die USA unterstützt, riss im Jahr 1957 der ehemalige Landarzt Francois Duvalier, genannt »Papa Doc«, die Macht an sich und wurde 1964 Diktator Haitis, der sich mittels seiner Sicherheitsmiliz Tonton Macoute grausam an der Macht hielt. Als Waffe setzte er gezielt Voudou-Geheimgesellschaften ein. Sein Sohn »Baby Doc« (Jean-Claude Duvalier) trat 1971, als sein Vater verstorben war, mit nur 19 Jahren als jemals jüngster Präsident seine Nachfolge an. Unterstützt wurde er von seiner Mutter und seiner Schwester. 1983 besuchte der damalige Papst Haiti und äußerste öffentlich Kritik an den desaströsen Zuständen. Nach Unruhen und einem Volksaufstand folgten vier Jahre unterschiedlicher Militärregierungen. 1986 floh »Baby Doc« ins Exil nach Frankreich. Der Kleptokrat transferierte vorher mehrere Hundert Millionen Dollar auf ausländische Konten.

Aufgrund der unhaltbaren Zustände im Land

hatten sich bereits Mitte der 1960er-Jahre rund 80 Prozent der haitianischen Intellektuellen ins Ausland abgesetzt. Zehntausende Haitianer verloren während der 30-jährigen Diktatur ihr Leben, die von den USA als Bollwerk gegen den Kommunismus angesehen wurde.[576, 577]

Der 59-jährige Ex-Diktator »Baby Doc« wurde 2011 in Port-au-Prince festgenommen, nachdem er zwei Tage zuvor nach 25 Jahren aus dem Exil in seine Heimat zurückgekehrt war. Vorher hatte er bereits mehrfach verkündet, dass er zurückkäme. Es wurde daher vermutet, dass er die Krise nach dem Erdbeben nutzen wolle, um wieder die Macht zu übernehmen. Präsident René Preval hatte in der Folge dieser Ankündigungen verlautbart, dass er »Baby Doc« für Verbrechen am haitianischen Volk zur Rechenschaft ziehen werde. Ein Ermittlungsverfahren wegen Korruption, Veruntreuung und Diebstahl wurde ironischerweise auf Kosten des haitianischen Staates eingeleitet. 2013 wurde gegen »Baby Doc« Anklage wegen Verbrechen gegen die Menschlichkeit erhoben. Zu einer Verurteilung kam es allerdings nie. Der ehemalige Diktator starb 2014 unter legerem Hausarrest.[578, 579]

Die 30 Jahre andauernde Unterdrückung der Bewohner Haitis während der Ära Duvalier waren der fruchtbare Nährboden zur Oktroyierung neoliberaler Politik zum Vorteil internationaler Investoren. Es kam mit amerikanischer Unterstützung zu einer Umformung der haitianischen Volkswirtschaft, als das Land auf weltmarktorientierte kapitalistische Produktion umgestellt wurde, was wiederum zum Nachteil des Großteils der Bevölkerung geschah. Öffentliche Ausgaben wurden reduziert. Viele staatliche Betriebe wurden privatisiert. Es folgte erneut eine großflächige landwirtschaftliche Ausbeutung. Mitte der 1980er-Jahre konnte Haiti seinen Bedarf an Reis noch decken. Ab den 1990ern wurden die Schutzzölle abgeschafft und Billigreis importiert, was die eigene Landwirtschaft schädigte. Internationale Nahrungsmittelhilfen untergruben sie noch zusätzlich. Nach einer Verfassungsreform im Jahr 1987 putschte das Militär unter Generals Raoul Cédras mithilfe der Oberschicht und regierte bis 1990, als der katholische Armenpriester und Befreiungstheologe Jean-Bertrand Aristide mit überwältigender Mehrheit zum Präsidenten gewählt wurde. Der demokratische Aufbruch, der von sozialen und demokratischen Initiativen begleitet wurde, fand 1991 aufgrund eines neuerlichen Putsches sein Ende. 1994 marschierten dann wieder UN-Truppen ein, beendeten das Militärregime und brachten Aristide aus dem Exil ins Amt zurück. Ab dem Jahr 1995 verlangten internationale Geber Strukturanpassungsmaßnahmen, vor allem die Privatisierung der Staatsbetriebe. Aristide unterschrieb zwar, zögerte aber mit der Umsetzung, die unter der neuen Regierung Préval 1996 jedoch umgehend begann.[580]

Im Januar 1999 endete die Amtszeit lokaler Regierungsvertreter, sodass es bis zum dritten Quartal 2000 praktisch keine gewählten Amtsinhaber mehr gab und Préval per Dekret regierte. Bei dann schließlich doch durchgeführten Wahlen war wieder einmal von Wahlbetrug, Einschüchterung, Gewalt und sogar Mord die Rede. Aristide gewann die Wahl mit 91 Prozent der Stimmen. Im weiteren Verlauf der Entwicklung wurden der Regierung erneut Misswirtschaft und Korruption vorgeworfen. Und wie symptomatisch folgten bürgerkriegsähnliche Zustände, die die staatliche Ordnung zusammenbrechen ließen. Anfang 2004 folgte ein international finanzierter Putsch mit insgesamt 10.000 Blauhelmsoldaten, der die Feierlichkeiten zur 200-Jahr-Feier von Haitis Unabhängigkeit verhinderte. Aristide wurde von US-Truppen ins Exil geschafft.

In der Folge entstand eine Übergangsregierung unter Boniface Alexandre, der von 2004 bis 2006 regierte, bis endlich Wahlen abgehalten wurden, die der bereits erwähnte Préval mit knapper Mehrheit gewann. Er erklärte sich bereit, das Mandat für die Stabilisierungsmission der UN zu verlängern und weiteres öffentliches Eigentum zu privatisieren. Als 2008, während der Finanzkrise, die Getreidepreise in die Höhe schnellten, kam es zu Unruhen. 2010 schlug das verheerende Erdbeben zu. Die Wahlen wurden verschoben. Im Mai 2011 wurde Michel Martelly als 56. Präsident gewählt, der im Januar 2015 das Parlament auflöste und fortan per Dekret regierte.

Im Oktober 2010 brach in Haiti die Cholera aus. Es kam zu einem sanitären und medizinischen Notstand. Während dieser Epidemie starben bis 2013 über 8000 Menschen. 2016 gestand die UNO ein, dass nepalesische UN-Soldaten den Erreger eingeschleppt hatten.

Im Jahr 2019 kam es, wir können es uns vorstellen, wieder zu Protesten wegen der Korruption der Regierung und der Eliten (die dazu führte, dass das Volk hungerte), die sich gegen den seit 2017 amtierenden Präsidenten Jovenel Moise richteten. Auch dessen Wahl war, wie könnte es anders sein, chaotisch abgelaufen. Immer wieder kam es zu blutigen Ausschreitungen. Da wie symptomatisch auch die für Oktober 2019 vorgesehene Parlamentswahl wegen heftiger Proteste nicht durchgeführt wurde, lief abermals die Amtszeit der meisten Senatoren ab, sodass es ab 2020 keinerlei Beschlussfähigkeit mehr gab. Am 7. Juli wurde der Präsident erschossen. Am 9. Juli 2021 wählten acht der verbliebenen zehn amtierenden Senatoren den Senatspräsidenten Joseph Lambert zum Übergangspräsidenten.

Die traurige Wahrheit

Faktisch gesehen entwickelte sich Haiti von der ehemals reichsten Kolonie unter französischer Kolonialherrschaft zum heute ärmsten Staat der Karibik. Haiti ist geprägt durch eine Spirale sozialer wie politischer Konflikte, chronisch instabiler Regierungen, Armut, Hunger und Korruption. Über viele Jahrzehnte hinweg jagte eine Krise den nächsten gelenkten Staatsstreich und wieder eine langjährige US- und/oder UN-Intervention. Seit jeher existieren der obszöne Reichtum einer kleinen Elite, bei der es sich um die Nachkommen der Vertreter der Kolonialmächte handelt, und bittere Not und Hunger der ursprünglich aus Afrika verschleppten Bevölkerung nebeneinander. Und 2021 bebte die Erde erneut ...

Quellenverzeichnis

1 https://www.feinschwarz.net/sankara-ein-afrikanischer-visionaer-aus-burkina-faso/
2 https://www.erkenntnisweg.de/weisheit/zitate.php
3 https://de.wfp.org/pressemitteilungen/sued-madagaskar-am-rande-einer-hungersnot-warnt-wfp
4 https://www.tagesschau.de/ausland/europa/lampedusa-141.html
5 Sandel, Michael J.: »Was man für Geld nicht kaufen kann. Die moralischen Grenzen des Wachstums«, Ullstein Verlag, 2012
6 https://www.goodreads.com/author/quotes/659070.Amilcar_Cabral
7 https://www.handelsblatt.com/unternehmen/industrie/nach-bayer-monsanto-fusion-diese-4-unternehmen-haben-kuenftig-die-macht-auf-dem-acker/22611654.html?ticket=ST-1818035-AcaAfYMNxs70fXxPmiY5-ap3
8 http://www.weltkulturerbe.com/weltkulturerbe/afrika/insel-goree.html
9 http://www.spiegel.de/reise/fernweh/senegal-tagesausflug-von-dakar-auf-die-insel-goree-a-848490.html
10 https://de.statista.com/statistik/daten/studie/251382/umfrage/zielregionen-des-transatlantischen-sklavenhandels-bis-1866/
11 Sandel, Michael J.: »Was man für Geld nicht kaufen kann. Die moralischen Grenzen des Wachstums«, Ullstein Verlag, 2012
12 https://de.wikipedia.org/wiki/Geschichte_Liberias
13 https://thisisafrica.me/10-quotes-from-patrice-lumumba/
14 https://www.dw.com/de/kongo-und-der-mordfall-lumumba/a-18982154
15 https://www.lesfilmsdici.fr/fr/1046-berlin-1885-la-ruee-sur-l-afrique.html
16 https://de.wikipedia.org/wiki/Kongokonferenz
17 https://de.wikipedia.org/wiki/Henry_Morton_Stanley
18 https://de.wikipedia.org/wiki/Komitee_zur_Erforschung_des_oberen_Kongo
19 https://www.deutschlandfunk.de/john-boyd-dunlop-der-erfinder-des-bequemen-fahrens.871.de.html?dram:article_id=310676
20 https://www.energieleben.at/ein-uraltes-konigreich-in-afrika-zeigt-den-weg-zur-nachhaltigen-wirtschaft/
21 https://www.evolution-mensch.de/Anthropologie/Heinrich_Barth
22 Ebenda
23 Scholl-Latour, Peter: »Afrikanische Totenklage«, Goldmann Verlag, München 2003
24 https://historyofyesterday.com/thomas-sankara-the-greatest-leader-africa-ever-had-top-15-reasons-why-2fe310db8a3c
25 Ebenda
26 https://de.wikipedia.org/wiki/Rova_von_Antananarivo
27 https://madagaskar.de/staedte-kultur/antananarivo/
28 https://madagascar-tourisme.com/fr/alertes-de-voyage-pour-madagascar/
29 https://www.planet-wissen.de/natur/umwelt/invasionsbiologie/index.html
30 https://www.imago-images.de/fotos-bilder/mahafaly
31 https://de.wikipedia.org/wiki/Abhandlung_%C3%BCber_den_Ursprung_und_die_Grundlagen_der_Ungleichheit_unter_den_Menschen
32 https://www.sueddeutsche.de/wirtschaft/entwicklungslaender-gier-nach-land-1.2886878
33 https://www.zeit.de/wirtschaft/2012-04/land-matrix?utm_referrer=https%3A%2F%2Fwww.google.com%2F
34 https://www.welt.de/wirtschaft/article151170043/Ruecksichtslose-Jagd-auf-den-neuen-alten-Bodenschatz.html
35 https://afrique-europe-interact.net/94-0-Landraub.html und https://www.kontext-tv.de/de/sendungen/land-grabbing-der-neue-wettlauf-um-afrika-e10-benzin-verstaerkt-hunger
36 Tuma, Alice: »(New) ›Landgrabbing‹ – ein (post)koloniales Erbe? Eine politisch-ökologische Analyse am Beispiel Äthiopiens«, Diplomarbeit, Wien 2012, https://docplayer.org/51927810-Diplomarbeit-titel-der-diplomarbeit-new-landgrabbing-ein-post-koloniales-erbe-eine-politisch-oekologische-analyse-am-beispiel-aethiopiens.html
37 https://www.farmlandgrab.org

38 http://www.nordsuedforum-nuernberg.de/Landgrabbing.php
39 http://www.weltagrarbericht.de/themen-des-weltagrarberichts/landgrabbing.html
40 https://www.bmel.de/DE/themen/internationales/agenda-2030/fao-leitlinien-landnutzungsrechte.html
41 Ebenda
42 http://www.zitate-online.de/sprueche/kino-tv/432/die-letzte-stimme-die-man-hoert-bevor-die.html
43 https://www.dw.com/de/der-altkleider-wahnsinn-mit-spenden-schlechtes-tun/a-46450796
44 https://www.nzz.ch/wirtschaft/wie-spenden-und-schmuggel-die-textilindustrie-in-afrika-ruinieren-ld.1359083
45 https://www.dw.com/de/kommentar-ostafrika-braucht-second-hand-kleidung/a-42814135
46 https://www.nzz.ch/wirtschaft/wie-spenden-und-schmuggel-die-textilindustrie-in-afrika-ruinieren-ld.1359083
47 https://www.die-bibel.de/bibeltext/2.%20Mose%2010%2C
48 Symmons, P. M., Cressman, K.: »Desert Locust Guidelines | 1. Biology and behavior«, 2nd edition, 2009. FAO Food and Agriculture Organization of the United Nations, Rome 2001
49 https://www.dw.com/en/locust-swarm-africa-wildfires-australia-climate/a-52208213
50 »Locust handbook: 2. Desert Locust – Schistocerca gregaria: Life cycle«, http://www.nzdl.org/cgi-bin/library?e=d-00000-00---off-0hdl--00-0----0-10-0---0---0direct-10---4-------0-0l--11-en-50---20-home---00-0-1-00-0-0-11-1-0utfZz-8-00-0-0-11-10-0utfZz-8-00&cl=CL1.10&d=HASHd1edbf77fbe3fa2e5e3da5.4.2&x=1
51 Song, Hojun (2004): »On the origin of the desert locust Schistocerca gregaria (Forskal) (Orthoptera: Acrididae: Cyrtacanthacridinae)«, in: »Proceedings of the Royal Society«, London, Series B 271: 1641–1648 doi:10.1098/rspb.2004.2758
52 https://www.fao.org/news/story/en/item/1257973/icode/
53 https://en.wikipedia.org/wiki/LUBILOSA
54 https://www.science.org/content/article/somalia-unprecedented-effort-kill-massive-locust-swarms-biocontrol
55 Steedman, A. (ed.): »The Locust Handbook«, 3rd edn., Natural Ressources Institute, Chatham, UK, 1990, 204 pp.
56 http://www.fao.org/ag/locusts/common/ecg/1344/en/EMPRESbrochureE.pdf
57 https://www.iflscience.com/plants-and-animals/how-many-locusts-does-it-take-start-biblical-plague-just-three/
58 https://www.dw.com/en/east-africa-why-are-locusts-so-destructive/a-52165354
59 https://www.businessinsider.com/desert-locust-plague-devastates-africa-photos-history-2020-2?r=DE&IR=T
60 http://www.fao.org/news/story/en/item/1257973/icode/
61 https://www.sciencemag.org/news/2020/02/somalia-unprecedented-effort-kill-massive-locust-swarms-biocontrol
62 https://www.wired.com/story/the-terrifying-science-behind-the-locust-plagues-of-africa/
63 https://www.sciencemag.org/news/2020/02/somalia-unprecedented-effort-kill-massive-locust-swarms-biocontrol
64 http://www.fao.org/news/story/en/item/1257973/icode/
65 https://ipmworld.umn.edu/showler-desert-locust
66 http://www.fao.org/news/story/en/item/1257973/icode/
67 https://www.eda.admin.ch/deza/de/home/aktuell/news.html/content/eda/de/meta/news/2020/2/18/78138
68 https://www.iflscience.com/plants-and-animals/how-many-locusts-does-it-take-start-biblical-plague-just-three/
69 https://www.dw.com/en/next-east-africa-locust-swarms-Aïrborne-in-3-to-4-weeks-un-warns/a-52312510

70 Vallianatos, Evaggelos: »Ruthless Power and Deleterious Politics: From DDT to Roundup«, in: »Independent Science News«; July 17, 2015, https://www.independentsciencenews.org/environment/ruthless-power-and-deleterious-politics-from-ddt-to-roundup/
71 »DDT Ban Takes Effect«; EPA press release, December 31, 1972, https://archive.epa.gov/epa/aboutepa/ddt-ban-takes-effect.html
72 Vallianatos, Evaggelos: »Ruthless Power and Deleterious Politics: From DDT to Roundup«, in: »Independent Science News«, July 17, 2015, https://www.independentsciencenews.org/environment/ruthless-power-and-deleterious-politics-from-ddt-to-roundup/
73 Berg, Henk van den; Manuweera, Gamini; Konradsen, Flemming: »Global trends in the production and use of DDT for control of malaria and other vector-borne disea ses«, 10. Juni 2019, https://malariajournal.biomedcentral.com/articles/10.1186/s12936-017-2050-2
74 DDT Stockholm Convention, http://chm.pops.int/Implementation/PesticidePOPs/DDT/Overview/tabid/378/Default.aspx
75 Carson, Rachel: »Der stumme Frühling«, Biederstein Verlag, München 1981
76 McKie, Robin: »Rachel Carson and the legacy of Silent Spring«, in: »The Guardian«, 27. Mai 2012, https://www.theguardian.com/science/2012/may/27/rachel-carson-silent-spring-anniversary
77 Ebenda
78 Ebenda
79 Vallianatos, Evaggelos: »Ruthless Power and Deleterious Politics: From DDT to Roundup«, in: »Independent Science News«, July 17, 2015, https://www.independentsciencenews.org/environment/ruthless-power-and-deleterious-politics-from-ddt-to-roundup/
80 Everts, J. W. (Hg.): »Environmental Effects of Chemical Locust and Grasshopper Control, A Pilot Study«, Project ECLO/SEN/003/NET, Project Report FAO, Rome 1990
81 Greathead, D. J.: »Biological Control as a potential tool for locust and grasshopper control«, in: Lomer, C. J., Prior, C. (Hg.): »Biological control of locusts and grasshop pers«, C. A. B. International, Wallingford 1992: 4–7
82 Silvaa, Vera; Molb, Hans G. J.; Zomerb, Paul; Tienstrab, Marc; Ritsemaa, Coen J.; Geissenaa, Violette; Soil Physics and Land Management Group, 12. November 2018: »Pesticide residues in European agricultural soils – A hidden realityunfol ded«, University & Research, Droevendaalsesteeg 4, 6708 PB Wageningen, the NetherlandsbRIKILT – Wageningen University & Research, PO Box 230, 6700 AE Wageningen, the Netherlands https://www.sciencedirect.com/science/article/pii/S0048969718343420
83 https://www.dw.com/en/whats-driving-europes-stance-on-glyphosate/a-53924882
84 https://ec.europa.eu/food/plants/pesticides/approval-active-substances/renewal-approval/glyphosate_en
85 http://www.umweltinstitut.org/aktuelle-meldungen/meldungen/2019/pestizide/regierung-beschliesst-glyphosat-verbot-ab-2024.html
86 https://www.handelsblatt.com/politik/deutschland/unkrautvernichter-bundes-regierung-will-glyphosat-ab-ende-2023-verbieten/24978606.html?ticket=ST-464000-ZzXDFj2OMpc6g0pPHo4b-ap5
87 https://www.lfl.bayern.de/ips/unkraut/138783/index.php
88 http://www.umweltinstitut.org/aktuelle-meldungen/meldungen/2019/pestizide/regierung-beschliesst-glyphosat-verbot-ab-2024.html
89 https://www.zentrum-der-gesundheit.de/news/gesundheit/allgemein-gesundheit/glyphosat-neuzulassung16050139
90 https://www.dw.com/en/whats-driving-europes-stance-on-glyphoste/a-53924882
91 https://www.zentrum-der-gesundheit.de/news/gesundheit/allgemein-gesundheit/glyphosat-neuzulassung16050139

92 https://www.topagrar.com/acker/news/iarc-soll-daten-fuer-wiederzulassung-von-glyphosat-liefern-12059673.html
93 https://taz.de/Verbot-des-Herbizids-in-der-EU-wackelt/!5779858/
94 Ebenda
95 https://taz.de/Bayer-und-sein-Glyphosat-Problem/!5770154/
96 https://taz.de/Glyphosat-Streit-geht-weiter/!5775332/
97 https://taz.de/Prozess-um-Glyphosat-in-den-USA/!5757088/
98 https://taz.de/Berufungsverfahren-wegen-Krebsrisiken/!5772567/
99 https://www.lifegate.com/luxembourg-bans-glyphosate
100 https://www.carlsonattorneys.com/news-and-update/banning-roundup
101 https://www.dw.com/en/whats-driving-europes-stance-on-glyphosate/a-53924882
102 https://sustainablepulse.com/2019/05/28/glyphosate-herbicides-now-banned-or-restricted-in-17-countries-worldwide-sustainable-pulse-research/#.YNMmm0xCTIU
103 https://taz.de/Deutscher-Chemiekonzern-Bayer-AG/!5753949/
104 https://www.bbc.com/future/article/20160105-the-man-who-studies-the-spread-of-ignorance
105 https://www.faz.net/aktuell/feuilleton/geisteswissenschaften/die-lehre-vom-nichtwissen-alles-was-man-nicht-wissen-muss-1653324.html
106 https://www.uni-bielefeld.de/(de)/ZIF/AG/2011/05-30-Carrier.html
107 https://www.sup.org/books/title/?id=11232
108 https://www.thieme-connect.com/products/ejournals/abstract/10.1055/s-0030-1266443
109 https://www.sistemacritico.it/international/2020/09/07/agnotologie/
110 https://galison.scholar.harvard.edu/files/andrewhsmith/files/chapter_2_galison_and_proctor.pdf
111 https://www.rubikon.news/artikel/ausbruch-aus-dem-denkgefangnis
112 http://www.fuehrung-phasen.de/sprueche.html
113 https://www.spiegel.de/wissenschaft/weltall/zentralafrika-der-sterbende-tschadsee-satellitenbild-der-woche-a-1187524.html
114 https://www.faz.net/aktuell/gesellschaft/menschen/die-ausbeutung-des-tschadsees-gefaehrdet-seine-aufnahme-ins-weltkulturerbe-16992342.html
115 https://www.wissenschaft.de/astronomie-physik/warum-der-tschad-see-schrumpft/
116 https://www.faz.net/aktuell/gesellschaft/menschen/die-ausbeutung-des-tschadsees-gefaehrdet-seine-aufnahme-ins-weltkulturerbe-16992342.html
117 https://www.adelphi.de/de/projekt/risikoanalyse-der-tschadsee-region-klimawandel-und-die-aktuelle-krise
118 https://www.adelphi.de/de/news/243010-gefangen-der-konfliktfalle-des-klimawandels-launch-der-tschadsee-studie
119 https://www.adelphi.de/de/news/klimawandel-staatliche-fragilit%C3%A4t-und-sdgs-%E2%80%93-der-fall-tschadsee-hlpf-event
120 https://www.bmz.de/de/ministerium/grundsaetze-ziele
121 http://www.greenbeltmovement.org/wangari-maathai und http://www.azquotes.com/author/9190-Wangari_Maathai
122 http://www.fao.org/agriculture/ippm/programme/ffs-approach/en/ und http://de.slideshare.net/yagneshsondarva/farmer-field-school
123 Sandel, Michael: »Gerechtigkeit«, Ullstein, Berlin 2013
124 https://www.epo.de/index.php?option=com_content&view=article&id=10157:boko-haram-und-nigeria-kein-ende-des-konflikts-in-sicht&catid=99:topnews&Itemid=100028
125 https://www.igfm.de/nigeria-boko-haram-fakten/
126 https://countrymeters.info/de/Nigeria
127 https://de.wikipedia.org/wiki/Nigeria
128 https://www.shelterbox.de/aktuelles/aktuelle-einsaetze/die-vergessene-krise-das-tschadbecken/boko-haram-in-nigeria/
129 https://www.igfm.de/nigeria-boko-haram-fakten/

130 https://www.friedrich-verlag.de/geographie/bevoelkerung-migration/terror-und-flucht-boko-haram-in-nigeria-2124?%5CSimpleSAML%5CAuth%5CState_exceptionId=_3fbaa6a2afeee640040fb1896778c76283dc24f354%3Ahttps%3A%2F%2Fwww.friedrich-verlag.de%2Fsaml%2Fmodule.php%2Fcore%2Fas_login.php%3FAuthId%3Ddefault-sp%26ReturnTo%3Dhttps%253A%252F%252Fwww.friedrich-verlag.de%252Fgeographie%252Fbevoelkerung-migration%252Fterror-und-flucht-boko-haram-in-nigeria-2124%253Flogintype%253Dlogin
131 https://www.welt.de/politik/ausland/article222432294/Westafrika-Boko-Haram-bekennt-sich-zu-Angriff-auf-Schule-in-Nigeria.html
132 https://www.spiegel.de/ausland/nigeria-boko-haram-bestaetigt-tod-ihres-anfuehrers-a-1ab10a3c-bf4c-48df-a131-982095a3a83c
133 https://www.nau.ch/news/ausland/110-tote-bei-mutmasslichem-angriff-von-boko-haram-in-nigeria-65827753
134 https://internationalepolitik.de/de/auf-den-spuren-von-boko-haram
135 https://www.deutschlandfunk.de/anti-terrorkampf-im-tschad-zweifel-an-offensive-am-tschadsee.799.de.html?dram:article_id=475485
136 https://www.tagesschau.de/ausland/afrika/deby-trauerfeier-101.html
137 https://magazin.zenith.me/de/archiv/strategie-gegen-boko-haram-nigeria
138 https://www.auswaertiges-amt.de/de/aussenpolitik/themen/humanitaere-hilfe/projektbeispiele-node/tschadseeregion/205150
139 Kamta, F. N.; Azadi, H.; Scheffran, J. (2020): »The Root Causes of the Crisis in Northeast Nigeria: Historical, Socioeconomic and Environmental Dimensions«, in: »Mediterranean Journal of Social Sciences«, 11(3), 95, https://doi.org/10.36941/mjss-2020-0033
140 https://www.soumbala.com/catalog/product/view/id/69251
141 https://www.tagesschau.de/ausland/afrika/nigeria-boko-haram-anfuehrer-tod-101.html
142 https://www.zitate-online.de/literaturzitate/allgemein/681/wir-leben-in-einem-gefaehrlichen-zeitalter.html
143 https://de.wikipedia.org/wiki/Volta-Stausee
144 https://www.planet-wissen.de/kultur/afrika/ghana/pwiegiftigerelektromuell100.html
145 https://www.deutschlandfunk.de/gift-in-ghana-ueberlebensstrategie-elektroschrott.799.de.html?dram:article_id=354763
146 https://www.deutschlandfunkkultur.de/beruechtigte-deponie-in-ghana-eigentlich-ist-der-export-von.1008.de.html?dram:article_id=424171
147 https://www.nzz.ch/wirtschaft/recycling-in-ghana-die-alchimisten-von-agbogbloshie-ld.939577
148 https://www.deutschlandfunkkultur.de/neu-im-kino-welcome-to-sodom-metallischer-geschmack.2168.de.html?dram:article_id=424036
149 Mamozai, Martha: »Zwischenwelten«, Pro Business, Berlin 2010, S. 181
150 http://www.nur-zitate.com/autor/Antoine_de_Saint_Exupery
151 https://de.wikipedia.org/wiki/Niger
152 https://de.statista.com/statistik/daten/studie/440766/umfrage/bevoelkerungsdichte-in-deutschland/
153 https://www.indexmundi.com/g/g.aspx?c=ng&v=69&l=de
154 Dayak, Mano: »Geboren mit Sand in den Augen«, Unionsverlag, 1998
155 https://www.evolution-mensch.de/Anthropologie/Heinrich_Barth
156 Ebenda
157 Ebenda
158 http://imuhar.eu/site/de/imuhar-tuareg.php
159 Ould Badi, Mohammed; Mamozai, Martha: »Von Tieren und Menschen«, Pro Business, Berlin 2009, S. 19
160 https://www.inhaltsangabe.de/orwell/1984/
161 https://www.youtube.com/watch?v=qVbpU23ytVQ
162 https://wayback.archive-it.org/9650/20200504095246/http://p3-raw.greenpeace.org/international/Global/international/publications/nuclear/2010/AREVA_Niger_report.pdf

163 https://en.wikipedia.org/wiki/Arlit und https://umweltfairaendern.de/2014/06/rohstoff-uran-konflikte-und-vertraege-niger-und-areva-einigen-sich/

164 http://www.ippnw.de/commonFiles/pdfs/Atomenergie/uran_deutschland_2009.pdf

165 https://greenwire.greenpeace.de/system/files/2020-11/Uranatlas_2019_WEB_0.pdf

166 http://hdr.undp.org/en/content/latest-human-development-index-ranking

167 https://www.un.org/development/desa/dpad/least-developed-country-category-niger.html

168 https://wayback.archive-it.org/9650/20200504095246/http://p3-raw.greenpeace.org/international/Global/international/publications/nuclear/2010/AREVA_Niger_report.pdf

169 http://www.strahlentelex.de/Atomwirtschaft.htm

170 https://www.spiegel.de/wirtschaft/soziales/niger-Areva-baut-im-grossen-stil-uran-ab-und-schadet-der-umwelt-a-934979.html

171 https://afrique-europe-interact.net/226-0-Uranabbau-Niger---kolog-folgen.html

172 https://www.nuclear-free.com/uranatlas-artikel/articles/afrika-lieferant-f%C3%BCr-den-reichen-norden.html

173 https://www.dw.com/de/niger-verhandlungssieg-%C3%BCber-atomkonzern-Areva/a-17666543

174 https://www.dw.com/de/niger-will-vom-uran-abbau-profitieren/a-17427448

175 https://www.nachrichten.net/details/2733/Niger_wird_weltgr%C3%B6%C3%9Fter_Lieferant_f%C3%BCr_Uran.html [Der verlinkte Artikel ist mit Stand 21. März 2022 nicht mehr erreichbar.]

176 https://www.bbc.com/news/world-africa-39744861

177 https://afrique-europe-interact.net/226-0-Uranabbau-Niger---kolog-folgen.html

178 https://www.spiegel.de/wirtschaft/soziales/niger-Areva-baut-im-grossen-stil-uran-ab-und-schadet-der-umwelt-a-934979.html

179 http://www.spiegel.de/wissenschaft/mensch/uranfoerderung-in-niger-der-gelbe-fluch-a-686763.html

180 http://www.energiewendebuendnis.de/Uranabbau/uranabbau.html

181 https://www.spiegel.de/wirtschaft/soziales/niger-Areva-baut-im-grossen-stil-uran-ab-und-schadet-der-umwelt-a-934979.html

182 https://wayback.archive-it.org/9650/20200504095246/http://p3-raw.greenpeace.org/international/Global/international/publications/nuclear/2010/AREVA_Niger_report.pdf

183 Ebenda

184 https://www.spiegel.de/wirtschaft/soziales/niger-Areva-baut-im-grossen-stil-uran-ab-und-schadet-der-umwelt-a-934979.html

185 https://www.greenpeace.de/themen/atomkraft/Arevas-uranfoerderung-immer-noch-eine-gefahr-fuer-niger

186 https://www.nachrichten.net/details/2733/Niger_wird_weltgr%C3%B6%C3%9Fter_Lieferant_f%C3%BCr_Uran.html [Der verlinkte Artikel ist mit Stand 21. März 2022 nicht mehr erreichbar.]

187 https://www.dw.com/de/niger-will-vom-uran-abbau-profitieren/a-17427448

188 https://www.humanrights.ch/de/ipf/menschenrechte/wirtschaft/public-eye-award-08

189 https://www.nachrichten.net/details/2733/Niger_wirdweltgr%C3%B6%C3%9Fter_Lieferant_f%C3%BCr_Uran.html
[Der verlinkte Artikel ist mit Stand 21. März 2022 nicht mehr erreichbar.]

190 https://www.spiegel.de/wirtschaft/soziales/niger-Areva-baut-im-grossen-stil-uran-ab-und-schadet-der-umwelt-a-934979.html

191 https://wayback.archive-it.org/9650/20200504095246/http://p3-raw.greenpeace.org/international/Global/international/publications/nuclear/2010/AREVA_Niger_report.pdf

192 http://www.spiegel.de/wissenschaft/mensch/uranfoerderung-in-niger-der-gelbe-fluch-a-686763.html

193 http://www.energiewendebuendnis.de/Uranabbau/uranabbau.html

194 https://www.spiegel.de/wirtschaft/soziales/niger-Areva-baut-im-grossen-stil-uran-ab-und-schadet-der-umwelt-a-934979.html
195 https://afrique-europe-interact.net/226-0-Uranabbau-Niger---kolog-folgen.html
196 https://www.dw.com/de/niger-verhandlungssieg-%C3%BCber-atomkonzern-Areva/a-17666543
197 https://www.nachrichten.net/details/2733/Niger_wirdweltgr%C3%B6%C3%9Fter_Lieferant_f%C3%BCr_Uran.html
[Der verlinkte Artikel ist mit Stand 21. März 2022 nicht mehr erreichbar.]
198 Caparros, Martin: »Hunger«, Suhrkamp, Berlin 2015
199 https://www.dw.com/de/niger-verhandlungssieg-%C3%BCber-atomkonzern-Areva/a-17666543
200 https://taz.de/Uran-Abbau-im-Niger/!5041331/
201 https://www.energiewendebuendnis.de/Uranabbau/uranabbau.html
202 https://www.jeuneafrique.com/mag/419702/politique/le-niger-plonge-dans-laffaire-de-luraniumgate-avec-areva/
203 https://www.bbc.com/news/world-africa-39744861
204 https://de.wikipedia.org/wiki/Naturschutzgebiet_A%C3%AFr_und_T%C3%A9n%C3%A9r%C3%A9
205 https://www.filmdienst.de/film/details/538495/strahlende-wuste
206 http://www.energiewendebuendnis.de/Uranabbau/uranabbau.html
207 Dayak, Mano: »Geboren mit Sand in den Augen«, Unionsverlag, 1998
208 http://imuhar.eu/site/de/home.php
209 https://de.wikipedia.org/wiki/Tifinagh-Schrift
210 http://imuhar.eu/site/de/imuhar-tuareg.php
211 https://www.nzz.ch/folio/durch-die-wuste-ld.1615787
212 http://imuhar.eu/site/de/imuhar-tuareg/geschichte.php
213 https://www.nzz.ch/folio/durch-die-wuste-ld.1615787
214 https://afrique-europe-interact.net/226-0-Uranabbau-Niger---kolog-folgen.html
215 https://www.nzz.ch/folio/durch-die-wuste-ld.1615787
216 Ebenda
217 Ebenda
218 https://www.giga-hamburg.de/de/publikationen/giga-focus/neue-tuareg-rebellion-der-niger-in-der-konfliktfalle
219 https://afrique-europe-interact.net/226-0-Uranabbau-Niger---kolog-folgen.html
220 http://imuhar.eu/site/de/imuhar-tuareg/kolonie.php
221 https://www.nzz.ch/folio/durch-die-wuste-ld.1615787
222 https://eref.uni-bayreuth.de/46462/
223 Ebenda
224 http://derstandard.at/1348284112886/Jean-Ziegler-Jedes-Kind-das-verhungert-ist-ermordet-worden
225 http://www.zitate-online.de/literaturzitate/allgemein/884/wer-so-tut-als-bringe-er-die-menschen-zum.html
226 http://www.fao.org/3/at469f/at469f.pdf
227 https://fr.wikipedia.org/wiki/Main_basse_sur_le_riz
228 http://westafrikaportal.de/thomassankara.html
229 https://www.interbrigadas.org/wp-content/uploads/2018/10/Biografie-Thomas-Sankara.pdf
230 http://westafrikaportal.de/thomassankara.html
231 https://www.spiegel.de/geschichte/tod-von-thomas-sankara-afrikas-che-guevara-a-1232390.html
232 https://www.africa-live.de/burkina-faso-4-august-vor-38-jahren-thomas-sankara-kommt-an-die-macht/
233 https://historyofyesterday.com/thomas-sankara-the-greatest-leader-africa-ever-had-top-15-reasons-why-2fe310db8a3c
234 https://www.spiegel.de/geschichte/tod-von-thomas-sankara-afrikas-che-guevara-a-1232390.html
235 https://historyofyesterday.com/thomas-sankara-the-greatest-leader-africa-ever-had-top-15-reasons-why-2fe310db8a3c

236 https://www.interbrigadas.org/wp-content/uploads/2018/10/Biografie-Thomas-Sankara.pdf
237 http://westafrikaportal.de/thomassankara.html
238 https://www.africavenir.org/de/projekte/projektarchiv/thomas-sankara-kampagne.html
239 https://www.fr.de/politik/spaete-gerechtigkeit-fuer-thomas-sankara-90463225.html
240 https://historyofyesterday.com/thomas-sankara-the-greatest-leader-africa-ever-had-top-15-reasons-why-2fe310db8a3c
241 https://www.fr.de/politik/spaete-gerechtigkeit-fuer-thomas-sankara-90463225.html
242 https://www.theafricareport.com/85111/burkina-faso-why-was-thomas-sankara-murdered/
243 https://www.spiegel.de/geschichte/tod-von-thomas-sankara-afrikas-che-guevara-a-1232390.html
244 Van Grasdorff, Eric; Kulla, Thea; Röschert, Nikolai: »Die Ideen sterben nicht! Thomas Sankara. Reden eines aufrechten und visionären Staatsmannes«, AfricAvenir International e.V., 2016
245 https://www.feinschwarz.net/sankara-ein-afrikanischer-visionaer-aus-burkina-faso/
246 https://www.africa-live.de/burkina-faso-4-august-vor-38-jahren-thomas-sankara-kommt-an-die-macht/
247 https://www.spiegel.de/geschichte/tod-von-thomas-sankara-afrikas-che-guevara-a-1232390.html
248 https://www.africa-live.de/burkina-faso-4-august-vor-38-jahren-thomas-sankara-kommt-an-die-macht/
249 https://historyofyesterday.com/thomas-sankara-the-greatest-leader-africa-ever-had-top-15-reasons-why-2fe310db8a3c
250 https://www.theafricareport.com/85111/burkina-faso-why-was-thomas-sankara-murdered/
251 https://www.interbrigadas.org/wp-content/uploads/2018/10/Biografie-Thomas-Sankara.pdf
252 https://www.theafricareport.com/85111/burkina-faso-why-was-thomas-sankara-murdered/
253 https://www.aljazeera.com/news/2021/4/13/burkina-faso-ex-president-blaise-compaore-charged-thomas-sankara-murder
254 https://www.spiegel.de/geschichte/tod-von-thomas-sankara-afrikas-che-guevara-a-1232390.html
255 https://www.theafricareport.com/85111/burkina-faso-why-was-thomas-sankara-murdered/
256 https://www.feinschwarz.net/sankara-ein-afrikanischer-visionaer-aus-burkina-faso/
257 https://www.theguardian.com/world/2021/apr/13/trial-in-absentia-burkina-faso-ex-president-blaise-compaore
258 https://www.aljazeera.com/news/2021/4/13/burkina-faso-ex-president-blaise-compaore-charged-thomas-sankara-murder
259 https://www.interbrigadas.org/wp-content/uploads/2018/10/Biografie-Thomas-Sankara.pdf
260 http://westafrikaportal.de/thomassankara.html
261 https://historyofyesterday.com/thomas-sankara-the-greatest-leader-africa-ever-had-top-15-reasons-why-2fe310db8a3c
262 https://www.projecttopics.org/journals/176494-gewitter-und-regen-im-glauben-der-kasena-burkina-faso.html
263 http://www.n-tv.de/politik/Afrika-braucht-keine-Milliarden-article6934371.html
264 Artikel »Milliarden blockieren die Entwicklung«, in: »Greenpeace Magazin«, November 2011, S. 41
265 https://www.volksfreund.de/nachrichten/themen-des-tages/das-milliardengeschaeft-mit-der-hilfe-fuer-hungernde_aid-5286456

266 http://www.faz.net/aktuell/wirtschaft/entwicklungspolitik-wer-afrika-helfen-will-darf-kein-geld-geben-1437005.html
267 http://www.spiegel.de/spiegel/print/d-43062233.html
268 https://www.unicef.de/informieren/aktuelles/presse/2021/un-report-hun ger-2021/244988 und https://data.unicef.org/resources/sofi-2021/
269 Ebenda
270 https://www.unicef.de/informieren/aktuelles/presse/2021/un-report-hun ger-2021/244988
271 https://data.unicef.org/resources/sofi-2021/
272 http://inef.uni-due.de/page/documents/Report93.pdf
273 http://www.prspwatch.de/sites/default/files/Eberlei_Franze_Uganda.pdf
274 http://www.n-tv.de/politik/Afrika-braucht-keine-Milliarden-article6934371.html
275 Kabou, Axelle: »Weder arm noch ohnmächtig«, Lenos Verlag, Basel 2009
276 Moyo, Dambisa: »Dead Aid: Warum Entwicklungshilfe nicht funktioniert und was Afrika besser machen kann«, Haffmans & Tolkemitt, 2011
277 Nebe, Johannes Michael (Hg.): »Herausforderung Afrika. Gesellschaft und Raum im Wandel«, Nomos-Verlag, Baden-Baden 2011
278 Seitz, Volker: »Afrika wird armregiert oder Wie man Afrika wirklich helfen kann«, 6. aktualisierte und erweiterte Auflage, Deutscher Taschenbuch Verlag, München 2012
279 Mamozai, Martha: »Zwischen Welten. Alltag im Entwicklungsgeschäft«, Westarp BookonDemand, 2010
280 Danner, Helmut: »End of Arrogance. Africa and the West, Understanding Differen ces«, East African educational publishers, 2012
281 Nebe, Johannes Michael (Hrsg.): »Herausforderung Afrika. Gesellschaft und Raum im Wandel«, Nomos-Verlag, Baden-Baden 2011
282 http://www.n-tv.de/politik/Afrika-braucht-keine-Milliarden-article6934371.html
283 Danner, Helmut: »End of Arrogance Africa and the West, Understanding Differen ces«, East African educational publishers, 2012
284 http://www.n-tv.de/politik/Afrika-braucht-keine-Milliarden-article6934371.html
285 http://de.wikipedia.org/wiki/G8-Gipfel_in_Camp_David_2012
286 Bundesministerium für wirtschaftliche Zusammenarbeit und Entwicklung (BMZ), Abteilung Planung und Kommunikation. Die Schwerpunkte der Deutschen Ent wicklungspolitik, www.bmz.de
287 https://www.kfw-entwicklungsbank.de/Internationale-Finanzierung/KfW-Entwi cklungsbank/
288 https://www.bundesfinanzministerium.de/Content/DE/Standardartikel/Themen/Internationales_Finanzmarkt/Internationale_Finanzpolitik/Internationaler_Waeh rungsfonds/IWF-Definition.html
289 https://www.unhcr.org/innovation/wp-content/uploads/2018/06/Fast-forward_progress_report_41470920FINAL.pdf
290 Bundesministerium für wirtschaftliche Zusammenarbeit und Entwicklung (BMZ), Abteilung Planung und Kommunikation. Die Schwerpunkte der Deutschen Ent wicklungspolitik, www.bmz.de
291 https://www.deutschlandfunkkultur.de/unionspolitiker-entwicklungshilfe-aus-ei nem-guss-100.html
292 https://www.kfw-entwicklungsbank.de/Internationale-Finanzierung/KfW-Entwi cklungsbank/%C3%9Cber-uns/News/News-Details_640704.html
293 http://www.econoafrika.com/?hp=340
294 https://www.kfw-entwicklungsbank.de/ipfz/Projektdatenbank/African-Agricultu re-and-Trade-Investment-Fund-AATIF---Tranche-2016-36008.htm
295 http://www.farmerfieldschool.info/
296 https://www.bmz.de/de/suche?search=Desertifikation
297 http://derstandard.at/1348284112886/Jean-Ziegler-Jedes-Kind-das-verhungert-ist-ermordet-worden
298 Nebe, Johannes Michael (Hg.): »Peace Building and Conflict Management. Civil Conflict Management of the Post-Election Violence 2007/2008 in Kenya, Lessons Learnt and the Way Forward«, 2012

299 www.kino-zeit.de/filme/trailer/nairobi-half-life
300 Nebe, Johannes Michael (Hg.): »Peace Building and Conflict Management. Civil Conflict Managenemt of the Post Election Violence 2007/2008 in Kenya, Lessons Learnt and the Way Forward«, 2012
301 http://www.dw.de/kenianer-besorgt-%C3%BCber-blutige-unruhen/a-16516500
302 https://www.dw.com/de/kenias-suche-nach-gerechtigkeit/a-16551171
303 https://www.dw.com/de/keine-gew%C3%B6hnliche-wahl-in-kenia/a-16635564
304 https://www.bpb.de/internationales/weltweit/innerstaatliche-konflikte/169554/der-internationale-strafgerichtshof
305 https://www.dw.com/de/kenias-suche-nach-gerechtigkeit/a-16551171
306 https://www.spiegel.de/politik/ausland/verbrechen-gegen-die-menschlichkeit-den-haag-macht-kenias-elite-den-prozess-a-810883.html
307 https://www.tagesspiegel.de/politik/internationaler-strafgerichtshof-der-interna tionale-strafgerichtshof-kapituliert-vor-kenias-praesidenten/10662032.html
308 https://www.dw.com/de/kenias-suche-nach-gerechtigkeit/a-16551171
309 https://www.dw.com/de/kenyatta-prozess-abgesagt-istgh-ein-zahnloser-ti ger/a-18111936
310 http://www.dw.de/kenianer-besorgt-%C3%BCber-blutige-unruhen/a-16516500 und http://www.dw.de/keine-auss%C3%B6hnung-vor-kenias-wahl/a-16569560 sowie http://www.newyorker.com/online/blogs/comment/2013/03/when-a-cri minal-leads-a-country.html?fb_action_ids=4462364723825&fb_action_types=og.recommends&fb_source=aggregation&fb_aggregation_id=246965925417366
311 https://www.zitate.eu/autor/albert-schweitzer-zitate/188391
312 https://de.wikipedia.org/wiki/Asch-Schifa-Arzneimittelfabrik
313 Terzani, Tiziano: »Noch eine Runde auf dem Karussell«, Knaur, Hamburg 2007
314 https://de.wikipedia.org/wiki/Der_Marsch_%28Film%29
315 https://www.unhcr.org/internally-displaced-people.html
316 https://www.unhcr.org/flagship-reports/globaltrends/globaltrends2019/
317 https://www.khartoumprocess.net/
318 https://taz.de/Gefluechtete-im-Sudan/%215658800/
319 https://www.clingendael.org/publication/khartoum-process-shifting-burden
320 https://www.proasyl.de/news/khartoum-erklaerung-wie-europa-fluechtlinge-aus-afrika-abwehren-moechte/
321 https://www.proasyl.de/news/pakt-mit-despoten-fluchtverhinderung-um-jeden-preis/
322 https://migration-control.info/
323 https://www.clingendael.org/publication/khartoum-process-shifting-burden
324 https://taz.de/Gefluechtete-im-Sudan/%215658800/
325 https://www.uno-fluechtlingshilfe.de/hilfe-weltweit/sudan
326 https://taz.de/Gefluechtete-im-Sudan/%215658800/
327 https://www.uno-fluechtlingshilfe.de/hilfe-weltweit/sudan
328 https://www.clingendael.org/publication/khartoum-process-shifting-burden
329 Caparros, Martin: »Hunger«, Suhrkamp, Berlin 2015
330 https://www.facebook.com/gada.abbas.35/videos/2051927131601947/
331 Khumalo, Juniour: »If he's not dead then finish him off«, in: »City Press«, 6. Juni 2019, https://city-press.news24.com/News/if-hes-not-dead-then-finish-him-off-20190608
332 https://www.csw.org.uk/2019/04/16/report/4306/article.htm
333 https://www.facebook.com/profile.php?id=100000733195042
334 https://orf.at/stories/3125929/
335 Fisk, Robert: »Bloated bodies in the Nile show Sudan protesters were right to fear the arrival of Saudi and UAE money«, in: »Independent«, 10. Juni 2019, https://www.independent.co.uk/voices/sudan-saudi-arabia-egypt-abdul-fattah-al-burhan-hemeti-dagolo-nile-a8952321.html
336 Fraser, Giles: »Immigration fears make the EU prepared to do business with mur derers«, in: »The Guardian«, 13. Oktober 2016, https://www.theguardian.com/commentisfree/belief/2016/oct/13/immigration-fears-make-the-eu-prepared-to-do-business-with-murderers

337 Burke, Jason und Salih, Zeinab Mohammed: »Millions join general strike in Sudan aimed at dislodging army«, in: »The Guardian«, 9. Juni 2019, https://www.theguardian.com/world/2019/jun/09/general-strike-sudan-shutdown
338 Walsh, Declan: »Sudan Protesters, Devastated but Defiant, Regroup Underground After Crackdown«, in: »The New York Times«, https://www.nytimes.com/2019/06/09/world/africa/sudan-protest-crackdown.html
339 https://www.ft.com/content/553b4b06-8ce2-11e9-a1c1-51bf8f989972
340 https://www.consilium.europa.eu/en/press/press-releases/2019/06/17/sudan-foreign-affairs-council-statement/
341 Abdelaziz, Khalid: »Sudan court orders company to end military-ordered internet blackout: lawyer«, Reuters, 23 Juni 2019, https://www.reuters.com/article/us-sudan-politics-internet/sudan-court-orders-company-to-end-military-ordered-internet-blackout-lawyer-idUSKCN1TO0FV
342 York, Geoffrey: »Canadian lobbying firm hired for US$6-million to polish image of Sudan's military regime«, in: »The Globe and Mail« (Africa Bureau Chief, Johannes burg), 27. Juni 2019, https://www.theglobeandmail.com/world/article-canadian-lobbying-firm-hired-for-us6-million-to-polish-image-of-sudan/
343 https://www.youtube.com/watch?v=ZWvnEutx1Nc&t=27s
344 https://www.feinschwarz.net/sankara-ein-afrikanischer-visionaer-aus-burkina-faso/
345 https://www.tagesschau.de/ausland/afrika/deutschland-kolonialverbrechen-namibia-101.html
346 https://www.faz.net/aktuell/politik/ausland/deutschland-erkennt-den-voelkermord-in-namibia-an-17363607.html
347 https://www.dw.com/de/deutschland-erkennt-kolonialverbrechen-in-namibia-als-v%C3%B6lkermord-an/a-57695319
348 https://www.zeit.de/2021/21/genozid-herero-nama-namibia-kolonialismus-anerkennung
349 https://www.deutschlandfunk.de/verbrechen-an-herero-und-nama-als-voelkermord-anerkannt-das.694.de.html?dram:article_id=497955
350 https://www.nzz.ch/international/mehr-als-100-jahre-nach-seinem-vernichtungskrieg-gegen-die-herero-und-die-nama-erkennt-deutschland-die-verbrechen-als-voelkermord-an-ld.1627454
351 https://www.welt.de/politik/deutschland/article231418041/Namibia-Deutschland-erkennt-Kolonialverbrechen-als-Voelkermord-an.html
352 https://www.br.de/nachrichten/deutschland-welt/herero-und-nama-deutschland-erkennt-voelkermord-an,SYg8vRc
353 http://www.un-documents.net/a3r260.htm
354 https://www.dw.com/de/deutschland-erkennt-kolonialverbrechen-in-namibia-als-v%C3%B6lkermord-an/a-57695319
355 https://www.deutschlandfunk.de/verbrechen-an-herero-und-nama-als-voelkermord-anerkannt-das.694.de.html?dram:article_id=497955
356 https://www.br.de/nachrichten/deutschland-welt/herero-und-nama-deutschland-erkennt-voelkermord-an,SYg8vRc
357 https://www.berliner-zeitung.de/kultur-vergnuegen/debatte/voelkermord-namibia-herero-aktivist-aus-berlin-heiko-maas-hat-keine-ahnung-li.161817
358 https://www.faz.net/aktuell/politik/ausland/deutschland-erkennt-den-voelkermord-in-namibia-an-17363607.html
359 https://www.genocide-alert.de/projekte/deutschland-und-massenverbrechen/herero-und-nama/
360 https://www.dw.com/de/deutschland-erkennt-kolonialverbrechen-in-namibia-als-v%C3%B6lkermord-an/a-57695319
361 https://www.welt.de/politik/deutschland/article231418041/Namibia-Deutschland-erkennt-Kolonialverbrechen-als-Voelkermord-an.html
362 http://www.gfbv.it/3dossier/africa/herero.html
363 https://www.nzz.ch/international/mehr-als-100-jahre-nach-seinem-vernichtungskrieg-gegen-die-herero-und-die-nama-erkennt-deutschland-die-verbrechen-als-voelkermord-an-ld.1627454

364 https://www.berliner-zeitung.de/politik-gesellschaft/deutschland-erkennt-verbrechen-in-namibia-als-voelkermord-an-li.161628
365 https://www.nzz.ch/international/mehr-als-100-jahre-nach-seinem-vernichtungskrieg-gegen-die-herero-und-die-nama-erkennt-deutschland-die-verbrechen-als-voelkermord-an-ld.1627454
366 https://www.genocide-alert.de/projekte/deutschland-und-massenverbrechen/herero-und-nama/
367 https://www.handelsblatt.com/politik/deutschland/herero-und-nama-deutschland-erkennt-kolonialverbrechen-im-heutigen-namibia-als-voelkermord-an/27235156.html?ticket=ST-5605765-LrOju46vBxzJ611jai5P-ap6
368 https://www.lr-online.de/nachrichten/politik/voelkermord-hereros-verklagen-deutschland-in-den-usa-37953164.html
369 https://www.berliner-zeitung.de/kultur-vergnuegen/debatte/voelkermord-namibia-herero-aktivist-aus-berlin-heiko-maas-hat-keine-ahnung-li.161817
370 https://www.berliner-zeitung.de/politik-gesellschaft/deutschland-erkennt-verbrechen-in-namibia-als-voelkermord-an-li.161628
371 https://www.dw.com/de/deutschland-erkennt-kolonialverbrechen-in-namibia-als-v%C3%B6lkermord-an/a-57695319
372 https://genocide-namibia.net/2021/05/17-mai-2021-pressemitteilung/
373 https://genocide-namibia.net/2020/08/11-08-2020-vorschlaege-der-deutschen-regierung-inakzeptabel/
374 https://www.berliner-zeitung.de/kultur-vergnuegen/debatte/voelkermord-namibia-herero-aktivist-aus-berlin-heiko-maas-hat-keine-ahnung-li.161817
375 https://www.dw.com/de/deutschland-erkennt-kolonialverbrechen-in-namibia-als-v%C3%B6lkermord-an/a-57695319
376 https://www.nzz.ch/international/mehr-als-100-jahre-nach-seinem-vernichtungskrieg-gegen-die-herero-und-die-nama-erkennt-deutschland-die-verbrechen-als-voelkermord-an-ld.1627454
377 https://www.handelsblatt.com/politik/deutschland/herero-und-nama-deutschland-erkennt-kolonialverbrechen-im-heutigen-namibia-als-voelkermord-an/27235156.html?ticket=ST-5605765-LrOju46vBxzJ611jai5P-ap6
378 https://www.genocide-alert.de/projekte/deutschland-und-massenverbrechen/herero-und-nama/
379 https://www.tagesschau.de/inland/herero-nama-gebeine-101.html
380 https://www.tagesschau.de/multimedia/bilder/namibia-kolonialzeit-101.html
381 https://www.timesofisrael.com/genocide-of-african-tribes-was-germanys-holocaust-dress-rehearsal-says-scholar/
382 https://docserv.uni-duesseldorf.de/servlets/DocumentServlet?id=55242
383 https://www.nytimes.com/2021/05/28/world/europe/germany-namibia-genocide.html
384 https://www.timesofisrael.com/genocide-of-african-tribes-was-germanys-holocaust-dress-rehearsal-says-scholar/
385 https://www.tagesschau.de/multimedia/bilder/namibia-kolonialzeit-101.html
386 https://www.genocide-alert.de/projekte/deutschland-und-massenverbrechen/herero-und-nama/
387 https://docserv.uni-duesseldorf.de/servlets/DocumentServlet?id=55242
388 https://genocide-namibia.net/genocide-against-the-ovaherero-and-nama/
389 https://www.timesofisrael.com/genocide-of-african-tribes-was-germanys-holocaust-dress-rehearsal-says-scholar/
390 https://docserv.uni-duesseldorf.de/servlets/DocumentServlet?id=55242
391 https://www.genocide-alert.de/projekte/deutschland-und-massenverbrechen/herero-und-nama/
392 https://www.nzz.ch/international/mehr-als-100-jahre-nach-seinem-vernichtungskrieg-gegen-die-herero-und-die-nama-erkennt-deutschland-die-verbrechen-als-voelkermord-an-ld.1627454
393 https://genocide-namibia.net/genocide-against-the-ovaherero-and-nama/
394 https://www.genocide-alert.de/projekte/deutschland-und-massenverbrechen/herero-und-nama/

395 https://docserv.uni-duesseldorf.de/servlets/DocumentServlet?id=55242
396 https://www.timesofisrael.com/genocide-of-african-tribes-was-germanys-holocaust-dress-rehearsal-says-scholar/
397 https://taz.de/!5614533/
398 https://www.lr-online.de/nachrichten/politik/voelkermord-hereros-verklagen-deutschland-in-den-usa-37953164.html
399 https://taz.de/!5614533/
400 https://www.timesofisrael.com/genocide-of-african-tribes-was-germanys-holocaust-dress-rehearsal-says-scholar/
401 Ebenda
402 https://www.africavenir.org/de/advocacy/deutschlands-voelkermord-in-namibia.html
403 https://www.genocide-alert.de/projekte/deutschland-und-massenverbrechen/herero-und-nama/
404 https://www.africavenir.org/de/advocacy/deutschlands-voelkermord-in-namibia.html
405 https://www.bild.de/politik/ausland/politik-ausland/namibia-abkommen-in-gefahr-herero-vertreter-verlangen-477-milliarden-euro-76578450.bild.html
406 https://www.bild.de/politik/ausland/politik-ausland/herero-voelkermord-in-namibia-haeuptling-rukoro-stirbt-an-corona-76787848.bild.html###wt_ref=android-app%3A%2F%2Forg.telegram.messenger%2F&wt_t=1624120371856
407 https://www.bild.de/politik/ausland/politik-ausland/corona-ausbruch-in-namibia-politiker-stecken-sich-bei-debatte-an-76751388.bild.html
408 https://www.bild.de/politik/ausland/politik-ausland/herero-voelkermord-in-namibia-haeuptling-rukoro-stirbt-an-corona-76787848.bild.html###wt_ref=android-app%3A%2F%2Forg.telegram.messenger%2F&wt_t=1624120371856
409 https://www.la-croix.com/Monde/Covid-19-Afrique-lepidemie-largement-sous-evaluee-2021-04-13-1201150695
410 https://www.dw.com/en/burundi-tough-presidency-awaits-evariste-ndayishimiye/a-53538120
411 https://www.aa.com.tr/en/life/profile-burundi-s-president-pierre-nkurunziza-dies-at-55/1872101
412 https://africa.cgtn.com/2020/06/09/burundi-president-pierre-nkurunziza-dies-aged-55/
413 https://newsaf.cgtn.com/news/2020-06-10/Burundi-President-Pierre-Nkurunziza-dies-aged-55-RbPjGUDQVq/index.html
414 https://www.dw.com/en/burundi-president-pierre-nkurunziza-dies-at-age-55/a-53752515
415 https://www.nytimes.com/2020/06/09/world/africa/burundi-president-pierre-nkurunziza-dead.html
416 https://www.hrw.org/world-report/2020/country-chapters/burundi
417 http://www.seychellesnewsagency.com/articles/13039/Veteran+Burundi+president+Nkurunziza+dies+of+heart+failure
418 https://www.independent.co.uk/news/obituaries/pierre-nkurunziza-burundi-president-dead-a9558731.html
419 https://www.theeastafrican.co.ke/tea/news/east-africa/burundi-s-outgoing-president-pierre-nkurunziza-dies-govt-1442980
420 https://www.bbc.com/news/world-africa-52984119
421 https://www.hrw.org/world-report/2020/country-chapters/burundi
422 https://data2.unhcr.org/en/situations/burundi
423 https://www.unocha.org/burundi
424 https://www.france24.com/en/africa/20200609-burundi-s-president-dead-of-heart-attack-aged-55
425 https://mg.co.za/africa/2020-06-09-burundis-president-put-politics-before-the-pandemic-now-hes-dead/
426 https://www.ktpress.rw/2020/06/burundis-nkurunziza-dies/
427 https://www.lusakatimes.com/2020/06/09/burundis-president-pierre-nkurunziza-has-died-of-a-heart-attack/

428 https://www.gov.za/speeches/prime-minister-eswatini-14-dec-2020-0000#
429 https://www.voanews.com/africa/eswatini-pm-dies-52-cause-not-specified
430 https://www.bbc.com/news/world-africa-55297472
431 https://www.bbc.com/news/world-africa-14095303
432 https://www.worldbank.org/en/country/eswatini/overview
433 https://www.voanews.com/africa/eswatini-pm-dies-52-cause-not-specified
434 https://www.aljazeera.com/news/2020/12/14/eswatinis-ambrose-dlamini-dies-after-contracting-covid-19
435 https://www.voanews.com/africa/eswatini-pm-dies-52-cause-not-specified
436 https://www.aljazeera.com/news/2020/12/14/eswatinis-ambrose-dlamini-dies-after-contracting-covid-19
437 https://www.bbc.com/news/world-africa-55297472
438 https://www.aljazeera.com/news/2021/3/10/ivory-coast-prime-minister-hamed-bakayoko-dies-at-56
439 https://www.dw.com/en/ivory-coast-pm-bakayoko-dies-in-germany-from-cancer/a-56832972
440 https://www.theafricareport.com/71339/cote-divoire-the-death-of-prime-minister-hamed-bakayoko/
441 https://www.theafricareport.com/34134/cote-divoire-hamed-bakayoko-likely-to-replace-pm-coulibaly/
442 https://www.theafricareport.com/27511/cote-divoire-why-prime-minister-coulibaly-is-at-hospital-in-france/
443 https://www.theafricareport.com/39691/cote-divoire-new-pm-hamed-bakayoko-what-you-need-to-know/
444 https://www.france24.com/en/live-news/20210310-ivory-coast-s-prime-minister-hamed-bakayoko-dies-in-hospital-in-germany-aged-56
445 https://www.swissinfo.ch/eng/ivory-coast-prime-minister-hamed-bakayoko-dies-in-germany-at-56/46438228
446 https://www.archyde.com/in-cote-divoire-the-strange-curse-of-the-post-of-prime-minister/
447 https://www.france24.com/en/live-news/20210310-ivory-coast-s-prime-minister-hamed-bakayoko-dies-in-hospital-in-germany-aged-56
448 https://www.reuters.com/article/us-ivorycoast-bakayoko-idUSKBN2B22KQ
449 http://apanews.net/en/pays/cote-divoire/news/ivory-coast-gets-new-prime-minister
450 https://www.rfi.fr/en/africa/20210311-a-great-statesman-c%C3%B4te-d-ivoire-pm-hamed-bakayoko-dies-in-germany-cancer-ouattara
451 https://www.theafricareport.com/71339/cote-divoire-the-death-of-prime-minister-hamed-bakayoko/
452 https://www.theafricareport.com/72174/cote-divoire-prime-minister-hamed-bakayokos-final-days/
453 https://www.theafricareport.com/70854/cote-divoire-pm-hamed-bakayoko-transferred-to-german-hospital/
454 https://www.theafricareport.com/72174/cote-divoire-prime-minister-hamed-bakayokos-final-days/
455 https://sahelien.com/en/cote-divoire-legislative-elections-cause-a-spike-in-covid-19-cases/
456 https://www.vfa.de/de/arzneimittel-forschung/coronavirus/covax-facility
457 https://www.eib.org/de/press/all/2020-366-team-europe-contributes-eur500-million-to-covax-initiative-to-provide-one-billion-covid-19-vaccine-doses-for-low-and-middle-income-countries
458 https://www.gatesfoundation.org/ideas/media-center/press-releases/2020/11/gates-foundation-announces-new-funds-to-develop-covid-19-vaccines
459 https://www.theafricareport.com/40886/cote-divoire-france-ouattara-refuses-macrons-request-to-delay-polls/
460 https://www.theafricareport.com/48878/cote-divoire-alassane-ouattara-re-elected-for-a-3rd-term-with-94-27/
461 https://www.aljazeera.com/news/2021/3/17/tanzanian-president-john-magufuli-is-dead-vp

463 https://apnews.com/article/john-magufuli-dead-tanzania-president-1368d5d852ca2b8b35fe108c3abbc0a0
464 https://www.nzherald.co.nz/world/tanzanias-covid-denying-populist-president-john-magufuli-dies-at-age-61/QNR5PAYMDIWBEK5TNRSZTEAJA4/
465 https://www.bbc.com/news/world-africa-56437852
466 https://www.aljazeera.com/news/2020/7/26/tanzanias-mkapa-suffered-from-malaria-not-virus-says-family
467 https://www.aljazeera.com/news/2021/2/22/tanzanias-president-admits-country-has-covid-19-problem
468 https://apnews.com/article/john-magufuli-dead-tanzania-president-1368d5d852ca2b8b35fe108c3abbc0a0
469 https://www.bbc.com/news/world-africa-56437852
470 https://www.bbc.com/news/world-africa-56441421
471 https://www.faz.net/aktuell/politik/ausland/tansanias-praesident-magufuli-autokrat-und-corona-leugner-17251000.html
472 https://www.dw.com/en/tanzanias-covid-skeptic-president-john-magufuli-dies-at-61/a-56908583
473 https://www.aljazeera.com/news/2021/3/12/hes-ok-tanzania-denies-magufuli-sick-with-covid-19
474 https://www.aljazeera.com/news/2021/2/21/who-chief-calls-on-tanzania-to-take-action-against-covid-19
475 https://www.nzherald.co.nz/world/tanzanias-covid-denying-populist-president-john-magufuli-dies-at-age-61/QNR5PAYMDIWBEK5TNRSZTEAJA4/
476 https://www.aljazeera.com/news/2021/3/16/tanzanians-should-be-told-about-magufulis-health-opposition
477 https://www.aljazeera.com/news/2021/3/17/tanzanian-president-john-magufuli-is-dead-vp
478 https://www.dw.com/en/tanzanias-covid-skeptic-president-john-magufuli-dies-at-61/a-56908583
479 https://www.aljazeera.com/news/2020/7/26/tanzanias-mkapa-suffered-from-malaria-not-virus-says-family
480 https://apnews.com/article/john-magufuli-dead-tanzania-president-1368d5d852ca2b8b35fe108c3abbc0a0
481 https://www.dw.com/en/tanzanias-covid-skeptic-president-john-magufuli-dies-at-61/a-56908583
482 https://www.aljazeera.com/news/2021/3/17/tanzanian-president-john-magufuli-is-dead-vp
483 https://www.bbc.com/news/world-africa-56437852
484 https://www.faz.net/aktuell/politik/ausland/tansanias-praesident-magufuli-autokrat-und-corona-leugner-17251000.html
485 https://www.dw.com/en/tanzanias-covid-skeptic-president-john-magufuli-dies-at-61/a-56908583
486 https://www.aljazeera.com/news/2021/3/16/tanzanians-should-be-told-about-magufulis-health-opposition
487 https://www.aljazeera.com/news/2020/10/12/amnesty-accuses-tanzania-govt-of-stifling-dissent-ahead-of-polls
488 https://www.aljazeera.com/news/2021/2/22/tanzanias-president-admits-country-has-covid-19-problem
489 https://apnews.com/article/john-magufuli-dead-tanzania-president-1368d5d852ca2b8b35fe108c3abbc0a0
490 https://www.blick.ch/ausland/weist-bis-zu-40-mutationen-auf-neue-corona-variante-in-afrika-entdeckt-bei-reisenden-aus-tansania-id16433879.html?utm_source=copy&utm_medium=social&utm_campaign=share-button&utm_term=blick_app_ios
491 https://www.dw.com/de/oppositionsf%C3%BChrer-stirbt-am-wahltag-an-corona/a-56947836
492 https://www.aljazeera.com/news/2021/3/21/congo-guy-brice-parfait-kolelas-hospitalised-with-covid-19

493 https://www.dailysabah.com/world/africa/covid-19-victim-kolelas-won-congo-vote-opposition-party-claims
494 https://www.jeuneafrique.com/1143214/politique/congo-guy-brice-parfait-kolelas-na-pas-ete-empoisonne-selon-les-resultats-de-lautopsie/
495 https://www.dw.com/de/oppositionsf%C3%BChrer-stirbt-am-wahltag-an-corona/a-56947836
496 https://www.aljazeera.com/news/2021/3/21/congo-guy-brice-parfait-kolelas-hospitalised-with-covid-19
497 https://allafrica.com/stories/202103220766.htm
498 https://www.dw.com/de/oppositionsf%C3%BChrer-stirbt-am-wahltag-an-corona/a-56947836
499 https://www.urdupoint.com/en/world/veteran-congo-ruler-pledges-to-shield-forests-1226259.html
500 https://www.bbc.com/news/world-africa-53181555
501 https://www.bbc.com/news/56100076
502 https://www.thebharatexpressnews.com/covax-program-deploys-millions-of-covid-19-vaccines-in-africa/
503 https://www.theguardian.com/commentisfree/2021/jul/09/jacob-zumas-arrest-south-africas-post-apartheid-constitution
504 https://edition.cnn.com/2021/07/13/africa/south-africa-violence-protests-intl/index.html
505 https://www.dw.com/en/south-africa-violent-rioting-grips-cities-in-wake-of-zuma-jailing/a-58234194
506 https://www.nytimes.com/2021/07/12/world/africa/zuma-protests-violence.html
507 https://www.washingtonpost.com/world/2021/07/12/south-africa-zuma-protests/
508 https://www.economist.com/middle-east-and-africa/2021/07/12/south-africas-government-deploys-the-army-to-quell-unrest
509 https://businesstech.co.za/news/government/505272/sa-businesses-looted-and-destroyed-in-widespread-riots-army-deployed-to-intervene/
510 https://www.reuters.com/world/africa/looting-violence-grips-south-africa-after-zuma-court-hearing-2021-07-13/
511 https://www.aljazeera.com/news/2021/7/13/worst-violence-in-years-spreads-in-south-africa-amid-zuma-jailing
512 https://www.theguardian.com/commentisfree/2021/jul/09/jacob-zumas-arrest-south-africas-post-apartheid-constitution
513 https://edition.cnn.com/2021/07/13/africa/south-africa-violence-protests-intl/index.html
514 https://gulfnews.com/special-reports/what-is-behind-south-africas-latest-unrest-1.1626187471074
515 https://www.voanews.com/africa/deadly-rioting-continues-south-africa
516 https://www.washingtonpost.com/world/2021/07/12/south-africa-zuma-protests/
517 https://www.spiegel.de/ausland/suedafrika-will-nach-krawallen-weitere-25-000-soldaten-mobilisieren-a-9f5294f2-e2cd-44b1-b27b-fe9569f1ece0
518 https://www.hrw.org/news/2021/07/13/south-africa-respect-rights-while-policing-riots
519 https://www.aljazeera.com/news/2021/7/13/worst-violence-in-years-spreads-in-south-africa-amid-zuma-jailing
520 https://www.nytimes.com/2021/07/12/world/africa/zuma-protests-violence.html
521 https://gulfnews.com/special-reports/what-is-behind-south-africas-latest-unrest-1.1626187471074
522 https://www.hrw.org/news/2021/07/13/south-africa-respect-rights-while-policing-riots
523 https://www.reuters.com/world/africa/looting-violence-grips-south-africa-after-zuma-court-hearing-2021-07-13/
524 https://www.aljazeera.com/news/2021/7/13/death-toll-rises-as-violence-and-looting-spreads-in-south-africa
525 https://businesstech.co.za/news/government/505272/sa-businesses-looted-and-destroyed-in-widespread-riots-army-deployed-to-intervene/

526 https://www.news24.com/news24/southafrica/news/one-killed-62-arrested-in-johannesburg-and-kwazulu-natal-riots-20210711
527 https://gulfnews.com/special-reports/what-is-behind-south-africas-latest-unrest-1.1626187471074
528 https://www.aljazeera.com/news/2021/7/13/death-toll-rises-as-violence-and-looting-spreads-in-south-africa
529 https://www.gov.za/speeches/premier-sihle-zikalala-kwazulu-natal-response-civil-unrest-13-jul-2021-0000
530 https://www.gov.za/speeches/premier-sihle-zikalala-kwazulu-natal-response-civil-unrest-13-jul-2021-0000
531 https://www.theguardian.com/commentisfree/2021/jul/09/jacob-zumas-arrest-south-africas-post-apartheid-constitution
532 https://www.spiegel.de/ausland/suedafrika-will-nach-krawallen-weitere-25-000-soldaten-mobilisieren-a-9f5294f2-e2cd-44b1-b27b-fe9569f1ece0
533 https://www.abendblatt.de/politik/ausland/article232799613/Suedafrika-startet-grossen-Militaereinsatz-gegen-Pluenderungen.html
534 https://www.faz.net/aktuell/politik/ausland/suedafrika-25-000-soldaten-gegen-die-gewalt-im-land-17438394.html
535 https://data.un.org/CountryProfile.aspx/_Docs/CountryProfile.aspx?crName=Haiti
536 http://hdr.undp.org/en/countries/profiles/HTI
537 https://disasterphilanthropy.org/disaster/2021-haiti-earthquake-and-tropical-storm-grace/
538 https://de.wikipedia.org/wiki/Haiti
539 https://disasterphilanthropy.org/disaster/2021-haiti-earthquake-and-tropical-storm-grace/
540 https://www.diepresse.com/6021866/nach-schwerem-erdbeben-in-haiti-opferzahl-ubersteigt-1400
541 https://www.recoveryplatform.org/outfile.php?id=680&href=http://www.recoveryplatform.org/assets/publication/Action_plan_12April_haiti.pdf
542 https://www.aljazeera.com/news/2021/7/22/haiti-if-a-president-is-killed-in-his-own-home-who-is-exempt
543 https://www.sueddeutsche.de/politik/haiti-erdbeben-katastrophe-1.5382668
544 https://www.faz.net/aktuell/gesellschaft/ungluecke/haiti-fast-1300-menschen-sterben-bei-schwerem-erdbeben-17486357.html
545 https://www.amazon.de/Humanitarian-Aftershocks-Haiti-Mark-Schuller/dp/0813574234
546 https://www.unicef.de/informieren/aktuelles/presse/2011/haiti-nach-erdbeben/35320
547 https://m.reliefweb.int/report/347732/haiti/haiti-earthquake-fact-sheet-43-fiscal-year-fy-2010?lang=es
548 https://www.bpb.de/apuz/32625/wiederaufbau-nach-dem-erdbeben-perspektiven-fuer-haiti?p=all
549 http://www.vulkane.net/earthview/erdbeben-haiti-chile-sumatra.html
550 https://de.wikipedia.org/wiki/Erdbeben_in_Haiti_2010
551 https://m.reliefweb.int/report/347732/haiti/haiti-earthquake-fact-sheet-43-fiscal-year-fy-2010?lang=es
552 https://www.econstor.eu/bitstream/10419/89129/1/IDB-WP-163.pdf
553 https://www.bpb.de/nachschlagen/lexika/politiklexikon/296341/failed-states
554 https://www.sueddeutsche.de/politik/haiti-erdbeben-katastrophe-1.5382668
555 https://www.unicef.de/informieren/aktuelles/presse/2011/haiti-nach-erdbeben/35320
556 https://www.bpb.de/apuz/32625/wiederaufbau-nach-dem-erdbeben-perspektiven-fuer-haiti?p=all
557 https://disasterphilanthropy.org/disaster/2021-haiti-earthquake-and-tropical-storm-grace/
558 https://www.lpb-bw.de/haiti
559 https://www.die-gdi.de/die-aktuelle-kolumne/article/haiti-die-internationale-hilfe-laeuft-gefahr-die-partner-zu-ersetzen-statt-zu-staerken/

560 https://www.lpb-bw.de/haiti
561 https://de.wikipedia.org/wiki/Erdbeben_in_Haiti_2010
562 https://www.unicef.de/informieren/aktuelles/presse/2011/haiti-nach-erdbe ben/35320
563 https://www.iz3w.org/zeitschrift/ausgaben/318_grenzen_und_migration/ Hallward
564 https://de.wikipedia.org/wiki/Erdbeben_in_Haiti_2010
565 https://www.worldofbooks.com/de-de/buecher/jonathan-m-katz/big-truck-that-went-by/9780230341876?gclid=EAIaIQobChMIk8ua08S68gIVAuR3Ch1O9Q7cEA QYASABEgKUl_D_BwE#GOR005994357
566 https://www.bpb.de/apuz/32625/wiederaufbau-nach-dem-erdbeben-perspektiven-fuer-haiti?p=all
567 https://www.lpb-bw.de/haiti
568 https://de.wikipedia.org/wiki/Haiti
569 https://www.goruma.de/laender/amerika/haiti/geschichte
570 https://www.bpb.de/apuz/32627/haiti-die-erste-schwarze-republik-und-ihr-koloniales-erbe
571 https://www.iz3w.org/zeitschrift/ausgaben/318_grenzen_und_migration/ Hallward
572 https://www.deutschlandfunknova.de/beitrag/kolonialismus-auf-haiti-ein-instelstaat-kaempft-um-seine-unabhaengigkeit
573 https://www.lpb-bw.de/haiti
574 https://www.deutschlandfunkkultur.de/schloss-sans-souci-in-haiti-eine-hoefische-traumwelt-in-den.976.de.html?dram:article_id=499915
575 http://www.imi-online.de/download/IMI-Analyse-2004-04King-Haiti.pdf
576 https://www.goruma.de/laender/amerika/haiti/geschichte
577 https://de.wikipedia.org/wiki/Jean-Claude_Duvalier
578 https://www.hrw.org/de/news/2011/04/14/haiti-strafverfolgung-gegen-duvalier-eine-begegnung-mit-der-geschichte
579 https://www.faz.net/aktuell/politik/ausland/haiti-ex-diktator-baby-doc-duvalier-festgenommen-1572065.html
580 http://www.imi-online.de/download/IMI-Analyse-2004-04King-Haiti.pdf

Eva Herman
Blutgericht Europa

Als Taschenbuch mit 259 Seiten
und als eBook erhältlich

Edition Eva Herman
ISBN: 978-1-9990215-0-4

CHRISTOPHER
VASEY
DIE KRAFT DER
NATUR
WESEN
Einführung
in das Wirken
unsichtbarer Helfer
EDITION
EVA
HERMAN

Abd-ru-shin
Im Lichte der Wahrheit
Gralsbotschaft

Verlag der Stiftung Gralsbotschaft, Stuttgart
www.gralsbotschaft.org
ISBN: 978-3-8786-0650-5

Printed in Poland
by Amazon Fulfillment
Poland Sp. z o.o., Wrocław

24692337R10232